高等职业院校教材

·供临床、护理、药学、检验、影像、康复等专业用·

医学生物化学

主　编

杨正久　梁大敏　龙治锋

副主编

晁耐霞　钱　静　乐　宁

编写人员（按姓名汉语拼音排序）

蔡丹昭（广西医科大学）　　　　　　龙治锋（黔东南民族职业技术学院）

晁耐霞（广西医科大学）　　　　　　毛朝坤（遵义医药高等专科学校）

代小方（遵义医药高等专科学校）　　钱　静（遵义医药高等专科学校）

宫路路（遵义医药高等专科学校）　　杨正久（遵义医药高等专科学校）

贺葜嘉（广西医科大学）　　　　　　乐　宁（广西中医药大学）

梁大敏（遵义医药高等专科学校）　　张　宁（遵义医药高等专科学校）

北京大学医学出版社

YIXUE SHENGWUHUAXUE

图书在版编目（CIP）数据

医学生物化学 / 杨正久，梁大敏，龙治锋主编. —北京：北京大学医学出版社，2020.6（2021.12重印）
 ISBN 978-7-5659-2173-5

Ⅰ. ①医… Ⅱ. ①杨… ②梁… ③龙… Ⅲ. ①医用化学－生物化学－高等职业教育－教材 Ⅳ. ①Q5

中国版本图书馆CIP数据核字（2020）第039857号

医学生物化学

主　　编：杨正久　梁大敏　龙治锋
出版发行：北京大学医学出版社
地　　址：（100191）北京市海淀区学院路38号　北京大学医学部院内
电　　话：发行部 010-82802230；图书邮购 010-82802495
网　　址：http://www.pumpress.com.cn
E-mail：booksale@bjmu.edu.cn
印　　刷：北京信彩瑞禾印刷厂
经　　销：新华书店
责任编辑：陈　奋　张立峰　　责任校对：靳新强　　责任印制：李　啸
开　　本：850 mm×1168 mm　1/16　　印张：17.75　　字数：500千字
版　　次：2020年6月第1版　2021年12月第2次印刷
书　　号：ISBN 978-7-5659-2173-5
定　　价：59.00元

版权所有，违者必究

（凡属质量问题请与本社发行部联系退换）

前　言

生物化学是运用物理和化学的原理方法，从分子水平研究生命体的化学组成、体内代谢反应及其规律、遗传信息的传递与表达及其调控，以期揭示生命现象本质的一门学科，是一门非常重要的医学基础课程。随着近代科技的不断发展，其理论与技术已经渗透并广泛应用到医学的各个领域，特别是在人们较为关注的影响人体健康的分子病理、分子药理、基因诊断、基因治疗等方面取得了显著成果。

为了体现职业教育的新理念，适应国家卫生职业教育教学发展与改革，反映生物化学学科的快速发展，我们编写了这本《医学生物化学》教材。本教材以医学专业人才培养目标为导向，既注重学生的理论基础知识，又通过案例及知识链接等方式紧密结合临床实践，同时兼顾学生实践操作技能的培养。本教材立足于高职高专学生的知识起点，力求将深奥原理简单化，抽象知识直观化。为了照顾到具有不同基础的学生学习，教材中在阐述一些知识点之前，列出了学生应具备的其他基础课程相应的知识，并着眼于提高学生的学习兴趣，对部分生物化学发展史上重要的人物及事件进行了简介。教材最后一章为实验内容，方便学生实验操作，避免了大多数教材无实验指导的缺陷。我们同时还编写了与本教材配套的习题集，方便学习者检测练习与巩固。本教材可供高等职业院校临床、护理、药学、检验、影像、康复等专业使用。

本教材共分14章。"蛋白质""核酸与核苷酸代谢"两章是关于生命体物质基础的知识；"维生素"一章是关于生命健康的知识；有5章是关于物质代谢的知识，包括酶、糖代谢、脂质代谢、蛋白质分解与氨基酸代谢、核苷酸代谢、生物氧化；有1章是关于遗传信息的传递与表达；有4章与临床医学紧密联系，包括血液生物化学、肝的生物化学、水与电解质代谢、酸碱平衡；最后一章为常用生物化学实验内容。不同专业可根据相应的教学大纲进行选择学习。

本教材的编写人员均为生物化学专业教学一线的教师，在教材的编写过程中，各位编者认真负责、尽心尽职，对书稿多次进行修改和校对，在此表示衷心的感谢。但由于编者水平有限，难免出现疏漏和不妥之处，敬请各位同行及使用教材的广大师生批评指正，提出宝贵意见，以求在再版时修订更正。

杨正久

目 录

绪论 ·· 1

第一章 蛋白质 ·· 6
 第一节 蛋白质的分子组成 ·· 6
 第二节 蛋白质的分子结构 ·· 12
 第三节 蛋白质的理化性质 ·· 18
 第四节 蛋白质的分类 ·· 21

第二章 维生素 ·· 23
 第一节 维生素的概念 ·· 23
 第二节 脂溶性维生素 ·· 24
 第三节 水溶性维生素 ·· 29

第三章 酶 ·· 38
 第一节 概述 ·· 39
 第二节 酶的结构特征与作用机制 ··· 41
 第三节 影响酶促反应的因素 ··· 45
 第四节 酶与医学的关系 ··· 52

第四章 糖代谢 ·· 56
 第一节 糖的分解代谢 ·· 56
 第二节 糖原的合成与分解 ·· 66
 第三节 糖的异生 ·· 68
 第四节 血糖及其调节 ·· 70

第五章 脂质代谢 ··· 73
 第一节 概述 ·· 73
 第二节 三酰甘油的分解代谢 ··· 76
 第三节 三酰甘油的合成代谢 ··· 82
 第四节 类脂的代谢 ··· 86
 第五节 血脂与血浆脂蛋白 ·· 90

第六章 蛋白质分解与氨基酸代谢 ·· 96
 第一节 蛋白质的营养作用 ·· 96
 第二节 氨基酸的一般代谢 ··· 103
 第三节 个别氨基酸的代谢 ··· 111

第七章 生物氧化 … 120
- 第一节 概述 … 120
- 第二节 线粒体氧化体系 … 123
- 第三节 非线粒体氧化体系 … 137

第八章 核酸与核苷酸代谢 … 141
- 第一节 核酸的化学组成 … 141
- 第二节 DNA 的结构与功能 … 146
- 第三节 RNA 的结构与功能 … 148
- 第四节 核酸的理化性质 … 151
- 第五节 核苷酸的代谢 … 153

第九章 遗传信息的传递与表达 … 163
- 第一节 DNA 的生物合成 … 164
- 第二节 RNA 的生物合成 … 176
- 第三节 蛋白质的生物合成 … 181
- 第四节 基因表达调控 … 187
- 第五节 基因工程 … 191

第十章 血液的生物化学 … 198
- 第一节 概述 … 198
- 第二节 血浆蛋白质 … 200
- 第三节 血细胞的代谢 … 203

第十一章 肝的生物化学 … 209
- 第一节 肝的物质代谢特点 … 209
- 第二节 肝的生物转化作用 … 212
- 第三节 胆汁与胆汁酸代谢 … 218
- 第四节 胆色素的代谢与黄疸 … 221

第十二章 水与电解质代谢 … 228
- 第一节 体液 … 228
- 第二节 水的代谢 … 231
- 第三节 电解质的代谢 … 234
- 第四节 水与电解质平衡的调节 … 236
- 第五节 钙磷的代谢 … 239
- 第六节 微量元素 … 241

第十三章 酸碱平衡 … 246
- 第一节 体内酸碱物质的来源 … 246
- 第二节 酸碱平衡的调节 … 248
- 第三节 酸碱平衡紊乱 … 254
- 第四节 酸碱平衡的生化诊断指标 … 258

第十四章 常用生物化学实验 … 261
- 实验一 常用生化仪器的操作 … 261

实验二　血清蛋白质醋酸纤维膜电泳 263
实验三　影响酶促反应的因素 265
实验四　琥珀酸脱氢酶及酶的竞争性抑制 267
实验五　722-型可见分光光度计的使用 268
实验六　血糖测定（邻甲苯胺法） 271
实验七　酮体生成实验 272
实验八　转氨基作用 273

主要参考文献 276

绪 论

生物化学（biochemistry）是从分子水平研究生命体的化学组成和生命活动过程中化学变化规律的一门学科，也称生命的科学。医学生物化学的研究对象是人体，主要研究人体的物质组成、结构与功能，物质代谢及其调节，遗传信息的传递、表达与调控，以期阐明机体疾病的发生、发展、诊断、治疗的分子机制，为疾病的诊断与防治做贡献。其研究主要采用化学、生物学的原理与方法，同时融入了物理学、免疫学及遗传学等理论和技术。

一、生物化学研究的主要内容

（一）人体的物质组成

细胞是构成人体组织、器官的基本结构与功能单位。组成细胞的化学物质包含无机物和有机物两大类，有机物是人体重要的组成物质，主要有糖类（占体重的1%~2%）、脂质（占体重的10%~15%）、蛋白质（占体重的15%~18%），以及核酸、激素、维生素和各种代谢中间产物等。而无机物主要有水（占体重的55%~67%）和无机盐（占体重的3%~4%）。根据分子量的大小，又可将机体内的有机物分为大分子物质和小分子有机物两大类。蛋白质、核酸、多糖以及糖蛋白、脂蛋白、核蛋白是结构和功能复杂的大分子物质，它们都是由各自的基本单位按一定的排列顺序和连接方式构成的多聚体，相对分子量大，是生命的物质基础，故称生物大分子。分子生物学（molecular biology）是对蛋白质体系、蛋白质–核酸体系（中心是分子遗传学）和蛋白质–脂质体系（即生物膜）的结构、功能和调控进行研究，揭示生命现象本质的一门学科，它是生物化学的延伸和发展。机体内的小分子有机物包括维生素、激素及构成生物大分子所需的氨基酸、核苷酸、糖、脂肪酸和甘油等。这些分子在体内的运动和变化是生命基本现象的体现，因此生物体的物质组成是生物化学研究的重要内容。

（二）生物大分子的结构与功能

人体内的生物大分子结构复杂，功能多样，种类繁多，相对分子质量一般在10^4以上。但是其结构组成具有一定的规律性，都是由其基本组成单位按照一定的排列顺序和连接方式构成的。如蛋白质是由其基本单位氨基酸通过肽键连接而成；核酸是由其基本单位核苷酸通过磷酸二酯键连接而成。而生物大分子多样的生物学功能与它们复杂的结构有着密切的关系。如蛋白质的一、二、三、四级结构与其执行物质运输、肌肉收缩、免疫、遗传、代谢等多种功能密切相关。脱氧核糖核酸（DNA）的双螺旋结构及碱基配对是其作为遗传信息的载体和分子间相互作用的基础。核糖核酸包括信使核糖核酸（mRNA）、转运核糖核酸（tRNA）、核糖体核糖核酸（rRNA），在蛋白质的生物合成中起着重要作用。生物大分子是当代生物化学研究的重点内容之一，运用现代的结构分析技术对生物大分子的结构与功能的研究，有助于进一步了解结构与功能的关系和分子之间的相互识别作用。

（三）代谢及其调控

新陈代谢是生命体的基本现象，也是生命体区别于非生命体的基本特征之一，指生物体内一切化学变化的总和，是由多种酶协同催化组成的化学反应网络，其基本要略是形成构造单位、能量物质 ATP 和还原力。代谢分为物质代谢与能量代谢，而前者又可分为合成代谢与分解代谢。

有机体通过代谢不断与外界环境进行物质交换，以获取营养物质，排出体内废物，并维持内环境的相对稳定。物质代谢与能量代谢并非独立，而是相互依存与统一的。合成代谢是将经消化吸收获得的小分子物质及体内简单的基本代谢物转变成结构复杂，并具有特定生理功能的生物大分子物质的过程。合成代谢需要消耗能量，同时也是生物体内储存能量和构建组织的过程。通过合成代谢，生物体将从外界摄取的营养物质转变为自身的组织成分。分解代谢则是将自身组织中的有机分子降解为更小的结构简单的小分子物质，同时在分解代谢的过程中释放能量，并产生还原力。通过分解代谢生命体自身的组织不断地得到更新。

生命体内代谢能按照一定的规律有条不紊地进行，进而维持机体的正常生理功能，这依赖于精确的代谢调节作用。代谢调节是从三个水平进行的三级调节机制，包括细胞水平调节、激素水平调节和以中枢神经系统为主导的整体水平调节。以细胞水平调节为基础，调节结果在机体内形成一个相对平衡稳定的内环境，包括酸碱平衡、电离平衡、物质平衡和能量平衡，从而满足自身生理活动的需要和应对一切外环境的变化。

（四）遗传信息的传递、表达与调控

生命体在繁衍后代时会将遗传信息传递给后代，细胞分裂增殖时也会将母细胞的遗传信息传递给子细胞，遗传信息的传递涉及生殖、发育、生长、分化等生命过程，也与癌症、遗传病、免疫缺陷病、心血管病等多种疾病的发病机制有关。DNA 是遗传信息的载体，遗传信息的基本结构与功能单位是基因，即具有生物学功能的 DNA 片段。RNA 是遗传信息的传递者，转录了 DNA 分子上基因的指令，将遗传信息由 DNA 分子传递给蛋白质。蛋白质则是基因表达的产物，是遗传信息的体现者。研究遗传物质的复制、转录、翻译机制及其调控规律，是生物化学研究的重要领域，在分子水平研究疾病与基因或其表达产物的关系，以及药物作用的分子机制，不仅对于揭示疾病的发病机制具有重要价值，还将为解开生命之谜奠定坚实的基础。

二、生物化学的发展简史

生物化学是一门既古老又年轻的科学，其研究可追溯到 18 世纪或更遥远的时代，但直到 20 世纪初才发展成为一门独立的学科。1903 年，德国化学家 Carl Neuberg 首先提出"生物化学"这一名词，生物化学才从其他学科中分离出来，其重大发展和突破主要是在 19 世纪取得的。目前生物化学已成为整个生命科学领域的带头学科，其基本原理和技术已渗透到医疗、卫生、药业、农业、养殖、饮食、营养各个领域，特别是医学各个领域无不广泛地应用到生物化学知识。

近代生物化学发展史可概括为三个阶段，即静态生物化学阶段、动态生物化学阶段和分子生物学阶段。

（一）静态生物化学阶段

从 18 世纪中叶至 19 世纪末是静态的描述性阶段，主要研究生物体的物质组成及结构。发现了生物体主要由糖类、脂类、蛋白质和核酸四大类有机物质组成，并对生物体各种组成成分进行分离、纯化、结构测定、合成及理化性质的研究。1911 年，Funk 制得治疗"脚气病"的复合维生素 B 结晶，提出"Vitamine"，意即生命胺。后来由于相继发现的许多维生

素并非胺类，又将"Vitamine"改为"Vitamin"。与此同时，人们又认识到另一类数量少而作用重大的物质——激素。它和维生素不同，不依赖外界供给，而由动物自身产生并在自身中发挥作用。肾上腺素、胰岛素及肾上腺皮质所含的甾体激素都是在这一时期发现的。1926年，Sumner从半刀豆中制得了脲酶结晶，并证明它的化学本质是蛋白质。此后的4~5年间，Nothrop等人连续制得了几种水解蛋白质的酶，如胃蛋白酶、胰蛋白酶等，并指出它们都是蛋白质，确立了酶是蛋白质这一概念。1929年，德国化学家Hans Fischer发现了血红素是血红蛋白的一部分，但不属于氨基酸，进一步确定了分子中的每一个原子，获1930年诺贝尔化学奖。虽然对生物体组成的鉴定是生物化学发展初期的特点，但直到今天，新物质仍不断在发现。如陆续发现的干扰素、环核苷磷酸、钙调蛋白、黏连蛋白、外源凝集素等，已成为重要的研究课题。

（二）动态生物化学阶段

20世纪初至20世纪中叶，生物化学的主要特点是研究生物体内物质的变化，即代谢途径，所以称动态生物化学阶段，研究生物体内物质代谢的变化，以及酶、维生素、激素等在代谢中的作用。在此阶段，体内各种物质代谢转变的途径已基本阐明，1932年，英国科学家Krebs在前人工作的基础上，用组织切片实验证明了尿素合成反应，提出了鸟氨酸循环，并进一步对生物体内被氧化的过程进行了研究，于1937年又提出了各种化学物质的中心环节——三羧酸循环的基本代谢途径。1940年，德国科学家Embden和Meyerhof提出了糖酵解代谢途径。1949年，E. Kennedy等证明F. Knoop提出的脂肪酸β-氧化过程是在线粒体中进行的，并指出氧化的产物是乙酰辅酶A。但直到20世纪50—60年代才阐明了氨基酸、嘌呤、嘧啶及脂肪酸等的生物合成途径。

（三）分子生物学阶段

该阶段从20世纪50年代开始，以提出DNA的双螺旋结构模型为标志，主要研究工作就是探讨各种生物大分子的结构与其功能之间的关系。生物化学在这一阶段的发展，以及物理学、微生物学、遗传学、细胞学等其他学科向这一学科的渗透，产生了分子生物学，并成为生物化学的主体。1951年，Pauling提出蛋白质的α-螺旋二级结构。1953年是开创生命科学新时代的一年。美国生物学家Watson和英国生物物理学家Crick发表了"脱氧核糖核酸的结构"的著名论文，他们在英国生物物理学家Wilkins完成的DNA X射线衍射结果的基础上，推导出DNA分子的双螺旋结构模型。核酸的结构与功能的研究为阐明基因的本质、了解生物体遗传信息的传递做出了贡献。三人共获1962年诺贝尔生理学或医学奖。F. Crick于1958年提出分子遗传的中心法则，从而揭示了核酸和蛋白质之间的信息传递关系。又于1961年证明了遗传密码的通用性。1966年，由H. G. Khorana和Nirenberg合作破译了遗传密码，这是生物学方面的另一杰出成就。1961年，Jacob和Monod阐明了基因通过控制酶的生物合成来调节细胞代谢的模式，提出了操纵子学说。1962年，Arber提出限制性核酸内切酶存在的第一个实验证据。1967年，Gellert发现了DNA连接酶。1972年，Berg和Boyer等创建了DNA重组技术。1977年，美国科学家Roberts和Sharp发现了"断裂"基因（split genes），并于1993年获诺贝尔生理学或医学奖。1977年，F. Sanger和W. Gilbrt因设计出一种测定DNA内核苷酸排列顺序的方法，即双脱氧终止法，于1980年获诺贝尔化学奖。1984年，Simons和Kleckner等发现了反义RNA，从此揭开了人类向癌症开战的序幕。1987年，Mirkin等在酸性的质粒中发现了三链DNA。1985年，美国R. Sinsheimer首次提出"人类基因组研究计划"，2003年4月14日，美、中、日、德、法、英6国科学家宣布人类基因组图绘制成功，已完成的序列图覆盖人类基因组所含基因的99%。1996年7月，英国的I. Wilmut成功培育出世界上第一只体细胞克隆羊——多莉。1980年，美国科学家Gunter Blobel发现蛋白质具有控制其运输和定位的内在信号物质，1999年因此获诺贝尔生理学或医学奖。2006年6月2日，对于欧洲患有先天性抗凝血酶缺失症的患者们是一个好日子，世界上第一个利用转基因动物乳腺生物反应器生产的基因工程蛋白药物——重组人抗凝血酶Ⅲ的上市许可申请获得了欧洲医药评价署人用医药产品委员会的肯定批准意见，据估计该药全球潜在市场每年高达1.5亿美元。

三、我国对生物化学发展做出的贡献

早在古代，我国劳动人民就已经为生物化学的诞生做出了积极贡献。公元前21世纪，我国劳动人民能够利用酶进行制醋和酿酒；公元9—10世纪，古人就能用蛋白质沉淀的方法制作豆腐。在医药方面，有春秋战国时期利用神曲治疗消化道疾病，现已知神曲含淀粉酶和维生素B_1，晋代已用海带、海藻及紫菜等治疗"瘿"（地方性甲状腺肿），唐代的孙思邈用动物的肝（富含维生素A）治疗夜盲症。中药学巨著《本草纲目》不仅记载了1800多种药物，还记载了人体血液、尿液及精液等体液与排泄物的性质。

在近代生物化学发展中，我国科学家也做出了举世瞩目的贡献。我国生物化学家吴宪（1893—1959）在1931年提出了蛋白质变性的概念。吴宪堪称中国生物化学的奠基人，他在血液分析、蛋白质变性、食物营养和免疫化学等四个领域都做出了重要贡献，并培养了许多生物化学家。我国王应睐和邹承鲁等人于1965年，在世界上首次人工合成具有生物活性的蛋白质——结晶牛胰岛素。1979年，洪国藩创造了测定DNA序列的直读法。王德宝等人于1983年，用有机合成酶促合成的方法完成酵母丙氨酸转移核糖核酸的人工全合成。2003年4月，中、美、英、法、德、日6国科学家共同努力，完成了人类基因组计划全部序列的测定。

四、生物化学与医学的关系

生物化学与医学的关系十分密切，其理论和技术已经渗透到医学基础与临床的各个学科，随着科学技术的发展，由此而产生了"分子病理学""分子药理学""分子遗传学""分子免疫学"等新的学科。近年来生物化学应用于临床的疾病预防、诊断、治疗及预后评价迅速发展起来，尤其是基因诊断和基因治疗技术，使得医学研究进入了基因水平，跨越了传统医学无法逾越的障碍。

（一）生物化学是一门非常重要的医学基础课程

生物化学的知识和基本技能广泛地应用于医学各个学科，是医学院校医学生的专业基础课，为后续学习其专业课程奠定基础，在医学各个专业的教学中起到承前启后的作用。例如糖类、脂类及蛋白质的物质代谢；大分子物质的结构与性质、分离纯化与鉴定；酸碱平衡；氨及胆色素等非营养物质在体内的转变等知识的学习，有助于进一步学习药理学、病理学、免疫学及生理学等学科知识。核酸的结构与性质、遗传信息的传递与基因表达及其调控等知识的学习，更是医学生从基因水平研究人类疾病防治的基础。

（二）生物化学广泛应用于临床

健康状态的人体内环境处于相对平衡状态，而疾病的发生通常是由于代谢失衡所致，进一步表现在细胞内外化学物质成分的变化、大分子物质性质与功能的异常，从而引起功能的紊乱。通过对生物化学知识理论的学习，有助于促进对人体疾病致病机制的认识，提高对疾病的正确诊断与有效治疗。

随着分子生物学实验技术的迅速发展，PCR技术、基因芯片、分子杂交、核酸分子测序及基因重组等技术运用于临床，使得基因诊断与基因治疗在短时间内由理论变为现实。基因诊断具有特异性强、灵敏度高的优点，可以揭示在未表现出症状时疾病的基因状态，如地中海贫血、血友病、苯丙酮尿症、进行性假肥大性肌营养不良（迪谢内肌营养不良，DMD）、唐氏综

合征等，从而做出正确的诊断和预测，特别是对具有遗传病家族史及产前胎儿致病基因的检测具有重要意义。基因治疗则通过导入外源正常基因，直接针对导致缺陷基因进行替换或弥补，从而达到治疗或预防疾病的目的，与此同时运用分子生物学技术进行生化新药物的开发与筛选蓬勃发展起来。

（杨正久）

第一章

蛋白质

> **知识目标**
>
> 1. 归纳
> 蛋白质的元素组成及其特点，蛋白质的基本组成单位——氨基酸、肽键与肽，蛋白质各级结构的概念、特点及其稳定的作用力，氨基酸以及蛋白质的理化性质。
>
> 2. 说出
> 蛋白质的理化性质，蛋白质的生理功能及其分类。
>
> 3. 知道
> 蛋白质结构与功能的关系；利用蛋白质的理化性质对蛋白质进行分离、纯化。

蛋白质（protein）是由氨基酸通过肽键相连而成的一类含氮高分子化合物，是生物体的重要组成成分。蛋白质种类很多，生物体越复杂，蛋白质种类越多，结构也越复杂。蛋白质在人体内具有分布广、种类多、含量大等特点，在生物体的各项生命活动中承担着重要的生理功能。生物体内的蛋白质几乎参与一切生命活动，是生命活动的承担者。

作为生命活动的体现者，蛋白质具有参与物质分解与合成（酶）、物质的运输（血红蛋白、清蛋白）、肌肉收缩（肌动蛋白、肌球蛋白）、抵御病原体的侵袭（凝血酶原、免疫球蛋白）、生物信息的传递、基因的表达与调控（DNA 聚合酶、反式作用因子）等生理功能。蛋白质有如此多的生理功能，那么它们的物质组成是怎样的呢？其组成和功能之间有什么关系呢？本章将主要围绕蛋白质的组成、结构与功能以及理化性质进行阐述。

第一节 蛋白质的分子组成

一、蛋白质的元素组成

蛋白质虽然种类多，功能差异大，但是元素组成基本一样，其主要化学元素组成有五种：C（50%~55%）、H（6%~8%）、O（19%~24%）、N（13%~19%），大部分蛋白质含有 S（0~4%）。有些蛋白质还含有少量的 P、I、Mo、Fe、Mn、Zn、Cu、Co 等元素。

蛋白质的元素组成有一个特点，即各种蛋白质含氮量很接近，平均为 16%。利用蛋白质的这一特点，可以测定样品中蛋白质的大致含量。如通过测定生物样品中的氮元素含量（由于蛋白质是生物体内的主要含氮物质，其他非蛋白质来源的氮元素含量很少，可忽略不计），结合氮元素的百分比即可计算出样品中蛋白质的含量：氮元素含量乘以 6.25（100/16），即得样品中蛋白质的大致含量。

样品中蛋白质含量（g）= 每克样品含氮量（g）× 6.25

案例分析

三聚氰胺

奶粉中蛋白质含量测定利用的是"凯式定氮法"，即通过测定奶粉中氮元素含量来推算奶粉中蛋白质的含量。三聚氰胺（melamine）是一种工业材料，其含氮量远高于蛋白质。有些不法分子向奶粉中加入三聚氰胺，从而提高奶粉中氮元素的含量，最终误导奶粉中蛋白质的含量计算（减少食用蛋白质的加入，降低生产成本，以劣充好）。2003年的"大头娃娃"现象即由于不法分子往奶粉中加入三聚氰胺所致。

请问：商家往奶粉里添加三聚氰胺的目的是什么？

二、蛋白质基本组成单位——氨基酸

蛋白质在生物体内经各种蛋白酶的作用水解为各种氨基酸，说明氨基酸是蛋白质的基本组成单位。

（一）氨基酸的种类与命名

自然界中氨基酸有300多种，而人体基因编码的氨基酸仅20种，称为基本氨基酸。在这些氨基酸当中，除脯氨酸外（α-亚氨基酸），大多数氨基酸都是α-氨基酸（在α-碳原子上同时连接一个氨基和一个羧基）；除甘氨酸外，其余的氨基酸的α-碳原子均为手性碳原子，有D、L两种构型，自然界中组成天然蛋白质的氨基酸均为L-α-氨基酸，其结构通式为：

$$\mathrm{H_2N-\overset{COOH}{\underset{R}{C}}-H} \quad 或 \quad \mathrm{H_3N^+-\overset{COO^-}{\underset{R}{C}}-H}$$

知识链接

手性碳原子

生活中有个有趣的现象，左手的手套不能戴到右手上。左右手的关系就像物体与其镜像一样，相似但不重叠（图1-1），这种实物与镜像不能重叠的特性就叫做手性。若一个碳原子连有四个不同基团，这四个基团形成的构象类似左右手之于实物和镜像的关系（图1-1），那么这个碳原子就具有手性，称之为手性碳原子。

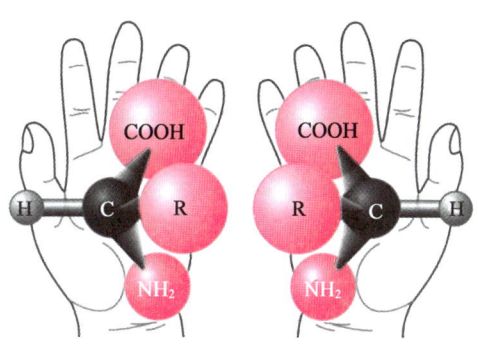

图1-1　左右手互为镜像

多数氨基酸的α-碳原子上都是氨基,而脯氨酸α-碳原子上连接的是亚氨基,故脯氨酸被称为亚氨基酸,其他的均称为氨基酸。每个氨基酸中都有个很重要的R基团,它们是区别氨基酸的关键基团:即氨基酸不同,R基团也会不同,理化性质也会有差异。

(二)氨基酸的分类

根据氨基酸R基团的结构和理化性质不同,可将20种氨基酸分为4类:①非极性疏水性氨基酸(8种),其侧链R基为非极性,为疏水性氨基酸。②极性中性氨基酸(7种),其侧链R基为极性,在中性溶液不解离。③极性酸性氨基酸(2种),其侧链R基都含有羧基,易解离出H^+,具有酸性。④极性碱性氨基酸(3种),其侧链R基含有碱性基团,易接受H^+而具有碱性(表1-1)。

除上述20种基本氨基酸外,生物体内的蛋白质中还具有其他种类氨基酸,如羟脯氨酸、焦谷氨酸等,它们是在基本氨基酸的基础上,经过生物体加工、修饰后形成的。

表1-1 氨基酸的分类

中文名称	英文名称	缩写	结构式	等电点
1. 非极性侧链氨基(8种)				
甘氨酸	Glycine	Gly, G	H—CH—COOH | NH_2	5.97
丙氨酸	Alanine	Ala, A	H_3C—CH—COOH | NH_2	6.00
缬氨酸	Valine	Val, V	H_3C—CH—CH—COOH | | CH_3 NH_2	5.96
亮氨酸	Leucine	Leu, L	H_3C—CH—CH_2—CH—COOH | | CH_3 NH_2	5.98
异亮氨酸	Isoleucine	Ile, I	H_3C—CH_2—CH—CH—COOH | | CH_3 NH_2	6.02
苯丙氨酸	Phenylalanine	Phe, F	⌬—CH_2—CH—COOH | NH_2	5.48
脯氨酸	Proline	Pro, P	⌬—CH—COOH (环 NH)	6.30
甲硫氨酸	Methionine	Met, M	H_3C—S—CH_2—CH_2—CH—COOH | NH_2	5.74

续表

中文名称	英文名称	缩写	结构式	等电点
2. 极性中性侧链氨基酸（7种）				
色氨酸	Tryptophan	Trp, W	吲哚-CH_2-CH(NH$_2$)-COOH	5.89
丝氨酸	Serine	Ser, S	$HO-CH_2-CH(NH_2)-COOH$	5.68
酪氨酸	Tyrosine	Tyr, Y	$HO-C_6H_4-CH_2-CH(NH_2)-COOH$	5.66
半胱氨酸	Cysteine	Cys, C	$HS-CH_2-CH(NH_2)-COOH$	5.07
天冬酰胺	Asparagine	Asn, N	$H_2N-CO-CH_2-CH(NH_2)-COOH$	5.41
谷氨酰胺	Glutamine	Gln, Q	$H_2N-CO-CH_2-CH_2-CH(NH_2)-COOH$	5.65
苏氨酸	Threonine	Thr, T	$H_3C-CH(OH)-CH(NH_2)-COOH$	5.60
3. 酸性氨基酸（2种）				
天冬氨酸	Aspartic acid	Asp, D	$HO-CO-CH_2-CH(NH_2)-COOH$	2.97
谷氨酸	Glutamic acid	Glu, E	$HO-CO-CH_2-CH_2-CH(NH_2)-COOH$	3.22
4. 碱性氨基酸（3种）				
赖氨酸	Lysine	Lys, K	$NH_2(CH_2)_4-CH(NH_2)-COOH$	9.74
精氨酸	Arginine	Arg, R	$H_2N-C(=NH)-NH-(CH_2)_3-CH(NH_2)-COOH$	10.76
组氨酸	Histidine	His, H	咪唑-CH_2-CH(NH$_2$)-COOH	7.59

（三）氨基酸的理化性质

1. **两性解离及等电点**　氨基酸中的羧基能释放 H^+，氨基酸中的氨基能结合 H^+，因此氨基酸是一种两性电解质。可在溶液中发生碱性解离，从而带正电；也可在溶液中发生酸性解离，从而带负电，在不同溶液中分别带不同数量的正负电荷。其所带电荷的状态受溶液 pH 影响。当氨基酸处在一定 pH 的溶液中，其解离成阴、阳离子的趋势和程度相等，呈兼性离子状态，且整个氨基酸分子净电荷为零，此时溶液的 pH 称为该氨基酸的等电点（isoelectric point，pI）。由于氨基酸所带的可解离基团的种类和个数不同，因此不同氨基酸在溶液中的解离状况会不同，对应的 pI 也就不相同。

2. **紫外线吸收性质**　组成蛋白质的芳香族氨基酸——酪氨酸、色氨酸和苯丙氨酸，因其含有苯环，具有共轭双键，经紫外光照射时，具有吸收光的性质，其中酪氨酸和色氨酸最大吸收波长为 280 nm，苯丙氨酸最大吸收波长为 259 nm。根据这一性质，利用紫外分光光度计可测定含芳香族氨基酸这类蛋白质的含量。

3. **呈色反应**　α- 氨基酸中，脯氨酸和羟脯氨酸与水合茚三酮反应可生成黄色化合物，其他氨基酸能与水合茚三酮反应生成紫色化合物。因此茚三酮反应可用于氨基酸的定性和定量分析。

三、肽键与肽

（一）氨基酸的连接方式——肽键

蛋白质是由氨基酸通过肽键连接起来的一类高分子线性化合物。

肽键（peptide bond）：由一个氨基酸的 α- 羧基和另一个氨基酸的 α- 氨基脱水缩合而成的共价键。

$$NH_2-CH(R_1)-C(=O)-OH + NH_2-CH(R_2)-C(=O)-OH \longrightarrow NH_2-CH(R_1)-C(=O)-NH-CH(R_2)-C(=O)-OH + H_2O$$

（二）肽

氨基酸通过肽键连接而成的化合物称为肽（peptide）。由两分子氨基酸形成的肽称为二肽，由三分子氨基酸形成的肽称为三肽，以此类推，四个、五个、六个等氨基酸组成的肽分别称为四肽、五肽、六肽等；十个以内氨基酸形成的肽称为寡肽（oligopeptide）；十个以上氨基酸连接形成的肽称为多肽（polypeptide）。蛋白质就是由很多氨基酸连接形成的多肽。

多肽分子因其像一条链，故又可称之为多肽链，是蛋白质分子最基本的结构。多肽有开链肽和环状肽，人体内主要是开链肽。开链肽具有一个游离的氨基末端和一个游离的羧基末端，分别保留有游离的 α- 氨基和 α- 羧基，又称多肽链的 N 端（氨基端）和 C 端（羧基端）。由多个（n 个）氨基酸形成的多肽链，其简略结构式书写可表示如下，习惯上，多肽链的书写从 N 端开始指向 C 端。

$$H_2N-CH(R_1)-C(=O)-N(H)-CH(R_2)-C(=O)-N(H)-CH(R_3)-C(=O)---N(H)-CH(R_n)-C(=O)-OH$$
N 端　　　　　　　　　　　　　　　　　　　　　　　　　　C 端

多肽链中的氨基酸由于脱水缩合时已不再是完整分子，故称为氨基酸残基（amino acid residue）。蛋白质就是由多个氨基酸残基连接起来的高分子化合物。

（三）多肽链的书写与命名

在表示一条（多）肽链时，通常用氨基酸中文名中的第一个字来表示该氨基酸残基。例如，由甘氨酸、甲硫氨酸、异亮氨酸、苏氨酸、天冬氨酸、丝氨酸及异亮氨酸所组成的七肽可表示为：

$$H_2N—甘—甲—异—苏—天—丝—异—COOH$$

还可采用氨基酸的英文缩写来表示，如上述七肽可书写为：

$$H_2N—Gly—Met—Ile—Thr—Asp—Ser—Ile—COOH$$

$$或\ H_2N—GMITDSI—COOH$$

肽的命名亦是从肽链的 N 端到 C 端。从第一个氨基酸残基至倒数第二个氨基酸残基都被称为氨酰，最后一个氨基酸残基称为某氨基酸。例如上述七肽命名为甘氨酰甲硫氨酰异亮氨酰苏氨酰天冬氨酰丝氨酰异亮氨酸。

四、生物活性肽

人体内存在许多具有生物活性的小分子肽和多肽，在生物体内作为生物信息分子，可参与神经传导、生长发育等重要生命活动，这类肽统称为生物活性肽。

（一）谷胱甘肽

谷胱甘肽（glutathione，GSH）是体内重要的还原剂，能保护 DNA、RNA 和蛋白质。细胞内代谢产生的氧化性物质：如 H_2O_2，可以在 GSH 的还原下生成 H_2O，防止 H_2O_2 攻击体内蛋白质或酶分子巯基而使它们氧化而功能丧失；GSH 还具有嗜核特性，能够把攻击细胞核的氧化性外源性毒物（如致癌剂）或药物还原失活，使核内 DNA、RNA 或蛋白质免受损伤，保护机体不被侵害。临床上可以作为解毒、抗辐射的药物。

— 知识链接 —

γ- 谷胱甘肽

谷氨酸、半胱氨酸和甘氨酸组成的 GSH，第一个肽键由谷氨酸的 γ- 羧基与半胱氨酸的 α- 氨基脱水缩合而成，故又称为 γ- 谷胱甘肽（见下图）。其巯基（—SH）是功能基团，书写时着重强调，即 G—SH（G 代表谷氨酸，—SH 代表巯基）。

$$\underbrace{\overset{COO^-}{\underset{CH_2}{\overset{|}{\underset{|}{CHN^+H_3}}}}\text{—}CH_2\text{—}CH_2\text{—}\overset{O}{\overset{\|}{C}}\text{—}}_{\gamma\text{- Glu}}\underbrace{\overset{H}{\underset{}{N}}\text{—}\overset{\overset{SH}{|}{\underset{|}{CH_2}}}{\underset{}{CH}}\text{—}\overset{O}{\overset{\|}{C}}\text{—}}_{Cys}\underbrace{\overset{H}{\underset{}{N}}\text{—}CH_2\text{—}\overset{O}{\overset{\|}{C}}\text{—}OH}_{Gly}$$

（二）肽类激素

体内有些激素如加压素和缩宫素（催产素）为九肽、促甲状腺激素释放激素为三肽、促肾上腺皮质激素为三十九肽，为寡肽或多肽，在生长发育和繁殖等方面起重要作用。

（三）神经肽

神经肽，如脑啡肽为五肽、β-内啡肽为三十一肽、强啡肽为十七肽，它们在神经传导过程中起着转导信号的作用，临床上常用于镇痛治疗。

第二节　蛋白质的分子结构

虽然人体内构成蛋白质的基因编码氨基酸只有20种，但是它们可以在体内组成不同种类、结构以及功能的蛋白质。1952年，丹麦科学家K.U.Linderstrom-Lang将蛋白质分成四个层次，即一级、二级、三级、四级。其中一级结构是蛋白质的基本结构，也是二、三、四级结构的基础，二级、三级、四级结构称之为蛋白质的空间结构，它们决定蛋白质的生理功能。

一、蛋白质的一级结构

多肽链中氨基酸残基的排列顺序称为蛋白质的一级结构（primarystructure），其顺序由生物个体的遗传基因决定，是蛋白质的基本结构，如胰岛素的一级结构（图1-2）。肽键是维持蛋白质一级结构的化学键，故肽键是蛋白质的主键。在不同生物体之间，亲缘关系越近的物种，其一级结构相似度越高；亲缘关系越远的物种，其一级结构相似度越低。例如，酵母和人细胞色素C的一级结构只有35个氨基酸残基是相同的；人与猴的细胞色素C的一级结构只有1个氨基酸残基不同。

在功能上，具有不同功能的蛋白质其一级结构基本不同；具有相同功能的蛋白质其一级结构基本相似。如核糖核酸酶为一条多肽链构成的蛋白质，而胰岛素是有两条多肽链构成的蛋白质，结构上有很大的差异，功能上核糖核酸酶具有催化分解核酸的作用，胰岛素具有降低血糖的功能，两者功能明显不同。

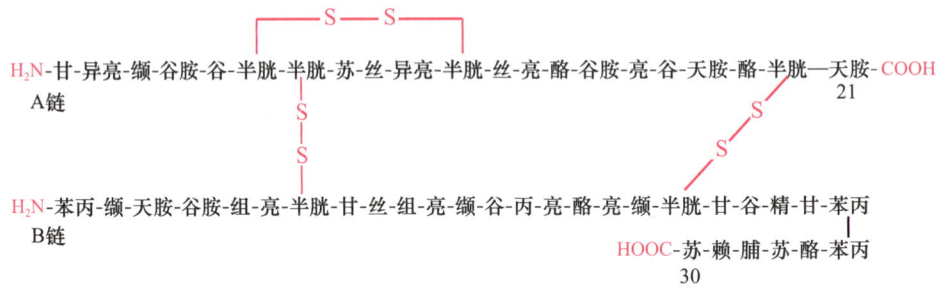

图1-2　人胰岛素的一级结构

二、蛋白质的空间结构

蛋白质的一级结构是空间结构的基础，而空间结构是蛋白质发挥功能的基础。因此，蛋白质通常以一级结构为基础，通过盘曲、折叠等方式形成二级、三级结构；有些蛋白质结构比较复杂，能够形成四级结构。通常我们把二级、三级和四级结构称之为空间结构或者高级结构。

（一）维持蛋白质空间结构的化学键或作用力

维持蛋白质空间结构的化学键或作用力主要为氢键、疏水键、离子键、范德华力、二硫键等。相对肽键而言，这些键都属于蛋白质分子中的次级键（图1-3）。

1. 氢键　主要由多肽链中主链酰基上的氧原子与亚氨基上的氢原子形成，其次是侧链间或侧链和主链间。

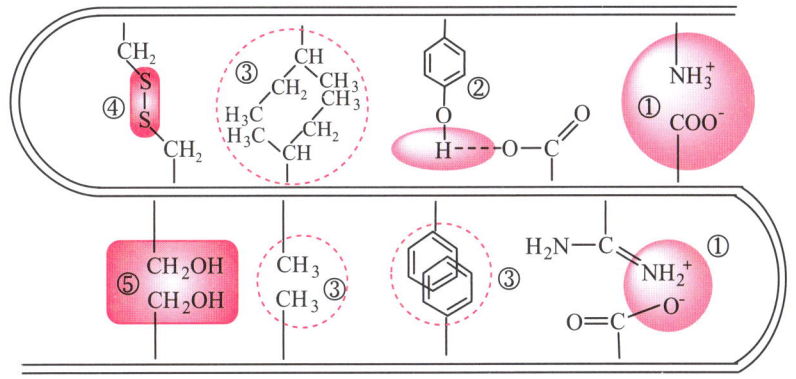

①离子键；②氢键；③疏水键；④二硫键；⑤范德华力

图 1-3　维持蛋白质空间结构的化学键

2. 疏水键　是蛋白质分子中一些疏水侧链因避开水而发生相互聚集在一起，通常分布在蛋白质分子内部。这样，蛋白质就会受到水分子的压缩作用力，称为疏水作用。

3. 离子键　蛋白质中的离子发生解离，相互之前形成的静电引力。

4. 范德华力　即构成蛋白质的各种原子、分子以及基团之间的相互作用力，即分子间作用力。

5. 二硫键　即两个半胱氨酸残基侧链上的巯基（—SH）氧化脱氢形成的键，为共价键，对维持蛋白质的三级结构尤为重要。

（二）蛋白质的二级结构

蛋白质的二级结构（secondary structure）是指蛋白质中某一段肽链中主链原子的局部空间排布，不包括肽段与肽段之间的位置关系及氨基酸残基的构象。

主链原子即肽键（—CO—NH—）中的 4 个原子和与它相邻的 2 个 α- 碳原子，这 6 个原子形成一个平面，我们称为肽平面。蛋白质的二级结构即是肽平面形成的结构（图 1-4）。

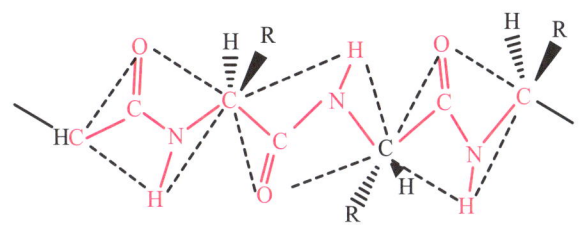

图 1-4　肽平面

从图 1-4 可以看出，平面之间被 α- 碳原子隔开，每个平面由 6 个原子构成。肽平面围 α- 碳进行折叠形成不同的二级结构，其稳定性主要由主链内和主链间的氢键维持。

生化史事

肽平面的发现

20 世纪 30 年代末，L. Pauling 和 R. B. Corey 应用 X 线衍射技术，发现构成肽平面 C、O、N、H 四个原子与它们相邻的两个 α- 碳原子（$C_{α1}$、$C_{α2}$）处在一个平面上，故称之为肽平面。其原理为肽平面上的 C-N 键因其部分双键性质而不能自由转动，$C_α$-N 和 $C_α$-C 键虽可旋转，但也不是完全自由的，因此它们在一起形成了一个平面。

天然蛋白质的二级结构的主要形式如下。

1. α-螺旋　α-螺旋（α-helix）由美国科学家L.Pauling和R.B.Corey于1951年提出，肽键平面围绕中心轴盘旋上升所形成的螺旋形构象（图1-5），有左手螺旋和右手螺旋之分。

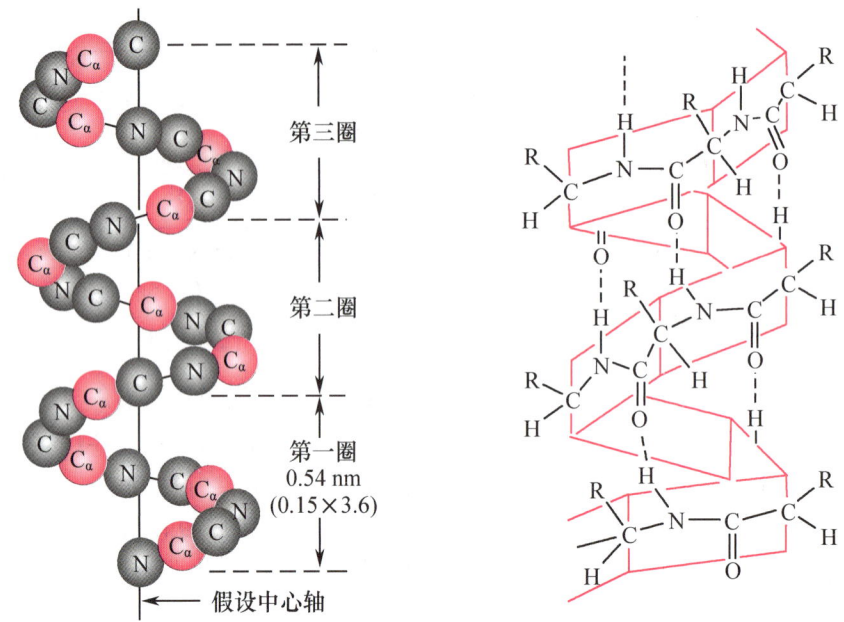

图1-5　蛋白质的α-螺旋

α-螺旋的结构有以下几个特征：

（1）局部多肽链中，以肽键平面为单位，α-碳原子为转折点螺旋形成。

（2）主链原子为螺旋的主体，侧链R基团伸向外侧。

（3）每3.6个氨基酸残基沿中心轴上升一圈（360°），垂直上升0.54 nm，单个氨基酸残基绕轴旋转100°，上升0.15 nm。

（4）邻近螺圈形成链内氢键，氢键的走向几乎与中心轴平行。

肽链中的所有肽键均可形成氢键，因此α-螺旋非常稳固。

2. β-折叠　又称β-片层（β-pleated sheet），也是由美国科学家L.Pauling和R.B.Corey提出的，即肽链处于较伸展、呈锯齿状的构型（图1-6）。其特点为：

（1）相邻肽键平面呈锯齿状折叠，氨基酸的侧链基团分别位于锯齿状结构的上下方（图1-6）。

（2）β-折叠有两种类型，一是平行式，即所有肽链的N端都在同一端；另一类是反平行式，即相邻肽段的走向相反。

（3）邻近肽链之间由氢键连接形成片状结构。所有的肽键都参与形成氢键，其结构稳定主要靠氢键维持。

3. β-转角　蛋白质多肽链出现180°回折，第一个和第四个氨基酸残基由氢键连接，这一转折构象称为β-转角（β-turn）。即第一个氨基酸残基的 >C＝O 与第4氨基酸残基的 -NH- 形成氢键。其稳定性由氢键维持（图1-7）。该结构可使多肽链折叠紧凑，常出现在球状蛋白质中。

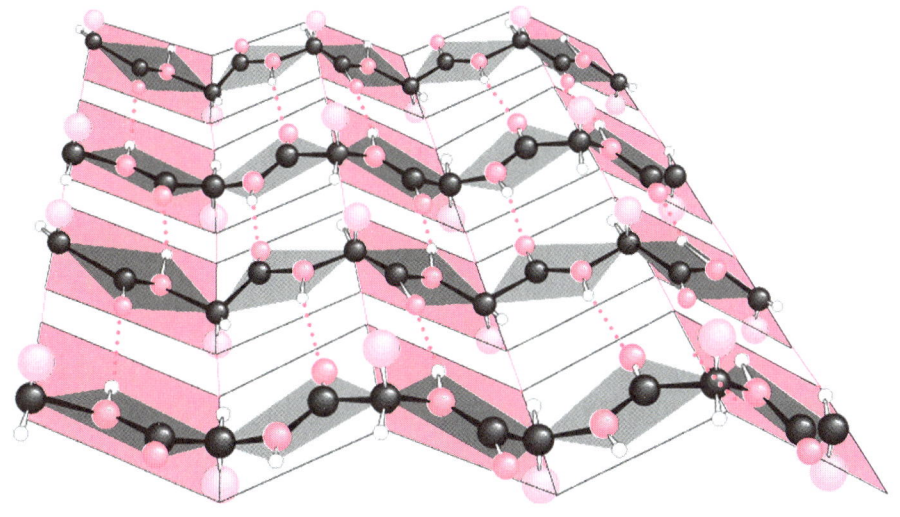

图 1-6 蛋白质的 β-折叠

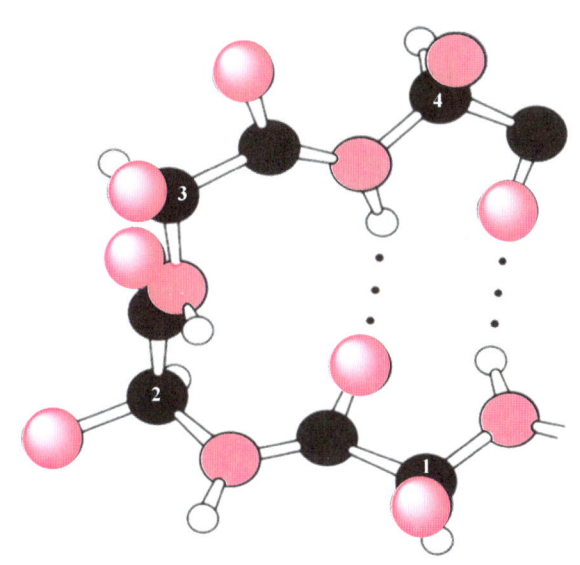

图 1-7 蛋白质的 β-转角

4. 无规卷曲 多肽链中氨基酸残基发生折叠、盘绕，形成没有规律性的片段，称之为无规卷曲（random coil），也称为无规线团。

（三）蛋白质的三级结构

蛋白质的三级结构（tertiary structure）是指多肽链以二级结构为基础，进一步盘曲、折叠形成的空间结构，即一条多肽链中所有原子的空间排布。如肌红蛋白是哺乳动物中运输氧的蛋白质，由一条多肽链构成，这条多肽链上的所有原子的相互空间排布即是一个完整的三级结构。

在上述蛋白质三级结构中，维持其空间结构的作用力主要为疏水键，其次为氢键、离子键和范德华力（van der Walls force）。生物体内有些三级结构会相互聚集，形成功能相关的部位，我们称为结构域（domain）。结构域通常是一些功能单位，在生物体内发挥着重要的生理功能。

（四）蛋白质的四级结构

蛋白质的四级结构（quarternarystructure）是指两条以上（包括两条）具有独立三级结构多肽链构成的蛋白质构象。每条多肽链为一个亚基（subunit）或单体，各亚基借助疏水作用（主要作用力）、离子键和氢键等作用力聚集在一起，形成蛋白质的四级结构。

具有四级结构的蛋白质，单独亚基无生物学活性，只有各个亚基聚集在一起形成完整四级结构的时候才具有生物学活性。一般蛋白质亚基的个数为偶数：具有两个相同亚基的蛋白质称为同二聚体，具有两个不同亚基的蛋白质称为异二聚体；含有十个亚基以内的蛋白质称为寡聚体，含有十个亚基以上的蛋白质称为多聚体。如血红蛋白（Hb）由 α 和 β 两种亚基构成（$α_2β_2$），有两条 α 链和 β 链，是一个四聚体。其结构如图 1-8。血红蛋白具有运输 O_2 和 CO_2 的功能，然而单独亚基无生物学活性，只有各个亚基聚集在一起形成完整四级结构的时候才具有生物学活性。

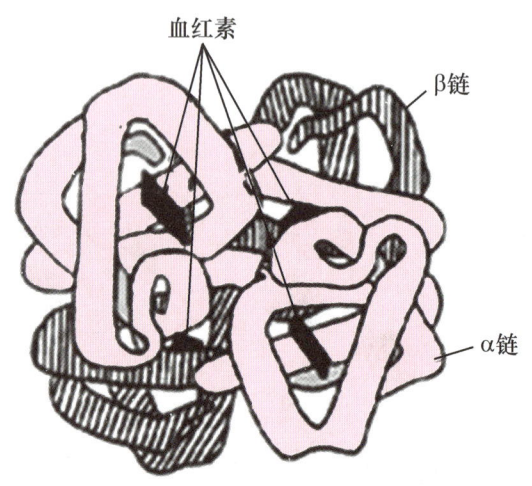

图 1-8 血红蛋白的四级结构模式图

三、蛋白质的结构与功能关系

我们知道，蛋白质的一级结构决定着其空间结构，而空间结构又决定着蛋白质的各种生理功能。因此，蛋白质的结构影响着其生理功能，其结构发生改变随之功能会发生改变。蛋白质的一级结构是空间结构的基础，与蛋白质的功能有着极其密切的关系。

（一）蛋白质一级结构与功能关系

一般来说，一级结构相差很远的蛋白质，其功能也截然不同。一级结构相近的蛋白质其功能也相似。例如，胰岛素的功能是降血糖，具有两条多肽链，由 A、B 两条肽链以二硫键连接而成；牛胰核糖核酸酶仅有一条多肽链构成（图 1-9），其功能是水解核酸，但两者在一级结构上差距很大。再如，不同生物体来源的胰岛素，一级结构相似（图 1-10），并且都具有降血糖的功能。如在猪、牛以及人的生物体内，胰岛素都具有降血糖的功能，它们在一级结构上基本相同，不同之处在于：与人的胰岛素结构相比，牛的胰岛素有两个氨基酸残基不同，猪的胰岛素有一个氨基酸残基不同。原因就是生物进化过程中所造成的种属间差异，但这种差异并不影响胰岛素分子功能结构域的形成和稳定，因而都具有降血糖的功能。临床上，由于人和猪胰岛素一级结构的差异仅在于 B 链第 30 位氨基酸残基的不同，因此可以用猪胰岛素治疗人的糖尿病。

可见，一级结构决定着蛋白质的功能，不同功能的蛋白质其一级结构不同，相同功能的蛋白质其结构基本相同。

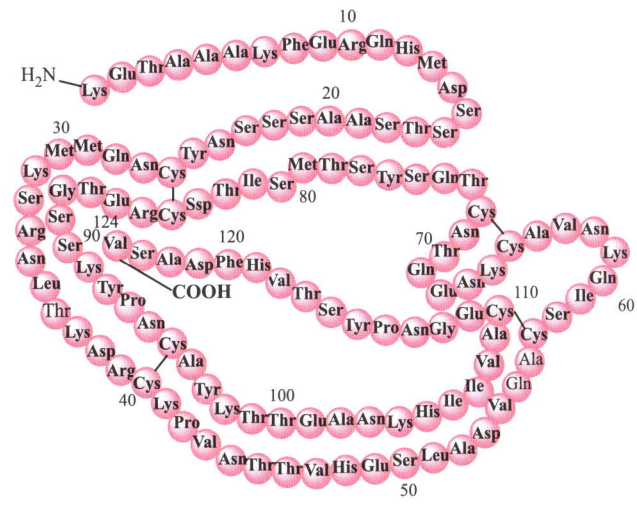

图 1-9 牛胰核糖核酸酶

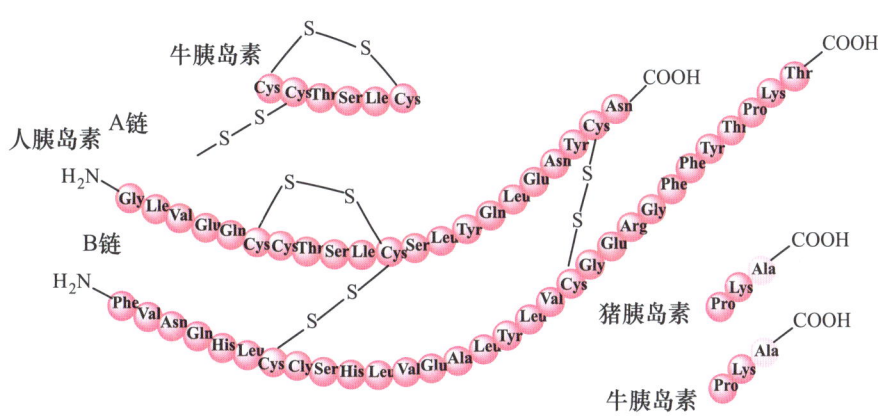

图 1-10 人、牛和猪的胰岛素

> **知识拓展**
>
> **镰状细胞贫血**
>
> 蛋白质一级结构变化可能会影响其生物学功能。如镰刀形红细胞贫血患者，其血红蛋白 S（hemoglubin S，HbS）一级结构的中第 6 个氨基酸，正常人的为生理条件下能带负电荷的谷氨酸，而患者的是非极性疏水性缬氨酸，仅此一个氨基酸残基的差异，就会导致使患者 Hb 结合氧的能力显著下降，出现溶血性贫血症状。

然而，蛋白质一级结构的改变不一定都使蛋白质失去生物学活性，有时这种改变是必要的——可使蛋白质从无活性状态转变为活性状态。如胰蛋白酶原的结构变化，详见第三章对酶原的介绍。

（二）蛋白质空间构象与功能的关系

蛋白质的一级结构是空间结构的基础；空间结构是其生物学活性的基础。空间结构改变时，蛋白质生物学活性也随之改变，如生物体内广泛存在的变构效应。

变构效应，即小分子物质与蛋白质分子结构中某个部位发生结合，引起蛋白质的空间构象发生变化，生物学活性发生改变的现象。引起该现象的小分子物质称为变构效应剂，发生的变化称为变构效应，与小分子结合的部位称为变构部位。如血红蛋白（Hb）在生物体内运输氧的过程中发生了空间结构的变构效应。Hb 在生物体内有两种状态：紧密型（T 型）和松弛型（R 型），两个构型发挥着运输氧的不同功能：R 型有利于 Hb 与氧的结合，T 型则相反。Hb 由 4 个亚基构成，每个亚基可以结合 1 分子氧，4 个亚基一共可结合 4 分子氧。这些亚基在肺泡和组织细胞间通过和氧的结合以及分离的状态变化，从而达到运输氧的目的。如当 Hb 随红细胞到达肺泡时，肺部的氧分压高，利于氧与血红蛋白亚基的结合，Hb 逐渐由 T 型转换为 R 型；当 Hb 随红细胞到达机体的各个组织时，由于组织处的氧被细胞呼吸作用消耗，导致氧分压低，氧与 Hb 亚基逐渐发生分离，Hb 逐渐由 R 型转换为 T 型。研究发现，Hb 分子只要有 1 个亚基与氧结合就会使其构象发生连续的变化，更加容易与氧结合。当结合氧的血红蛋白（HbO_2）在组织细胞处释放氧后，分子构象又恢复到 T 型（图 1-11）。Hb 通过这种构型的互变，实现运氧的功能。

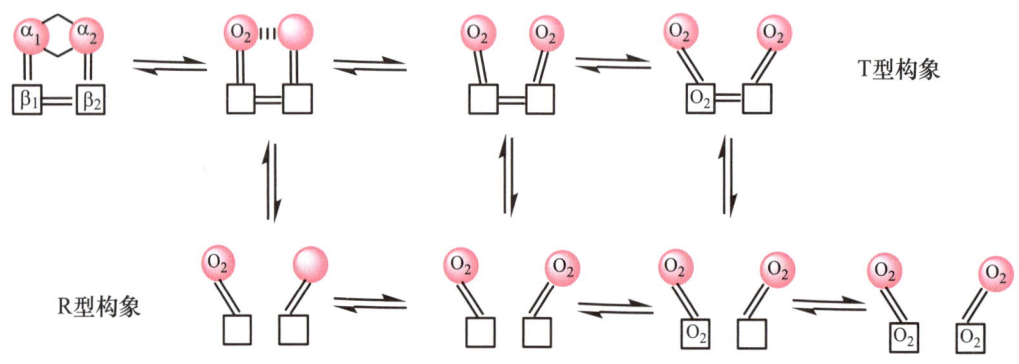

图 1-11　血红蛋白 T 型和 R 型构象的转变

第三节　蛋白质的理化性质

一、蛋白质的紫外吸收与呈色反应

（一）蛋白质的紫外吸收特征

蛋白质分子中常含有色氨酸、酪氨酸和苯丙氨酸残基，这些氨基酸具有共轭双键的结构，当受到紫外光照射时，具有吸收紫外光的性质，因此蛋白质在紫外光波长 280 nm 的照射下具有最大光吸收性质，可根据该性质进行蛋白质定量分析。

（二）蛋白质的呈色反应

蛋白质能与某些化学试剂作用产生颜色反应，称为蛋白质的呈色反应。可用于蛋白质的定性和定量分析。

1. 双缩脲反应　含两个或两个以上肽键的化合物（蛋白质、多肽）均能与碱性硫酸铜反应，呈现紫红或红色，称为双缩脲反应，而氨基酸不会发生这种反应。蛋白质呈色反应的深浅和蛋白质含量呈正比，可以用于蛋白质水解程度的检测，临床上检测血清中总蛋白的含量。

2. 酚试剂反应　蛋白质与磷钨酸和磷钼酸混合酚试剂反应，产生钼蓝色，称为酚试剂反应；该化合物在紫外光 540 nm 波长处有最大吸收峰，因此可利用紫外分光光度计检测蛋白质的含量。临床上常用来检测血清黏蛋白含量。

3. 茚三酮反应　蛋白质水解产生的氨基酸能够和茚三酮反应产生蓝紫色化合物，称为茚三酮反应。该蓝紫色化合物在紫外光 570 nm 处具有最大吸收峰,可以用来定量分析氨基酸的含量。

二、蛋白质的两性解离与等电点

蛋白质分子两端的 α- 氨基和 α- 羧基虽然都参与形成肽键,但是在蛋白质的侧链上仍然存在一些可电离的基团,如天冬氨酸和谷氨酸残基的 β- 羧基和 γ- 羧基、赖氨酸残基的 ε- 氨基、精氨酸残基的胍基和组氨酸残基的咪唑基等。在一定条件下,它们都可以带不同性质的电荷——在溶液中解离成阳离子或阴离子。因此可见,蛋白质是一种两性电解质,具有两性解离的性质。

蛋白质在溶液中,解离成正负离子的趋势、程度相等,即净电荷为零时,成为兼性离子,此时溶液的 pH 称为蛋白质的等电点(pI)。

当蛋白质溶液的 pH > pI 时,蛋白质带负电荷;当 pH < pI 时,蛋白质带正电荷;pH = pI 时,蛋白质不带电。

$$HOOC-Pr-NH_3^+ \underset{\text{酸}}{\overset{\text{碱}}{\rightleftharpoons}} {}^-OOC-Pr-NH_3^+ \underset{\text{酸}}{\overset{\text{碱}}{\rightleftharpoons}} {}^-OOC-Pr-NH_2$$

蛋白质阳离子　　　　　　　　　蛋白质兼性离子　　　　　　　　蛋白质阴离子
　pH<pI　　　　　　　　　　　　　 pH=pI　　　　　　　　　　　　　pH>pI

不同蛋白质可解离的基团种类和数目均不相同,因此其 pI 也会不同。人体内大多数蛋白质的 pI 在 pH 5.0 左右,生理条件下带负电荷,为弱酸性,在体内能够起到抵御碱性物质的作用,维持着人体的酸碱平衡。

三、蛋白质的胶体性质

蛋白质颗粒大小为 1~100 nm,具有胶体颗粒的性质,在水溶液中能够形成稳定的胶体溶液。而蛋白质胶体溶液之所以稳定,主要由两个因素决定:蛋白质分子表面的水化膜和同种电荷的斥力(图 1–12)。在某一 pH 环境中,可解离基团的解离使蛋白质分子的表面带上同种净电荷产生静电斥力;蛋白质表面的亲水基团与水产生水合作用,形成水化膜,从而使蛋白质分子相互隔开,不易聚集沉淀。

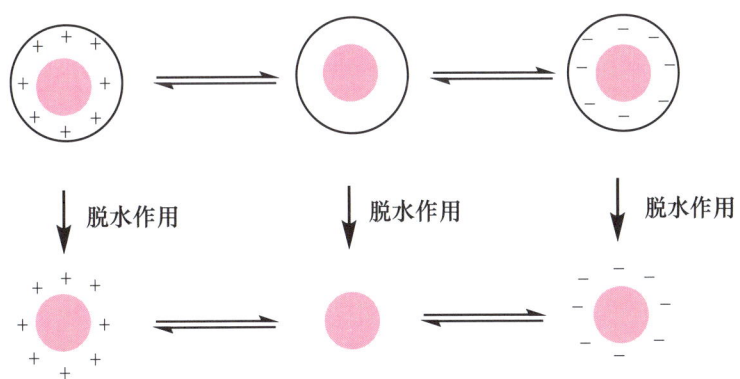

图 1–12　蛋白质胶体颗粒的状态

若蛋白质表面的水化膜、表面电荷遭到破坏,蛋白质颗粒就会因为重力作用而发生析出的现象,称为蛋白质的沉淀。蛋白质沉淀在工业生产、科学实验、临床医疗及生活中应用广泛。

四、蛋白质的变性作用

蛋白质在某些物理或化学因素作用下，严格的空间构象遭到破坏，导致其理化性质改变和生物活性丧失的现象，称为蛋白质的变性作用（denaturation）。

导致蛋白质变性的物理因素有加热、紫外线、超声波、剧烈搅拌及振荡等；化学因素有强碱、强酸、有机溶剂、胍、脲、重金属盐及生物碱试剂等。蛋白质发生变性作用主要是由于外界理化因素破坏了维持蛋白质空间结构的次级键，致使蛋白质的构象改变或破坏，这一变化过程不涉及维持蛋白质一级结构稳定的共价键改变。

变性的蛋白质肽链伸展，疏水基团暴露，亲水能力和溶解度下降，伴随着黏度增加，生物学活性丧失，在溶液中容易发生沉淀。变性的蛋白质结构疏松，易被蛋白酶分解，故煮熟的蛋白质易于消化。

蛋白质的变性作用应用广泛。如科研上制备活性蛋白质，要防止其变性；医院或家庭消毒，可利用加热等方式促使细菌菌体和病毒外壳蛋白质变性失活。可见，蛋白质的变性作用在生活、科研、临床等方面具有重要的应用价值。

五、蛋白质的沉淀

蛋白质分子聚集从溶液中析出的现象称为蛋白质沉淀，蛋白质沉淀主要有以下方法。

（一）盐析法

这种向蛋白质溶液中加大量的中性盐，使蛋白质溶解度降低而沉淀的方法称为盐析（salting out）。常用的中性盐有氯化钠、硫酸铵、硫酸钠等。其原理是，向蛋白质溶液中加入中性盐，随着中性盐的溶解，解离的离子既可以破坏蛋白质表面的水化膜，又能够中和蛋白质表面的电荷，从而导致蛋白质稳定的因素遭到破坏，进而发生沉淀。该过程的特点是能够保持沉淀蛋白质的空间结构，进而保留蛋白质的生物学活性，在科学实验或临床上有很好的应用价值。

（二）有机溶剂沉淀法

除中性盐外，有机溶剂、重金属盐、生物碱试剂及某些有机酸都能引起蛋白质沉淀，不过，这几类沉淀剂常造成蛋白质变性失活。

向蛋白质溶液中加入与水互溶的有机溶剂（如乙醇、丙酮、甲醇等），可以使蛋白质溶液发生沉淀。其原理是有机溶剂能够破坏蛋白质表面的水化膜，同时降低溶液的介电常数，从而导致蛋白质易于聚集沉淀。有机溶剂能够破坏蛋白质的空间结构，如一些次级键，这样蛋白质的空间结构就会发生改变或破坏。其活性随之受到影响，大多会遭到破坏，而失去活性。因此，利用有机溶剂法沉淀活性蛋白质，应在低温、短时（尽量控制蛋白质和有机溶剂接触的时间，减少破坏作用）条件下操作，并及时去除有机溶剂，尽最大可能保持蛋白质的活性。

（三）重金属盐沉淀法

当溶液 pH 大于蛋白质的等电点时，蛋白质解离成阴离子，可以和重金属离子（如 Cu^{2+}、Ag^+、Pb^{2+} 等）结合生成不溶性复合物发生沉淀，最终使蛋白质失活。临床上抢救重金属盐中毒的患者，可以给患者口服（有时候需要借助外力给患者灌注）牛奶、豆浆、鸡蛋清等。让重金属离子和这些蛋白质结合形成复合物，然后催吐排出体外，从而减少重金属对体内蛋白质的破坏，起到抢救中毒患者的作用。

（四）生物碱试剂沉淀法

当溶液 pH 小于蛋白质的等电点时，蛋白质解离成阳离子，易与生物碱试剂结合形成不溶性复合物而发生沉淀。常见的生物碱试剂有鞣酸（也称单宁）、苦味酸（2,4,6-三硝基酚）、磷钨酸、磷钼酸、三氯乙酸等。这些酸解离时带负电荷，与蛋白质阳离子结合生成不溶物而沉淀。该类反应灵敏，极微量的蛋白质就能发生沉淀反应，故常用于尿液、体液中蛋白质的定性分析。

第四节 蛋白质的分类

一、按蛋白质的化学组成分类

按蛋白质化学组成的特点，可将蛋白质分为单纯蛋白质（simple protein）和结合蛋白质（conjugated protein）。

（一）单纯蛋白质

蛋白质分子中只含有氨基酸，称为单纯蛋白质。如清蛋白、谷蛋白、精蛋白、组蛋白等。

（二）结合蛋白质

顾名思义，结合蛋白质中除了含有氨基酸，还含有非氨基酸成分。如糖蛋白、核蛋白、脂蛋白等。

二、按蛋白质的分子形状分类

根据蛋白质分子形状的不同，可将其分为球状蛋白质和纤维状蛋白质两大类。

（一）球状蛋白质

凡是空间结构的长、短轴之比小于 10 的蛋白质称球状蛋白质，通常这类蛋白质为近似球形或椭圆形。如转运蛋白、血红蛋白、免疫球蛋白等。

（二）纤维状蛋白质

凡是空间结构的长、短轴之比大于 10 的则称为纤维状蛋白质。如结缔组织中的胶原蛋白、弹性蛋白等。

三、按蛋白质的功能分类

在生物体内，蛋白质承担着各种各样的生命活动。如生物体内绝大多数代谢反应基本都是在蛋白质催化下进行的；体内一些脂类物质需要依靠蛋白质帮助进行运输；运动员需要借助肌动蛋白和肌球蛋白进行肌肉运动等。因此，根据蛋白质的功能，我们可以把蛋白质分成如下种类，见表 1-2。

表 1-2 蛋白质的功能分类

生物学功能	蛋白质
结构蛋白	胶原蛋白
运动蛋白	肌动蛋白
防护蛋白	免疫球蛋白
运输蛋白	清蛋白
催化蛋白	酶
激素调节蛋白	肾上腺激素
信号相关蛋白	钙调蛋白
基因调控蛋白	基因转录因子

（宫路路）

本章知识导图

- **蛋白质**
  - **蛋白质的分子组成**
    - 蛋白质的元素组成：主要元素 C、H、O、N，大部分蛋白质含有 S。有些蛋白质还含有少量的 P、I、Mo、Fe、Mn、Zn、Cu、Co 等元素
    - 蛋白质的基本组成单位：氨基酸构成蛋白质，是其基本单位。常见蛋白质氨基酸可根据侧链 R 基性质的不同，分为非极性疏水性氨基酸、极性中性氨基酸、极性酸性氨基酸和极性碱性氨基酸四类
    - 肽键与肽：氨基酸通过肽键连接而成肽，多个氨基酸相连形成多肽；多肽具有方向性
    - 生物活性肽：由少数个氨基酸形成的多肽具有一定的生理活性，参与生长发育等生命活动
  - **蛋白质的分子结构**
    - 蛋白质的一级结构：蛋白质一级结构为其氨基酸残基的排列顺序，是蛋白质空间结构的基础
    - 蛋白质的空间结构：多数蛋白质具有二、三级，甚至四级空间结构，每个层次的结构其所包含的元素及其稳定因素各不相同
    - 蛋白质结构与功能的关系：蛋白质一级结构决定其空间结构，而空间结构决定其生物学功能
  - **蛋白质的理化性质**
    - 蛋白质的紫外吸收与呈色反应：蛋白质可发生双缩脲反应、酚试剂反应、茚三酮反应而产生相应的颜色，可用于蛋白质的定性和定量测检
    - 蛋白质的两性解离与等电点：蛋白质的两端以及侧链具有氨基、羧基等两性基团，具有两性解离的性质，其在溶液中净电荷为零的时候，此时的溶液 pH 即是其等电点
    - 蛋白质的胶体性质：蛋白质颗粒大小为 1~100 nm，具有胶体性质。其表面通常会产生水化膜和同种电荷，具有增加其水溶液稳定性的作用
    - 蛋白质的变性作用：蛋白质在外界物理因素或化学因素下，空间结构遭到破坏，导致理化性质改变功能丧失的现象，称为蛋白质的变性作用。如生物碱试剂、重金属盐、脲、胍、有机溶剂、强酸、强碱等化学因素；振荡及剧烈搅拌、超声波、紫外线、加热等物理因素
    - 蛋白质的沉淀：蛋白质分子聚集从溶液中析出的现象，有盐析法、有机溶剂沉淀法、重金属盐沉淀法等
  - **蛋白质的分类**
    - 按蛋白质的化学组成分类：可分为单纯蛋白质和结合蛋白质
    - 按蛋白质的分子形状分类：可分为球状蛋白质和纤维状蛋白质
    - 按蛋白质的功能分类：可分为结构蛋白、运动蛋白、运输蛋白、催化蛋白等

第二章

维 生 素

知识目标

1. 归纳
   维生素的概念及分类，维生素的主要生理功能及相应的缺乏症。
2. 说出
   维生素与辅酶的关系，引起维生素缺乏的原因。
3. 知道
   维生素的结构特点、性质和主要来源。

第一节 维生素的概念

一、维生素的命名与分类

维生素（vitamin）是维持机体正常生命活动所必需，但体内不能合成或合成量很少、必须由食物供给的一类小分子有机化合物。维生素在体内既不能参与构成各种组织成分，也不是体内的能源物质，但在调节物质代谢和维持正常生理功能等方面起着重要作用。已知绝大多数维生素作为酶的辅酶或辅基的组成成分，在物质代谢中起重要作用。

（一）命名

维生素通常按照它们被发现的先后，依字母排列顺序命名。例如维生素A、维生素B、维生素D、维生素E等。也可以根据它们的化学结构特点或生理功能来命名，如硫胺素、抗癞皮病维生素等。有些维生素，特别是B族维生素，开始发现时认为是一种，后经证明是多种维生素的混合物，命名是在其字母右下角标注1、2、3等数字加以区别，如维生素B_1、B_2等。

（二）分类

维生素是一类小分子化合物，它们在化学结构上无共性，有脂肪族、芳香族、脂环族、杂环族和甾类化合物，通常根据其溶解性质将其分为脂溶性维生素（lipid-soluble vitamin）和水溶性维生素（water-soluble vitamin）两大类。脂溶性维生素主要有维生素A、D、E、K四种。水溶性维生素主要包括维生素B_1、B_2、B_6、PP、泛酸、生物素、叶酸、维生素B_{12}和维生素C等。水溶性维生素除维生素C外，统称为B族维生素。

二、维生素的缺乏与中毒

维生素是人体必需且量很少的有机化合物，正常人每天需要量以 mg 或 pg 计算，当人体缺乏某种维生素时，可使物质代谢障碍和出现生理功能紊乱，产生维生素缺乏病（avitaminosis）。如维生素 A 缺乏时，可导致夜盲症、干眼病。

生化史事

维生素的发现

英国生物化学家霍普金斯（Hopkins），1906 年提出佝偻病及坏血病是缺乏必要的营养素所致。1921 年通过动物实验证实，以糖、脂肪、蛋白质和无机盐配制的人工膳食，动物不能正常生长，而加入少量新鲜牛奶后则能生长，发现肉汁、牛奶中都含有动物生长和代谢所必需的微量有机物，称为维他命（vitamin），提出了维生素学说，因此，获得了 1929 年诺贝尔生理学或医学奖。

荷兰科学家 Eijkman 因发现了防治脚气病的维生素 B_1，于 1929 年共同获得该奖项。

第二节 脂溶性维生素

维生素 A、D、E、K 不溶于水而溶于脂溶性溶剂中，故将它们称为脂溶性维生素。在天然食物中它们常与脂类共存，因此在肠道吸收时也常与脂类的吸收密切相关。当脂类吸收障碍时脂溶性维生素吸收也相应减少，严重时可引起缺乏症。由于脂溶性维生素不能从肾排出，长期大量摄入时，可导致体内积存过多而引起中毒。

一、维生素 A

（一）化学性质

维生素 A 是一类含有 β-白芷酮环的不饱和一元伯醇，又称抗干眼病维生素。天然维生素有 A_1 和 A_2 两种。A_1 在脂环上的 3 位上比 A_2 少一个双键，故 A_1 又称视黄醇，A_2 称为脱氢视黄醇。A_1 和 A_2 的生理功能相同，但 A_2 的生理活性只有 A_1 的一半。维生素 A 的侧链上都含有 4 个双键，能形成多种顺反异构体，其中最为重要的是 9-顺型和 11-顺型（图 2-1）。维生素 A 只存在于动物性食物（肝、蛋、肉）中，其中 A_1 存在于哺乳动物和海鱼的肝，A_2 存在于淡水鱼的肝。植物中不存在维生素 A，但含有多种胡萝卜素，其中以 β-胡萝卜素最为重要，在小肠黏膜细胞内被加氧酶催化可生成 2 分子视黄醇（图 2-2）。这种本身不具有维生素活性，但在体内能转变成维生素的物质称为维生素原，所以胡萝卜素也叫维生素原。

（二）生理功能

1. 构成视觉细胞感光物质　人眼视网膜中有两种感光细胞，即感受强光的锥状细胞和感受弱光的杆状细胞，其中视杆状细胞内的感光物质为视紫红质，由 11-顺视黄醛与视蛋白构成，对弱光敏感，与暗视觉有关。当视紫红质吸收光子时，视紫红质中的 11-顺视黄醛迅速异构化为全反视黄醛与视蛋白分离，这一光异构变化引起视杆细胞膜上 Ca^{2+} 通道开放，Ca^{2+} 内流引发神经冲动，传导至大脑皮质产生视觉（图 2-3）。维生素 A 缺乏时，11-顺视黄醛的量不足，视杆细胞合成视紫红质的量减少，对弱光敏感度降低，使暗适应时间延长，严重缺乏时可造成夜盲症。

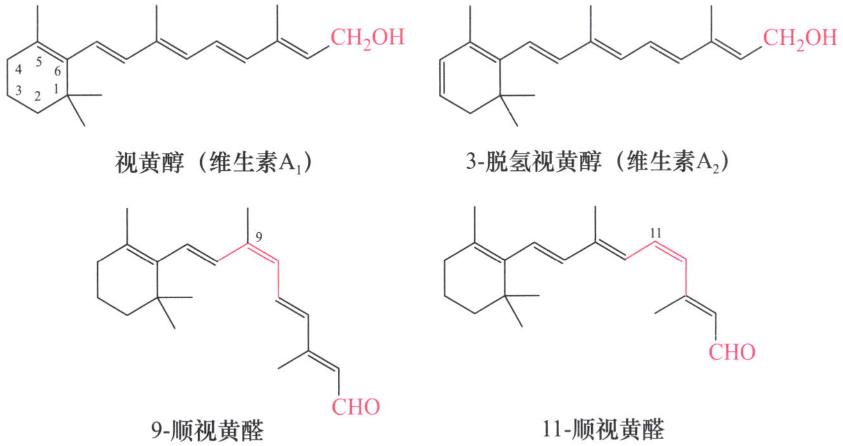

视黄醇（维生素A₁）　　　　　3-脱氢视黄醇（维生素A₂）

9-顺视黄醛　　　　　　　　　11-顺视黄醛

图2-1　维生素A的结构式

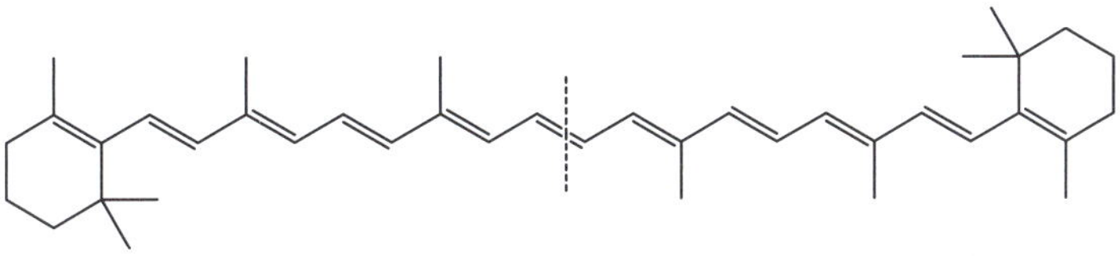

图2-2　β-胡萝卜素的结构式

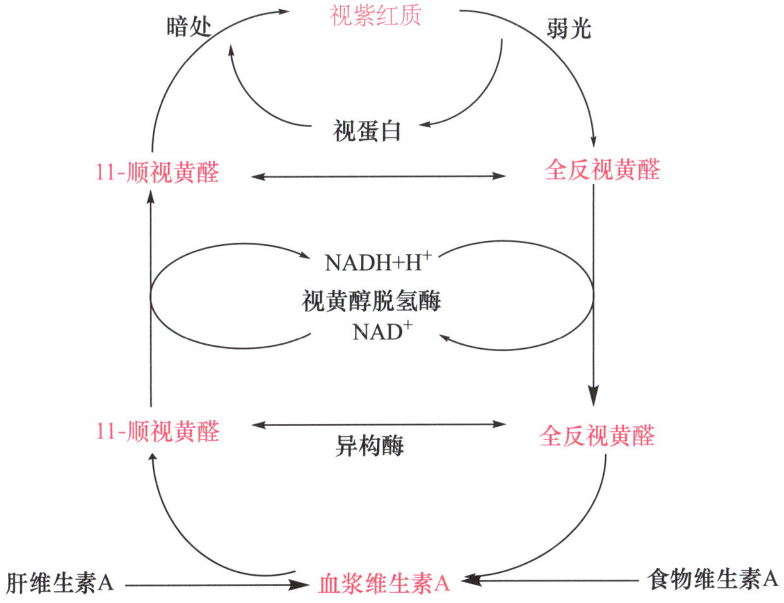

图2-3　视紫红质的视觉循环

2. 维持上皮细胞结构的完整性　维生素A可促进上皮细胞糖蛋白的合成，后者是维持上皮组织健全和完整所必需的物质。缺乏维生素A时，黏液分泌减少，上皮组织干燥、增生和过度角化，其中影响最为显著的是眼、呼吸道、消化道、尿道及生殖道等的黏膜上皮。如泪腺上皮细胞不健全可出现泪液分泌减少，导致干眼病。

3. 促进生长、发育及生殖　维生素A可与细胞核内受体结合，调控基因表达组织分化而影响细胞生长、分化。当维生素A缺乏时，儿童生长、发育迟缓，骨骼及神经发育不良，成人生殖功能减退等。

4. 抑癌、抗氧化作用　流行病学调查和动物实验表明，维生素A的摄入与癌症的发生呈负相关，维生素A及其衍生物可诱导肿瘤细胞分化，减轻致癌物质的作用。维生素A和胡萝卜素是机体一种有效的抗氧化剂，具有清除自由基和防止脂质过氧化的作用。

因维生素A可在肝中积存，故长期大量服用会引起中毒。维生素A中毒多见于服用鱼肝油或维生素AD滴剂过多的1~2岁的婴幼儿。中毒症状主要表现有毛发易脱、皮肤干燥、烦躁、厌食、恶心、腹泻，以及肝脾大等。

知识拓展

维生素A衍生物全反式维A酸的抗肿瘤作用

全反式维A酸（ATRA）是维生素A的一种天然衍生物，用于白血病的治疗。由中国科学家王振义院士在20世纪80年代提出，是目前国内治疗急性早幼粒细胞白血病（APL）的临床首选化疗药物之一。王振义院士因此获得2010年度国家最高科学技术奖，并于2012年获得全美癌症研究基金会颁发的第七届捷尔吉癌症研究创新成就奖。

二、维生素D

（一）化学性质

维生素D是类固醇衍生物，具有环戊烷多氢菲结构，具有抗佝偻病作用，故称为抗佝偻病维生素。天然维生素D有两种：维生素D_2（麦角钙化醇）及维生素D_3（胆钙化醇），两者结构相似，维生素D_2仅在侧链上多一个甲基和一个双键。不论维生素D_2或D_3，本身都没有直接的生物活性，它们必须在体内进行一定的代谢转化，才能生成活性的化合物，即活性维生素D。

植物油或酵母中的麦角固醇在紫外线照射下被激活，分子内B环断裂，转变为可被人体吸收的维生素D_2，人体在肠道、肝及皮下含有胆固醇，经脱氢变成7-脱氢胆固醇，并贮存于皮下，在紫外线照射下异构化为维生素D_3（图2-4），这是人体内维生素D的主要来源。因此，经常晒太阳和户外活动是预防维生素D缺乏的重要措施。

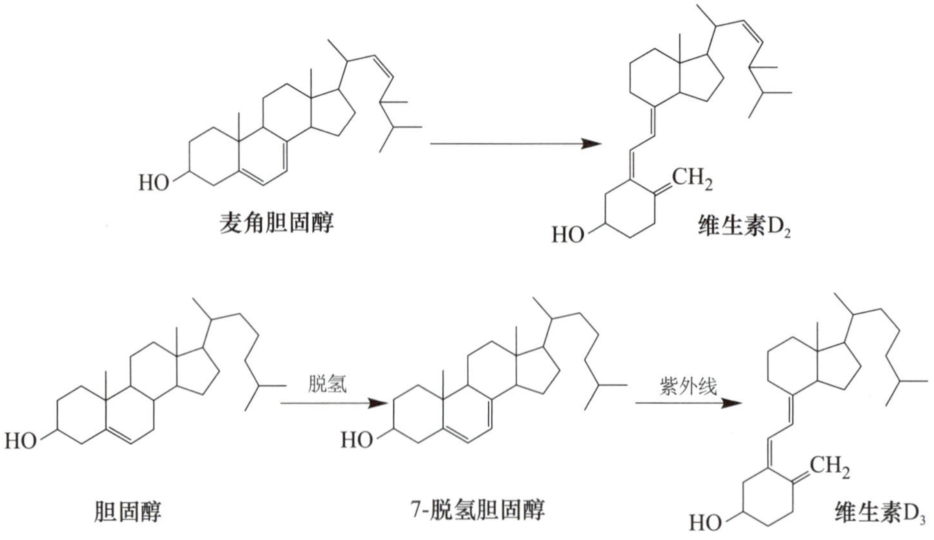

图2-4 维生素D_2、D_3的生成及其结构

（二）生理功能

维生素D的生理功能主要是促进小肠对钙、磷的吸收，促进肾小管对钙、磷的重吸收，

提高血浆中钙、磷浓度，有利于骨的生长、发育和更新。缺乏维生素 D_3 时，肠道钙、磷吸收受阻，婴幼儿易患佝偻病，成人尤其是孕妇和哺乳期的妇女易发生骨软化症，老年人易患骨质疏松症，易发生骨折。但是如果大剂量久用，可发生维生素 D 中毒，表现为食欲缺乏、恶心、呕吐、腹泻等，严重时可造成骨破坏、异位钙化、肾结石等。

三、维生素 E

（一）化学性质

维生素 E 又名生育酚，是 6– 羟基苯骈二氢吡喃的衍生物。天然存在的维生素 E 根据化学结构可分为生育酚及生育三烯酚两类，每类又各包括 α、β、γ 及 δ 四种异构体，其区别在于苯环上甲基位置和数目不同，其中以 α– 生育酚活性最大，δ– 生育酚抗氧化作用最强。维生素 E 结构如图 2–5 所示。

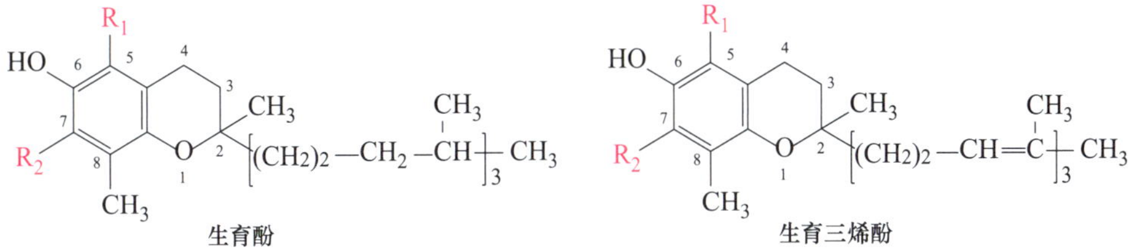

	R_1	R_2
α-生育酚（α-生育三烯酚）	$-CH_3$	$-CH_3$
β-生育酚（β-生育三烯酚）	$-CH_3$	–H
γ-生育酚（γ-生育三烯酚）	–H	$-CH_3$
δ-生育酚（δ-生育三烯酚）	–H	–H

图 2–5 生育酚及其生育三烯酚的化学结构

维生素 E 主要存在于植物油中，为淡黄色油状物，具有特异的紫外吸收光谱（λ=295 nm），在无氧状况下能耐高热，当温度高至 200 ℃也不被破坏，并对酸和碱有一定抗力，但对氧却十分敏感，是一种有效的抗氧化剂。

（二）生理功能

1. 抗不育功能 维生素 E 与胚胎发育和动物生殖功能有关。尽管目前还未发现维生素 E 与人类生殖的确凿证据，但临床上常用维生素 E 治疗先兆流产及习惯性流产。

2. 抗氧化作用 维生素 E 作为脂溶性的抗氧化剂和自由基清除剂，能对抗生物膜磷脂众多不饱和脂肪酸的过氧化反应，避免脂质过氧化物的产生，从而保护生物膜的结构与功能，是体内最重要的抗氧化剂。维生素 E 与谷胱甘肽、硒、维生素 C 等其他抗氧化剂协同作用，能更加有效地清除自由基。

3. 促进血红素代谢 维生素 E 能提高血红素合成的关键酶——δ– 氨基 –γ– 酮戊酸（ALA）合成酶和 ALA 脱水酶活性，促进血红素合成。研究证明，当人体血浆维生素 E 水平低时，红细胞增加氧化性溶血，若供给维生素 E 可以延长红细胞的寿命。这是由于维生素 E 具有抗氧化剂的功能，保护红细胞膜不饱和脂肪酸不受氧化破坏，因而防止红细胞破裂造成溶血。

维生素 E 一般不易缺乏，在消化道疾病，脂类吸收障碍时会出现维生素 E 缺乏，表现为红细胞膜脆性增加、贫血，偶可引起神经障碍。

四、维生素 K

（一）化学性质

维生素 K 是 2– 甲基 –1,4– 萘醌的衍生物，具有促进凝血的功能，又称为凝血维生素。常见的天然维生素 K 有 K_1 和 K_2 两种，K_1 主要存在于绿色植物中，K_2 由肠道菌合成，它们对胃黏膜刺激性较大。临床上作为药用的维生素 K 是人工合成的 K_3（亚硫酸氢钠甲萘醌）和 K_4（二乙酰甲萘醌），能溶于水，可供口服或注射。肝、鱼、肉和菠菜、青菜等绿色蔬菜中含有丰富的维生素 K。维生素 K 的结构如图 2–6 所示。

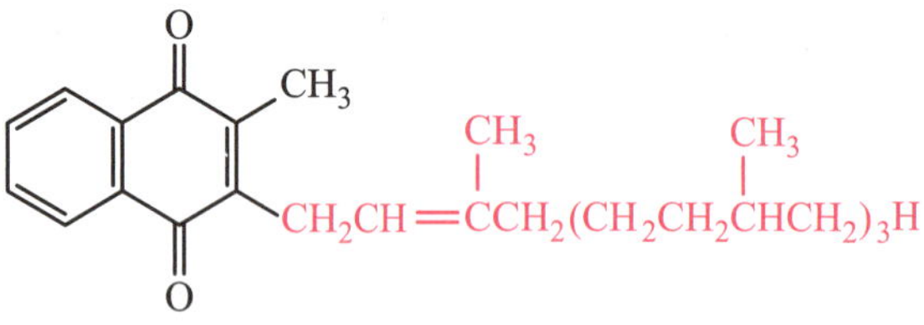

维生素K_1

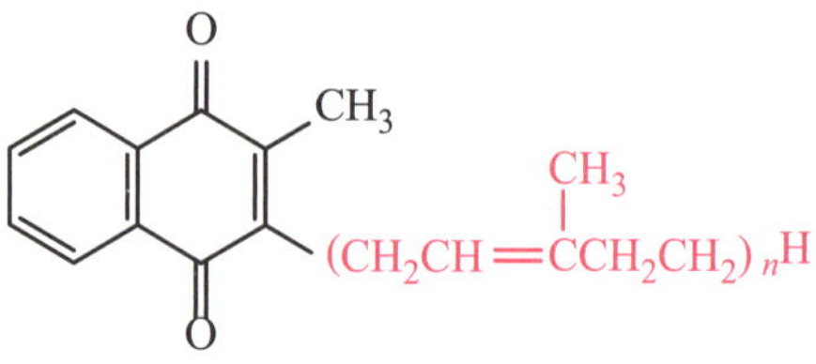

维生素K_2（n=6、7或9）

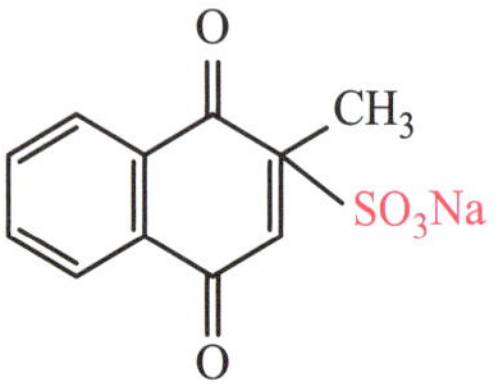

维生素K_3（2-甲基-1,4-萘醌）
（亚硫酸氢钠甲萘醌）

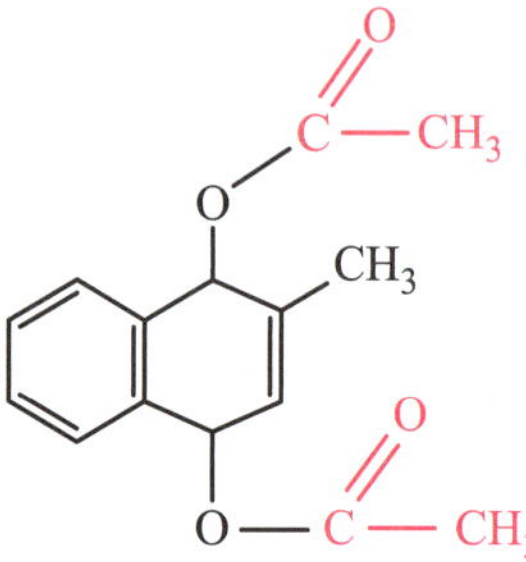

维生素K_4（二乙酰甲萘醌）

图 2–6　维生素 K 的化学结构

知识拓展

新生儿颅内出血

新生儿维生素 K 缺乏，极容易导致颅内出血、消化道出血、呕血、便血，甚至死亡。这种情况多发生在早产、难产、多胎的新生儿上。儿科学中，将自出生后脐带结扎起至刚好满 28 天为止称为新生儿期。由于孕母维生素 K 通过胎盘量较少，而母亲产前肝功能不好、有血液系统疾病、常服用避孕药等都是导致维生素 K 缺乏的诱因。人体维生素 K 的来源主要通过饮食和肠道内细菌合成。由于母乳中维生素 K 含量只有牛乳的二十分之一，加上新生儿出生时肠道无细菌，合成维生素 K 少。新生儿有先天性肝胆疾病等是造成维生素 K 缺乏的主要原因。但自 20 世纪 60 年代开始对初生婴儿常规注射维生素 K_1 后，新生儿出血症已少见。

（二）生理功能

1. 促进血液凝固　维生素 K 促进肝合成凝血酶原（凝血因子Ⅱ）以及凝血因子Ⅶ、Ⅸ、Ⅹ，并使凝血酶原转变为凝血酶，从而加速血液凝固。其生化机制是肝细胞内质网中以维生素 K 为辅酶的 γ– 羧化酶，能催化前凝血酶原的氨基末端肽链中某些谷氨酸残基进行羧化，生成 γ– 羧基谷氨酸残基（Gla）而转变为凝血酶原，Gla 具有很强的螯合 Ca^{2+} 的能力，这种结合使凝血酶原被体内蛋白酶水解而激活，转变成有活性的凝血酶（凝血因子Ⅱ）。其他凝血因子也同样需要 γ- 羧化酶来促进其谷氨酸残基的羧化。缺乏维生素 K 时，上述各凝血因子均减少，致使凝血时间延长，易发生皮下、肌肉及胃肠出血。

2. 参与骨盐代谢　骨及其他骨化组织中也存在维生素 K 依赖性蛋白质，被称为骨钙蛋白，其分子中含有 3 个 γ- 羧基谷氨酸残基，它与 Ca^{2+} 结合而参与调节钙盐沉积、骨盐结晶的多型性与骨中无机盐的转换，而且与钙代谢密切相关。

因肠道菌能合成维生素 K，所以一般情况下不会缺乏。长期服用广谱抗生素和肠道梗阻以及其他伴随肠道脂肪吸收减退的种种原因，都会造成维生素 K 缺乏。维生素 K 不能通过胎盘，新生儿无肠道菌，有可能出现维生素缺乏。维生素 K 缺乏时，上述凝血因子的合成和活化障碍，凝血时间延长，易发生皮下及组织出血。

第三节　水溶性维生素

水溶性维生素是人体重要的微量营养物质，它们的主要功能是作为辅酶参与体内物质代谢。水溶性维生素的化学结构彼此间悬殊，除钴胺素（维生素 B_{12}）外，均可在植物中合成。它们在人体内基本不能贮存，浓度超过其肾阈值时，即随尿排出，很少有中毒现象发生，另外机体基本不能合成，必须由膳食补充，如持续摄入量过低，易造成体内缺乏，并致代谢异常。

一、维生素 B_1

（一）化学性质

维生素 B_1 分子由含硫的噻唑环及含氨基的嘧啶环两部分组成，故又名硫胺素。维生素 B_1 主要分布在谷类、豆类的表皮和胚芽中，如米糠中含量丰富，酵母中含量亦很高。维生素 B_1 为白色结晶，在水中溶解度较大，在碱性溶液中加热极易分解破坏，而在酸性溶液中即使加热到 120 ℃也不被破坏。因此烹调食物时加碱或淘米过度，易使其水解破坏或丢失。

维生素 B_1 在体内的活化形式是硫胺素焦磷酸（thiamine pyrophosphate，TPP）。TPP 是维生素 B_1 在体内经硫胺素激酶催化，与 ATP 作用生成的产物（图 2-7）。

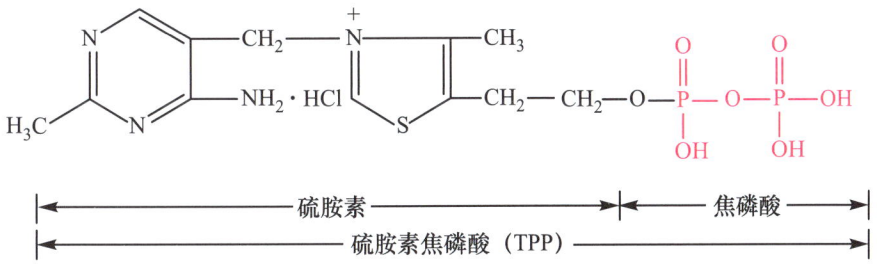

图 2-7　硫胺素及焦磷酸酯的结构

（二）生理功能

1. TPP 是 α- 酮酸氧化脱羧酶系的辅酶之一　TPP 参与糖代谢过程中 α- 酮酸（丙酮酸、α- 酮戊二酸）氧化脱羧反应。维生素 B_1 缺乏可导致 TPP 合成不足，丙酮酸的氧化脱羧受阻，使机体特别是神经组织能量供给不足，并伴有丙酮酸、乳酸堆积，表现为手足麻木、肌肉萎缩、心力衰竭、下肢水肿和神经功能减退等症状，统称为脚气病。及时补充维生素 B_1 能改善症状，治愈疾病，因此维生素 B_1 被称为抗脚气病维生素。

2. **TPP 是转酮醇酶的辅酶**　TPP 作为转酮醇酶的辅酶，参与磷酸戊糖代谢途径。

3. **维生素 B_1 可抑制胆碱酯酶的活性**　乙酰胆碱是一种兴奋性神经递质，胆碱酯酶能催化其水解生成乙酸和胆碱。当缺乏维生素 B_1，胆碱酯酶活性增强，乙酰胆碱水解加速，神经传导受到影响，导致消化液分泌减少，胃肠蠕动缓慢，表现为食欲缺乏，消化不良等消化功能障碍。故临床上常用维生素 B_1 治疗神经炎、食欲缺乏、消化不良等疾病。

二、维生素 B_2

（一）化学性质

维生素 B_2 是核糖醇和 7,8- 二甲基异咯嗪的缩合物，其水溶液呈黄绿色荧光，故又名核黄素（riboflavin）。

维生素 B_2 分布甚广，蔬菜、黄豆、小麦及动物的肝、肾、心脏及乳中含量较多，酵母中含量也很丰富。维生素 B_2 在酸性溶液中稳定，耐热，但易被碱和可见光分解破坏。

维生素 B_2 在体内的活性形式是黄素单核苷酸（flavin mononucleotide，FMN）和黄素腺嘌呤二核苷酸（flavin adenine dinucleotide，FAD）（图 2-8）。

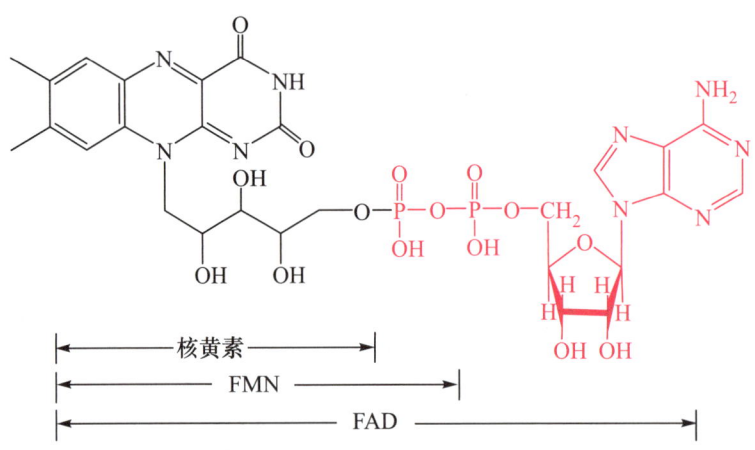

图 2-8　维生素 B_2 及其辅基（FMN、FAD）的结构

（二）生理功能

FMN 和 FAD 是多种黄素蛋白酶的辅基，参与体内多种氧化还原反应。二者通过其分子中异咯嗪环上的 1 位和 5 位氮原子可逆地加氢和脱氢，在生物氧化过程中起传递氢的作用。

维生素 B_2 缺乏常与其他 B 族维生素缺乏同时出现。人类缺乏维生素 B_2 时，细胞呼吸减弱，代谢强度降低，常见的症状是唇炎、舌炎、口角炎、眼结膜炎、阴囊炎等。值得注意的是治疗新生儿黄疸的光照疗法，在破坏胆红素的同时也可破坏核黄素，容易引起新生儿维生素 B_2 缺乏症。

三、维生素 PP

（一）化学性质

维生素 PP 是吡啶的衍生物，又称抗癞皮病维生素。其在体内存在两种形式：烟酸（nicotinic acid，尼克酸）和烟酰胺（nicotinamide，尼克酰胺），二者可以相互转化，主要以酰胺形式存在。维生素 PP 性质比较稳定，不易被酸、碱破坏，是各种维生素中性质最稳定的一种。维生素 PP 结构如下：

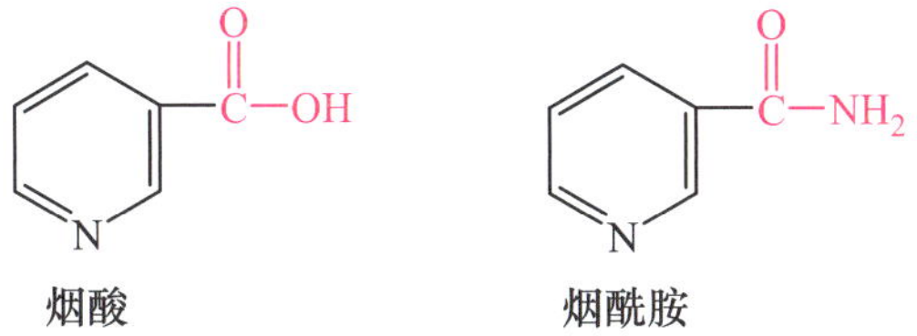

烟酸　　　　　　烟酰胺

维生素PP广泛分布于肉类、乳类、花生、蔬菜中，酵母和米糠中含量最高。豆类、蔬菜、茶、动物肝等都是它的重要来源。人体的肝能将色氨酸转变成烟酸，但数量极少，不能满足人体需要，因此，人体主要从食物中摄取维生素PP。

维生素PP在体内的活性形式是烟酰胺腺嘌呤二核苷酸（nicotinamide adenine dinucleotide，NAD^+）即辅酶Ⅰ（CoⅠ）和烟酰胺腺嘌呤二核苷酸磷酸（nicotinamide adenine dinucleotide phosphate，$NADP^+$）即辅酶Ⅱ（CoⅡ）（图2-9）。

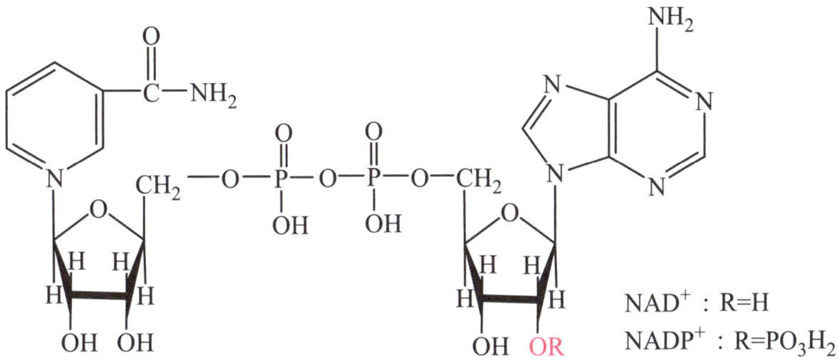

NAD^+：R=H
$NADP^+$：R=PO_3H_2

图2-9　NAD^+和$NADP^+$的结构

（二）生理功能

1. NAD^+和$NADP^+$是多种脱氢酶的辅酶　NAD^+和$NADP^+$分子中的烟酰胺部分具有可逆性加氢的特性，在生物氧化过程中起递氢作用。

2. 降低胆固醇，保护心血管　烟酸能抑制脂肪动员，减少肝中极低密度脂蛋白（VLDL）合成，降低血浆胆固醇，近年来，烟酸已用于临床治疗高胆固醇血症，但长期大剂量服用维生素PP可能会造成肝损伤。

当维生素PP缺乏时，引起神经营养障碍，发生癞皮病（pellagra）。该病的典型症状是皮肤暴露部位的对称性皮炎，并且还伴有胃炎、腹泻、消化道出血等症状，严重者中枢神经系统发生混乱，甚至痴呆。抗结核病药物异烟肼的结构和维生素PP十分相似，对维生素PP有拮抗作用，故长期服用异烟肼的患者，应注意补充维生素PP。

四、泛酸

（一）化学性质

泛酸（pantothenic acid）广泛存在于生物界，故又名遍多酸。它是由β-丙氨酸与丁酸衍生物（α,γ-二羟基-β,β-二甲基丁酸）缩合而成，为淡黄色黏稠的油状物。泛酸在中性溶液中耐热，对氧化剂及还原剂稳定，但在酸或碱性溶液中加热极易被破坏。

泛酸的活性形式是辅酶A（coenzyme A，CoA）和酰基载体蛋白（acyl carrier protein，ACP）。辅酶A分子由泛酸、巯乙胺（β-氨乙硫醇）和3'-磷酸腺苷-5'-焦磷酸三部分构成，其分子中巯乙胺的-SH为反应的活性基团，故常以HS-CoA表示。辅酶A的分子结构及其组成见图2-10。

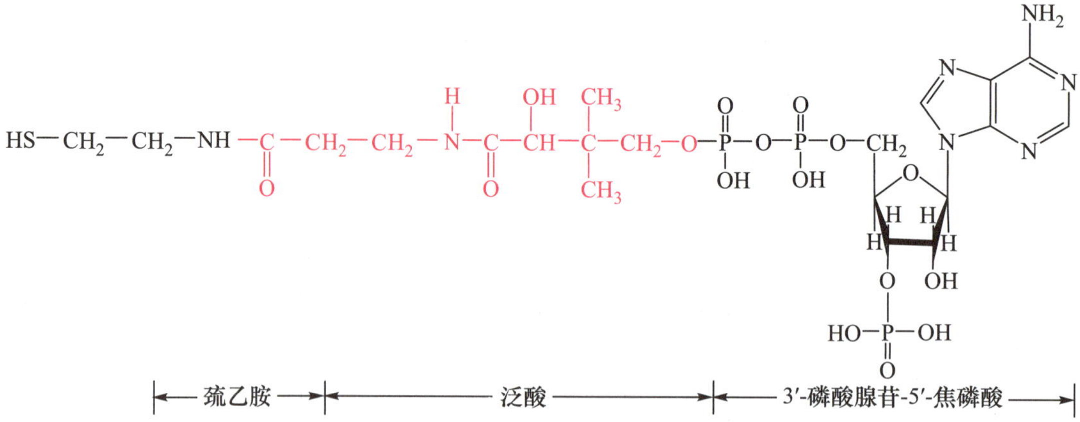

图 2-10 泛酸及辅酶 A 的结构

（二）生理功能

辅酶 A 是各种酰基转移酶的辅酶，在代谢过程中起运载酰基的作用。CoA 和 ACP 在体内广泛参与糖、脂、蛋白质代谢与肝的生物转化作用。据统计，约有 10 多种酶需要 CoA 及 ACP，可见其生理意义之重要。

由于泛酸广泛分布于各类食物，而且肠道细菌又能合成，极罕见泛酸缺乏症。

五、生物素

（一）化学性质

生物素（biotin）是由带有戊酸侧链的噻吩和尿素缩合而成的双环化合物。自然界存在的生物素至少有两种：α-生物素（存在于蛋黄中）和 β-生物素（存在于肝中）。生物素在常温下稳定，但高温和氧化剂可使其丧失生理活性。生物素来源广泛，其中以肝、肾、蛋黄、酵母、蔬菜、谷类内含量较丰富，人肠道细菌也能够合成。

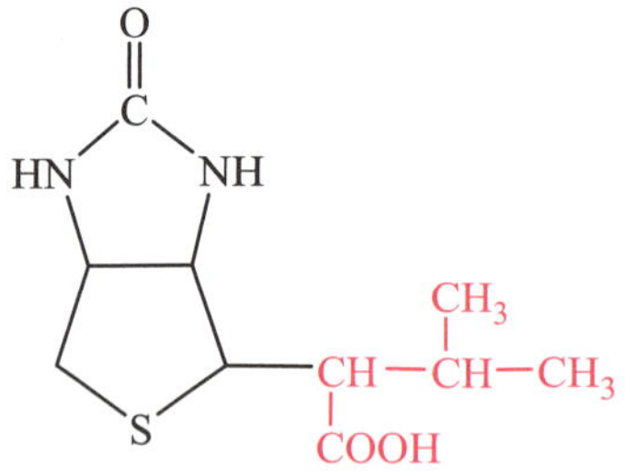

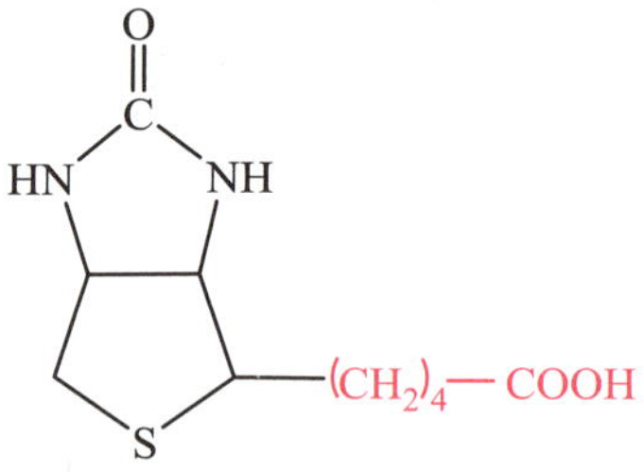

（二）生理功能

生物素是体内多种羧化酶（如丙酮酸羧化酶、乙酰 CoA 羧化酶）的辅酶，参与 CO_2 的固定过程。生物素戊酸侧链上的羧基先与酶蛋白的赖氨酸残基中的氨基结合形成生物胞素（biocytin）残基，CO_2 再结合到生物胞素残基的氮原子上，然后再将 CO_2 转给适当的受体。因此，生物素在代谢过程中起 CO_2 载体的作用。

生物素来源广泛，人体肠道细菌又能合成，人类一般不会发生缺乏症。新鲜蛋清中含有一种抗生物素蛋白，它能与生物素结合成一种稳定的、无活性的、且难以吸收的化合物，如果长期大量食用生鸡蛋清或长期口服抗生素可能产生生物素缺乏症，产生毛发脱落和鳞屑皮炎等症状。

六、维生素 B_6

(一) 化学性质

维生素 B_6 也属于吡啶类衍生物,包括吡哆醇 (pyridoxine)、吡哆醛 (pyridoxal) 和吡哆胺 (pyridoxamine) 三种成分,吡哆醛和吡哆胺在体内可以相互转变 (图 2-11),但不能转变为吡哆醇。维生素 B_6 对光和碱均敏感,高温下迅速破坏。

图 2-11 三种维生素 B_6 的转化

维生素 B_6 分布广泛,肝、鱼、肉类、全麦、坚果、豆类、酵母和蛋黄都含量丰富。磷酸吡哆醛和磷酸吡哆胺是维生素 B_6 的活性形式。

(二) 生理功能

磷酸吡哆醛是氨基酸代谢中多种酶的辅酶,如氨基转移酶、氨基酸脱羧酶等。它的作用是传递氨基和脱羧基,参与氨基酸的氧化分解、合成、相互转变以及多种神经递质的产生过程。临床上常用维生素 B_6 治疗妊娠性呕吐和婴儿惊厥,其生化机制是:磷酸吡哆醛是谷氨酸脱羧酶的辅酶,该酶催化谷氨酸生成 γ-氨基丁酸 (GABA),后者是一种中枢神经系统抑制性递质。

磷酸吡哆醛是 δ-氨基 γ-戊酮酸 (ALA) 合酶的辅酶,ALA 合酶是血红素合成的关键酶,维生素 B_6 缺乏时可出现低色素性贫血和血清铁增高。

食物中富含维生素 B_6,人类尚未发现缺乏的典型病例。抗结核药物异烟肼能与磷酸吡哆醛结合,使其失去辅酶的作用,因此长期服用异烟肼时,应注意补充维生素 B_6。

七、叶酸

(一) 化学性质

叶酸 (folic acid) 因在绿叶植物中含量丰富而得名,由蝶酸和谷氨酸缩合而成,又名蝶酰谷氨酸。蝶酸由对氨基苯甲酸和 2-氨基-4-羟基-6-甲基蝶呤构成 (图 2-12)。叶酸为黄色结晶,微溶于水,易溶于稀乙醇,在酸性溶液中不稳定,容易被光破坏。

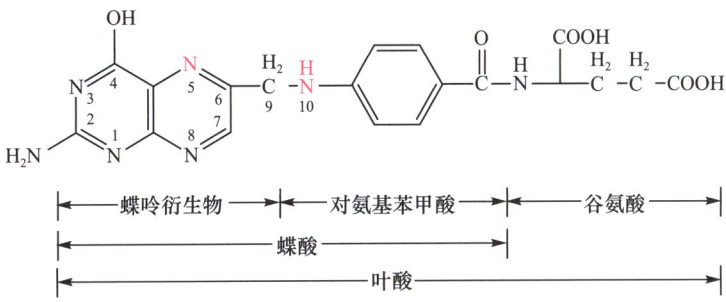

图 2-12 叶酸的化学结构及组成成分

细胞内含有丰富的叶酸还原酶,在 NADPH 和维生素 C 的参与下,叶酸被其催化生成二氢叶酸 (FH_2),后者再进一步还原为具有生理活性的 5,6,7,8-四氢叶酸 (tetrahydrofolicacid, THFA 或 FH_4) (图 2-13)。

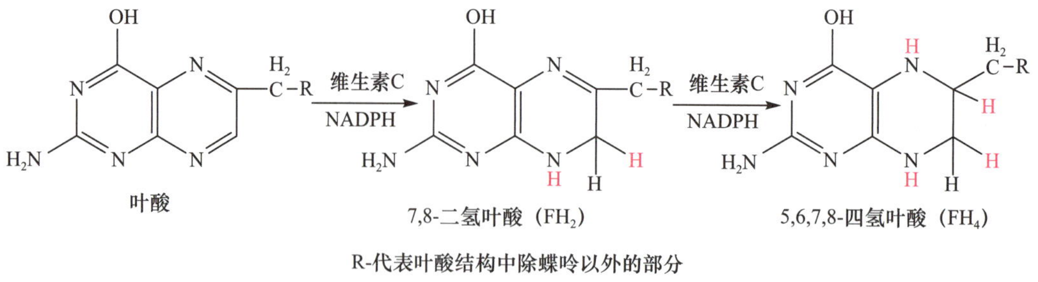

图 2-13 四氢叶酸的生成

（二）生理功能

FH_4 是体内一碳单位转移酶的辅酶，是一碳单位的载体，为嘌呤、嘧啶、核苷酸、甲硫氨酸等的合成提供一碳单位。当叶酸缺乏时，DNA 合成受到抑制，骨髓幼红细胞 DNA 合成减少，细胞分裂速度降低，细胞体积增大，细胞核内染色质疏松，导致巨幼红细胞性贫血（macrocyticanemia）。现已证实，叶酸是胎儿生长发育不可缺少的营养素，如孕妇在妊娠早期缺乏叶酸，可导致胎儿神经管发育缺陷，造成神经管畸形，严重者可导致脊柱裂或无脑儿等先天畸形。

叶酸类似物甲氨蝶呤（methotrexate，MTX）和氨蝶呤（aminopterin）的结构和叶酸相似，是二氢叶酸还原酶的竞争性抑制剂，可阻断四氢叶酸的生成，对核酸、蛋白质生物合成有很强的抑制作用，故临床上可用这类药物作为抗癌药物。磺胺类的结构和叶酸中对氨基苯甲酸（PABA）的结构相似，对细菌体内二氢叶酸的合成起竞争性抑制作用，从而抑制细菌的繁殖和生长。

八、维生素 B_{12}

（一）化学性质

维生素 B_{12} 是发现较晚的维生素，也是唯一含有金属元素的维生素，又称钴胺素。根据其分子中钴离子所结合基团的不同，有氰钴胺素、羟钴胺素、甲钴胺素和 5′- 腺苷钴胺素等多种形式（图 2-14）。其中甲钴胺素和 5′- 腺苷钴胺素具有辅酶功能，而羟钴胺素性质最稳定，是药用维生素 B_{12} 的常见形式。

维生素 B_{12} 为红色结晶，在弱酸环境下相当稳定，在强酸、强碱、日光及氧化剂还原剂均易遭破坏。

维生素 B_{12} 在肝、肉、鱼及蛋中含量丰富，人类肠道细菌也可合成。维生素 B_{12} 的吸收与正常胃黏膜细胞分泌的一种糖蛋白——内因子（intrinsic factor，IF）有密切关系，它只有与 IF 结合才能被吸收，且不易被肠道细菌破坏。

（二）生理功能

1. **甲钴胺素（CH_3-B_{12}）是甲基转移酶的辅酶** 甲基转移酶可催化同型半胱氨酸甲基化，使甲硫氨酸再生，同时使四氢叶酸游离出来。维生素 B_{12} 缺乏时，一方面会导致同型半胱氨酸不能甲基化而使之在血中过度积聚，诱发动脉粥样硬化；另一方面 N_5- 甲基四氢叶酸上的甲基不能转移出来，影响四氢叶酸的游离，进而影响一碳单位代谢，导致核酸合成障碍，同样会产生巨幼细胞性贫血。因此，临床治疗巨幼细胞性贫血时，可将叶酸和维生素 B_{12} 合并使用，以提高疗效。

2. **5′- 腺苷钴胺素是甲基丙二酰 CoA 变位酶的辅酶** 该酶催化甲基丙二酰 CoA 异构为琥珀酰 CoA。当维生素 B_{12} 缺乏时，会引起此代谢发生障碍，造成髓鞘和轴索变性、神经系统病变，称为亚急性联合变性。

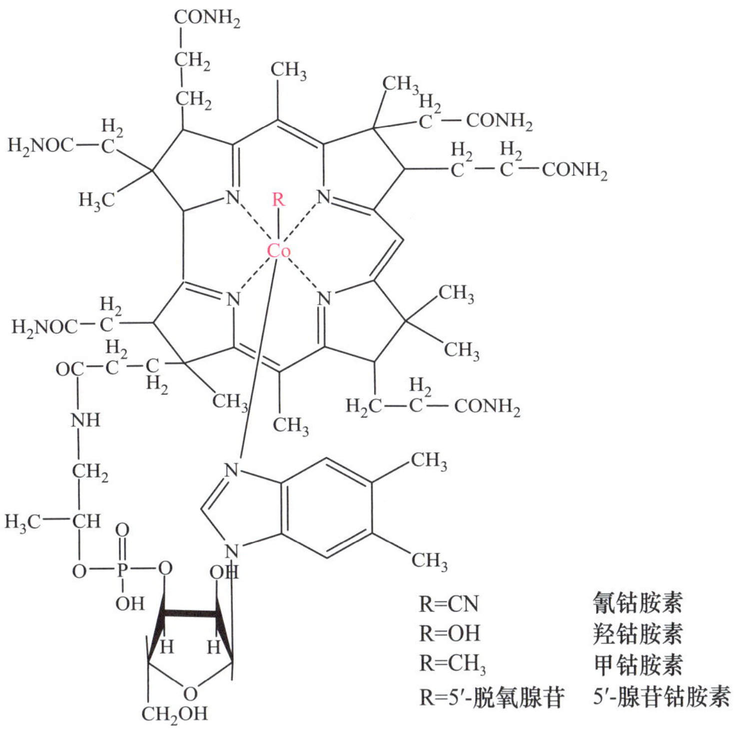
R=CN 氰钴胺素
R=OH 羟钴胺素
R=CH3 甲钴胺素
R=5′-脱氧腺苷 5′-腺苷钴胺素

图 2-14 维生素 B_{12} 的结构

九、维生素 C

（一）化学性质

维生素 C 又称抗坏血酸（ascorbic acid），是一种含有六碳的多羟化合物，在体内以内酯形式存在。其分子中 C_2 及 C_3 位的两个烯醇式羟基极易解离释放 H^+，因而其水溶液有较强的酸性。维生素 C 脱去 C_2 及 C_3 位羟基上的氢后转变为氧化型维生素 C，故具有较强的还原性。抗坏血酸和脱氢抗坏血酸具有相同的生理活性，但脱氢抗坏血酸易水解，生成二酮古洛糖酸而失活，如进一步氧化则生成草酸和 *L*- 苏阿糖酸（图 2-15）。

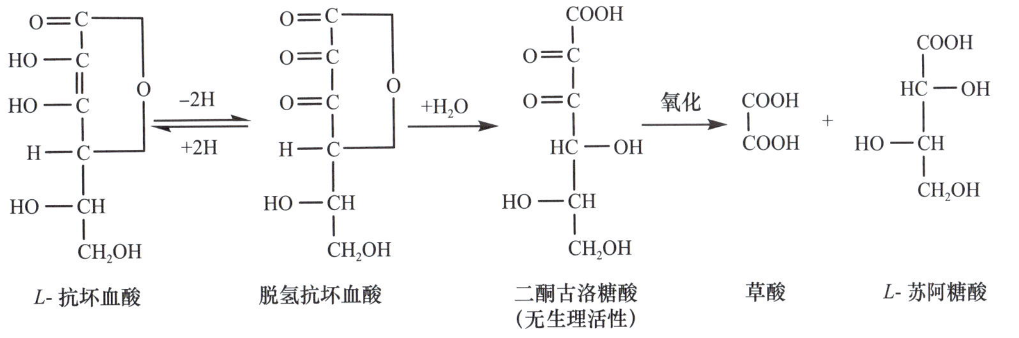
-2H
+2H
+H2O
氧化
L- 抗坏血酸
脱氢抗坏血酸
二酮古洛糖酸
（无生理活性）
草酸
L- 苏阿糖酸

图 2-15 抗坏血酸的结构及氧化反应

维生素 C 为无色的片状结晶体，因其还原性较强，极易被热及氧化剂破坏，在中性或碱性溶液中加热时，或有微量金属离子 Cu^{2+}、Fe^{3+} 等存在时维生素 C 很容易被氧化分解，失去生理活性。

维生素 C 广泛存在于各种新鲜蔬菜和水果中，特别是猕猴桃、番茄、橘子、鲜枣、山楂和辣椒等含量尤为丰富。干的植物种子一般不含维生素 C，但一经发芽，维生素 C 含量大量增加,各种豆芽也是维生素 C 的最好来源之一。蔬菜中含有抗坏血酸氧化酶,能将维生素 C 氧化分解,因此,蔬菜在存放的过程中维生素 C 含量逐渐减少。

(二)生理功能

1. 参与体内羟化反应

(1)促进胶原蛋白的合成:胶原蛋白是细胞间质的组成成分,其分子中约有 1/4 为羟脯氨酸和羟赖氨酸,它们都是由以维生素 C 作为辅因子的羟化酶催化脯氨酸和赖氨酸羟化而成。维生素 C 缺乏时,羟化酶活性降低,胶原蛋白合成障碍,导致毛细血管脆性增加,易破裂出血,牙龈肿胀以及牙齿松动,骨骼脆弱易折断,创伤时伤口不易愈合等症状,此即为坏血病。

(2)参与类固醇的羟化:正常情况下体内胆固醇约有 40% 可在 7α- 羟化酶的催化下转变为胆汁酸后排出,维生素 C 是 7α- 羟化酶的辅酶。因而维生素 C 缺乏时,胆汁酸生成减少,血浆胆固醇增高。此外,维生素 C 在肾上腺皮质还参与皮质类固醇合成中的羟化反应。

(3)促进单胺类递质的合成:分别由酪氨酸和色氨酸转变生成的儿茶酚胺和 5- 羟色胺是体内重要的神经递质,它们在合成过程中都涉及羟化反应,均需维生素 C 参与。

(4)参与肉碱的合成:肉碱在体内合成过程中,需要两个依赖维生素 C 的羟化酶。缺乏维生素 C,因脂肪酸 β- 氧化减弱而出现倦怠乏力亦是坏血病的症状之一。

2. 参与体内的氧化还原反应

(1)保护巯基功能:体内有很多酶或蛋白质需要还原态的巯基发挥其功能活性。维生素 C 可使谷胱甘肽(GSH)的巯基保持还原状态,进而通过 GSH 的抗氧化作用,保护细胞膜中的脂质及酶蛋白巯基免遭氧化损伤,保护细胞膜的结构与功能(图 2-16)。GSH 还可夺取与巯基酶结合的重金属离子,加强解毒作用。

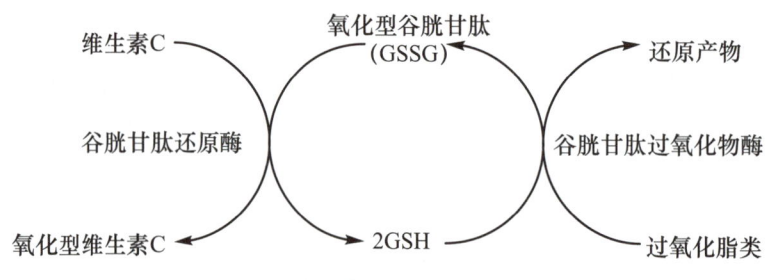

图 2-16 维生素 C 对巯基的保护功能

(2)抗氧化、抗动脉粥样硬化:人体在正常新陈代谢情况下,要产生少量游离的自由基以及脂质过氧化物等,维生素 C 在机体内能够清除自由基和使脂质过氧化物还原,对细胞膜结构和功能起重要的保护作用。

(3)使 Fe^{3+} 还原成 Fe^{2+}:维生素 C 可使 Fe^{3+} 还原成 Fe^{2+},有利于食物中铁的吸收;还能使红细胞中的高铁血红蛋白(MHb)还原为血红蛋白(Hb)恢复其运输氧的功能。

3. 增强机体免疫力 维生素 C 通过促进淋巴细胞增殖和趋化作用,促进免疫球蛋白的合成,增强吞噬细胞的吞噬能力,提高机体的免疫力,已用于临床对心血管疾病和感染性疾病等的支持性治疗中。

(梁大敏)

本章知识导图

- 维生素
  - 维生素
    - 维生素的概念：维持生命活动所必需，必须由食物供给的一类小分子有机化合物
    - 维生素的命名和分类：按溶解性分为：脂溶性维生素：维生素 A、D、E、K 四种。水溶性维生素：维生素 B_1、B_2、PP、B_6、泛酸、生物素、叶酸、维生素 B_{12} 和维生素 C 等
    - 维生素的缺乏和中毒：当人体缺乏某种维生素时，可使物质代谢障碍和出现生理功能紊乱，产生维生素缺乏病
  - 脂溶性维生素
    - 维生素 A：功能：（1）构成视觉感光物质；（2）维持上皮组织结构完整；（3）促进生长、发育；（4）抑癌、抗氧化。缺乏症：干眼病
    - 维生素 D：功能：升钙，升磷。缺乏症：佝偻病
    - 维生素 E：功能：（1）生殖功能有关；（2）抗氧化
    - 维生素 K：功能：（1）促进血液凝固；（2）参与骨盐代谢。缺乏症：皮下、肌肉及胃肠出血
  - 水溶性维生素
    - 维生素 B_1：功能：（1）其活性形式 TPP 是 α-酮酸氧化脱羧酶系的辅酶；（2）其活性形式 TPP 转酮醇酶的辅酶；（3）其活性形式 TPP 可抑制胆碱酯酶的活性。缺乏症：脚气病
    - 维生素 B_2：功能：其活性形式 FMN 和 FAD 是黄素酶的辅基。缺乏症：唇炎、舌炎、口角炎、眼结膜炎等
    - 维生素 PP：功能：其活性形式 NAD^+ 和 $NADP^+$，是不需氧脱氢酶的辅酶。缺乏症：对称性皮炎（癞皮病）
    - 泛酸：功能：其活性形式辅酶 A 是各种酰基转移酶的辅酶
    - 生物素：功能：各种羧化酶的辅酶组分。缺乏症：脱发、鳞屑皮炎
    - 维生素 B_6：功能：（1）磷酸吡哆胺是转氨酶的辅酶；（2）磷酸吡哆醛是氨基戊酮酸合成酶的辅酶。异烟肼能与磷酸吡哆醛结合，长期服用异烟肼，应补充维生素 B_6
    - 叶酸：功能：其活性形式 FH_4 是一碳单位转移酶的辅酶。缺乏症：巨幼细胞性贫血、神经管畸形（孕妇）
    - 维生素 B_{12}：功能：（1）甲钴胺素是甲基转移酶的辅酶；（2）5'-腺苷钴胺素是甲基丙二酰 CoA 变位酶的辅酶
    - 维生素 C：功能：（1）参与羟化反应；（2）参与氧化还原反应；（3）增强免疫力。缺乏症：坏血病

第三章

酶

知识目标

1. **归纳**
   酶的概念与特点，酶的分子组成，酶的活性中心及其组成，酶原及其激活实质，同工酶、变构酶、修饰酶的概念。
2. **说出**
   酶催化反应机制，影响酶促反应的因素及其作用机制。
3. **知道**
   酶的命名与分类，酶与医学的关系。

新陈代谢是人体基本的生命现象，其代谢过程是通过各种各样的化学反应有条不紊地进行。而酶的存在则是这些化学反应能顺利进行的保证。酶（enzyme，E）是由活细胞合成的具有高效、特异催化作用的生物分子，其化学本质为蛋白质或核酸。我们将酶所催化的化学反应称为酶促反应，酶具有的催化能力称为酶的"活性"，酶所催化的物质称为底物（substrate，S），酶促反应生成的物质称为产物（product，P），而酶失去催化能力的现象称为酶失活。

生化史事

酶的发现

酶的发现源于一个有趣而精妙的实验设计。早在1773年，意大利科学家Spallanzani在他的实验室里，用鹰作为实验对象研究胃液对食物的消化功能。他让鹰先吞下几个装有肉的小金属管，在管壁上钻有小孔，这样做的目的是避免胃的物理消化作用，但又可以让胃液作用到肉上面。过了一段时间后，他将这些金属管取出，发现管内的肉已经不见了，管中只有淡黄色液体。Spallanzani分析，胃液中一定含有能消化食物的某些化学物质，可是他并不清楚这些化学物质是什么。直到1936年，德国科学家Theodor Schwann从胃液中提取出可以消化蛋白质的胃蛋白酶，人们才清楚地认识到胃蛋白酶的消化功能。另外，美国科学家Sumner于1926年发现了脲酶，并证实脲酶是一种蛋白质。此后科学家们陆续发现2000多种蛋白酶，由此证实酶是生物体内一类具有催化作用的蛋白质。

第一节 概 述

一、酶是催化剂——一般催化剂的共性

酶和一般催化剂一样，只催化热力学上允许的反应（$\Delta G < 0$），酶在反应前后没有质和量的变化，只能缩短到达反应平衡点的时间，不改变反应的平衡点，即不改变反应的平衡常数，酶和一般催化剂的催化机制都是降低反应的活化能，对正逆反应的催化作用相同。

二、酶是催化剂——酶的特点

（一）高效性

酶的催化效率极高，酶的催化效率通常比非催化反应高 $10^8 \sim 10^{20}$ 倍，比一般催化剂高 $10^7 \sim 10^{13}$ 倍。例如，脲酶催化尿素的水解速度是 H^+ 催化作用的 7×10^{12} 倍；α- 胰凝乳蛋白酶对苯酰胺的水解速度是 H^+ 催化作用的 6×10^6 倍。酶的高效性有赖于酶能极大程度地降低酶促反应的活化能，更有效地使底物处于活化状态，高效地加快了反应的速度。

（二）高度特异性

酶对其所催化的底物具有较严格的选择性，即一种酶仅作用于一种底物或一类化合物，或作用于一定的化学键，催化一定的化学变化并得到一定的产物，这种特性称为酶的特异性（specificity）或专一性。根据酶对其底物选择的严格程度不同，酶的特异性可大致分为以下三种类型。

1. 绝对特异性 指酶对底物的选择性十分严格，一种酶催化一种底物发生的化学反应，生成一种产物，这种特异性称为绝对特异性（absolute specificity）。例如，脲酶只能催化尿素水解生成 NH_3 和 CO_2，而对尿素的衍生物不起催化作用，不能水解甲基尿素。

2. 相对特异性 指酶对底物的选择性不太严格，一种酶可能催化一类化合物或一种化学键，这种特异性称为相对特异性（relative specificity）。例如磷酸酶可水解磷酸酯键，蛋白酶可水解蛋白质的肽键。

3. 立体异构特异性 指酶对底物分子的立体异构体具有选择性，酶催化具有立体异构体的底物时，只能催化一种立体异构体进行反应，对另一立体异构体不起作用。例如，L- 乳酸脱氢酶仅催化 L- 乳酸脱氢反应，而对 D- 乳酸无作用；延胡索酸酶仅催化反 - 丁烯二酸（延胡索酸）加水产生苹果酸，而对顺 - 丁烯二酸（马来酸）无作用。

（三）可调节性

体内酶的催化活性是受到调节和控制的，酶的可调节性也是酶区别于其他一般催化剂的重要特征，是体内代谢有序进行的重要保证。体内酶受到多种因素的调节，调节方式多样，主要有酶浓度的调节、激素对酶活性的调节、反馈抑制对酶活性的调节、激活剂与抑制剂对酶活性的调节、别构调节、酶原激活及共价修饰等调节方式。

（四）不稳定性

由于酶的本质是蛋白质或核酸，凡是能引起生物大分子蛋白质和核酸变性的理化因素（例如温度、pH、重金属盐、强酸、强碱等），均能使酶失去催化活性，因此酶促反应往往是在比较温和的条件下进行的。

三、酶的分子组成

根据酶分子的化学组成成分的不同，可将酶分为单纯酶（simple enzyme）和结合酶（conjugared enzyme）两大类。

(一) 单纯酶

此类酶分子中只含有由氨基酸构成的蛋白质,其化学本质为单纯蛋白质。如蛋白酶、淀粉酶、脲酶、核酸酶等。

(二) 结合酶

此类酶分子中除了含有氨基酸构成的蛋白质部分外,还含有非蛋白质部分,其化学本质为结合蛋白质。我们将结合酶分子中的蛋白质部分称为酶蛋白(apoenzyme),将非蛋白质部分称为辅助因子(cofactor)。由酶蛋白和辅助因子组成的结合酶又称为全酶。结合酶催化酶促反应时,酶蛋白和辅助因子单独存在时均无催化活性,只有以全酶形式存在才具有催化活性。

酶在催化反应的过程中,酶蛋白决定酶促反应的特异性,而辅助因子决定酶促反应的性质和种类。

根据辅助因子与酶蛋白结合紧密程度,可将辅助因子分为辅酶与辅基,辅酶通常是指以非共价键与酶蛋白结合疏松的辅助因子,通过简单的物理方法如超滤、透析即可除去,如辅酶Ⅰ和辅酶Ⅱ等。而辅基是指以共价键与酶蛋白结合牢固的辅助因子,不能通过简单的物理方法(超滤、透析等)除去,如黄素腺嘌呤二核苷酸磷酸(FAD)等。

辅助因子若根据其化学本质又可分为金属离子和小分子有机物。辅助因子中常见的金属离子有 K^+、Na^+、Mg^{2+}、Ca^{2+}、Mn^{2+}、Zn^{2+}、Fe^{2+}、Fe^{3+} 等。金属离子与酶蛋白结合比较牢固的结合酶称为金属酶(metalloenzyme),如羧基肽酶(Zn^{2+});有的金属离子与酶蛋白结合疏松易丢失,但需要金属离子的存在激活,酶才有活性,此类酶被称为金属活化酶,如己糖激酶(Mg^{2+})。金属离子在酶促反应中主要起到以下作用:①参与电子的传递;②连接酶与底物起桥梁作用;③稳定酶的特定空间构象;④中和阴离子,降低反应中的静电斥力等。

小分子有机物是一些化学稳定的物质,酶分子中通常含有B族维生素或其衍生物类的辅酶(表3-1),这类辅酶在酶促反应中主要起传递电子、质子或转移化学基团(如甲基、酰基、羧基等)作用。

表3-1 辅助因子与维生素的关系

辅酶或辅基	缩写	功能	所含维生素
烟酰胺腺嘌呤二核苷酸(辅酶Ⅰ)	NAD^+	传递氢原子	维生素PP
烟酰胺腺嘌呤二核苷酸磷酸(辅酶Ⅱ)	$NADP^+$	传递氢原子	维生素PP
黄素单核苷酸	FMN	传递氢原子	维生素B_2
黄素腺嘌呤二核苷酸	FAD	传递氢原子	维生素B_2
硫胺素焦磷酸	TPP	脱羧基	维生素B_1
磷酸吡哆醛		转氨基	维生素B_6
四氢叶酸	FH_4	转移一碳基团	叶酸
辅酶A	CoASH	转移酰基	泛酸
生物素		传递CO_2	生物素
5-甲基钴铵素		转移甲基	维生素B_{12}

(三) 单体酶

分子中只含有一条多肽链的酶,其相对分子质量较小。如胰蛋白酶、溶菌酶等催化水解反应的酶类。

（四）寡聚酶

分子中含有两条及两条以上多肽链，由多个亚基通过非共价键连接聚合而成的酶，其相对分子质量较大，可达几百万。如苹果酸脱氢酶。

（五）多酶体系

由几种催化功能不同的酶彼此缔合而成的复合体。如丙酮酸脱氢酶复合体，由三种酶组成。

四、酶的命名与分类

随着生物化学与分子生物学等学科的发展，生物体内的酶不断地被发现，酶的数量也越来越多，为了方便研究和使用，需对酶进行科学的命名与分类。

（一）酶的命名

1. 习惯命名法　通常以酶所催化的底物来命名，如把催化淀粉水解的酶称淀粉酶，把催化蛋白质水解的酶称蛋白酶，有时还在前面加上其来源的器官名，如胰蛋白酶。或者以酶所催化的反应性质命名，如脱氢酶、转氨酶、氧化酶等。有时将上述两种方法结合起来命名，如把催化乳酸脱氢的酶称乳酸脱氢酶。

习惯命名法使用方便简单，但是缺乏系统性，易出现一酶多名或多酶一名的现象。

2. 系统命名法　它是由国际酶学委员会于 1961 年提出的一套新的酶的命名法。系统命名法规定每种酶的名称应包含其底物名称和酶促反应的性质。如果酶的底物有两种或多种，底物之间用"："隔开，如谷氨酸脱氢酶的系统命名为 L- 谷氨酸：NAD^+ 氧化还原酶。

（二）酶的分类

根据国际酶学委员会规定，将酶分为 6 大类：氧化还原酶、转移酶类、水解酶类、裂解酶类、异构酶类、合成酶类。

第二节　酶的结构特征与作用机制

一、酶的活性中心

酶分子中存在的各种化学基团并不一定都与酶的活性有关，其中与酶活性密切相关的基团称为酶的必需基团（essential group），常见的必需基团有丝氨酸残基的羟基、半胱氨酸残基的巯基、组氨酸残基的咪唑基、酸性氨基酸残基的非 α- 羧基等。酶分子中的必需基团在其一级结构上可能相距甚远，但空间结构上彼此靠近，形成一个能与底物特异性结合并催化底物转变为产物的特定空间区域，该区域称为酶的活性中心（active center）或活性部位（active site）（图 3-1）。辅酶或辅基参与酶活性中心的组成。

酶活性中心内的必需基团按其功能可分为结合基团和催化基团两种，能与底物相结合的必需基团称为结合基团；能催化底物转化为产物的必需基团称为催化基团；有的必需基团可兼有上述两种功能。除了组成酶活性中心的必需基团外，还有一些必需基团在酶活性中心外，称为酶活性中心外的必需基团。其作用主要是维持酶活性中心的空间构象。

单纯酶的活性中心是由氨基酸残基组成的三维结构。结合酶的活性中心，除氨基酸残基外，还有辅酶参与。酶的活性中心（特定空间结构或构象）一旦被破坏，酶则失去其催化活性。

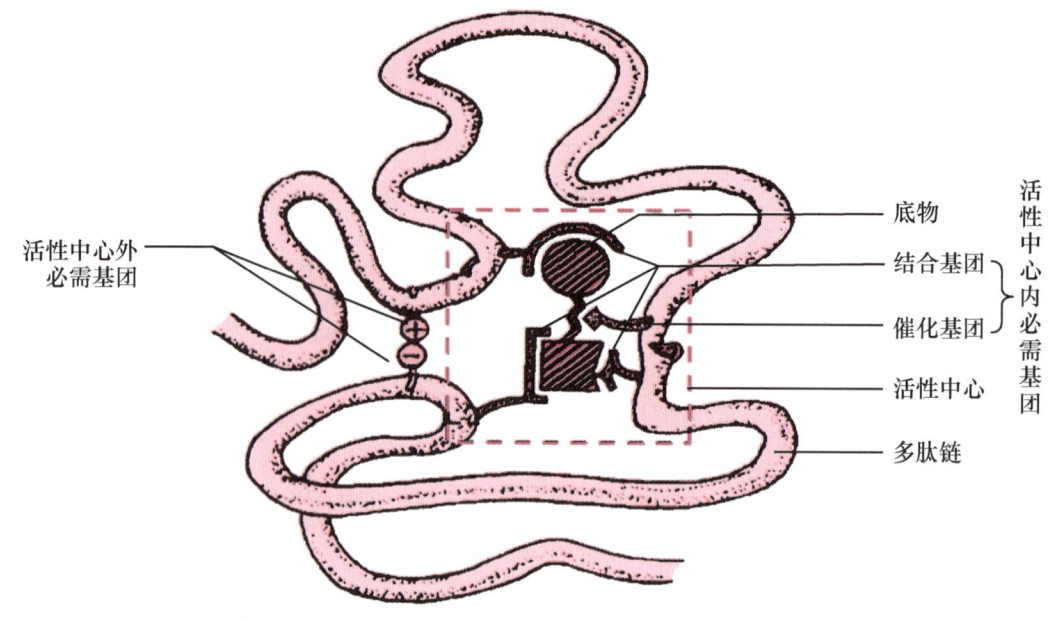

图 3-1 酶的活性中心示意图

二、酶原与酶原的激活

有些酶在细胞内初合成时或初分泌时没有催化活性，这些无活性的酶前体，称为酶原（zymogen）。酶原在一定条件下水解掉部分肽段，将无活性的酶原转变成有活性的酶的过程，称为酶原激活。酶原激活的过程，实质上是酶活性中心形成或暴露的过程。

酶原在体内广泛存在，是机体一种重要的调控酶活性的方式。例如，胰蛋白酶从胰腺初分泌时，以无活性的酶原形式存在。当胰蛋白酶原进入小肠后，其环境中如有钙离子存在，胰蛋白酶原被肠激酶或胰蛋白酶水解。最终胰蛋白酶原被水解去除一个含有6个氨基酸残基（缬－天－天－天－天－赖）的片段后，多肽链重新盘曲，引起酶分子的空间构象发生改变，使多肽链上的必需基团集中在一起，即46位组氨酸的咪唑基和183位丝氨酸羟基，形成酶的活性中心，使无活性的胰蛋白酶原转变成有活性的胰蛋白酶（图 3-2）。

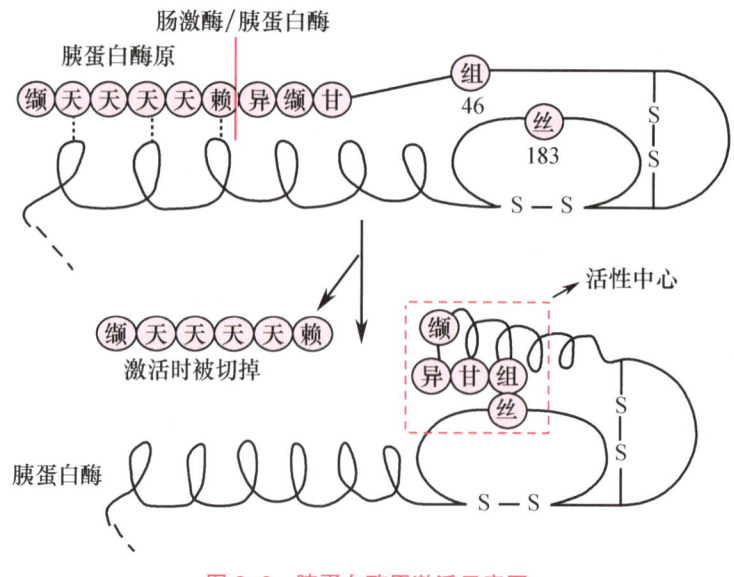

图 3-2 胰蛋白酶原激活示意图

酶原激活具有重要的生理意义：可以避免活性酶对细胞自身进行消化，并使之在特定部位发挥作用。出血性急性胰腺炎是由于胰腺分泌的蛋白酶原在进入小肠前被激活，而消化自身的胰腺细胞，导致胰腺被破坏出血。此外，酶原还可视为酶的储存形式。血液中的凝血因子以酶原的形式存在，可避免血液在血管中凝固，一旦需要被激活为有活性的酶，迅速发挥其对机体的保护作用。酶原的分泌、储备和激活常受到生理信号在时间和空间上的精确调控。

三、同工酶

同工酶（isoenzyme）是指能催化相同的化学反应，但酶蛋白的分子组成、结构、理化性质乃至电泳行为均不同的一组酶。同工酶可以存在于同一种属或同一个体的不同组织或同一细胞的不同亚细胞结构中，它在代谢中起着重要的作用。

现已发现数百种同工酶。研究最多的同工酶是人和动物机体内的乳酸脱氢酶（L-lactate dehydrogenase，LDH）。该酶是由 H 型（心肌型）亚基和 M 型（骨骼肌型）亚基组成的四聚体。两种亚基以不同的比例组成 5 种同工酶：LDH_1（H_4）、LDH_2（H_3M_1）、LDH_3（H_2M_2）、LDH_4（H_1M_3）、LDH_5（M_4）（图 3-3）。

图 3-3　LDH 同工酶结构模式图

由于分子组成不同，5 种同工酶具有不同的电泳速度，电泳时向正极移动，其速度由 LDH_1 至 LDH_5 依次递减，可据此鉴别这 5 种同工酶。

5 种同工酶在不同组织和器官中的分布和含量差异很大。例如心肌中含 LDH_1 较为丰富，而肝和骨骼肌中含 LDH_5 较多，当心肌梗死时，患者血清 LDH_1 含量升高，肝细胞受损时，患者血清 LDH_5 含量增高，而溶血的标本中，LDH_1 和 LDH_2 升高。

四、别构酶

体内一些代谢物可以与酶活性中心以外的某一部位可逆地结合，引起酶蛋白构象变化，从而改变酶活性，此结合部位称为别构部位（allosteric site），对酶活性的这种调节称为酶的别构调节（allosteric regulation）。受变构调节作用的酶称为别构酶（allosteric enzyme），引起别构调节的物质称为别构剂。若引起酶活性增加，则称为别构激活剂；引起酶活性降低，则称为别构抑制剂。

别构酶是含有两个或两个以上亚基的寡聚酶，活性中心和变构部位可以在同一个亚基上，也可以在不同的亚基上。含催化部位的亚基称为催化亚基，含调节部位的亚基称为调节亚基。

别构剂一般是小分子有机化合物，有的是别构酶的底物，有的是别构酶催化的中间产物或终产物。别构酶的底物通常是别构激活剂，代谢途径的终产物往往是别构抑制剂。例如在糖酵解中，ATP 和枸橼酸（柠檬酸）是磷酸果糖激酶的别构抑制剂，这两种物质增多时，糖酵解代谢途径受到抑制，防止产物过剩。而 AMP、ADP 等是该酶的别构激活剂，这两种物质增多，激发葡萄糖氧化供能，增加 ATP 生成。

在别构酶催化的反应过程中，底物浓度 [S] 与反应速度（V）之间的关系呈 S 形曲线。当别构酶与别构激活剂结合时，酶活性增强，V 加快，S 形曲线左移。当别构酶与别构抑制剂结合时，酶活性减弱，V 变小，S 形曲线右移（图 3-4）。

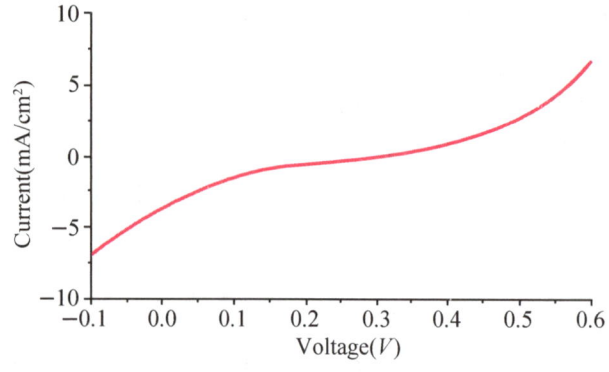

图 3-4 别构酶中 V 与 [S] 的关系曲线图

当别构酶分子中一个调节亚基与别构剂结合后，该调节亚基构象发生改变，并导致相邻的调节亚基发生相同的构象改变，从而改变相邻调节亚基对变构剂的亲和力，这种效应称为协同效应。如果使相邻调节亚基对别构剂亲和力增大的叫做正协同效应，而使相邻的调节亚基对变构剂亲和力减小的叫做负协同效应。

五、修饰酶

酶蛋白肽链上一些氨基酸残基可在另一种酶的催化下与某些化学基团共价结合或解离，使酶的活性发生改变，这种调节称为共价修饰调节（covalent modification）。这类被修饰的酶称为修饰酶（processing enzyme）。酶的共价修饰包括磷酸化与去磷酸化、乙酰化与去乙酰化、腺苷化与去腺苷化、甲基化与去甲基化的互变等。在共价修饰过程中，酶发生无活性或低活性与有活性或高活性两种形式互变。这些互变由不同的酶催化。其中通过磷酸化和去磷酸化修饰来调节酶的活性最常见（表 3-2）。

表 3-2 共价修饰对酶活性的影响

酶	磷酸化影响	去磷酸化影响
糖原磷酸化酶	激活	抑制
磷酸化酶 b 激酶	激活	抑制
三酰甘油（甘油三酯）脂肪酶	激活	抑制
糖原合酶	抑制	激活
丙酮酸脱氢酶	抑制	激活
谷氨酰胺合成酶	抑制	激活
磷酸果糖激酶	激活	抑制

六、酶的作用机制

目前认为，酶在催化反应中，都需要先与底物结合，形成过渡态复合物后，再转变为酶与产物的复合物，然后再释放产物并伴随酶分子的复原，使酶分子可以再进行另一次催化反应，此过程称为酶的催化循环。酶可以降低反应的活化能是通过与底物结合成酶-底物复合物实现的。酶促反应高效率的原因，常是多种催化机制的综合作用。

（一）中间产物学说

中间产物学说认为，酶（E）在发挥催化作用之前，必须先与底物（S）结合形成酶-底物复合物，即中间产物（ES），中间产物（ES）不稳定，很快分解为产物（P），并释放出酶（E），酶继续与底物结合发挥催化作用，所以少量的酶可以催化大量的底物。

在化学反应体系中，只有那些达到或超过一定能阈的分子即活化分子，才能发生化学反应。反应物分子平均能量与活化分子最低能量之差称为活化能（energy of activation），反应体系中活化分子越多，反应速度越快。酶和化学催化剂都能降低活化能，而酶能通过中间产物的形成（中间产物学说）显著地降低活化能。所以酶表现出高度的催化效率（图3-5）。

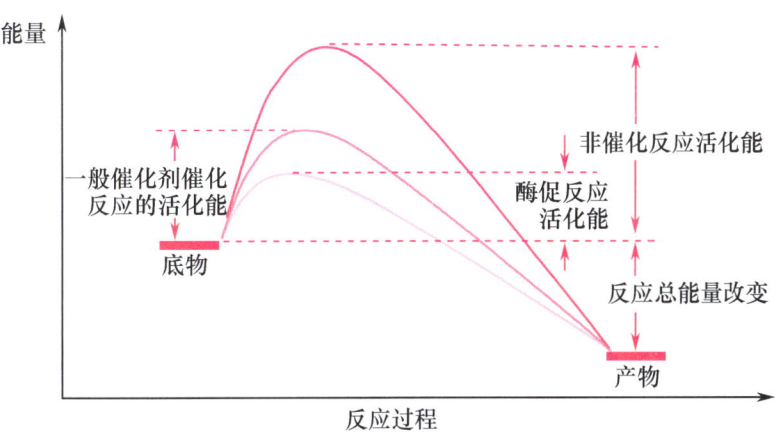

图3-5　催化剂降低反应活化能示意图

（二）诱导契合学说

20世纪60年代，由Koshland提出诱导契合学说（induced-fit hypothesis）来解释酶-底物复合物形成的机制。该学说认为，当酶分子（E）与底物分子（S）接近时，它们的结构相互诱导而变形，以致相互适应而形成彼此"契合"的中间产物（ES），即酶-底物复合物。中间产物不稳定，很快分解为产物（P），并释放出酶（E），酶继续与底物结合发挥催化作用。这就是诱导契合学说的基本过程，反应如下：

$$E + S \rightleftharpoons ES \longrightarrow E + P$$

近年来，X线衍射晶体结构分析的实验结果也支持这一学说。因此，人们认为这一学说较满意地解释了酶的特异性。

第三节　影响酶促反应的因素

一般是通过测定酶促反应的速度来衡量酶活性的高低，而为了避免产物堆积及逆反应等因素对酶促反应速度的影响，在测定酶促反应速度时，通常是测定酶促反应的初始速度，即底物转化量小于5%时的反应速度。酶促反应速度常用单位时间内底物的消耗量或产物的生成量来表示。影响酶促反应速度的因素主要有底物浓度、酶浓度、温度、pH、激活剂和抑制剂等因素。在研究某一因素对酶促反应的影响时，其他因素在反应过程中固定不变。

一、底物浓度对酶促反应的影响

酶促反应过程中，在酶浓度及其他因素保持不变的情况下，底物浓度[S]与反应速度（V）呈矩形双曲线关系（图3-6）。

当底物浓度[S]较低时，酶促反应速度随底物浓度增加而迅速增加，反应速度与底物浓度呈正比关系，此时反应为一级反应；随着底物浓度的继续增大，反应速度虽然增加，但反应速

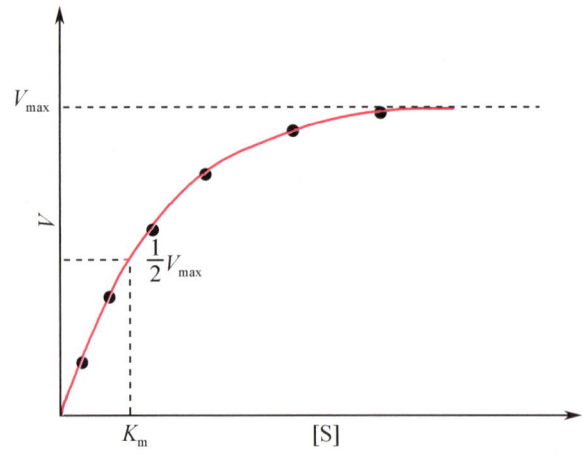

图 3-6　底物浓度与反应速度的关系

度与底物浓度不再呈正比关系，反应速度的增幅逐渐减小；当酶促反应达到一定阶段后，继续增大底物浓度，反应速度不再增加，反应表现为零级反应，此时反应速度达到最大值，称最大反应速度（maximun velocity，V_{max}）。

1913 年，Leonor Michaelis 和 Maud L. Menten 提出了著名的米－曼氏方程式，简称米氏方程（Michaelis equation），即：

$$V = \frac{V_{max} \cdot [S]}{K_m + [S]}$$

式中，V 为在不同底物浓度 [S] 时的反应速度；[S] 为底物浓度；V_{max} 为最大反应速度；K_m 为米氏常数，即反应速度达到最大反应速度一半时的底物浓度。

K_m 为酶的特征常数之一，其意义主要有：

（1）可用于判断酶与底物的亲和力：K_m 值愈大，酶与底物的亲和力愈小，K_m 值愈小，酶与底物的亲和力愈大。

（2）确定酶的最适底物：即 K_m 值最小的底物为酶的最适底物。

（3）判断对正逆两相反应的催化效率：即酶对 K_m 值较小的反应催化效率更高。

生化史事

酶促反应速率的基本模型——米－曼氏方程

生物体内的生化反应控制着各种细胞的生长、分裂或分化，而生化反应的核心就是代谢。代谢维持着生物体的物质和能量交换过程，代谢的停止就意味着生命的终结。而代谢反应是由酶来催化的，酶的高效性是支撑生物个体的快速生长（快速细胞分裂）的基础。那么，酶促反应速率如何描述？早在 1902 年，法国物理化学家 Victor Henri 提出了酶动力学的定量理论；在此基础上，1913 年，美国生物化学家 Leonor Michaelis 和加拿大医生 Maud Menten 提出了著名的描述酶动力学的米－曼氏方程。1925 年，Briggs 和 Haldane 对米氏方程的推导做了很重要的修订，即当从中间复合物生成产物的速率与其分解成酶和底物的速率相差不大时，米氏方程的平衡假设不适用，并提出了"拟稳态"假说。

Leonor Michaelis (1875—1949)　　Maud Menten (1879—1960)

二、酶浓度对酶促反应的影响

当酶促反应体系中 [S] 远远大于 [E]，即保证酶被底物饱和时，酶促反应速度与 [E] 成正比关系（图 3-7），即 $V = k \cdot [E]$。在细胞内，通过改变 [E] 来调节酶促反应速度，是细胞调节代谢的一个途径。

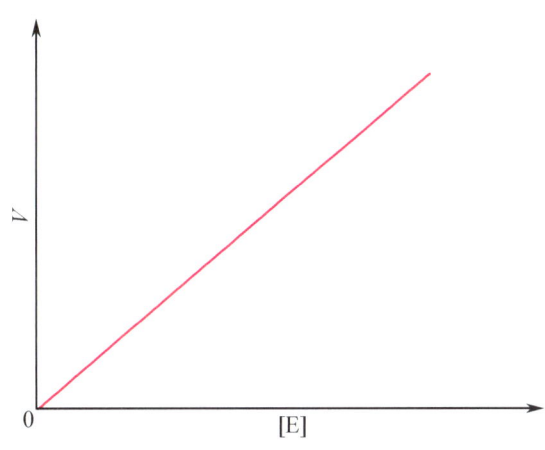

图 3-7　酶浓度与酶促反应速度的关系

三、温度对酶促反应的影响

温度对酶促反应速度的影响具有双重性。一方面，随着温度的升高，分子热运动致使酶与底物间的碰撞概率增大，化学反应速度加快；另一方面，由于酶主要为生物分子蛋白质，当温度升到一定高度时，酶蛋白分子发生变性失活，反应速度降低。因此在低温范围内（0~40 ℃），随着温度升高酶促反应速度逐渐加快。当酶促反应速度达到最大反应速度时，此时的温度被称为酶促反应的最适温度（optimun temperature）。一般来说，温度每升高 10 ℃，反应速度增加 1~2 倍。但温度升高至 60 ℃以上时，大多数酶蛋白开始变性失活，反应速度下降，直至酶蛋白完全失活（图 3-8）。

人体及恒温动物组织中大多数酶的最适温度在 35~40 ℃。酶的最适温度不是酶的特征常数，与酶促反应的进行时间有关，酶在短时间内能耐受较高温度，而随着反应的进行，酶对温度的耐受力下降，易变性失活，因此酶的最适温度在反应短时间内高于长时间反应。

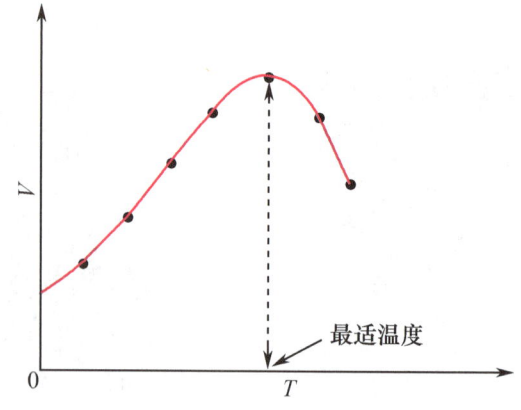

图 3-8　温度与酶促反应速度的关系

在临床上,酶活性与温度的关系具有重要的意义。例如低温麻醉就是利用酶的这一特性,以减慢组织细胞代谢速度,提高机体对氧和营养物质缺乏的耐受性。临床生化检验测定酶活性时,也应严格控制酶促反应的温度。生物制剂及药品的低温保存也是基于这一原理的。

四、pH 对酶促反应的影响

酶分子、底物和辅酶的解离与带电状态均受 pH 的影响,不同 pH 环境条件下其解离不同,所带电荷的种类及数量也不相同。酶促反应中,酶活性中心的必需基团和底物及辅酶分子往往仅在某一解离状态下,才能达到最佳结合,具有最大的催化效率(图 3-9)。可见 pH 是通过改变酶、底物和辅酶的解离状态来影响酶促反应速度的。

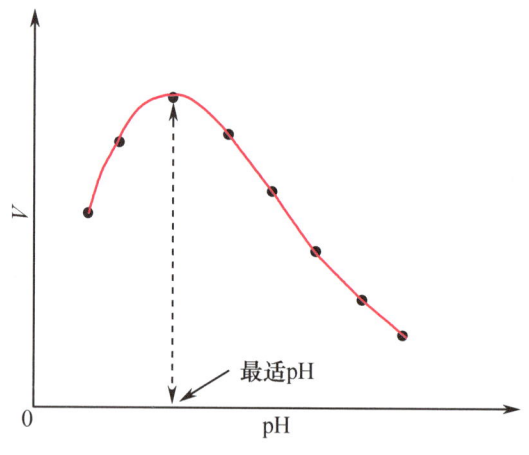

图 3-9　pH 与酶促反应速度的关系

当酶促反应速度达到最大时的环境 pH 称酶的最适 pH(optimum pH)。不同酶的最适 pH 不同,人体内大多数酶的最适 pH 接近中性,但有少数酶的最适 pH 偏酸或偏碱,如胃蛋白酶的最适 pH 为 1.8,肝精氨酸酶的最适 pH 为 9.8。当酶促反应的溶液 pH 高于或低于最适 pH 时,酶的活性降低,远离最适 pH 时,即强酸强碱导致酶失活。

酶的最适 pH 不是酶的特征常数,它受底物和缓冲液的种类与浓度、反应温度与时间等因素的影响。在临床生化检验中测定酶活性时,应选择合适的 pH 缓冲溶液以维持酶活性的相对稳定。

五、激活剂对酶促反应的影响

凡能提高酶的活性或能使酶由无活性变为有活性的物质,称为酶的激活剂(activator)。激活剂包括一些无机离子和小分子有机物，如 K^+、Mg^{2+}、Mn^{2+}、Cl^-、胆汁酸、谷胱甘肽等。

激活剂又可分为必需激活剂和非必需激活剂。必需激活剂是酶促反应中不可缺少的分子，能使酶具有活性，即酶缺少必需激活剂则无活性。如 Mg^{2+} 是己糖激酶的必需激活剂。有些酶在没有激活剂时活性较小，而激活剂能显著提高酶的活性，这样的激活剂称酶的非必需激活剂，如 Cl^- 为唾液淀粉酶的非必需激活剂。激活剂在参与构成酶活性中心、稳定酶分子构象、介导酶促反应中起到重要作用。

六、抑制剂对酶促反应的影响

凡能降低酶的活性又不会引起酶分子变性失活的物质称为酶的抑制剂（inhibitor）。抑制剂主要是通过与酶的活性中心内或外的必需基团结合，进而引起酶的活性降低，使酶的催化活性受到抑制。

根据抑制剂与酶结合的紧密程度不同，酶的抑制作用分为不可逆性抑制（irreversible inhibition）与可逆性抑制（reversible inhibition）两种作用类型。

（一）不可逆性抑制作用

在酶促反应中，抑制剂与酶活性中心的必需基团以共价键结合，结合程度紧密，不能通过透析、超滤等物理方法将它们除去，这样的抑制作用称不可逆性抑制。但在临床上可以通过某些药物及化学制剂进行解除，使酶恢复活性。例如有机磷农药对羟基酶的抑制及某些重金属对巯基酶的抑制属于不可逆性抑制作用。

敌敌畏、美曲膦酯等有机磷农药能特异地与胆碱酯酶活性中心丝氨酸残基上的羟基共价结合，使酶失去活性。胆碱酯酶催化乙酰胆碱的水解反应，由于胆碱酯酶失去活性，不能水解乙酰胆碱，造成乙酰胆碱积累，引起神经兴奋性增强的毒性症状。可以通过解磷定使酶与有机磷农药分子分离，使胆碱酯酶恢复活性。

$$乙酰胆碱 \xrightarrow{胆碱酯酶} 胆碱 + 醋酸$$

有机磷农药 + 羟基酶 → 失活的酶酸 + HX

失活的酶 + 解磷定 → 解磷定与有机磷复合物 + 复活的酶

重金属离子 Hg^{2+}、Ag^+、As^{3+} 及 Pb^{2+} 能与巯基酶的巯基（—SH）共价结合，使酶受到不可逆抑制失去活性。化学毒气路易士气是一种含砷化学物，通过抑制体内巯基酶使人畜中毒。临床上可用二巯丙醇治疗重金属盐引起的巯基酶中毒。

路易士毒气 + 巯基酶 → 失活的酶酸 + 2HCl

$$\underset{\text{失活的酶}}{\overset{S}{\underset{S}{\text{E}}}\text{As}-\overset{H}{\underset{}{\text{C}}}=\text{CHCl}} + \underset{\text{二巯丙醇}}{\begin{matrix}\text{H}_2\text{C}-\text{SH}\\ \text{HC}-\text{SH}\\ \text{H}_2\text{C}-\text{OH}\end{matrix}} \longrightarrow \underset{\text{复活的酶}}{\overset{\text{SH}}{\underset{\text{SH}}{\text{E}}}} + \underset{\text{二巯丙醇-砷剂复合物}}{\begin{matrix}\text{H}_2\text{C}-\text{S}\\ \text{HC}-\text{S}\\ \text{H}_2\text{C}-\text{OH}\end{matrix}\overset{}{\text{As}-\overset{H}{\underset{}{\text{C}}}=\text{CHCl}}}$$

（二）可逆性抑制作用

抑制剂通常以非共价键与酶或酶-底物复合物结合，使酶活性降低或丧失，采用透析或超滤等简单的物理方法，即可将抑制剂除去，使酶恢复活性，因此称为可逆性抑制作用（reversible inhibition）。根据抑制剂作用方式的不同，可逆性抑制作用又分为竞争性抑制作用（competitive inhibition）、非竞争性抑制作用（non-competitive inhibition）和反竞争性抑制作用（uncompetitive inhibition）三种类型。

1. **竞争性抑制作用** 抑制剂与底物结构相似，抑制剂与底物共同竞争与酶的活性中心结合，从而干扰了酶与底物的正常结合，使酶的催化活性降低，这种作用称为竞争性抑制作用。其反应过程如图3-10。

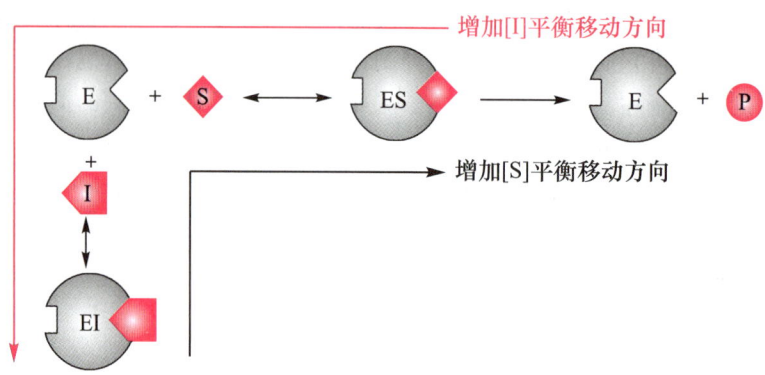

图3-10 竞争性抑制作用

E：酶；I：抑制剂；S：底物；P：产物

竞争性抑制作用特点为：

（1）抑制剂和底物竞争性地和酶的活性中心结合。

（2）因抑制剂与酶的结合是可逆的，抑制作用的程度取决于抑制剂和底物的相对浓度和比例。

（3）竞争性抑制作用可以通过增加底物浓度减弱或消除抑制作用。

丙二酸对琥珀酸脱氢酶的抑制作用是竞争性抑制作用的典型代表（图3-11）。丙二酸对酶活性中心的亲和力远高于琥珀酸与酶的亲和力，当丙二酸的浓度仅为琥珀酸浓度的1/50时，酶活性就可被抑制50%；在相同丙二酸浓度下，若增大琥珀酸的浓度，此抑制作用可减轻。

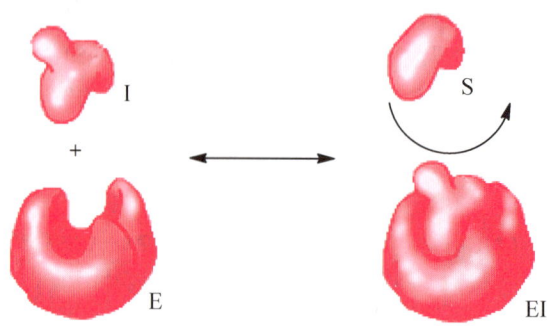

图3-11 丙二酸对琥珀酸脱氢酶的抑制

磺胺类药物抑菌的机制也是竞争性抑制作用的典型代表。有些细菌生长繁殖时，在体内二氢叶酸合成酶的催化下，由对氨基苯甲酸（PABA）、二氢蝶呤啶及谷氨酸合成二氢叶酸（FH_2），FH_2再被还原成四氢叶酸（FH_4），FH_4是细菌合成核苷酸不可缺少的辅酶。磺胺类药物的化学结构与对氨基苯甲酸很相似，是二氢叶酸合成酶的竞争性抑制剂，抑制FH_2的合成，进而减少FH_4的生成，使核酸合成受阻而影响细菌的生长繁殖。人类能直接利用食物中的叶酸，所以人类核酸合成不受磺胺类药物的干扰。根据竞争性抑制的特点，服用磺胺类药物时必须保持血液中药物的高浓度，以发挥其有效的竞争性抑菌作用。许多抗代谢物和抗癌药物如甲氨蝶呤（MTX）、5-氟尿嘧啶（5-FU）、6-巯基嘌呤（6-MP）等均为竞争性抑制剂，它们分别抑制四氢叶酸、脱氧胸苷酸及嘌呤核苷酸的合成，以抑制肿瘤的生长。

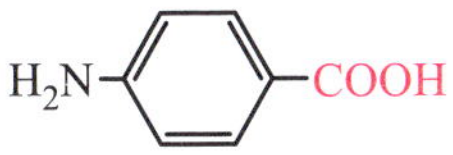

H_2N—〇—COOH　　　　　H_2N—〇—SO_2NHR
　　对氨基苯甲酸 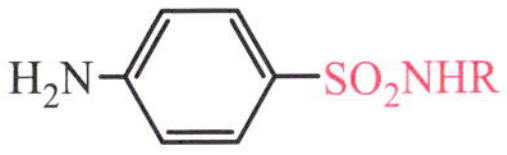　　　　　　　　磺胺类药物

二氢蝶呤
　＋
对氨基苯甲酸　$\xrightarrow[\text{磺胺类药物（−）}]{\text{二氢叶酸合成酶}}$　二氢叶酸　$\xrightarrow[\text{磺胺增效剂（−）}]{\text{二氢叶酸还原酶}}$　四氢叶酸
　＋
谷氨酸

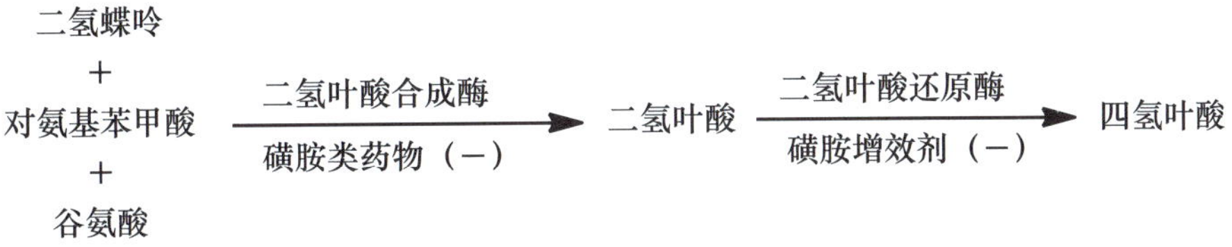

生化史事

磺胺类药物的问世

德国生物化学家多马克（Domagk），出生在德国勃兰登的一个小镇，父亲是小学教员，母亲是家庭妇女，家境十分清苦。直到14岁时，多马克才上小学一年级。多马克学习努力，后来以优异成绩考入基尔大学医学院。1932年，多马克发现一种红色的染料百浪多息（Prontosil，磺胺类药物），他将它注射进被感染的小鼠体内，能杀死链球菌。尽管多马克直到1935年才发表他的发现，但巴黎巴斯德研究所的科学家们还是听说了他的发现。百浪多息能把人的皮肤染成鲜红色，但科学家们后来发现了这种药物可以裂解为两部分，幸运的是，活性部分——磺胺是无色的。当时多马克的女儿受到链球菌感染，经各种方法治疗无效后，绝望中他给女儿注射了大量百浪多息，她竟然很快恢复了健康。后来当百浪多息再次挽救了美国总统的儿子小罗斯福时，这种新药便获得了更大的名气。多马克也因此获得了1939年的诺贝尔生理学或医学奖。

---

2. **非竞争性抑制作用**　抑制剂与酶活性中心以外的必需基团结合，使酶的构象改变而失去活性，称为非竞争性抑制作用。非竞争性抑制剂不影响酶与底物的结合，酶与底物的结合也不影响酶与抑制剂的结合，底物与抑制剂之间无竞争关系。但ESI不能进一步释放出产物。因此，增加底物浓度不能解除抑制剂对酶的抑制作用。非竞争性抑制剂的酶促反应表示如图3-12所示。

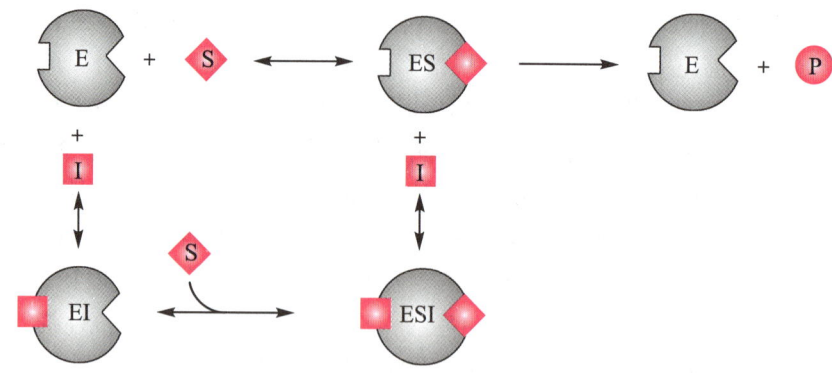

图 3-12 非竞争性抑制作用

在非竞争性抑制作用中，I 的结合不影响 S 与 E 的亲和力，故 K_m 不变，但 ESI 不能释放出产物，故 V_{max} 下降。

非竞争性抑制特点为：

（1）底物和抑制剂分别与酶的不同部位相结合。

（2）抑制的程度取决于抑制剂的相对浓度。

麦芽糖对 α-淀粉酶的抑制属于非竞争性抑制。

3. 反竞争性抑制作用　此类抑制剂仅与酶-底物复合物（ES）结合，使酶失去催化活性。抑制剂与 ES 结合后，减弱了 ES 离解成 E 和 P 的趋势，更加有利于底物和酶的结合，这种现象恰好与竞争性抑制作用相反，故称为反竞争性抑制作用。ESI 形成后，使中间产物 ES 量下降，这样既减少了从中间产物转化产物的量，其抑制作用的反应过程如图 3-13。

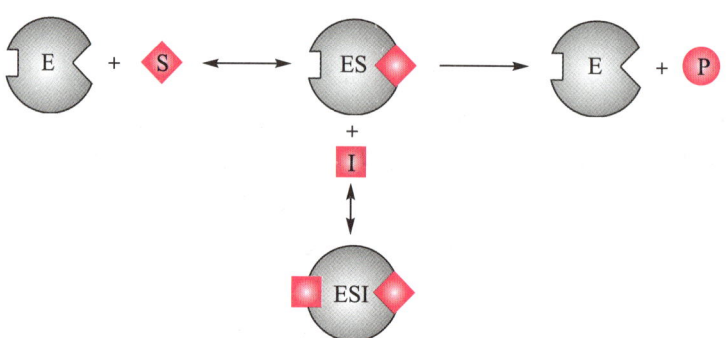

图 3-13 反竞争性抑制作用

反竞争性抑制作用特点为：

（1）抑制剂只和 ES 结合，必须有底物存在，抑制剂才能对酶产生抑制作用。

（2）抑制剂对酶的抑制程度随底物浓度和抑制剂同酶的亲和力增加而加强。

反竞争性抑制剂在自然界很少见。

第四节　酶与医学的关系

酶的质、量及酶活性的异常均能导致某些疾病的发生。目前已经发现因酶先天性缺失或酶活性异常所引起的疾病达 140 多种。酶作为药物用于疾病的诊断与治疗已有较长时间，它不仅在诊断方面针对性较强，而且在治疗疾病方面具有疗效显著和不良反应小的特点。

一、酶与疾病的关系

（一）酶与疾病的发生

由于生物细胞内几乎所有反应均由酶催化，因此酶的异常必然导致代谢异常。特定酶活性的先天性缺乏、酶活性的异常增高、酶活性抑制等都可以导致或加剧相应疾病的发生和发展。通常酶的先天性缺乏导致代谢缺陷，这类疾病称为酶代谢缺陷病（表3-3）。例如蚕豆病患者，因为红细胞内缺乏葡萄糖-6-磷酸脱氢酶，导致磷酸戊糖途径受阻，生成NADPH减少，红细胞膜容易破裂，当食用蚕豆或服用某些药物时，引起溶血性贫血和出现黄疸症状。磷酸核糖焦磷酸（PRPP）合成酶活性升高引起的痛风。酪氨酸酶缺乏时，酪氨酸不能转化成黑色素，导致皮肤、毛发缺乏黑色素而患白化病等。

表 3-3　遗传性酶缺陷所致疾病

缺陷酶	相应疾病
葡萄糖-6-磷酸酶	糖原累积症
葡萄糖-6-磷酸脱氢酶	蚕豆病
酪氨酸酶	白化病
苯丙氨酸羟化酶	苯丙酮酸尿症
尿黑酸氧化酶	尿黑酸
谷胱甘肽过氧化物酶	新生儿黄疸
高铁血红蛋白还原酶	高铁血红蛋白血症

酶活性在特定组织细胞内的异常增高有时会使病情加重。如急性胰腺炎时，胰蛋白酶原在胰腺中被激活，造成胰腺组织被水解破坏。炎症反应可使弹性蛋白酶从浸润的白细胞或巨噬细胞中释放，进一步加重炎症反应，对组织产生破坏作用。

酶活性受到抑制常见于中毒。如有机磷杀虫剂中毒是抑制了胆碱酯酶的活性，重金属盐中毒是抑制了巯基酶的活性，氰化物、一氧化碳中毒是由于抑制了呼吸链中的细胞色素氧化酶的活性所致。

（二）酶与疾病的诊断

酶都是在活细胞内合成的，所以体液中的酶都来自组织细胞。如血浆中存在的功能性酶（与血液凝固和纤维蛋白溶解有关的酶类），主要来自肝。而血浆中的非功能性酶（指在血浆中无实际功能的酶）来自全身细胞。因为血液与全身各组织的细胞是沟通的。因此，临床上常用测定体液中酶活性，在一定程度上反映出该器官组织的功能状态。

1. 血清（浆）酶对疾病的诊断　正常人血清中酶的活性比较稳定，只在一定范围内波动。当某些组织或器官发生病变时，血清中某些酶的活性会发生较大的改变。临床上常用于诊断疾病的血清酶与疾病的关系（表3-4）。

表 3-4　常见的血清酶与诊断疾病

血清酶	主要疾病
丙氨酸转氨酶（ALT）	肝病
天冬氨酸转氨酶（AST）	心肌梗死、肝病、肌肉疾病
乳酸脱氢酶（LDH）	心肌梗死、肝实质疾病、溶血
酸性磷酸酶（ACP）	前列腺癌、骨病
碱性磷酸酶（ALP）	骨病、肝胆疾病
淀粉酶（AMY）	胰腺炎

2. 同工酶对疾病的诊断　检测同工酶可提高酶学诊断的特异性和敏感性。同工酶在不同的组织器官，或者在同一组织器官的不同发育阶段，都有不同的同工酶电泳图谱。如 CK 同工酶包括 CK-BB、CK-MB 和 CK-MM 三种，早期心肌梗死时 CK-MB 明显升高；ACP 同工酶有前列腺 ACP（PAP）和非前列腺 ACP 两类，前列腺癌时 PAP 显著升高；GGT 同工酶分为 GGT_1、GGT_2、GGT_3、GGT_4 四种，正常人血清只有 GGT_2 和 GGT_3，肝癌时出现 GGT_1，肝总管结石有 GGT_2 增加。另外血清同工酶活性的测定还有助于定位疾病的器官。

（三）酶与疾病的治疗

酶制剂用于临床治疗已越来越广泛。1893 年，Francis 等发现使用木瓜蛋白酶治疗白喉和结核性溃疡病可以获得良好效果，引起了医药界的重视。在以后的百余年历史中，多种酶被当做药物应用，在医学临床治疗中发挥了特殊的作用，逐渐发展成为酶疗法。如治疗消化不良使用的胃蛋白酶、胰蛋白酶、胰脂肪酶等；用于抗菌消炎治疗而使用的胰蛋白酶、溶菌酶等；用于抗肿瘤治疗而使用的天冬酰胺酶，以及抗血栓治疗而使用的纤溶酶、尿激酶、葡激酶等。

近年来，基因工程酶、化学修饰酶和蛋白质工程的研究发展迅速，有望可以加强传统药物酶的稳定性，延长酶的药用作用时间，降低外源性的抗原性。酶控药物和靶酶治疗等新型的酶疗设想和方法也将得到进一步的探究，以加强药物治疗的特异性，减小其不良反应。随着对酶学的深入研究，酶在医疗诊断与药物治疗方面将会发挥更大的作用。

二、酶的其他应用

酶还作为工具酶、固定化酶、化学修饰酶以及酶标记测定法广泛应用于临床检验、科学研究和生产，限制性核酸内切酶和连接酶是科研中必不可少的工具酶。抗体酶是人工制造的兼有抗体和酶活性的蛋白质，可以制备自然界不存在的新酶种等。

（杨正久　梁大敏）

本章知识导图

- **酶**
  - **酶是生物催化剂**
    - 酶与一般催化剂的共性：酶只催化热力学上允许的反应，降低反应的活化能，缩短到达反应平衡的时间，不改变平衡点
    - 酶的特点：高度的催化效率，高度的专一性，不稳定性和可调节性
    - 酶的分子组成：单纯酶与结合酶，辅酶与辅基及其与维生素的关系，酶的分类
  - **酶的结构与作用机制**
    - 酶的活性中心：酶的必需基团、活性中心、结合基团、催化基团的概念，活性中心的一般特征
    - 酶的不同形式：酶原及酶原的激活、同工酶、别构酶及修饰酶的概念及特点
    - 酶的作用机制：酶通过降低反应的活化能实现高效率的催化作用，解释催化机制的学说有"中间产物学说"和"诱导契合学说"
  - **影响酶促反应的因素**
    - 底物浓度的影响：底物浓度[S]与反应速度V呈矩形双曲线关系，可用米氏方程表示，K_m为酶的特征常数之一
    - 酶浓度的影响：当酶能被底物饱和时，酶促反应速度与酶浓度成正比关系
    - 温度的影响：温度对酶促反应速度的影响具有双重性，当酶促反应速度达到最大反应速度时的温度被称为酶促反应的最适温度
    - pH的影响：pH是通过改变酶、底物和辅酶的解离状态来影响酶促反应速度的。当酶促反应速度达到最大时的环境pH称酶的最适pH
    - 激活剂的影响：凡能提高酶的活性或能使酶由无活性变为有活性的物质，称为酶的激活剂，分为必需激活剂和非必需激活剂
    - 抑制剂的影响：酶的抑制作用分为不可逆性抑制和可逆的抑制作用，可逆的抑制作用又分为竞争性抑制作用、非竞争性抑制作用和反竞争性抑制作用
  - **酶与医学的关系**
    - 酶与疾病的发生：体内特定酶的先天缺乏和活性异常必然导致代谢异常，从而导致疾病的发生和发展
    - 酶与疾病的诊断：体内疾病的发生会导致血液及体液中相关酶活性的异常，因此可以通过检测血液及体液中这些酶的活性来协助诊断疾病
    - 酶与疾病的治疗：许多药物可以通过抑制生物体内的某些酶的活性来达到治疗的目的
    - 酶的其他应用：作为工具酶，用于科研与生产实践

第四章

糖 代 谢

> **知识目标**
>
> 1. 归纳
>
> 糖酵解、有氧氧化和糖异生的概念，以及反应中能量的生成；血糖的来源与去路；磷酸戊糖途径的生理意义。
>
> 2. 说出
>
> 血糖浓度的调节；糖酵解、有氧氧化、磷酸戊糖途径、糖异生、糖原合成与分解的基本反应过程和特点。
>
> 3. 知道
>
> 糖的生理功能、糖代谢紊乱及糖尿病的分型诊断。

糖类（carbohydrate）是人类食物的主要成分，广泛存在于生物界。动物体内糖的含量虽然不多，但其生命活动所需能量主要来源于糖类。糖的主要生理功能是氧化供能。人体所需能量的 50%~70% 来自糖的氧化分解。糖也是机体重要的碳源，糖代谢的中间产物可以转变为氨基酸、脂肪酸、核苷等其他含碳化合物。

第一节　糖的分解代谢

> **知识补充**
>
> **糖类物质**
>
> 糖类是指多羟基醛或多羟基酮以及它们的缩合物和某些衍生物，因此有醛糖和酮糖之分。根据糖类能否水解及水解产物，可将糖类分为单糖、寡糖和多糖。人体内的糖类主要以葡萄糖的形式存在，其主要生理功能是氧化供能。人体所需能量的 50%~70% 来自糖的氧化分解；糖也是组成人体组织结构的重要成分，与蛋白质结合形成糖蛋白，构成细胞表面受体、配体，在细胞间信息传递中起着重要作用；与脂类结合形成糖脂，是神经组织和细胞膜中的组成成分；糖的磷酸衍生物是形成许多重要生物活性物质的原料，如 NAD^+、FAD、DNA、RNA、ATP 等。

葡萄糖是体内糖的主要存在形式，糖的分解代谢途径主要分为 3 条：糖酵解（无氧氧化）、有氧氧化和磷酸戊糖途径。

一、糖酵解

（一）糖酵解的概念

葡萄糖或糖原在无氧或缺氧的条件下，氧化分解生成乳酸，并释放少量能量的过程称为无氧氧化，因与酵母菌使糖生醇发酵过程相似，故又称为糖酵解（glycolysis）。催化糖酵解反应的酶存在于细胞的胞液中，因此全部反应过程均在胞液中完成。

（二）糖酵解的反应过程

糖酵解从葡萄糖的磷酸化开始，经一系列反应到乳酸的生成，总共包括 11 个酶促反应步骤，这 11 步反应可划分三个反应阶段（图 4-1）。第一阶段是耗能阶段，葡萄糖（或糖原）利用 ATP 的同时裂解为两分子磷酸丙糖；第二阶段是产能阶段，磷酸丙糖经一系列反应转化成丙酮酸，底物磷酸化产生 ATP；第三阶段是还原反应，在无氧或缺氧的情况下丙酮酸被还原为乳酸。

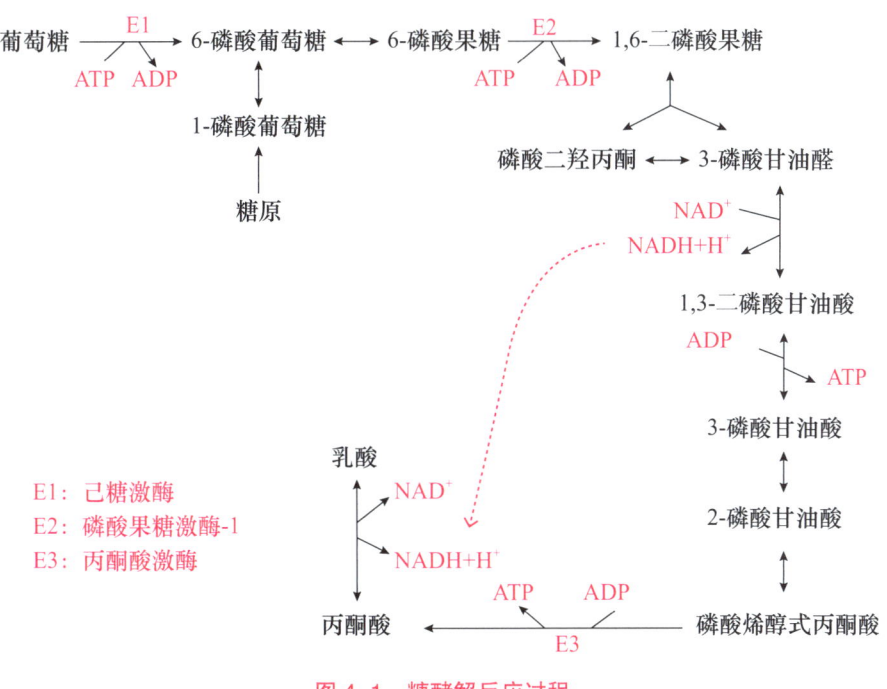

图 4-1 糖酵解反应过程

1. 第一阶段——磷酸丙糖的生成

（1）生成 6-磷酸葡萄糖：葡萄糖进入细胞后，在己糖激酶（hexokinase，HK）催化下，由 ATP 提供能量和磷酸基，生成 6-磷酸葡萄糖（glucose-6-phosphate，G-6-P）和 ADP。人体内共有 4 种己糖激酶同工酶，肝细胞内的同工酶称葡萄糖激酶（glucokinase，GK）。

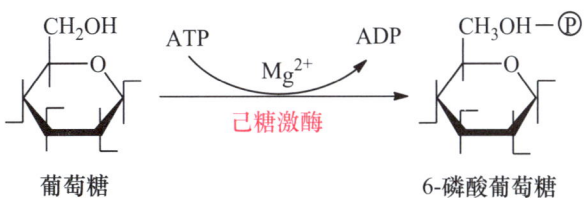

若从糖原开始,需糖原磷酸化酶催化,在磷酸参与下分解生成1-磷酸葡萄糖,再经变位酶作用生成6-磷酸葡萄糖。己糖激酶是糖酵解过程的关键酶之一。

$$\text{糖原} \xrightarrow[\text{糖原磷酸化酶}]{Pi \quad Gn-1} \text{1-磷酸葡萄糖} \xrightleftharpoons[\text{磷酸己糖变位酶}]{} \text{6-磷酸葡萄糖}$$

(2)生成6-磷酸果糖:6-磷酸葡萄糖在磷酸己糖异构酶(需要 Mg^{2+} 参与)催化下转化为6-磷酸果糖。该反应可逆。

$$\text{葡糖-6-磷酸} \xrightleftharpoons[]{\text{磷酸己糖异构酶}} \text{6-磷酸果糖}$$

(3)生成二磷酸果糖:6-磷酸果糖在磷酸果糖激酶-1(phosphofructokinase-1,PFK-1)的催化下,由ATP提供能量和磷酸基(需要 Mg^{2+} 参与),生成1,6-二磷酸果糖(fructose-1,6-phosphate),该反应不可逆。磷酸果糖激酶-1是糖酵解的关键酶,是糖酵解过程中的主要调节点。

$$\text{6-磷酸果糖} \xrightarrow[\text{磷酸果糖激酶-1}]{ATP \quad ADP \atop Mg^{2+}} \text{1,6-二磷酸果糖}$$

(4)生成磷酸丙糖:在醛缩酶催化下,1,6-二磷酸果糖裂解为2分子磷酸丙糖,即3-磷酸甘油醛和磷酸二羟丙酮,二者在磷酸丙糖异构酶作用下可相互转变。

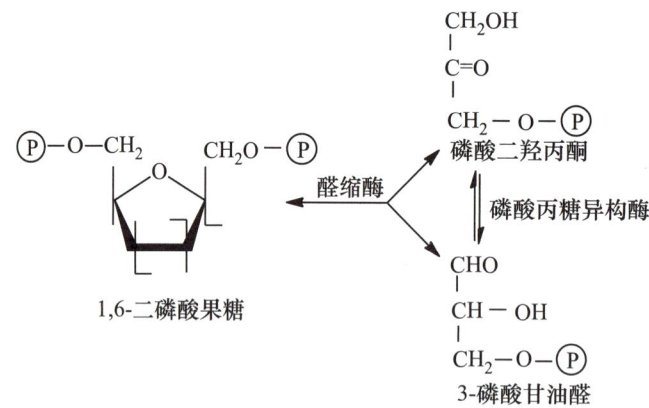

经过两次磷酸化作用,消耗2分子ATP,6C的葡萄糖裂解成2分子3C的磷酸丙糖。

2. 第二阶段——丙酮酸的生成

(1)生成1,3-二磷酸甘油酸:3-磷酸甘油醛在3-磷酸甘油醛脱氢酶催化下氧化生成含有高能磷酸键的1,3-二磷酸甘油酸(需要受氢体 NAD^+、无机磷酸参与),是该途径唯一一步氧化反应。

$$\text{3-磷酸甘油醛} + H_3PO_4 \xrightleftharpoons[\text{3-磷酸甘油醛脱氢酶}]{NAD^+ \quad NADH+H^+} \text{1,3-二磷酸甘油酸}$$

（2）生成3-磷酸甘油酸：1,3-二磷酸甘油酸在磷酸甘油酸激酶催化下，高能磷酸基转移给ADP生成ATP和3-磷酸甘油酸。这种底物氧化过程中产生的能量直接将ADP磷酸化生成ATP的过程，称为底物水平磷酸化。1分子葡萄糖产生2分子丙糖，故产生2分子ATP。

（3）生成2-磷酸甘油酸：3-磷酸甘油酸C_3位上的磷酸基在磷酸甘油酸变位酶的催化下转移到C_2位上，生成2-磷酸甘油酸。

（4）生成磷酸烯醇式丙酮酸：2-磷酸甘油酸在烯醇化酶的催化下，在脱水的同时，能量重新分配，生成含有高能磷酸键的磷酸烯醇式丙酮酸。

（5）生成丙酮酸：磷酸烯醇式丙酮酸在丙酮酸激酶（pyruvate kinase，PK）的催化下释放高能磷酸基团转移给ADP生成ATP，自身转变成烯醇式丙酮酸，并自发转变为丙酮酸。这是糖酵解过程中第二个底物水平磷酸化反应，丙酮酸激酶也是糖酵解过程中的关键酶及调节点。

3. 第三阶段——乳酸的生成　在无氧（或缺氧）情况下，乳酸脱氢酶催化丙酮酸接受氢，还原生成乳酸。这使得糖酵解途径中3-磷酸甘油醛脱氢生成的$NADH+H^+$可不需氧参与重新转变成NAD^+，使糖酵解过程在无氧条件下得以继续运行。

（三）糖酵解反应特点

1. 糖酵解全过程没有氧的参与，起始物是葡萄糖或糖原，反应在胞液中进行，反应中生成的$NADH+H^+$只能将2H交给丙酮酸，使之还原成乳酸，所以乳酸是糖酵解的必然产物。

2. 糖酵解途径释放能量较少，1分子葡萄糖可氧化为2分子丙酮酸，经2次底物水平磷酸化，可产生4分子ATP，除去葡萄糖活化时消耗的2分子ATP，可净生成2分子ATP；若从糖原开始,则净生成 3 分子 ATP。

3. 糖酵解反应的全过程中,有三步是不可逆的单向反应。催化这三步反应的己糖激酶(肝中是葡糖激酶)、磷酸果糖激酶 -1、丙酮酸激酶是糖酵解过程中的关键酶,其中以磷酸果糖激酶 -1 的催化活性最低,是最重要的关键酶。这三个酶催化的反应可通过其他的酶催化而使整个酵解过程可逆。

(四) 糖酵解的生理意义

1. 糖酵解的主要生理意义是在机体缺氧时提供能量。正常生理情况下,人体主要靠糖的有氧氧化供能,但当氧供应不足时,需靠糖酵解提供一部分急需的能量。如剧烈运动时,能量需求增加,呼吸和循环加快,肌肉处于相对缺氧状态,必须通过糖酵解提供急需的能量;又如呼吸或循环功能障碍、严重贫血、大量失血等造成机体缺氧时,也通过糖酵解增强供应能量。倘若机体相对缺氧时间较长,可造成糖酵解产物乳酸的堆积,可能引起代谢性酸中毒。

2. 糖酵解是某些组织生理情况下的供能途径。少数组织,如视网膜、睾丸、肾髓质和皮肤等即使在氧供应充足的情况下,仍主要靠糖酵解供能。成熟红细胞由于无线粒体,故以糖酵解为其唯一供能途径。神经、白细胞、骨髓、肿瘤细胞中糖酵解也很活跃。

二、糖的有氧氧化

(一) 糖的有氧氧化的概念

葡萄糖或糖原在有氧条件下彻底氧化成水和二氧化碳并释放大量能量的过程,称为糖的有氧氧化 (aerobic oxidation)。有氧氧化是糖分解代谢的主要方式。

(二) 有氧氧化的反应过程

糖的有氧氧化代谢途径可分为:丙酮酸的生成、丙酮酸氧化脱羧生成乙酰 CoA 和三羧酸循环三个阶段。

1. 丙酮酸的生成　葡萄糖转变为丙酮酸的阶段,是糖有氧氧化和糖酵解共有的过程,也称为糖酵解途径。有氧氧化与糖酵解所不同的反应是 3- 磷酸甘油醛脱氢产生的 $NADH+H^+$ 在有氧条件下,不再交给丙酮酸使其还原为乳酸,而是进入线粒体经呼吸链氧化生成水,并释放出能量。

2. 乙酰 CoA 的生成　丙酮酸经线粒体内膜上特异载体转运进入线粒体,又在丙酮酸脱氢酶复合体 (pyruvate dehydrogenase complex, PDH) 催化下,经脱氢、脱羧、酰化等反应生成乙酰 CoA,总反应如下:

$$\begin{array}{c}\text{COOH}\\|\\\text{C=O}\\|\\\text{CH}_3\end{array} + \text{HSCoA} \xrightarrow[\text{NAD}^+ \quad \text{NADH+H}^+]{\text{丙酮酸脱氢酶系}} \begin{array}{c}\text{S-CoA}\\|\\\text{C=O}\\|\\\text{CH}_3\end{array} + CO_2$$

丙酮酸　　　　　　　　　　　　　　　　　　乙酰辅酶A

丙酮酸生成乙酰 CoA 的反应是糖有氧氧化过程中重要的不可逆反应,其重要特征是丙酮酸氧化释放的自由能储存于乙酰 CoA 及 NADH 中。乙酰 CoA 可参与多种代谢途径,NADH 则进入呼吸链继续氧化。丙酮酸脱氢酶系属于多酶复合体,由三种酶组合而成(表 4-1)。

表 4-1 丙酮酸脱氢酶系的组成

酶	辅酶	维生素
丙酮酸脱氢酶	TPP	维生素 B_1
二氢硫辛酸乙酰转移酶	二氢硫辛酸、HSCoA	泛酸、硫辛酸
二氢硫辛酸脱氢酶	NAD^+、FAD	维生素 PP、维生素 B_2

丙酮酸脱氢酶系的 5 种辅酶均含有维生素。特别是维生素 B_1 参与丙酮酸脱氢酶系的构成，当维生素 B_1 缺乏时，体内 TPP 不足，则影响丙酮酸脱氢酶系的活性，使丙酮酸脱羧受阻，以致神经组织、心肌能量供应不足，并伴随丙酮酸和乳酸在神经组织、心肌堆积，影响其代谢和功能，引起"脚气病"。缺乏维生素 B_2 常引起口角炎、唇炎、舌炎、阴囊皮炎及鳞屑性皮炎。缺乏维生素 PP 可引起癞皮病。

3. 三羧酸循环　乙酰 CoA 经三羧酸循环彻底氧化分解生成 CO_2 和 H_2O。三羧酸循环（tricarboxylic acid cycle，TAC）亦称柠檬酸循环，是从乙酰 CoA 与草酰乙酸缩合生成含三个羧基的柠檬酸开始，经过一系列反应，最终仍然生成草酰乙酸而构成循环。由于最早由 Krebs 提出，故也称为 Krebs 循环。三羧酸循环是乙酰 CoA 彻底氧化的途径，在线粒体中进行，包括 8 步反应（图 4-2）。

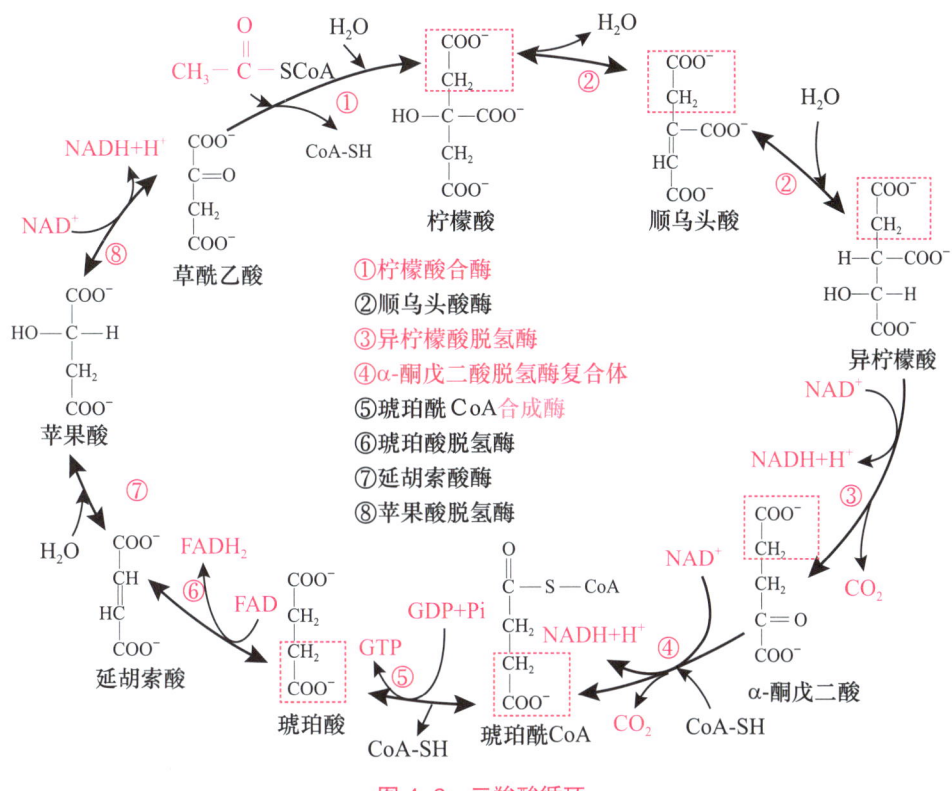

图 4-2　三羧酸循环

（1）柠檬酸的生成：柠檬酸合成酶（citrate synthase，CS）催化乙酰 CoA 的乙酰基与草酰乙酸缩合生成柠檬酸，释放 CoA-SH，此反应不可逆，柠檬酸合成酶为三羧酸循环关键酶。反应所需能量来自乙酰 CoA 中高能硫酯键的水解。

$$\underset{\text{乙酰CoA}}{\begin{array}{c}CH_3\\|\\CO-SCoA\end{array}} + \underset{\text{草酰乙酸}}{\begin{array}{c}CO-COOH\\|\\CH_2-COOH\end{array}} \xrightarrow[\text{柠檬酸合成酶}]{H_2O \quad CoA-SH} \underset{\text{柠檬酸}}{\begin{array}{c}CH_2-COOH\\|\\COH-COOH\\|\\CH_2-COOH\end{array}}$$

（2）异柠檬酸的生成：在顺乌头酸酶的催化下，柠檬酸先脱水生成顺乌头酸，后者则水化生成异柠檬酸，反应的结果使 C_3 上的羟基转移到 C_2 上，此反应可逆。

$$\underset{\text{柠檬酸}}{\begin{array}{c}CH_2-COOH\\|\\COH-COOH\\|\\CH_2-COOH\end{array}} \underset{\text{顺乌头酸酶}}{\overset{H_2O}{\rightleftharpoons}} \underset{\text{顺乌头酸}}{\begin{array}{c}CH_2-COOH\\|\\C-COOH\\\|\\CH-COOH\end{array}} \underset{\text{顺乌头酸酶}}{\overset{H_2O}{\rightleftharpoons}} \underset{\text{异柠檬酸}}{\begin{array}{c}CH_2-COOH\\|\\CH-COOH\\|\\CHOH-COOH\end{array}}$$

（3）异柠檬酸氧化脱羧：异柠檬酸在异柠檬酸脱氢酶（isocitrate dehydrogenase，IDH）催化下，脱氢、脱羧，转变为 α-酮戊二酸，脱下的氢由 NAD^+ 接受，经电子传递链氧化生成 2.5 分子 ATP。异柠檬酸脱氢酶是三羧酸循环的关键酶。这是三羧酸循环中第一次氧化脱羧。

$$\begin{array}{c} CH_2-COOH \\ | \\ CH-COOH \\ | \\ CHOH-COOH \end{array} \xrightarrow[\text{异柠檬酸脱氢酶}]{NAD^+ \quad NADH+H^+} \begin{array}{c} CH_2-COOH \\ | \\ CH_2 \\ | \\ CO-COOH \end{array} + CO_2$$

异柠檬酸   α-酮戊二酸

（4）α-酮戊二酸氧化脱羧：α-酮戊二酸在 α-酮戊二酸脱氢酶复合体催化下，脱氢、脱羧，转变为琥珀酰辅酶A。这是三羧酸循环中第二次氧化脱羧，其反应过程及机制与丙酮酸的氧化脱羧反应类同。该酶系为关键酶，催化反应不可逆。α-酮戊二酸脱氢酶复合体为三羧酸循环中又一关键酶。

$$\begin{array}{c} CH_2-COOH \\ | \\ CH_2 \\ | \\ CO-COOH \end{array} + CoA\text{-}SH \xrightarrow[\text{α-酮戊二酸脱氢酶复合体}]{NAD^+ \quad NADH+H^+} \begin{array}{c} CH_2-COOH \\ | \\ CH_2 \\ | \\ CO\sim SCoA \end{array} + CO_2$$

α-酮戊二酸   琥珀酰CoA

（5）生成琥珀酸：琥珀酰CoA 含有高能硫酯键，在琥珀酸硫激酶（又称琥珀酰辅酶A合成酶）催化下，将其能量转移给 GDP，生成 GTP，其本身则转变为琥珀酸，这是三羧酸循环中唯一经底物水平磷酸化生成的高能化合物，生成的 GTP 再将其高能磷酸键转移给 ADP 生成 ATP，此反应不可逆。

$$\begin{array}{c} CH_2-COOH \\ | \\ CH_2 \\ | \\ CO\sim SCoA \end{array} + Pi \xrightleftharpoons[]{GDP \quad GTP} \begin{array}{c} COOH \\ | \\ CH_2 \\ | \\ CH_2 \\ | \\ COOH \end{array} + CoA\text{-}SH$$

琥珀酰CoA   琥珀酸

$$GTP + ADP \rightleftharpoons GDP + ATP$$

（6）琥珀酸脱氢生成延胡索酸：琥珀酸在琥珀酸脱氢酶催化下生成延胡索酸，脱下的氢由 FAD 传递，并直接进入电子传递链氧化，可产生 1.5 分子 ATP。

$$\begin{array}{c} COOH \\ | \\ CH_2 \\ | \\ CH_2 \\ | \\ COOH \end{array} \xrightleftharpoons[\text{琥珀酸脱氢酶}]{FAD \quad FADH_2} \begin{array}{c} COOH \\ | \\ C-H \\ \| \\ H-C \\ | \\ COOH \end{array}$$

琥珀酸   延胡索酸

（7）延胡索酸加水生成苹果酸：延胡索酸在延胡索酸酶催化下加水生成苹果酸，此反应可逆。

$$\begin{array}{c} COOH \\ | \\ C-H \\ \| \\ H-C \\ | \\ COOH \end{array} \xrightleftharpoons[\text{延胡索酸酶}]{H_2O} \begin{array}{c} COOH \\ | \\ CHOH \\ | \\ CH_2 \\ | \\ COOH \end{array}$$

延胡索酸   苹果酸

（8）草酰乙酸的再生：苹果酸在苹果酸脱氢酶催化下脱氢生成草酰乙酸，脱下的氢传递给NAD^+生成$NADH+H^+$。经呼吸链传递，氧化磷酸化生成2.5分子ATP。再生的草酰乙酸可再次进入三羧酸循环。

$$\begin{array}{c} COOH \\ | \\ CHOH \\ | \\ CH_2 \\ | \\ COOH \end{array} \quad \underset{\text{苹果酸脱氢酶}}{\overset{NAD^+ \quad NADH+H^+}{\rightleftharpoons}} \quad \begin{array}{c} CHOOH \\ | \\ C=O \\ | \\ CH_2 \\ | \\ COOH \end{array}$$

苹果酸　　　　　　　　　　　草酰乙酸

（三）三羧酸循环的特点

1. 三羧酸循环中柠檬酸合成酶、异柠檬酸脱氢酶和 α-酮戊二酸脱氢酶复合体是该代谢途径的关键酶，这3个酶所催化的三步反应均是单向不可逆反应。所以三羧酸循环反应不可逆。

2. 三羧酸循环是乙酰CoA彻底氧化的过程，三羧酸循环中1分子乙酰CoA经2次脱羧反应使分子中的碳原子转变为二氧化碳而释放。实际上是氧化了1分子乙酰CoA。反应全部酶系都存在于细胞线粒体中。

3. 三羧酸循环是需氧的代谢过程，是产生ATP的主要途径。三羧酸循环中有4次脱氢反应，其中3次以NAD^+为受氢体，每分子$NADH+H^+$经呼吸链氧化产生2.5分子ATP，1次以FAD为受氢体，1分子$FADH_2$经氧化可生成1.5分子ATP，加上底物水平磷酸化生成的1个高能磷酸键（GTP），故1分子乙酰CoA经三羧酸循环氧化产生10分子ATP。氧间接参与三羧酸循环，因为三羧酸循环中产生的$NADH+H^+$和$FADH_2$必须经呼吸链把电子传递给氧，重新氧化成NAD^+和FAD，因此三羧酸循环是需氧的代谢过程。

4. 三羧酸循环的中间产物的浓度是循环的推动力，如草酰乙酸、α-酮戊二酸、琥珀酸等的量不会因参加循环而减少。但由于体内各代谢途径的交汇和无定向，三羧酸循环中的产物亦可进入其他代谢途径而被消耗，如草酰乙酸可转变为天门冬氨酸，α-酮戊二酸转变为谷氨酸，参与蛋白质的合成，因而这些中间产物必须不断更新和及时补充，才能保证循环的正常进行。故补充三羧酸循环的中间物质是必需的，中间物质的补充反应又称回补反应。最重要的回补反应是丙酮酸羧化形成草酰乙酸。

生化史事

三羧酸循环的发现

1932年，英国科学家克雷布斯（H. A. Krebs）博士与其同事共同发现了脲循环，阐明了人体内尿素生成的途径。1937年，他发现了柠檬酸循环（又称三羧酸循环或克雷布斯循环）。揭示了生物体内糖经酵解途径变为三碳物质后，进一步氧化为二氧化碳和水的途径以及代谢能的主要来源。这一循环与糖、蛋白质、脂肪等的代谢都有密切关系，是所有需氧生物代谢中的重要环节。这一发现被公认为代谢研究的里程碑，以他的名字命名为克氏循环（Krebs cycle）。他也因此获得了1953年的诺贝尔生理学或医学奖。

（四）有氧氧化的生理意义

糖的有氧氧化是机体获得能量的重要过程，所以有氧氧化的调节是为了适应机体能量的需求。体内ATP消耗大于ATP合成时，ADP、AMP、NAD^+浓度升高，磷酸果糖激酶、丙酮酸激酶、丙酮酸脱氢酶复合体等均被激活，有氧氧化反应增强。反应产物乙酰 CoA、NADH+H$^+$ 及 ATP 增加时，此类酶被反馈抑制，有氧氧化反应速度减慢。

1. 有氧氧化是体内供能的重要途径。1 mol 葡萄糖经有氧氧化可生成 30 mol（或 32 mol）ATP，而糖酵解从葡萄糖开始仅生成 2 mol ATP（若从糖原开始生成 3 mol ATP），前者是后者的 15 倍（或 16 倍）（表 4-2）。

表 4-2　葡萄糖有氧氧化时 ATP 的生成与消耗

反应阶段	反应步骤	辅酶	产能方式	ATP 生成数
第一阶段	葡萄糖→6- 磷酸葡萄糖			-1
	6- 磷酸果糖→1,6- 二磷酸果糖			-1
	2×3- 磷酸甘油醛→2×1,3- 二磷酸甘油酸	NAD$^+$	氧化磷酸化	2×2.5 或 2×1.5*
	2×1,3- 二磷酸甘油酸→2×3- 磷酸甘油酸		底物磷酸化	2×1
	2× 磷酸烯醇式丙酮酸→2× 丙酮酸		底物磷酸化	2×1
第二阶段	2× 丙酮酸→2× 乙酰 CoA	NAD$^+$	氧化磷酸化	2×2.5
第三阶段	2× 异柠檬酸→2×α- 酮戊二酸	NAD$^+$	氧化磷酸化	2×2.5
	2×α- 酮戊二酸→2× 琥珀酰 CoA	NAD$^+$	氧化磷酸化	2×2.5
	2× 琥珀酰 CoA →2× 琥珀酸		底物磷酸化	2×1
	2× 琥珀酸→2× 延胡索酸	FAD	氧化磷酸化	2×1.5
	2× 苹果酸→2× 草酰乙酸	NAD$^+$	氧化磷酸化	2×2.5
合计				32（或 30）

*根据 NADH+H$^+$ 进入线粒体的方式不同，如 α- 磷酸甘油穿梭经呼吸链只产生 2×1.5 分子 ATP，苹果酸穿梭经呼吸链产生 2×2.5 分子 ATP

2. 三羧酸循环是糖、脂肪、蛋白质彻底氧化的共同途径。三大营养物质糖、脂肪、蛋白质经代谢后均可生成乙酰 CoA，乙酰 CoA 必须经过三羧酸循环才能彻底氧化。因而糖、脂肪、蛋白质氧化的最终产物都是 H_2O、CO_2，并生成大量 ATP。

3. 三羧酸循环是物质代谢联系的枢纽。糖分解代谢产生的丙酮酸、α- 酮戊二酸、草酰乙酸等可分别转变成丙氨酸、谷氨酸和天冬氨酸；同样这些氨基酸也可脱氨基后生成相应的 α- 酮酸，进入三羧酸循环彻底氧化；脂肪分解产生甘油和脂肪酸，前者可转变成磷酸二羟丙酮，后者可生成乙酰 CoA，它们均可进入三羧酸循环氧化供能，故三羧酸循环是糖、脂肪、氨基酸互变的枢纽。

4. 三羧酸循环提供生物合成的前体。三羧酸循环中的某些成分可用于合成其他物质，例如琥珀酰辅酶 A 可用于血红素的合成。

三、磷酸戊糖途径

（一）磷酸戊糖途径的概念

在人体组织中，葡萄糖经糖酵解转变成丙酮酸，其中大多数进入柠檬酸循环被氧化，并产生 ATP，但在某些组织中，葡萄糖也会进入另外的代谢途径，产生细胞所需要的其他代谢物。当加入碘乙酸或氟化物后，糖酵解和三羧酸循环被抑制，但葡萄糖的消耗并无太大影响，同时观察到 6- 磷酸葡萄糖可以转变成二氧化碳和 5- 磷酸核酮糖，故将此转变途径叫做磷酸戊糖途径。这是葡萄糖在体内除有氧氧化、无氧酵解主要分解途径外的另一重要途径。该途径主要在肝、脂肪组织、哺乳期的乳腺、肾上腺皮质、性腺、骨髓和红细胞中进行。

（二）反应过程

磷酸戊糖途径在胞液中进行，全过程分为两个阶段，第一阶段是6-磷酸葡萄糖经氧化脱氢生成5-磷酸核酮糖；第二阶段是一系列基团转移反应。

1. 磷酸戊糖的生成　6-磷酸葡萄糖经2次脱氢反应和1次脱羧反应生成2分子NADPH+H^+和1分子的CO_2后，转变为5-磷酸核酮糖。

5-磷酸核酮糖在磷酸戊糖异构酶催化下转变为5-磷酸核糖，也可在差向酶作用下生成5-磷酸木酮糖。

2. 基团移换反应　此阶段在异构酶、转酮酶、转醛酶等一系列酶作用下，生成5-磷酸核糖、6-磷酸果糖和3-磷酸甘油醛等，前者用于合成核酸，而后二者则进入糖酵解途径进行代谢。

磷酸戊糖途径中的关键酶是6-磷酸葡萄糖脱氢酶，催化不可逆反应。此酶活性受NADPH+H^+浓度的影响，NADPH+H^+浓度增高时抑制该酶活性。

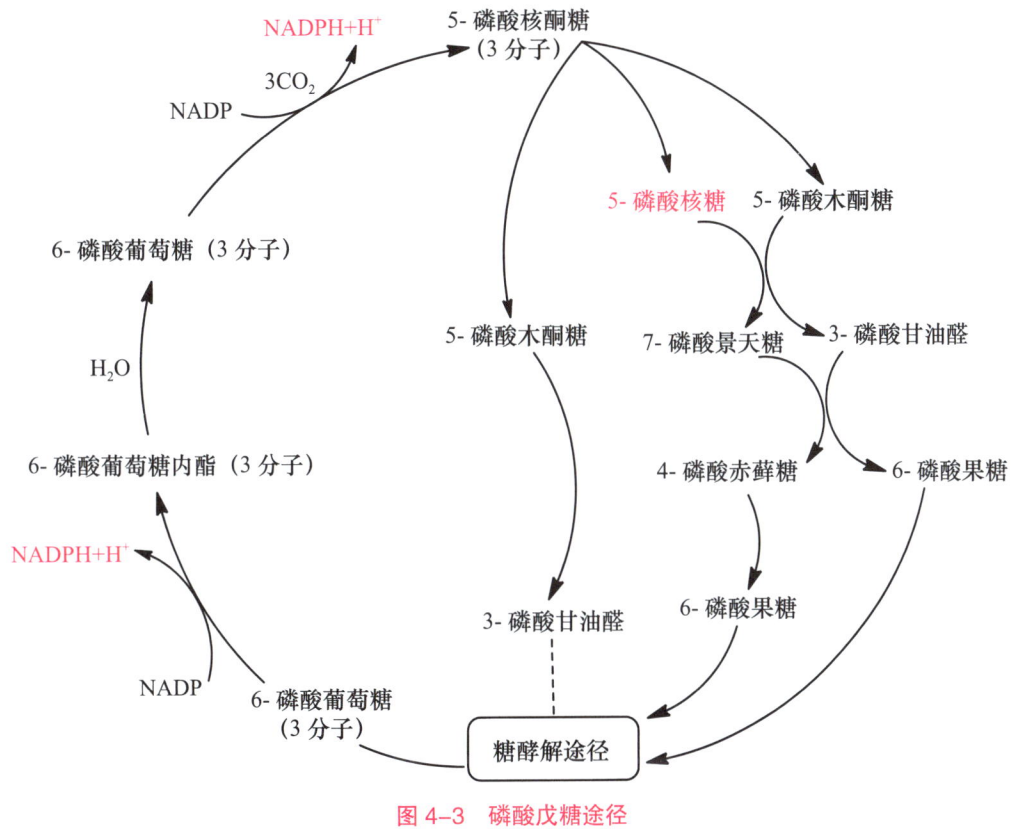

图4-3　磷酸戊糖途径

（三）磷酸戊糖途径的生理意义

磷酸戊糖途径糖分解代谢是一个重要的产生过程，它产生的NADPH和5-磷酸核糖是一些重要反应所必需的。

1. 为核酸的生物合成提供核糖。核糖是核酸和游离核苷酸的组成成分。磷酸戊糖途径是体内利用葡萄糖生成5-磷酸核糖的唯一途径，为体内核苷酸的合成，并进一步为核酸的合成提供了原料。

2. 提供NADPH+H^+作为供氢体参与多种代谢反应。

（1）NADPH+H^+作为供氢体参与胆固醇、脂肪酸、皮质激素和性激素等的生物合成。

（2）NADPH+H^+是加单氧酶系（羟化反应）的供氢体，因而与药物、毒物和某些激素的生物转化有关。

（3）NADPH+H⁺ 是谷胱甘肽还原酶的辅酶，这对维持细胞中还原型谷胱甘肽（GSH）的正常含量起着重要作用。GSH 可与氧化剂（如 H_2O_2）起反应，从而保护一些含硫基的蛋白质或酶免遭氧化而丧失正常的结构和功能。如红细胞中的 GSH 可以保护红细胞膜上含硫基的蛋白质和酶，以维持膜的完整性和酶活性。遗传性 6-磷酸葡萄糖脱氢酶缺陷的患者，磷酸戊糖途径不能正常进行，NADPH+H⁺ 缺乏，GSH 含量减少，其红细胞易于破坏而发生溶血性贫血，因患者常在食蚕豆后发病，故称蚕豆病。

第二节 糖原的合成与分解

糖原（glycogen）是由多个葡萄糖残基组成具有多分支结构的高分子化合物，分子中葡萄糖主要以 α-1,4-糖苷键相连形成直链，其中部分以 α-1,6-糖苷键相连构成支链。糖原分子有许多非还原性分支末端，是糖原合成、分解关键酶作用的位点。糖原是葡萄糖的贮存形式，人体贮存糖原的主要器官是肌肉和肝。当细胞中能量充足时，进行糖原合成而贮存能量；当能量供应不足时，糖原分解，供应生命活动所需的能量。

一、糖原的合成代谢

（一）糖原合成的概念

单糖（主要是葡萄糖）合成糖原的过程称为糖原合成（glycogenesis）。肝糖原可以任何单糖（如葡萄糖、果糖、半乳糖等）为原料进行合成，而肌糖原只能以葡萄糖作为合成原料。

（二）糖原合成的反应过程

糖原合成反应在胞液中进行，消耗 ATP 和 UTP。其过程包括以下 4 步反应。

1. 葡萄糖磷酸化　在肝细胞内，葡萄糖由葡萄糖激酶催化磷酸化为 6-磷酸葡萄糖，在肌肉或其他组织中催化此步骤的酶是己糖激酶，ATP 供应能量，为不可逆反应。

2. 1-磷酸葡萄糖的生成　6-磷酸葡萄糖在磷酸葡萄糖变位酶催化下转变成 1-磷酸葡萄糖。

葡萄糖 →(ATP→ADP，己糖激酶（肌肉）/葡萄糖激酶（肝）) 6-磷酸葡萄糖 ⇌(变位酶) 1-磷酸葡萄糖

3. 尿苷二磷酸葡萄糖的生成　在二磷酸尿苷葡萄糖焦磷酸化酶作用下，1-磷酸葡萄糖与 UTP 作用，生成尿苷二磷酸葡萄糖（UDPG），释放焦磷酸。此过程消耗的 UTP 可由 ATP 和 UDP 通过转磷酸基团生成。

1-磷酸葡萄糖 →(UTP→PPi，UDPG 焦磷酸化酶) 尿苷二磷酸葡萄糖

4. 糖原的合成　在糖原合酶作用下，UDPG 中的葡萄糖单位转移到细胞内原有的糖原引物上，在非还原端以 α-1,4-糖苷键连接。每反应一次，糖原引物上即增加 1 个葡萄糖单位。

UDPG + G_n →(糖原聚合酶) G_{n+1} + UDP

（三）糖原合成反应的特点

1. 合成反应在糖原的非还原端进行。
2. 合成为一耗能过程，每增加一个葡萄糖残基，需消耗 2 个高能磷酸键（2 分子 ATP）。
3. 其关键酶是糖原合成酶，为一共价修饰酶。

4. 糖原合成是单糖加到糖原"引物"上，使糖原分子变大的过程，"引物"是至少含有 4 个葡萄糖单位的 α-1,4- 右旋糖酐 -70。

5. 糖原合酶是糖原合成过程的关键酶。UDPG 可看作是"活性葡萄糖"的供体。

6. 糖原合酶只能延长糖链，不能形成分支，当糖链长度达到 12~18 个葡萄糖残基时，分支酶可将一段糖链（6~7 个葡萄糖残基）转移到邻近的糖链上，以 α-1,6- 糖苷键连接，从而形成糖原的分支。此种分支结构不仅可增加糖原的水溶性，以利其储存，更重要的是增加了非还原端的数目，有利于提高反应速度。

二、糖原的分解代谢

（一）糖原分解概念

糖原分解（glycogenolysis）是指糖原分解为 6- 磷酸葡萄糖或葡萄糖的过程，其细胞定位是（肝）细胞质。肝糖原分解可生成葡萄糖，补充血糖；而肌糖原分解至 6- 磷酸葡萄糖后，进入糖酵解，为肌肉收缩供能。

（二）反应过程

1. 糖原分解为 1- 磷酸葡萄糖。从糖原分子的非还原端开始，磷酸化酶催化 α-1,4- 糖苷键水解，逐个生成 1- 磷酸葡萄糖。磷酸化酶只能水解 α-1,4- 糖苷键而对 α-1,6- 糖苷键无作用。当糖链上的葡萄糖残基逐个被磷酸化酶水解至离支点只剩下约 4 个葡萄糖残基时，在脱支酶的作用下将 3 个葡萄糖基转移到邻近糖链的末端，仍以 α-1,4- 糖苷键连接。剩下的 1 个以 α-1,6- 糖苷键与糖链形成分支的葡萄糖基被脱支酶水解成游离葡萄糖，糖原在磷酸化酶与脱支酶的交替作用下分解，分子越变越小。

2. 1- 磷酸葡萄糖在变位酶作用下，转变为 6- 磷酸葡萄糖。

3. 6- 磷酸葡萄糖在葡萄糖 -6- 磷酸酶作用下，水解为葡萄糖。葡萄糖 -6- 磷酸酶只存在于肝和肾，而不存在于肌肉中，所以只有肝糖原、肾糖原可直接补充血糖。

糖原合成及代谢途径可归纳为图 4-4。

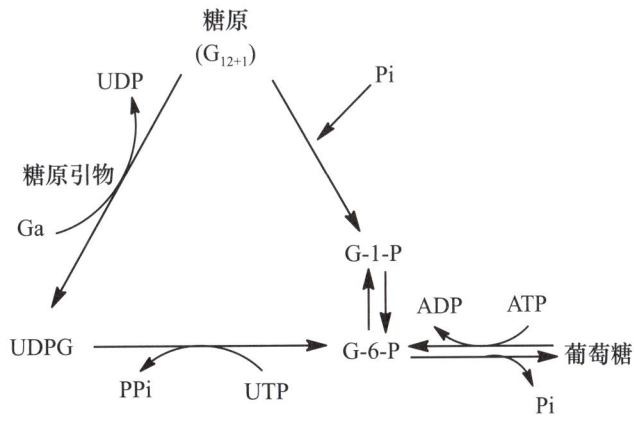

图 4-4　糖原的合成与分解

（三）糖原分解的特点

1. 糖原分解是不消耗能量的过程。
2. 磷酸化酶是糖原分解的限速酶。
3. 肝糖原和肌糖原都可以分解为 6- 磷酸葡萄糖。由于肌肉组织中无葡萄糖 -6- 磷酸酶，因此肌糖原只能进行糖酵解，生成乳酸后再经糖异生作用转变成糖。

三、糖原合成与分解的生理意义

（一）储存能量
在体内肝和肌肉组织主要以葡萄糖为原料合成肝糖原和肌糖原，并将它们作为能源物质储存起来。

（二）调节血糖浓度
体内肝糖原的合成与分解可参与维持血糖浓度的相对恒定。当体内糖来源丰富和细胞中能量充足时，例如餐后，血糖浓度升高，一部分糖以糖原形式储存起来，降低血糖；当糖的供应不足或能量需求增加时，储存的肝糖原可迅速分解为葡萄糖，释放入血，维持血糖浓度，这对于主要依赖血糖作为能量来源的脑、红细胞等组织来说有重要意义。

（三）有利于乳酸的利用
肝中可经糖异生途径利用糖无氧酵解产生的乳酸来合成糖原。这就是肝糖原合成的三碳途径或间接途径。

第三节　糖的异生

非糖物质转变为葡萄糖或糖原的过程称为糖异生作用。肝是糖异生作用的主要器官，能转变为糖的非糖物质主要有丙酮酸、甘油、乳酸、生糖氨基酸等。

一、糖异生途径

糖异生基本是糖酵解的逆行。糖酵解的三个关键酶催化的反应是不可逆的，称之为"能障"。实现糖异生必须有另外不同的酶催化逆过程，绕过三个"能障"，使非糖物质顺利转变为葡萄糖，这些酶都为糖异生过程中的关键酶，这个过程就是糖异生途径。

1. 丙酮酸转变为磷酸烯醇式丙酮酸。此反应需要丙酮酸羧化酶和磷酸烯醇式丙酮酸羧激酶联合作用，通过丙酮酸羧化支路来完成（图4-5）。

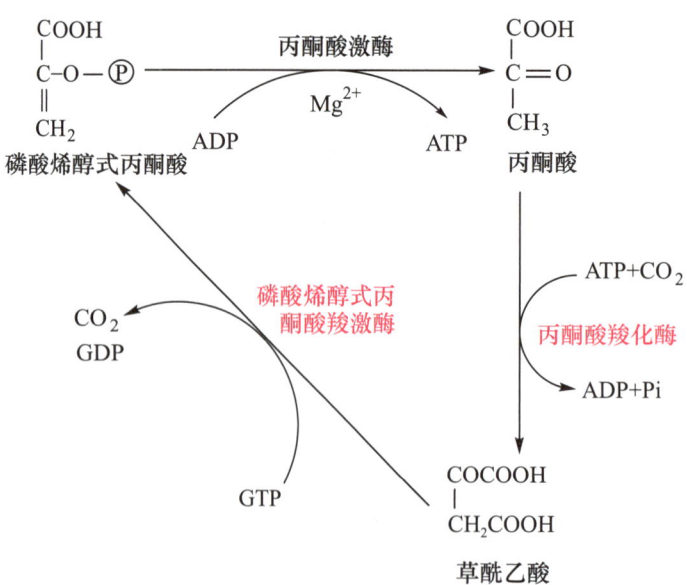

图 4-5　丙酮酸羧化支路

在线粒体中，丙酮酸在以生物素为辅酶的丙酮酸羧化酶催化下，并在 CO_2 和 ATP 存在时，使其羧化为草酰乙酸。通过苹果酸穿梭作用，草酰乙酸从线粒体转移到胞液，在磷酸烯醇式丙酮酸羧激酶催化下，由 GTP 供能，脱羧生成磷酸烯醇式丙酮酸。反应共消耗 2 分子 ATP。

2. 1,6-二磷酸果糖转变为 6-磷酸果糖。这是糖异生途径的第二个能障，在果糖二磷酸酶催化下，1,6-二磷酸果糖水解生成 6-磷酸果糖。

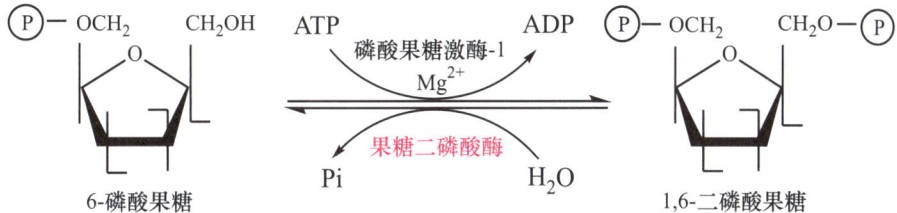

3. 6-磷酸葡萄糖水解为葡萄糖。此步反应与糖原分解的最后一步相同，在肝（肾）中存在的葡萄糖-6-磷酸酶催化下，6-磷酸葡萄糖水解为葡萄糖。

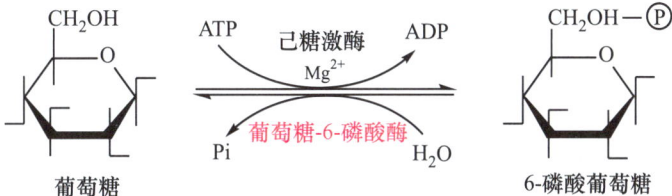

甘油是脂肪分解产物，当甘油进行糖异生时，首先在 α-磷酸甘油激酶作用下转变为 α-磷酸甘油，再经 α-磷酸甘油脱氢酶催化生成磷酸二羟丙酮，参与糖异生过程。

乳酸可脱氢生成丙酮酸，丙氨酸等生糖氨基酸通过转变为三羧酸循环中的中间产物之一，然后均可通过糖异生途径转变为糖。糖异生途径归纳如图 4-6。

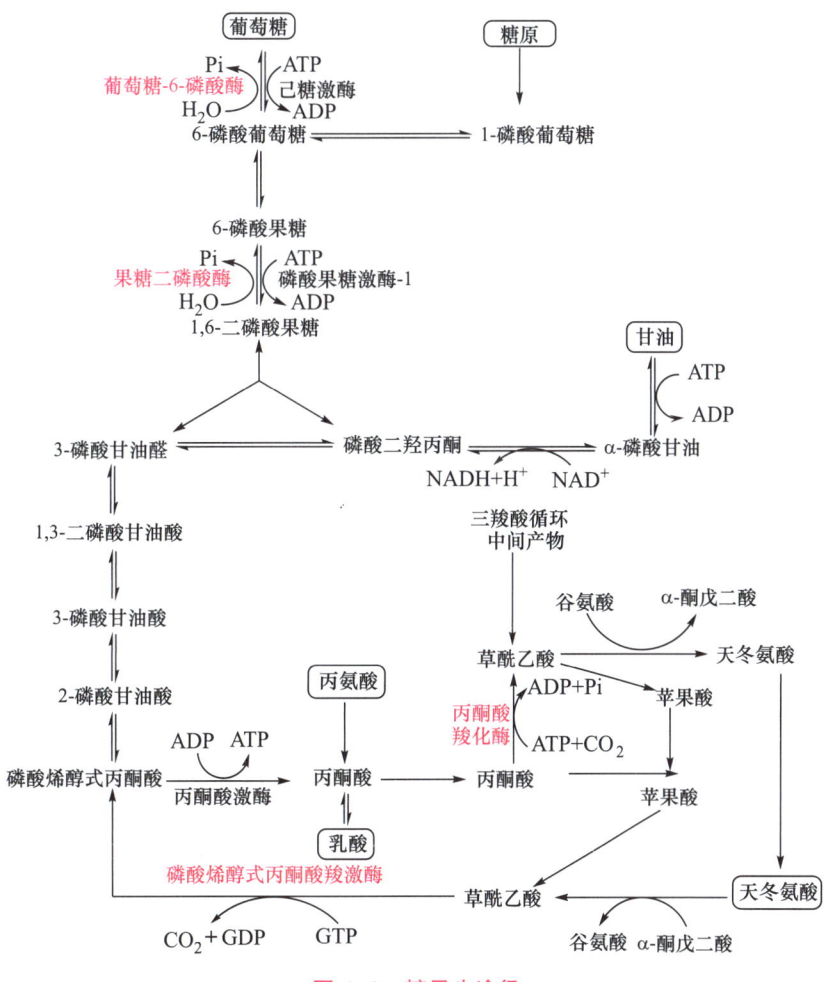

图 4-6　糖异生途径

二、糖异生的生理意义

（一）在饥饿情况下维持血糖浓度的相对恒定

在空腹或饥饿时，血糖浓度下降，仅靠肝糖原分解维持血糖浓度，8~12小时肝糖原几乎全部被耗尽，此后机体主要靠糖异生来维持血糖浓度的相对恒定，这对保证脑组织的正常功能有重要意义。

（二）有利于乳酸的利用

葡萄糖在肌肉组织中经糖的无氧酵解产生的乳酸，经血液运至肝异生为葡萄糖，葡萄糖入血后又可被肌肉摄取，由此构成乳酸循环。此循环有利于乳酸的利用，防止乳酸酸中毒，并使肝糖原和肌糖原得以补充更新。

第四节　血糖及其调节

一、血糖的来源与去路

正常人体空腹时血糖浓度为 3.89~6.11 mmol/L。血糖的来源包括食物中糖类物质的消化吸收，肝糖原分解及肝内糖异生作用生成的葡萄糖。血糖的去路则是在各组织器官中氧化分解供能，合成糖原或转化成三酰甘油及转变为某些氨基酸、糖的衍生物等。当血糖浓度超 8.89~10.00 mmol/L 时可随尿排出，这种尿中出现葡萄糖时的最低血糖浓度称为肾糖阈。

二、血糖浓度的调节

正常情况下，人体具有高效调节血糖浓度的机制，血糖浓度的相对恒定依赖于血糖来源与去路的平衡，这种平衡需要体内多种因素的共同调节，其主要调节因素有神经、激素和组织器官。

（一）神经系统调节

全身各组织的糖代谢受神经的整体调节。通过对各种促激素或激素分泌的调节，进而影响各代谢途径中的酶活性而完成调节作用。参与血糖调节的是自主神经中的交感神经和迷走神经。当情绪激动时，交感神经兴奋，使肾上腺素分泌增加，促进肝糖原分解、肌糖原酵解和糖异生作用，使血糖升高；当处于静息状态时，迷走神经兴奋，使胰岛素分泌增加，促进糖进入细胞合成糖原，促进糖转变成脂肪储存，同时又抑制糖异生作用，使血糖水平降低。正常情况下，机体在多种调节因素的相互作用下，维持血糖浓度的恒定。

（二）激素调节

多种激素可对血糖浓度进行调节。可分为两类，一类是升高血糖的激素，有肾上腺素、胰高血糖素、糖皮质激素和生长素等。另一类是降低血糖的激素，即胰岛素。这两类激素的作用相互拮抗、相互制约，它们通过调节糖代谢各途径的关键酶的活性或含量来调节血糖浓度恒定。

（三）器官的调节

肝是调节血糖浓度最重要的器官。肝以肝糖原的形式贮存葡萄糖，进食后肝贮存糖原的量可达肝重的 4%~5%，总量可达 70 g。在空腹状态下，肝可将贮存的糖原分解为葡萄糖以补充血糖。另外，肝还可通过糖异生作用维持禁食状态下血糖浓度的相对恒定。

肌肉通过对血糖的摄取利用也对血糖浓度有一定的调节作用。肌肉可利用血糖合成肌糖原，肌糖原占肌肉重量的 1%~2%，此值虽低于肝，但其总量可达 120~140 g。因此，肌肉也是贮存糖原的重要组织。但由于肌肉缺乏糖原分解时所需要的葡萄糖-6-磷酸酶，所以肌糖原不能分解为葡萄糖以直接补充血糖。但肌肉剧烈运动时，肌糖原分解产生大量乳酸，可通过乳酸循环在肝将乳酸异生为葡萄糖或肝糖原。

> **知识拓展**
>
> **代谢综合征与胰岛素**
>
> 代谢综合征是一种合并有高血压以及葡萄糖与脂类代谢异常的综合征。本综合征与多种代谢相关疾病有密切的联系，是多种代谢成分异常聚集的病理状态，是一组复杂的代谢紊乱症候群，是导致糖尿病（DM）和心脑血管疾病（CVD）的危险因素。诊断标准是，具备以下4项组成成分中的3项或全部者：①超重和（或）肥胖；②高血糖；③高血压；④血脂紊乱。代谢综合征的核心是胰岛素抵抗。产生胰岛素抵抗的原因有遗传性（基因缺陷）和获得性（环境因素）两个方面。代谢综合征加速冠心病和其他粥样硬化性血管病的发生、发展。治疗应围绕降低各种心血管病的危险因素，包括生活方式的干预（如有效减轻体重、增加体育锻炼），减轻胰岛素抵抗；良好控制血糖；改善脂代谢紊乱，控制血压等。

三、血糖水平异常

临床上因糖代谢障碍可以发生血糖水平紊乱，常见以下两种类型。

（一）低血糖

血糖浓度低于 3.92 mmol/L（70 mg%）时，可出现低血糖症，其表现为饥饿感和四肢无力，以及因低血糖刺激而引起的交感神经兴奋和肾上腺素分泌增加的症状，如脸色苍白、心慌、多汗、头晕、手颤等。

产生低血糖的原因主要有：①饥饿或不能进食者；②胰岛β细胞功能亢进；③某些肿瘤如肝癌、胃癌等；④一些内分泌疾病如脑垂体功能低下等。低血糖症多见于胰岛β细胞增多或癌症，使胰岛素分泌增加，或治疗时应用胰岛素过量，或某些对抗胰岛素的激素分泌减少，以及长期不能进食或严重肝疾病患者。

脑组织对低血糖比较敏感，因为脑组织功能活动所需的能量主要来自糖的氧化，但脑组织含糖原极少，需要不断从血液中提取葡萄糖氧化供能。当血糖浓度过低时，脑组织因缺乏能源导致功能障碍，出现头晕、心悸、饥饿感及出冷汗等。若血糖浓度继续下降低于 2.52 mmol/L（45 mg%）时，就会严重影响脑的功能，出现惊厥或昏迷，一般称为"低血糖昏迷"或"低血糖休克"。临床上遇到这种情况时，需要及时给患者静脉注入葡萄糖溶液，症状就会得到缓解。

（二）高血糖与糖尿病

空腹时血糖浓度高于 7.28 mmol/L（130 mg%）称为高血糖。如果血糖值超过肾糖阈值 8.89~10.00 mol/L 时，尿中还可以出现糖尿。持续性高血糖和糖尿，特别是空腹血糖和糖耐量曲线高于正常范围，就属于糖尿病（diabetes）。

糖尿病是病理性糖尿，其主要症状是高血糖，常伴有糖尿和多尿症。糖尿病的病因至今尚未完全阐明，临床上常见的有1型糖尿病和2型糖尿病。1型称为胰岛素依赖性糖尿病，被认为是由于自身免疫破坏了胰岛中的β细胞，引起胰岛素分泌不足所致，与遗传有较大关系。2型又称为非胰岛素依赖性糖尿病，往往40岁以后才发病，故也称为成年发作性糖尿病，也与遗传有关。2型糖尿病患者血液中的胰岛素水平并不低，甚至高于正常水平，主要是胰岛素受体缺乏或者产生了胰岛素抵抗。

在病理学上，糖尿病是表现为不同类型和不同程度的复杂疾病。实验动物糖尿病研究认为，体内糖代谢紊乱首先是葡萄糖转运受阻，同时糖异生作用加强，以及由乙酰CoA合成脂肪下降。糖尿病动物除脑组织外，较少利用葡萄糖的氧化作为能源，这样造成细胞内能量供应不足，患者常有饥饿感而多食；多食又进一步使血中葡萄糖来源增多，血糖含量超过肾阈值时，葡萄糖通过肾从尿中大量排出而出现糖尿。随着糖的大量排出，必然带走大量水分，引起多尿；体内因失水过多，血液浓缩，渗透压增高，引起口渴，因而多饮；由于糖氧化供能发生障碍，导致体内脂肪及蛋白质分解加强，使身体逐渐消瘦，体重减轻，因此有糖尿病的所谓"三多一少"（多饮、多食、多尿及体重减少）的症状，严重的糖尿病患者还出现酮血症及酸中毒。

除上述糖尿病所引起的高血糖和糖尿外，有些慢性肾炎、肾综合征等引起肾小管多糖重吸收功能降低的人，肾糖阈比正常人低，即使血糖含量在正常范围，也可出现糖尿，称为肾性糖尿。生理性高血糖或糖尿可因情绪激动、交感神经兴奋及肾上腺素分泌增加，导致肝糖原大量分解所致。因此，临床上遇到高血糖或糖尿现象时，须全面检查，综合分析，才能得出正确的诊断结论。临床上常需要做一系列生化检查以辅助诊断，常选用葡萄糖耐量实验。

人体对摄入的葡萄糖具有很大耐受能力的现象，被称为葡萄糖耐量（glucose tolerance）或耐糖现象。葡萄糖耐量实验是先检测被检查者早晨空腹时的血糖含量，然后一次进食葡萄糖100 g。每隔30分钟测定一次血糖含量，以时间为横坐标，血糖含量为纵坐标，绘成曲线，称为糖耐量曲线。医学上对患者作糖耐量实验可以辅助诊断某些与糖代谢障碍相关的疾病。

（张　宁）

本章知识导图

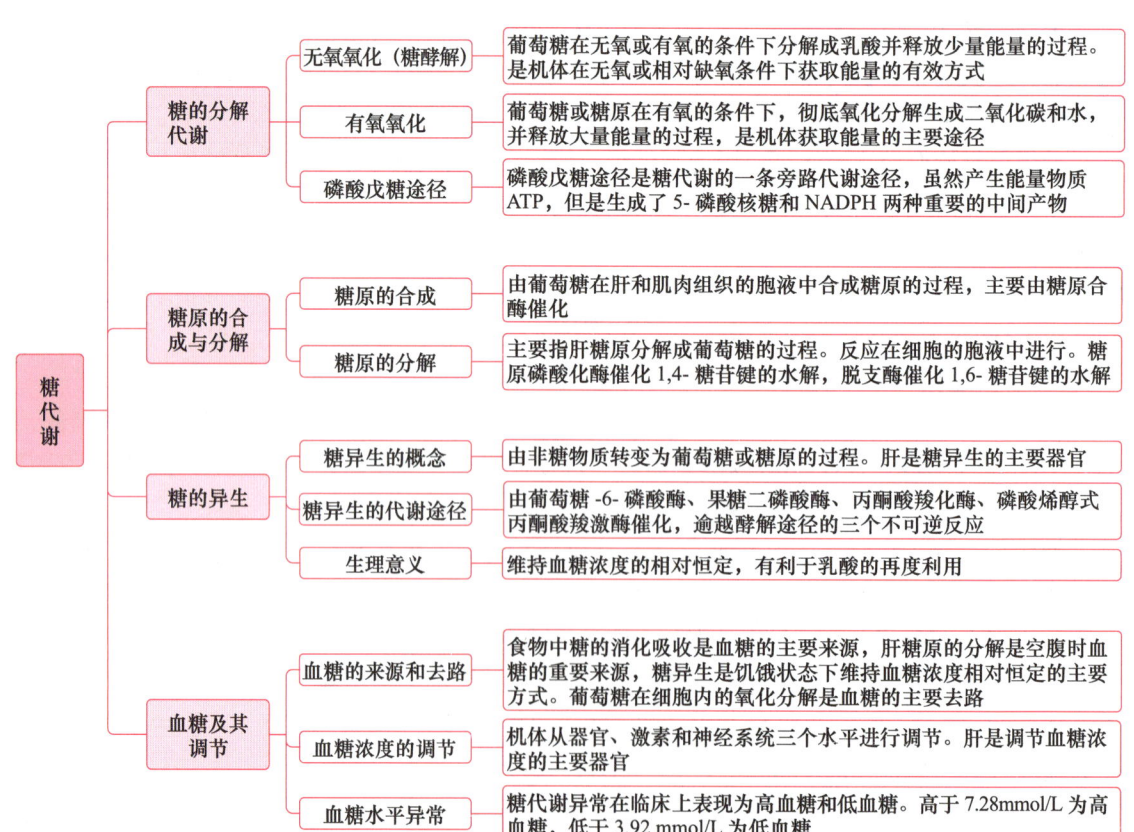

第五章 脂质代谢

知识目标

1. 归纳

脂肪酸活化、转运及 β-氧化分解代谢；胆固醇合成代谢的部位、原料及其体内转化排泄；酮体生成与利用的生理意义及酮症酸中毒的生化机制；血浆脂蛋白分类、组成、来源及生理功能。

2. 说出

必需脂肪酸和脂肪动员的概念。三酰甘油（甘油三酯）的水解过程；α-磷酸甘油生成的概况；磷脂的合成部位、合成原料及辅助因子。

3. 知道

脂质概念、分类、生理功能；脂肪酸合成过程；高脂血症的概念。

脂质（lipids）是脂肪和类脂的统称。脂肪，又称三酰甘油（triacylglycerol）或三脂肪酰基甘油（甘油三酯，triglyceride，TG）。类脂（adipoid）包括磷脂（phospholipids，PL）、糖脂（glycolipid，GL）和胆固醇及其酯（cholesterol and cholesterol ester，Ch 和 CE）三大类。脂质难溶于水，而易溶于有机溶剂（如乙醚、三氯甲烷、丙酮等）。脂质结构复杂，在生命体内功能重要且复杂。脂质代谢与机体许多疾病的发生和发展密切相关，因此对脂质及其代谢研究已经成医学和药学的前沿领域。

第一节 概 述

一、三酰甘油的组成、分布与功能

（一）三酰甘油的组成

三酰甘油（甘油三酯）是由甘油的单个羟基分别被脂肪酸酯化形成酯，组成三酰甘油的脂肪酸链组成复杂，长度和饱和度多种多样，可以相同也可以不同。体内还存在少量一酰甘油（甘油一酯）（monoacylglycerol，MG）和二酰甘油（甘油二酯）（diacylglycerol，DAG）。

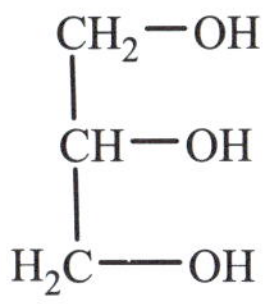

$$
\begin{array}{cccc}
CH_2-OH & CH_2-O-COR_1 & CH_2-O-COR_1 & CH_2-O-COR_1 \\
| & | & | & | \\
CH-OH & CH-OH & CH-O-COR_2 & CH-O-COR_2 \\
| & | & | & | \\
H_2C-OH & H_2C-OH & H_2C-OH & H_2C-O-COR_3 \\
\text{甘油} & \text{一酰甘油} & \text{二酰甘油} & \text{三酰甘油}
\end{array}
$$

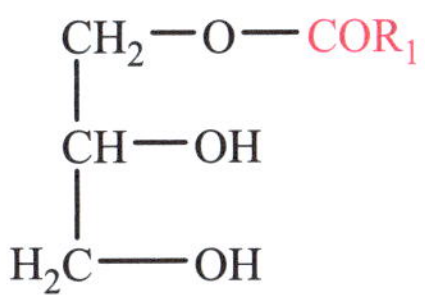

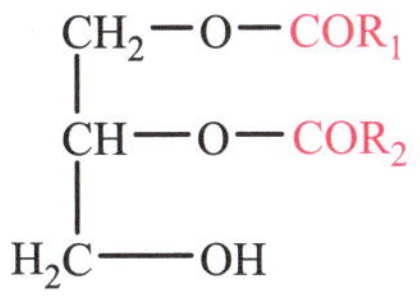

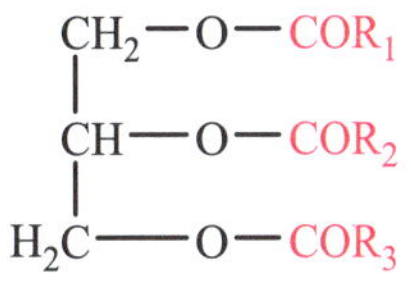

（二）三酰甘油的分布

脂肪组织是储存三酰甘油的主要场所，主要分布在皮下、肾周围、肠系膜等处，这些部位被称为脂库。人体内脂肪的含量受年龄、性别、营养状况、健康状况和活动程度等因素的影响，波动较大。三酰甘油的储存对人及动物的供能具有重要意义。

知识补充

脂肪酸

脂肪酸（fatty acid）简称脂酸，是脂肪烃的羧酸，一端含有一个疏水性烃链基团，另一端含有一个亲水性羧基。脂肪酸的结构通式为 $CH_3(CH_2)_nCOOH$。

脂肪酸依据碳链是否含有不饱和双键分为饱和脂肪酸和不饱和脂肪酸。不含双键的脂肪酸称为饱和脂肪酸（saturated fatty acid），不饱和脂肪酸（unsaturated fatty acid）含有一个及以上双键。含有一个双键的脂肪酸称为单不饱和脂肪酸（mono unsaturated fatty acid）；含有二个及以上双键的脂肪酸称为多不饱和脂肪酸。脂肪酸是脂肪、胆固醇酯和磷脂的重要组成部分。

（三）三酰甘油的生理功能

1. 储能与供能　三酰甘油是机体重要供能和储能物质。1 g 三酰甘油彻底氧化可产生 38 kJ 能量，1 g 蛋白质或 1 g 碳水化合物只能产生 17 kJ 能量。三酰甘油疏水，储存时不带水分子，体积小。机体内有专门的储存组织——脂肪组织。三酰甘油是脂肪酸的重要储存库。

2. 保护内脏与维持体温　内脏周围的脂肪组织具有软垫作用，能够缓冲外界的机械撞击，对内脏具有保护和固定作用。脂肪不易导热，分布于皮下的脂肪可以防止热量过多散失，对于维持体温恒定具有重要作用。

二、类脂的组成、分布与功能

（一）类脂的组成

1. 磷脂　磷脂（phospholipids）是由甘油或鞘氨醇、脂肪酸、磷酸和含氮化合物组成，含甘油的磷脂称为甘油磷脂，结构通式如下。

$$\begin{array}{c} CH_2-O-COR_1 \\ R_2OC-O-CH \quad\quad O \\ \quad\quad\quad\quad\quad \| \\ H_2C-O-P-OX \\ \quad\quad\quad\quad\quad | \\ \quad\quad\quad\quad\quad OH \end{array}$$

甘油磷脂

式中 R_1 和 R_2 为脂肪酸的烃基。R_1 的脂肪酸为饱和脂肪酸，如硬脂酸、软脂酸等；R_2 的脂肪酸为不饱和脂肪酸。如亚油酸、亚麻酸、花生四烯酸。

因取代基团 –X 不同，形成不同的甘油磷脂（表 5-1）。

表 5-1　体内几种重要的甘油磷脂

HO-X	X 取代基	甘油磷脂名称
水	—H	磷脂酸
胆碱	—CH$_2$CH$_2$N$^+$(CH$_3$)$_3$	磷脂酰胆碱（卵磷脂）
乙醇胺	—CH$_2$CH$_2$NH$_3^+$	磷脂酰乙醇胺（脑磷脂）
丝氨酸	—CH$_2$CHNH$_2$COOH	磷脂酰丝氨酸
肌醇	(肌醇结构式)	磷脂酰肌醇
甘油	—CH$_2$CHOHCH$_2$OH	磷脂酰甘油
磷脂酰甘油	—CH$_2$CHOHCH$_2$O—P(=O)(OH)—OCH$_2$—CHOCOR$_2$—CH$_2$OCOR$_2$	二磷脂酰甘油（心磷脂）

2. 胆固醇及其酯　胆固醇属固醇类（steroids）化合物，由环戊烷多氢菲（perhydrocyclopentanophenanthrene）母体结构衍生形成。因 C$_3$ 羟基的氢是否被取代或 C$_{17}$ 侧链（一般为 8~10 个碳原子）的不同，而衍生出不同的类固醇。动物体内最丰富的类固醇化合物是胆固醇（cholesterol），植物不含胆固醇而含植物固醇，以 β- 谷固醇最多。胆固醇可通过分子中 C$_3$ 羟基和脂肪酸作用生成胆固醇酯。

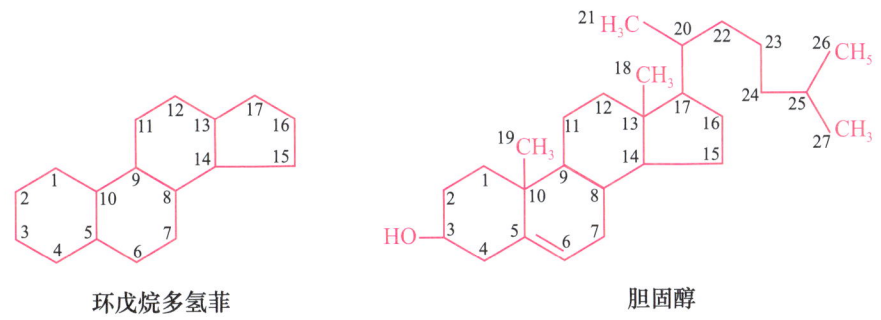

环戊烷多氢菲　　　　　胆固醇

（二）类脂的分布

类脂分布于人体各组织中，是生物膜的基本组分。常温下以液态或半固态形式存在。类脂约占体重的 5%，以神经组织中含量最多。类脂含量相对恒定，不受营养状态和机体活动量的影响，因此也称为固定脂或基本脂。

（三）类脂的功能

1. 维持生物膜的结构完整与功能正常　生物膜是细胞膜结构的总称，包括质膜和细胞内膜，由脂质、蛋白质和糖类等结合构成。磷脂分子逐个相依地整齐排列，极性的亲水头部朝向膜的内侧或外侧，非极性的疏水尾部插入膜的中间，从而构成生物膜骨架的主要结构——脂质双层。胆固醇分子散布于磷脂-蛋白质分子之间，其极性头部与磷脂分子的极性头部紧紧相依，对膜的稳定性发挥重要作用。

2. 参与细胞信息传递　细胞膜上的磷脂酰肌醇 4,5- 二磷酸，可以被特异性磷脂酶 C 水解生成肌醇三磷酸和二酰甘油，两者均为细胞的第二信使，参与细胞内多种信号系统。

3. 转变成多种重要的生理活性物质　脂肪酸是机体合成不饱和脂肪酸衍生物的前体。人体自身不能合成，必须由食物提供的脂肪酸称为必需脂肪酸。亚油酸（linoleate）、亚麻酸（linolenate）及花生四烯酸（arachidonate）等多不饱和脂肪酸是人体不可缺的营养素，不能自身合成，需从食物摄取，故称必需脂肪酸。前列腺素（prostaglandin，PG）、血栓烷（thromboxane A2，TXA2）、白三烯（leukotrienes，LTs）是二十碳不饱和脂肪酸衍生物，在体内具有很强的生物活性。

三、脂质的消化吸收

膳食中的脂质物质以三酰甘油为主，约占90%，此外还有少量磷脂及胆固醇等。脂质不溶于水，消化吸收时需要胆汁酸盐帮助乳化分散，以及多种消化酶协同作用。成人口腔中没有消化脂质的酶，胃中有少量脂肪酶，但胃液pH偏酸，脂肪酶活性受到抑制；小肠中含有来自胰液的多种脂酶，以及来自胆汁的胆汁酸盐，所以小肠是脂质消化吸收的重要部位。

脂质进入小肠后，刺激肠促胰液肽、肠促胰酶素和胆囊收缩素的分泌。前者促进胰酶原分泌，后者引起胆囊收缩，促进胆汁分泌。胆汁酸盐是双性分子，与进入肠腔的三酰甘油、胆固醇等脂质物质混合，通过肠蠕动，将不溶于水的脂质分散成细小的水包油的乳化微团（micelles），大大提高了脂质物质的溶解度，并增加了脂质与消化酶的接触面积，有利于脂肪和类脂的消化吸收。胆汁酸是维持胆固醇吸收的主要因素，胆汁酸缺乏时，明显降低胆固醇的吸收。食物中的纤维素、果胶、植物固醇及某些药物如考来烯胺等，通过在消化道中与胆汁酸结合促使其从粪便排出，发挥减少胆固醇的吸收、降低血中胆固醇的作用。

从胰腺分泌入十二指肠的脂质消化酶类有：胰脂酶、磷脂酶A_2、胆固醇酯酶及辅脂酶。胰脂酶特异性催化三酰甘油的1位与3位酯键之间，生成1分子2-单酰甘油和2分子脂酸。胰脂酶必须吸附在乳化微团水油界面上，才能水解微团内的三酰甘油，其发挥作用的必须辅助因子是辅脂酶。辅脂酶相对分子量约10 000，以酶原的形式随胰液分泌进入十二指肠后，在胰脂酶的作用下从N-端切下一个五肽而被激活。辅脂酶本身不具有脂肪酶活性，但激活的辅脂酶具有与胰脂酶及三酰甘油结合的结构域，分别通过氢键与胰脂酶结合，通过疏水键与三酰甘油结合，在胰脂酶与三酰甘油之间起桥梁作用。在小肠内，胰脂酶的作用依赖于胆汁酸盐的存在，但又受胆汁酸盐的抑制，因为脂质乳化后其表面张力升高，反而使胰脂酶不能与微团内的三酰甘油接触；同时在水油界面胰脂酶易于变性失活。辅脂酶能同时与胰脂酶和三酰甘油结合，使胰脂酶充分发挥水解三酰甘油的作用。磷脂酶催化磷脂酯键水解，生成脂酸及溶血磷脂。胆固醇酯酶催化胆固醇酯水解，生成游离脂酸与胆固醇。

第二节　三酰甘油的分解代谢

脂肪是机体储存能量的重要形式，也是含量最多的脂质物质。三酰甘油在体内氧化分解为机体提供生命活动所需的能量。三酰甘油的分解代谢过程如下。

一、脂肪的动员

储存在脂肪组织中的三酰甘油在脂肪酶作用下逐步分解成甘油和游离脂肪酸（free fatty acid，FFA），并释放入血供其他组织利用的过程，成为脂肪动员（fat mobilization）。

第一步是三酰甘油水解成二酰甘油及脂肪酸，由脂肪细胞内的一种三酰甘油脂肪酶催化，它是脂肪动员的限速酶，因其活性受到多种激素的调控，被称为激素敏感性三酰甘油脂肪酶（hormone-sensitive triglyceride lipase，HSL）或激素敏感性脂肪酶（hormone sensitive lipase，HSL）。不同激素对 HSL 的影响不同，其中能提高 HSL 活性、促进脂肪动员的激素，称为脂解激素（lipolytic hormone）；能降低 HSL 活性、抑制脂肪动员的激素，称为抗脂解激素（antilipolytic hormone）。脂解激素包括胰高血糖素、肾上腺素和去甲肾上腺素等。胰岛素、前列腺素 E_2 等是抗脂解激素。

激素敏感性脂肪酶催化三酰甘油分解，产生的二酰甘油被二酰甘油脂肪酶进一步水解成脂肪酸和一酰甘油；一酰甘油被一酰甘油脂肪酶水解成甘油和脂肪酸。游离脂肪酸不溶水，需要与血浆中清蛋白结合增加溶解性，然后随血液运输至全身，主要由心、肝和骨骼肌等摄取利用。

三酰甘油 —三酰甘油脂肪酶→ 二酰甘油 —二酰甘油脂肪酶→ 一酰甘油 —一酰甘油脂肪酶→ 甘油
（H_2O → 脂肪酸）

二、甘油的代谢

脂肪动员生成的甘油可在血液中游离运输，主要被运输到肝经甘油激酶催化生成 α- 磷酸甘油，随后再氧化为磷酸二羟丙酮，经异构化生成 α- 磷酸甘油醛。α- 磷酸甘油醛进入糖酵解途径氧化分解或异生为糖。肾、肠等组织细胞中含有甘油激酶，可以利用甘油，脂肪组织和骨骼肌缺乏甘油激酶，不能利用甘油。

三、脂肪酸的 β- 氧化

机体除脑以外，大多数组织均能氧化脂肪酸获能，以肝、心肌、骨骼肌能力最强。在氧供应充足时，脂肪酸可活化为脂酰 CoA 转移至线粒体内，然后经 β- 氧化生成乙酰 CoA，乙酰 CoA 进入柠檬酸循环彻底氧化为 CO_2 和 H_2O，释放大量 ATP。

（一）脂肪酸的活化

脂肪酸在氧化分解前被活化为脂酰 CoA，是由内质网、线粒体外膜上的脂酰 CoA 合成酶（acyl-CoA synthetase）催化生成。这一反应需 ATP、CoA-SH 及 Mg^{2+} 参与。活化生成的脂酰 CoA 含有高能硫酯键，不仅可以提高反应活化能，还可增加脂肪酸的水溶性，因而提高脂肪酸代谢活性。活化反应生成的焦磷酸（PPi）立即被细胞内焦磷酸酶水解，可阻止逆反应进行。

脂肪酸 + CoA-SH —脂酰CoA合成酶（Mg^{2+}，ATP→AMP）→ 脂酰CoA + PPi

（二）脂酰 CoA 进入线粒体

催化脂肪酸氧化的酶系存在于线粒体基质，活化的脂酰 CoA 必须进入线粒体才能被氧化。长链脂酰 CoA 不能直接透过线粒体内膜，需要肉碱（carnitine）协助转运。线粒体外膜存在肉碱脂酰转移酶Ⅰ（carnitine acyl transferase Ⅰ），催化长链脂酰 CoA 与肉碱合成脂酰肉碱（acylcarnitine），后者在线粒体内膜肉碱–脂酰肉碱转位酶（carnitine-acylcarnitine translocase）作用下，通过内膜进入线粒体基质，同时将等分子肉碱转运出线粒体。进入线粒体的脂酰肉碱，在线粒体内膜内侧肉碱脂酰转移酶Ⅱ作用下，转变为脂酰 CoA 并释放出肉碱（图 5-1）。

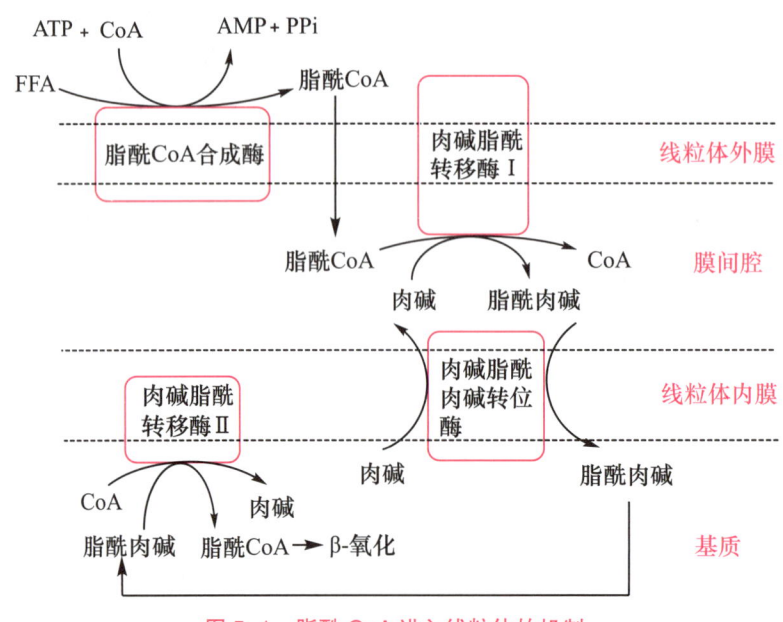

图 5-1 脂酰 CoA 进入线粒体的机制

（三）脂酰 CoA 的 β- 氧化

脂酰 CoA 在线粒体基质中经脂酸 β- 氧化多酶复合体的催化，首先从羧基端 β- 碳原子开始氧化，经过脱氢、加水、再脱氢、硫解四步连续反应，每循环一次生成 1 分子乙酰 CoA 和 1 分子少两个碳原子的新的脂酰 CoA（图 5-2）。

1. 脱氢（dehydrogenation） 脂酰 CoA 在脂酰 CoA 脱氢酶催化下，在脂酰 CoA 的 α 和 β 碳原子上各脱去一个氢原子，生成反式 Δ^2- 烯脂酰 CoA。脱下的 2 个氢由辅基 FAD 接受，生成 $FADH_2$。

2. 加水（hydration） 在 Δ^2- 烯脂酰 CoA 水化酶（hydratase）催化下，反式 Δ^2- 烯脂酰 CoA 加 1 分子 H_2O 生成 L-（+）-β- 羟脂酰 CoA。

3. 再脱氢 在 β- 羟脂酰 CoA 脱氢酶催化下，L-（+）-β- 羟脂酰 CoA 脱氢生成 β- 酮脂酰 CoA，脱下的 2 个氢由 NAD^+ 接受生成 $NADH+H^+$。

4. 硫解（thiolysis） 在 β- 酮脂酰 CoA 硫解酶催化下，β- 酮脂酰 CoA 在 α 和 β 碳原子之间断裂，加上 1 分子辅酶 A 生成乙酰 CoA 和 1 分子少两个碳原子的脂酰 CoA。后者再经过脱氢 – 加水 – 再脱氢 – 硫解四步反应反复进行 β- 氧化，最终将脂酰 CoA 全部氧化分解成乙酰 CoA。

（四）脂肪酸 β- 氧化的能量生成及生理意义

脂肪酸经 β- 氧化生成的乙酰 CoA 最终进入三羧酸循环氧化生成大量 ATP。以软脂酸（十六碳酸）为例，需进行 7 次 β- 氧化，生成 7 分子 $FADH_2$、7 分子 $NADH+H^+$ 及 8 分子乙酰 CoA。1 分子 $FADH_2$ 通过呼吸链氧化产生 1.5 分子 ATP，1 分子 $NADH+H^+$ 通过呼吸链氧化产生 2.5 分子 ATP；每分子乙酰 CoA 经 TCA 循环时可产生 10 分子 ATP。因此 1 分子软脂酸彻底氧化共生成（7×1.5）+（7×2.5）+（8×10）= 108 分子 ATP。减去脂酸活化时耗去的 2 个高能磷酸键，相当于 2 分子 ATP，净生成 106 分子 ATP。

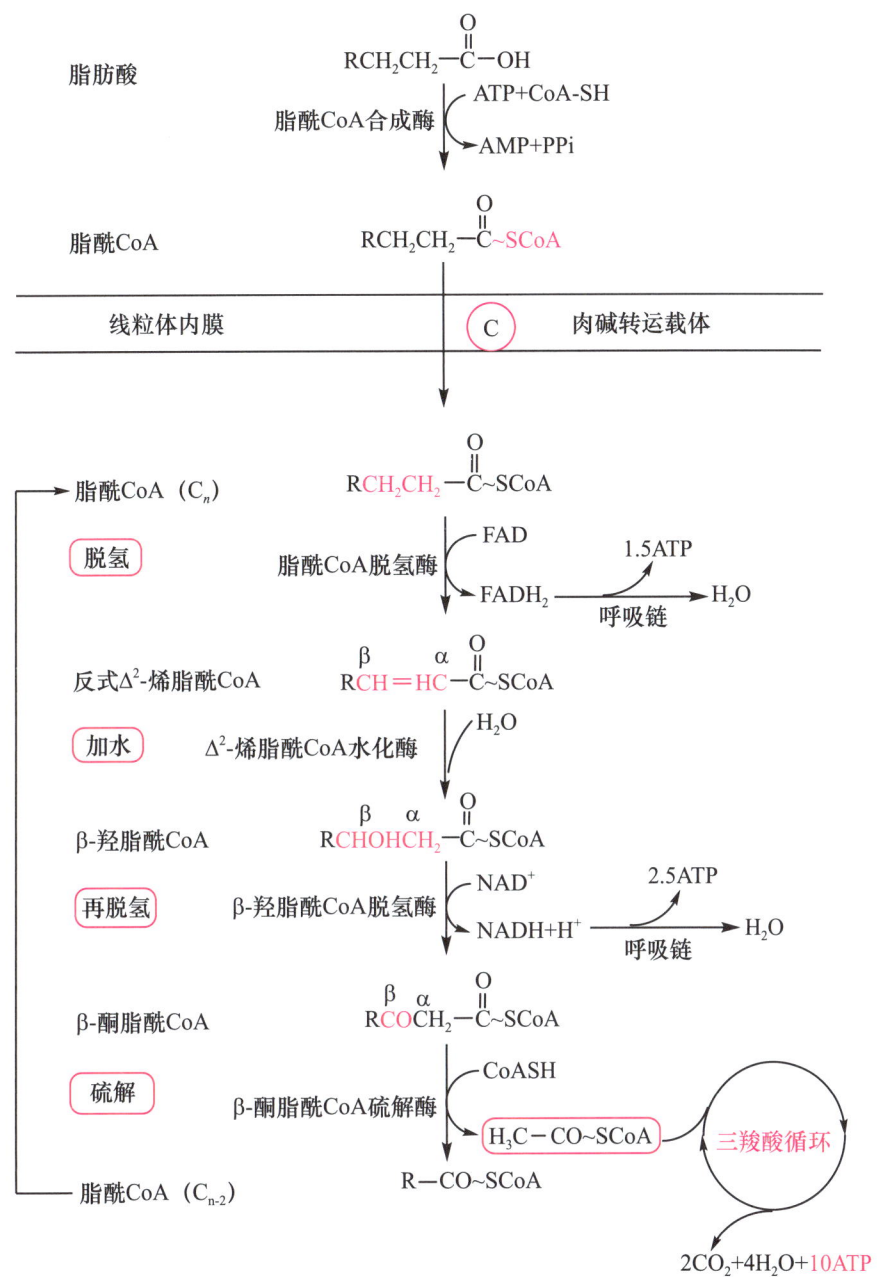

图 5-2 脂酰 CoA 的 β-氧化分解

四、脂肪酸的其他氧化方式

（一）α-氧化

α-氧化作用在哺乳动物的脑组织和神经细胞的微粒体中进行，由微粒体氧化酶系催化，使游离的长链脂肪酸的 α-碳原子上的氢被氧化成羟基，生成 α-羟脂酸。α-羟脂酸可以继续氧化脱羧，形成少一个碳原子的脂肪酸。碳链缩短后，再进入 β-氧化。

（二）ω-氧化

脂肪酸 ω-氧化酶系与内质网紧密结合，由单加氧酶、脱氢酶、$NADP^+$、NAD^+ 及细胞色素 P450 等组成。脂肪酸 ω-甲基碳原子在脂肪酸 ω-氧化酶系作用下，经 ω-羟基脂肪酸、ω-醛基脂肪酸等中间产物，形成 α,ω-二羧酸。这样，脂肪酸就能从任一端活化并进行 β-氧化。

（三）不饱和脂肪酸的氧化

不饱和脂肪酸在线粒体中进行氧化，需要特异烯脂酰CoA顺反异构酶（cis-trans isomerase）帮助，将顺式烯脂酰CoA转变成反式构型的烯脂酰CoA。其余氧化过程与β-氧化过程相同。

五、酮体的生成和利用

脂肪酸在肌肉、心肌等许多肝外组织中，能够被彻底氧化生成CO_2和H_2O。但是在肝内β-氧化产生的大量乙酰CoA，除进入TCA循环被氧化生成ATP外，其余被转变为酮体（ketone bodies），随血液向肝外输出。酮体包括乙酰乙酸（acetoacetate）、β-羟丁酸（β-hydroxy-butyrate）和丙酮（acetone）。

（一）酮体的生成

酮体的原料是脂肪酸在线粒体氧化生成的大量乙酰CoA。酮体合成的场所是肝线粒体内，肝线粒体内含有各种合成酮体的酶，尤其是羟甲基戊二酸单酰CoA（酮体合成的关键酶），因此酮体的生成是肝特有的功能（图5-3）。

1. 2分子乙酰CoA在乙酰乙酰CoA硫解酶的作用下，缩合成乙酰乙酰CoA，并释出1分子CoA-SH。

2. 乙酰乙酰CoA在羟甲基戊二酸单酰CoA（HMGCoA）合酶的催化下，再与一分子乙酰CoA缩合生成羟甲基戊二酸单酰，并释出一分子CoASH。

3. 羟甲基戊二酸单酰CoA在HMGCoA裂解酶的作用下，裂解生成乙酰乙酸和乙酰CoA。乙酰乙酸在线粒体内膜β-羟丁酸脱氢酶的催化下，被还原成D-β-羟丁酸。部分乙酰乙酸可在β-羟丁酸脱羧酶催化下脱羧或自动缓慢脱羧而生成丙酮。

肝产生的酮体，透过细胞膜进入血液运输到肝外组织进一步分解。

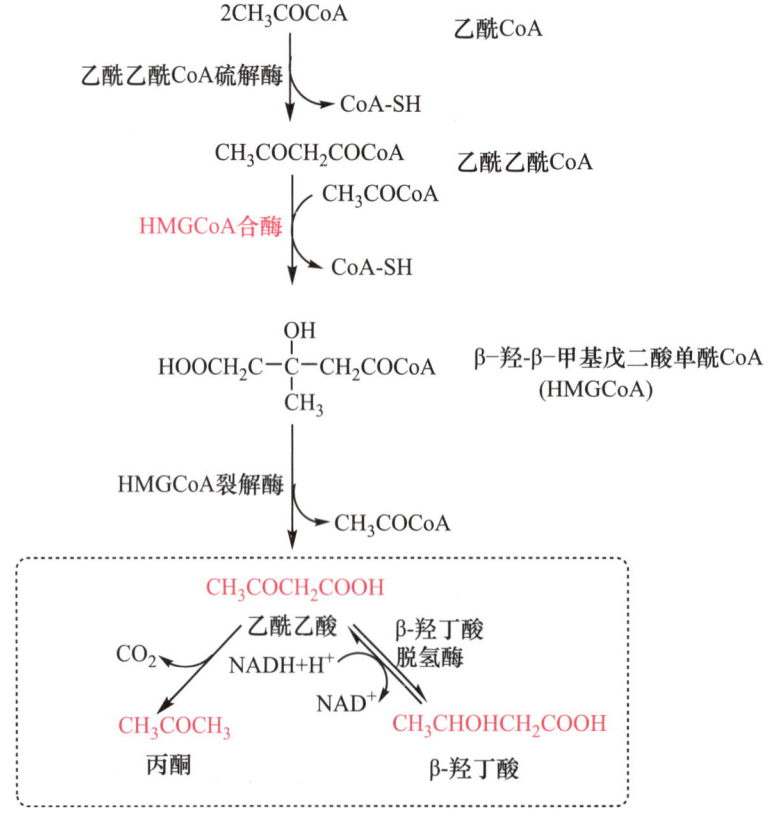

图5-3　酮体在肝内的生成

（二）酮体的利用

肝是生成酮体的器官，但缺乏利用酮体酶，所以不能利用酮体；肝外组织不能生成酮体，但具有活性很强的利用酮体的酶，可以利用酮体。肝外多数组织酮体利用相关酶可以催化酮体转变成相应的产物，并分解为乙酰 CoA。乙酰 CoA 进入 TCA 循环彻底氧化分解为 CO_2 和 H_2O，并释放出大量 ATP。酮体利用相关酶活性如下：

1. 琥珀酰 CoA 转硫酶　心、肾、脑及骨骼肌的线粒体具有较高的酶活性。琥珀酰 CoA 转硫酶使乙酰乙酸活化，生成乙酰乙酰 CoA。

2. 乙酰乙酰 CoA 硫解酶　乙酰乙酰 CoA 硫解酶，使乙酰乙酰 CoA 硫解，生成 2 分子乙酰 CoA，后者即可进入三羧酸循环彻底氧化。

3. 乙酰乙酸硫激酶　肾、心和脑的线粒体中尚有乙酰乙酸硫激酶，可直接活化乙酰乙酸生成乙酰乙酰 CoA，后者在硫解酶的作用下硫解为 2 分子乙酰 CoA。

4. β- 羟丁酸脱氢酶　β- 羟基丁酸在 β- 羟丁酸脱氢酶的催化下，脱氢生成乙酰乙酸；再转变成乙酰 CoA 而被氧化。部分丙酮可在一系列酶作用下转变为丙酮酸或乳酸，进而异生成糖。

（三）酮体的生理意义

1. 酮体是脂肪酸在肝内正常的中间代谢产物，是肝输出能源的一种形式。
2. 酮体易溶于水，分子小，能在血液中运输，易通过血脑屏障及肌肉毛细血管壁进入脑组织与肌肉组织，作为肌肉及脑组织的重要能源物质。
3. 在饥饿、高脂低糖膳食时，酮体可以代替葡萄糖成为脑组织及肌肉组织的主要能源物质。脂酸动员加强，酮体生成增加超过肝外组织利用的能力，引起血中酮体升高，可导致酮症酸中毒。

（四）酮症酸中毒

正常情况下，血液中酮体含量很低，为 0.03~0.5 mmol/L。但在饥饿、高脂低糖饮食和糖尿病时，糖的利用受阻，脂肪动员加强，肝生成的过多酮体，超过了肝外组织氧化利用酮体的能力，血液酮体浓度升高，成为酮血症；同时尿液中有大量酮体出现，则称成酮尿症；此时，血丙酮含量也大大增加，通过呼吸道排出，产生特殊的"烂苹果气味"。由于乙酰乙酸和 β- 羟丁酸是有机酸，酮血症时，酮体在血液中积累过多，导致血液中 pH 下降，引起的酸中毒，称为代谢性酮症酸中毒。

案例分析

患者男性，50 岁，因"烦渴、多饮、消瘦 7 年，咳嗽 6 天，伴意识模糊 1 天"为主诉入院。患者既往曾有糖尿病病史 6 年，院外一直给予胰岛素治疗，血糖具体控制情况不详。患者 7 天前受凉后出现咳嗽，呼之不应，可简单表示"想喝水"等动作，家属发现患者呼吸急促，并有"烂苹果味"，无大便失禁、呕吐、抽搐、肢体偏瘫。体格检查：重度脱水貌，浅昏迷，呼气带有烂苹果味。体温 36.8 ℃，脉搏 108 次 / 分，血压 69/43 mmHg，呼吸 21 次 / 分。双侧瞳孔等大、等圆。双肺呼吸音粗，右肺可闻及湿啰音。

请问：
1. 依据患者病情，应该初步做何诊断？
2. 依据所学生化知识，解释该疾病发病的生化机制。

第三节　三酰甘油的合成代谢

人体三酰甘油的合成场所包括肝、脂肪组织和小肠等器官，其中肝是三酰甘油合成的主要场所。合成三酰甘油的直接原料是α-磷酸甘油和脂酰CoA。

一、α-磷酸甘油的生成

α-磷酸甘油合成有两条途径，一是来自糖酵解中间产物磷酸二羟丙酮还原为α-磷酸甘油；二是肝组织含有甘油激酶，也能利用游离甘油磷酸化生成。

(1) 葡萄糖 —糖酵解→ 磷酸二羟丙酮 —α-磷酸甘油脱氢酶(NADH+H⁺ → NAD⁺)→ α-磷酸甘油

(2) 甘油 —甘油激酶（肝、肾）(ATP → ADP)→ α-磷酸甘油

二、脂肪酸的合成

（一）合成场所

催化哺乳类动物脂肪酸合成的酶存在于肝、肾、脑、肺、乳腺及脂肪等多种组织的细胞液中，肝的活性最高，是人体合成脂肪酸的主要场所。

（二）合成原料

脂肪酸合成原料包括乙酰CoA、ATP、NADPH、HCO_3^-（CO_2）及Mn^{2+}等。

用于脂肪酸合成的乙酰CoA主要由葡萄糖分解供给，在线粒体内产生，不能自由透过线粒体内膜，需通过柠檬酸-丙酮酸循环（citrate pyruvate cycle）进入胞质（图5-4）。在此循环中，乙酰CoA首先在线粒体内柠檬酸合酶催化下，与草酰乙酸缩合生成柠檬酸；后者通过线粒体内膜载体转运进入胞质，被ATP-柠檬酸裂解酶裂解，重新生成乙酰CoA及草酰乙酸。进入胞质的草酰乙酸在苹果酸脱氢酶作用下，由NADH供氢，还原成苹果酸，再经线粒体内膜载体转运至线粒体内。苹果酸也可在苹果酸酶作用下氧化脱羧、产生CO_2和丙酮酸，脱下的氢将$NADP^+$还原成NADPH；丙酮酸可通过线粒体内膜上的载体转运至线粒体内，重新生成线粒体内草酰乙酸，然后继续与乙酰CoA缩合，将乙酰CoA转运至胞质，用于软脂酸合成。

用于脂肪酸合成所需NADPH主要来自磷酸戊糖途径，在上述乙酰CoA转运过程中，细胞质苹果酸酶催化苹果酸氧化脱羧也可提供少量NADPH。

（三）软脂酸的合成过程

1. 乙酰CoA转化成丙二酸单酰CoA　是软脂酸合成的第一步反应，催化此反应的乙酰CoA羧化酶（acetyl CoA carboxylase）是脂肪酸合成的关键酶，以Mn^{2+}为激活剂，含生物素辅基，起转移羧基作用。乙酰CoA羧化酶活性受别构调节及化学修饰调节。该羧化反应为不可逆反应，过程如下：

乙酰CoA + HCO_3^- + ATP —乙酰CoA羧化酶→ 丙二酸单酰CoA + ADP + Pi

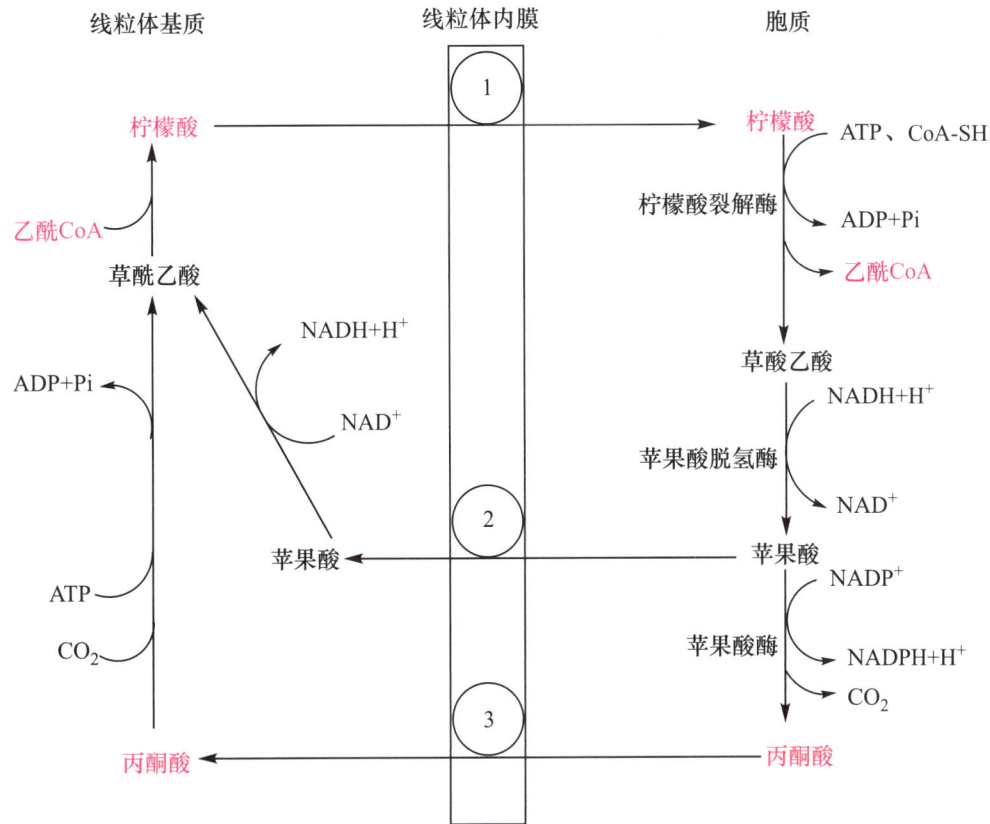

①柠檬酸载体；②苹果酸载体；③丙酮酸载体

图 5-4　柠檬酸 – 丙酮酸循环

2. 软脂酸的合成　各种脂肪酸生物合成过程基本相似，均以丙二酸单酰 CoA 为基本原料，从乙酰 CoA 开始，经反复加成完成，每次经缩合 – 还原 – 脱水 – 再还原循环延长 2 个碳原子。16 碳软脂酸合成需经 7 次循环反应（图 5-5）。软脂酸合成的总反应式如下：

$$CH_3CO\sim SCoA + 7HOOCCH_2CO\sim SCoA + 14NADPH + 14H^+ \xrightarrow{\text{脂肪酸合成酶系}}$$
$$CH_3(CH_2)_{14}CO\sim SCoA + 6H_2O + 7CO_2 + 8CoA\text{-}SH + 14NADP^+$$

3. 软脂酸的加工改造　人体组织细胞正常结构与生理功能的维持，需要碳链长短不等、饱和度不同的多种脂肪酸。除必需脂肪酸依赖食物供应外，人体所需其他脂肪酸均可自身合成，它们均以软脂酸为母体，分别在线粒体、内质网等不同亚细胞结构中进行碳链长短或饱和度的加工改造。

（1）碳链长度加工改造：脂肪酸生物合成的胞液系统只能合成十六碳软脂酸，碳链的延长可在滑面内质网或线粒体中由脂肪酸延长酶体系催化完成。内质网脂肪酸延长途径一般以合成 18C 的硬脂酸为主，线粒体碳链延长途径一般可将脂肪酸碳链延长至 24C 或 26C。

（2）饱和度的加工改造：任何动物体内质网上镶嵌有 Δ4、Δ5、Δ8 及 Δ9 去饱和酶，缺乏 Δ9 以上去饱和酶。因而，自身不能合成亚油酸（18∶2，Δ9,12）、亚麻酸（18∶3，Δ9,12,15）、花生四烯酸（20∶4，Δ5,8,11,14）等多不饱和脂肪酸。植物组织中含有去饱和酶，能够合成上述多不饱和脂肪酸。

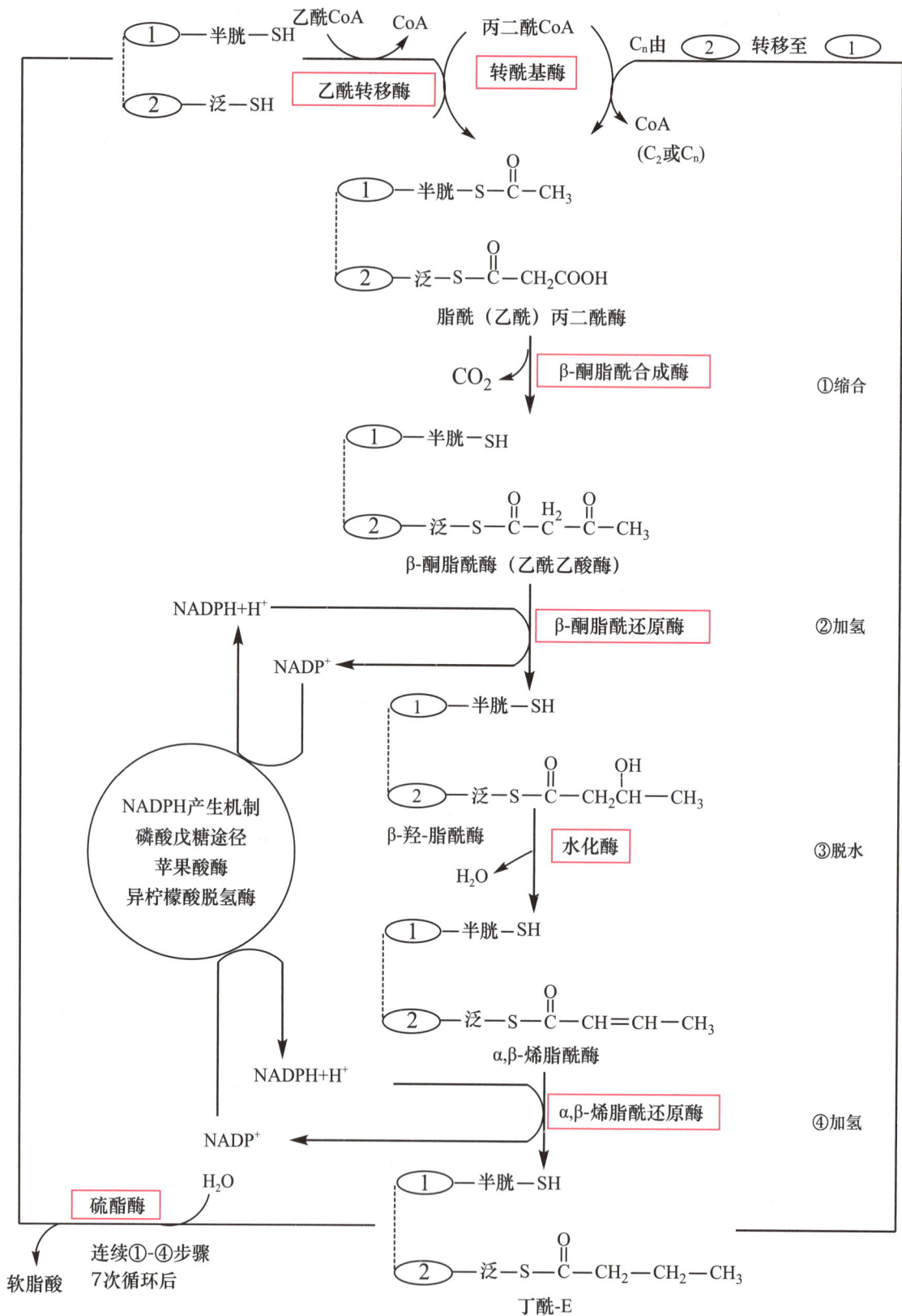

图 5-5 软脂酸的生物合成

4. 脂肪酸的活化 脂肪酸作为三酰甘油合成的基本原料，必须活化成脂酰CoA才能参与三酰甘油合成。

$$\text{RCOOH} + \text{CoA-SH} + \text{ATP} \xrightarrow[\text{Mg}^{2+}]{\text{脂酰CoA合成酶}} \text{RCO~SCoA} + \text{AMP} + \text{PPi}$$
脂肪酸　　辅酶A　　　　　　　　　　　　　　脂酰CoA

三、三酰甘油的合成

（一）一酰甘油途径

由脂酰CoA转移酶催化、ATP供能，将脂酰CoA的脂酰基转移至2-一酰甘油羟基上合成三酰甘油。该途径是小肠黏膜细胞利用食物脂质物质的消化降解产物为原料合成三酰甘油的主要途径。

（二）二酰甘油途径

肝和脂肪组织细胞以二酰甘油途径合成三酰甘油。在脂酰CoA转移酶催化下，α-磷酸甘油与2分子脂酰CoA生成磷脂酸（phosphatidic acid，PA）。后者在磷脂酸磷酸酶的作用下，水解脱去磷酸生成1,2-二酰甘油，再在脂酰CoA转移酶催化下，加上1分子脂酰基生成三酰甘油。三酰甘油所含的三个脂肪酸可相同或不同，可以为饱和脂肪酸或不饱和脂肪酸。

第四节　类脂的代谢

一、磷脂的代谢

磷脂（phospholipids，PL）是一类含有磷酸的脂质，机体内主要含有两大类磷脂：甘油磷脂和鞘磷脂。甘油磷脂以甘油为骨架，分别与脂肪酸、磷酸和含氮化合物结合。甘油磷脂分为磷脂酰胆碱（卵磷脂）、磷脂酰乙醇胺（脑磷脂）、磷脂酰丝氨酸、磷脂酰甘油。

（一）甘油磷脂的生物合成

1. 合成部位　全身各组织细胞内质网都有磷脂合成酶系，均能合成甘油磷脂，但以肝、肠、肾组织最为活跃，其中肝、肾和肠等组织的合成能力最强。

2. 合成原料　甘油磷脂的生物合成以甘油、脂肪酸、磷酸盐、丝氨酸、肌醇、胆碱等为原料。甘油和脂肪酸主要来自糖代谢；甘油磷脂 C_2 位上多为不饱和脂酸，且主要是必需脂肪酸。丝氨酸和肌醇主要由食物供给。胆碱和乙醇胺可以从食物摄取，也可由丝氨酸在体内转变生成。丝氨酸脱羧后生成乙醇胺，乙醇胺从 S-腺苷加硫氨酸（S-adenosyl methionine，SAM）获得 3 个甲基即合成胆碱。甘油磷脂的合成还需 ATP 供能，CTP 作为合成 CDP-乙醇胺、CDP-胆碱及 CDP-二酰甘油等活化中间物的载体。

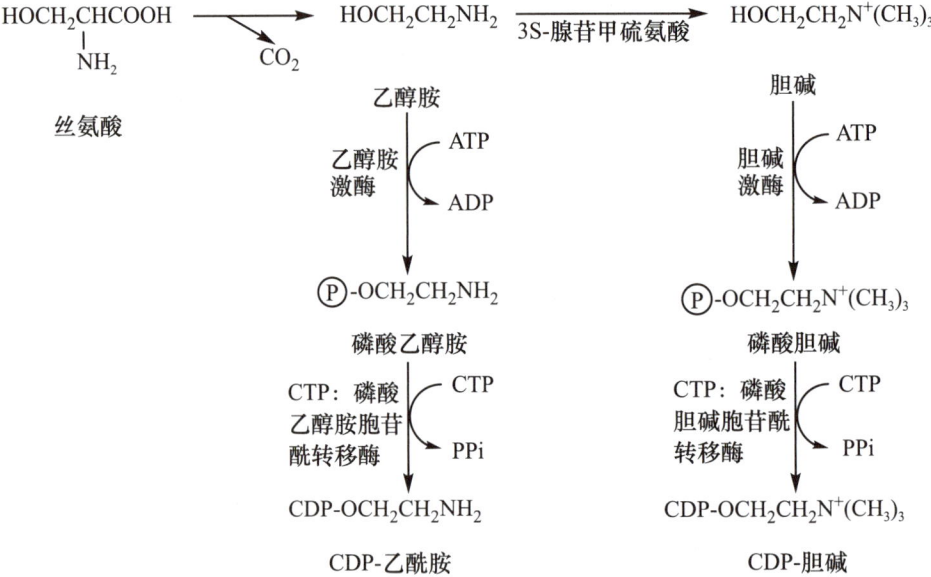

3. 合成过程　甘油磷脂的生物合成有两条途径，一条是二酰甘油途径，另一条是 CDP-二酰甘油途径。

（1）二酰甘油途径：二酰甘油是该途径的重要中间物，胆碱和乙醇胺被活化成 CDP-胆碱、CDP-乙醇胺后，分别与二酰甘油缩合，生成磷脂酰胆碱（phosphatidylcholine，PC）和磷脂酰乙醇胺（phosphatidylethanolamine，PE）。

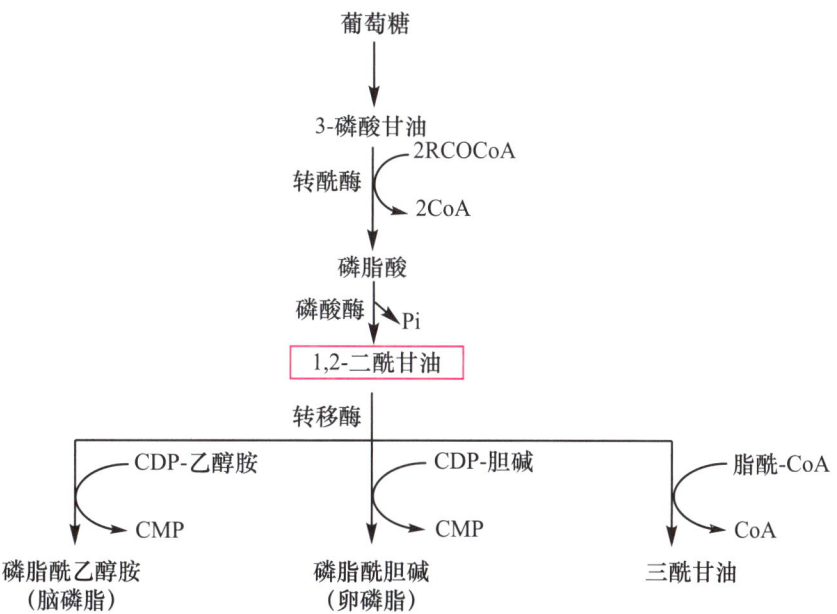

（2）CDP-二酰甘油途径：肌醇、丝氨酸无需活化，CDP-二酰甘油是该途径重要中间物，与丝氨酸、肌醇或磷脂酰甘油缩合，生成磷脂酰肌醇、磷脂酰丝氨酸及二磷脂酰甘油（心磷脂）。

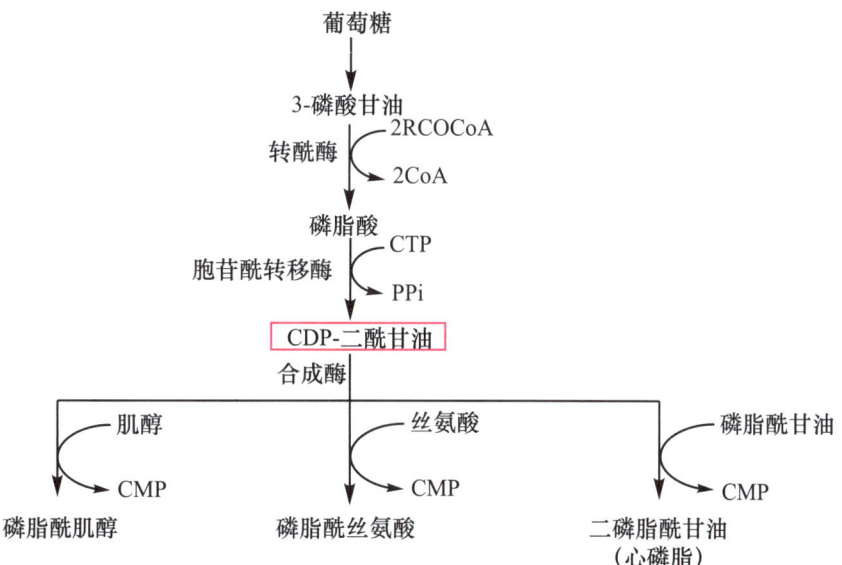

（二）甘油磷脂的分解代谢

生物体内存在许多种降解甘油磷脂的磷脂酶（phospholipase），包括磷脂酶 A_1、A_2、B_1、B_2、C 及 D。这些酶分别作用于甘油磷脂分子中不同的酯键，降解甘油磷脂。如图 5-6 所示。

二、胆固醇的代谢

胆固醇是一种环戊烷多氢菲衍生物。人体内胆固醇有游离胆固醇（free cholesterol，FC）和胆固醇酯（cholesterol ester，CE）两种形式，广泛分布于各组织。胆固醇有两个来源，主要由机体自身合成，成人每天合成 1~1.5 g，称为内源性胆固醇；少量从食物中摄取，称为外源性胆固醇。

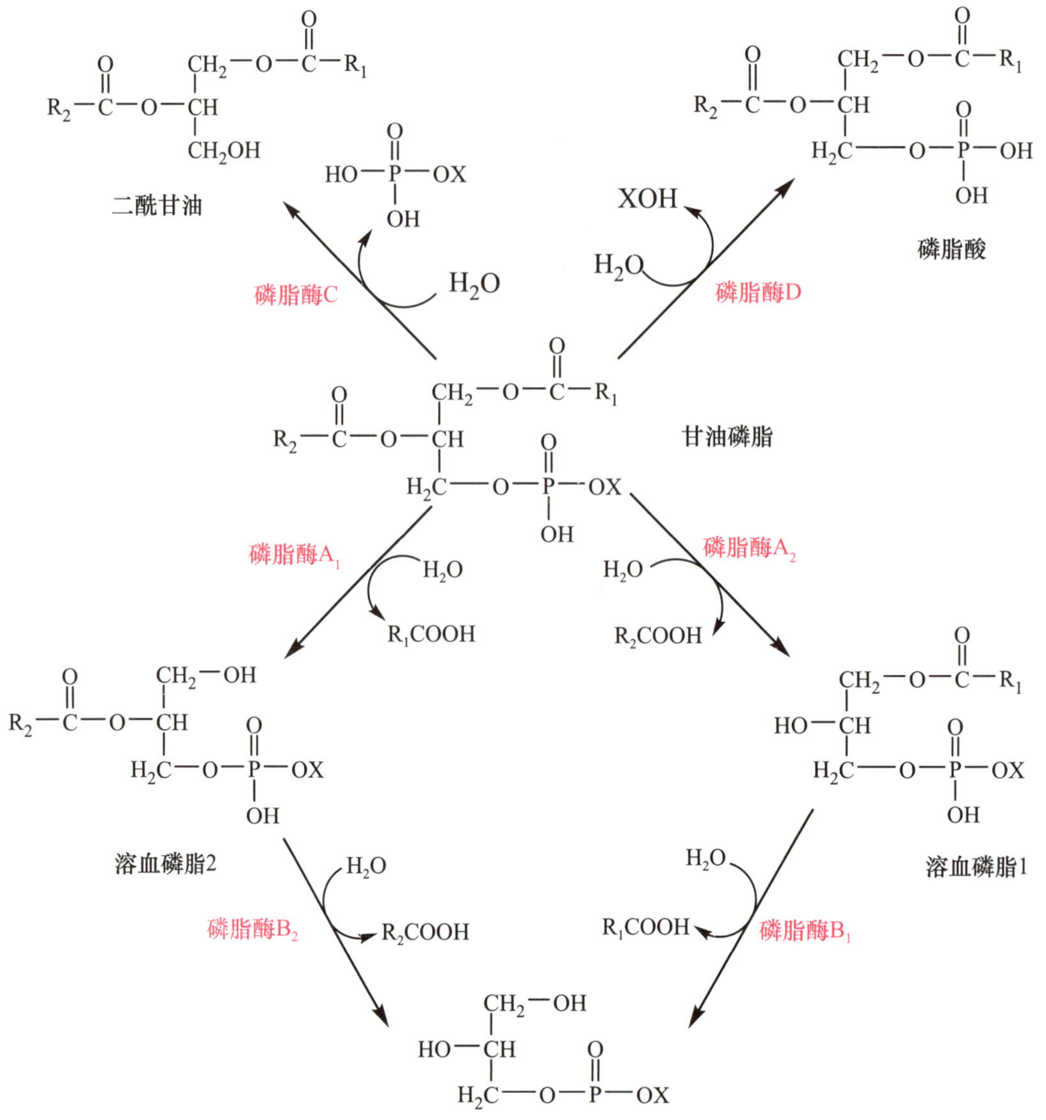

图 5-6　磷脂酶的甘油磷脂水解作用（X 为含氮碱基）

（一）合成部位

除成年动物脑组织及成熟红细胞外，几乎全身各种组织均能合成胆固醇。肝合成胆固醇的能力最强，合成量占体内胆固醇总量的 70%~80%；小肠次之，合成量占总量的 10%。肝合成的胆固醇一部分在肝内代谢和利用，一部分参与脂蛋白组成，随血液循环向肝外组织输出。胆固醇合成酶系分布于细胞液及滑面内质网。

（二）合成原料

胆固醇的生物合成以乙酰 CoA 为直接原料，以 NADPH+H^+ 供氢、ATP 供能。乙酰 CoA 来自葡萄糖、脂肪酸及某些氨基酸在线粒体内的分解代谢，其中以葡萄糖分解为主。与脂肪酸合成类似，由于乙酰 CoA 不能通过线粒体内膜，需要经过柠檬酸–丙酮酸循环从线粒体内转移至细胞液，才能作为胆固醇合成的原料。酶转运 1 分子乙酰 CoA，需要消耗 1 分子 ATP。NADPH+H^+ 是胆固醇合成所需还原性氢的供体，主要来自磷酸戊糖途径。ATP 是胆固醇合成的能量保证，大多来自线粒体中糖的有氧氧化。每合成 1 分子胆固醇需 18 分子乙酰 CoA、36 分子 ATP 及 16 分子 NADPH+H^+。糖是合成胆固醇原料的主要来源，故高糖饮食的人也可能出现血浆胆固醇增高的现象。

（三）合成基本过程

胆固醇合成过程比较复杂，整个过程可分为3个阶段（图5-7）。

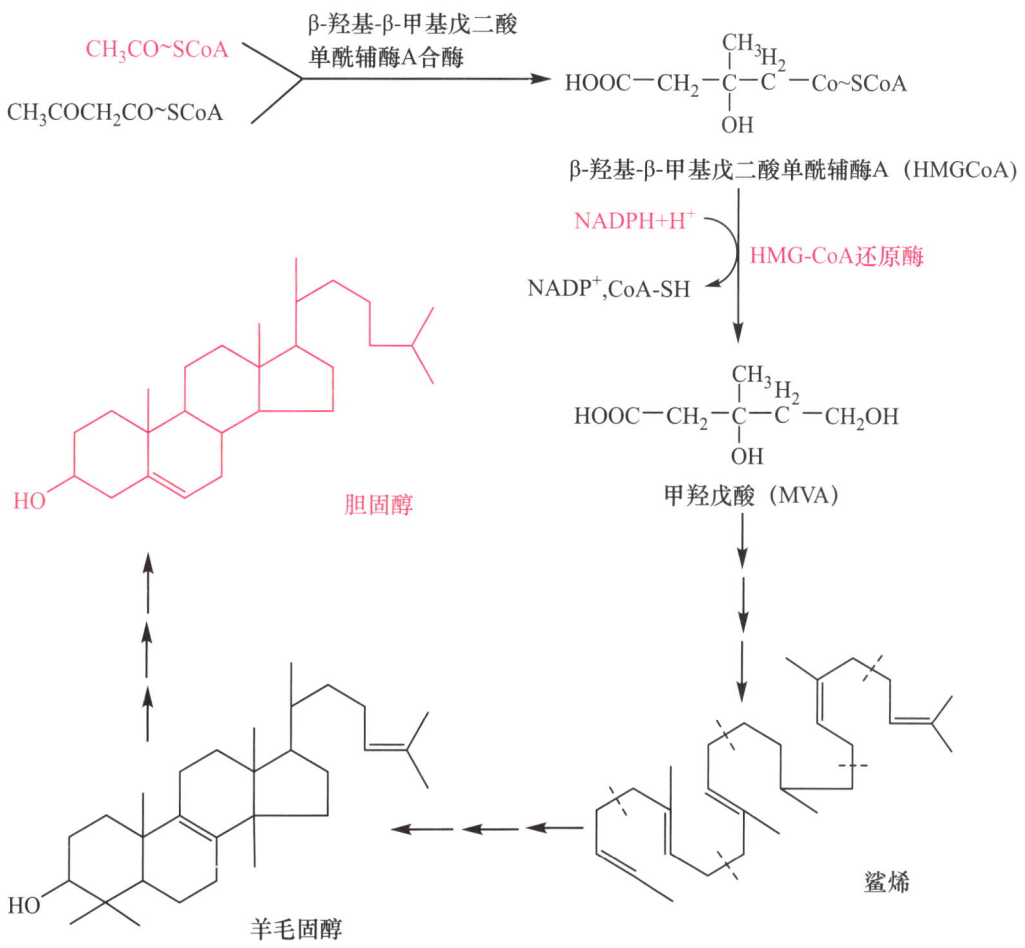

图5-7 胆固醇的生物合成

1. **甲羟戊酸的生成** 乙酰CoA转变为甲羟戊酸（mevalonic acid，MVA）是胆固醇合成的第一个阶段，包含3步反应，全部反应都在胞液中进行，分别由乙酰乙酰CoA硫解酶，HMG-CoA合酶及HMG-CoA还原酶三个酶催化，其中HMG-CoA还原酶（HMG-CoA reductase）为限速酶。首先2分子乙酰CoA在乙酰CoA硫解酶催化下，缩合成乙酰乙酰CoA。然后在羟甲戊二酸单酰CoA合酶（HMG-CoA合酶）催化下，再与1分子乙酰CoA缩合生成羟甲戊二酸单酰CoA（HMG-CoA）。以上反应与肝内生成酮体的前几步相同。最后，HMG-CoA在内质网HMG-CoA还原酶作用下，消耗2分子NADPH+H$^+$生成MVA。

2. **鲨烯的生成** 从MVA转变成鲨烯经过7步酶促反应，需要大量ATP供能、NADPH+H$^+$供氢。胞液中的MVA（C6）在一系列酶的催化下，经过两次磷酸化，一次脱羧及一次异构生成性质活泼的异戊烯焦磷酸（Δ^3-isopentenyl pyrophosphate，IPP，C5）和二甲基丙烯焦磷酸（3,3-dimethylallyl pyrophosphate，DPP，C5）与2分子异戊烯焦磷酸（C5）缩合生成焦磷酸法尼酯（farnesyl pyrophosphate，FPP，C15）。2分子焦磷酸法尼酯（C15）在内质网鲨烯合酶（squalene synthase）的作用下，经再次缩合，最后加氢还原生成多烯烃——鲨烯（squalene，C30）。

3. **胆固醇的生成** 鲨烯为30碳多烯烃，具有与固醇母核相近似的结构。鲨烯与胞液中的固醇载体蛋白（sterol carrier protein，SCP）结合进入内质网，经鲨烯单加氧酶（squalenemonooxygenase）

与环化酶（cyclase）的催化，先氧化后环化生成羊毛固醇（lanosterol）。后者在经氧化、脱羧、还原等约20步反应，脱去3个羧基生成27C的胆固醇。

4. 胆固醇合成的调节　在固醇合成过程中，HMGCoA还原酶是胆固醇合成的关键酶。许多因素主要通过影响HMGCoA还原酶活性，来影响胆固醇的合成，如别构调节剂、化学修饰调节、细胞内胆固醇含量、餐食状态和激素等。此外胆固醇合成还受到昼夜节律性影响，午夜最高，中午最低。

（四）胆固醇的去路和排泄

人体内没有降解胆固醇母核——环戊烷多氢菲的酶类，因而不能被彻底氧化分解为 CO_2，而是经氧化还原转变为环戊烷多氢菲母核的其他化合物，参与体内代谢调节，或直接或经转化后排出体外。

1. 胆固醇转化为胆汁酸　胆固醇的主要代谢去路是在肝内转化为胆汁酸（bile acid），经肠道排出体外。正常成人每天合成1.0~1.5 g，其中0.4~0.6 g在肝内转变为胆汁酸，随胆汁排入肠道。有些胆固醇也可随胆汁排出。

2. 胆固醇转化为类固醇激素　胆固醇是体内的合成肾上腺皮质激素、性激素的原料，这些激素在体内物质代谢中具有重要生理功能。

3. 胆固醇转化为维生素 D_3　肝、小肠黏膜及皮肤处的胆固醇经酶促氧化生成7-脱氢胆固醇，在紫外线照射下，形成维生素 D_3。

第五节　血脂与血浆脂蛋白

一、血脂的种类与含量

血浆中含有的所有脂质统称为血脂，包括三酰甘油（甘油三酯）、磷脂、胆固醇及其酯，以及游离脂肪酸。

血脂的主要来源有：①肠道中食物脂质的消化吸收；②由肝、脂肪细胞及其他组织合成后释放入血；③储存的三酰甘油动员入血。

血脂的主要去路是：①进入脂肪组织储存；②氧化功能；③构成生物膜；④转变为其他物质。

血脂总量并不多，只占体内总脂的极少部分，但外源性和内源性脂质物质都需要经过血液转运于各组织之间。因此血脂的含量常可以反映体内各组织器官的脂质代谢情况，对血脂的检测有利于对某些疾病的诊断。人群中血脂水平受膳食、年龄、性别、职业、遗传以及代谢等因素的影响，因此正常人血脂波动范围很大。空腹状态下个人血脂水平相对稳定，临床血脂检测常在进食后12小时左右抽取空腹血进行化验，这样才能可靠地反映血脂水平。正常人的血脂水平见表5-2。

表5-2　正常成人12~14小时空腹血脂的组成及含量

组成	血浆总量		空腹时血脂主要来源
	mg/dl	mmol/L	
总脂	400~700（500）*		
三酰甘油	10~150（100）	0.11~1.69（1.13）	肝
总胆固醇	100~250（200）	2.59~6.47（5.17）	肝
胆固醇酯	70~200（145）	1.81~5.17（3.75）	

续表

组成	血浆总量		空腹时血脂主要来源
	mg/dl	mmol/L	
游离胆固醇	40~70（55）	1.03~1.81（1.42）	肝
总磷脂	150~250（200）	48.44~80.73（64.58）	肝
磷脂酰胆碱	50~200（100）	16.1~64.6（32.3）	肝
神经磷脂	50~130（70）	16.1~42.0（22.6）	肝
脑磷脂	15~35（20）	4.8~13.0（6.4）	肝
游离脂肪酸	5~20（15）		脂肪组织

*括号内为均值

二、血浆脂蛋白的分类、组成与结构

血脂在血浆中与蛋白质结合形成血浆脂蛋白，呈颗粒状亲水复合物，是血脂在血浆中的存在及运输形式。游离脂肪酸在血浆中与清蛋白结合为复合物而运输。

（一）血浆脂蛋白的分类

血液中的脂蛋白存在多种形式，其脂质和蛋白质的组成有很大差异。根据它们各自的特征进行分类，一般血浆脂蛋白采用电泳法和超速离心法进行分类（表5-3）。

1. 电泳法分类　利用脂蛋白在电场中迁移速度不同而分离。不同脂蛋白的质量和表面电荷不同，在同一电场中泳动速度有差异，通常用琼脂糖电泳法可将血浆脂蛋白分为α-脂蛋白（α-lipoprotein）、前β-脂蛋白（pre-β-lipoprotein）、β-脂蛋白（β-lipoprotein）以及在乳糜微粒（chylomicron，CM），其中α-脂蛋白泳动最快，其次是前β-脂蛋白，接着是β-脂蛋白，而CM不泳动，留在原地（图5-8）。

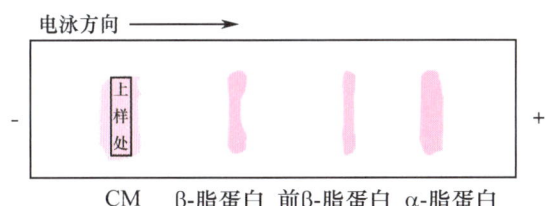

图5-8　血浆脂蛋白琼脂糖凝胶电泳图谱

2. 超速离心法分类　是根据各种脂蛋白所含的脂质及蛋白质的种类和数量不同，而导致其密度大小差异而对其进行分类。由于蛋白质的密度比脂质大，故脂蛋白蛋白质含量越高，脂质含量越低，其密度越大；反之，其密度越小。将血浆放在一定密度的盐溶液中，进行超速离心，各种脂蛋白因其密度的不同而漂浮或沉降。可将脂蛋白分为四类（图5-9）：即乳糜微粒（chylomicron，CM）、极低密度脂蛋白（very low density lipoprotein，VLDL）、低密度脂蛋白（low density lipoprotein，LDL）和高密度脂蛋白（high density lipoprotein，HDL）；分别相当于电泳分离中的乳糜微粒、前β-脂蛋白、β-脂蛋白和α-脂蛋白。各组脂蛋白的密度大小依次为CM＜VLDL＜LDL＜HDL。除上述几类脂蛋白之外，还有一种中间密度脂蛋白（intermediate density lipoprotein，IDL），其密度介于VLDL与LDL之间，IDL是VLDL代谢的中间产物。

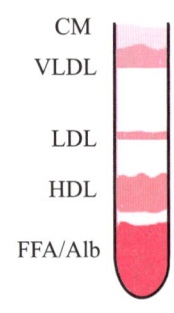

图 5-9 血浆脂蛋白超速离心法分离示意图

(二) 血浆脂蛋白的组成

血浆脂蛋白的主要组成是载脂蛋白 (apoprotein, Apo) 及脂质 (三酰甘油、磷脂、胆固醇及胆固醇酯)。但各种脂蛋白所包含的 Apo 种类、数量均不相同,所含脂类的比例、数量也不相同 (表 5-3)。

表 5-3 血浆脂蛋白的分类、性质、组成及功能

分类	电泳法 超速离心法	乳糜颗粒	前 β-脂蛋白 VLDL	β-脂蛋白 LDL	α-脂蛋白 HDL
性质	密度	<0.95	0.95~1.006	1.006~1.063	1.063~1.210
	S 值	>400	20~400	0~20	沉降
	电泳位置	原点	α_2-球蛋白	β-球蛋白	α_1-球蛋白
	颗粒直径 (nm)	80~500	25~80	20~25	5~17
组成 (%)	蛋白质	0.5~2	5~10	20~25	50
	脂质	98~99	90~95	75~80	50
	三酰甘油	80~95	50~70	10	5
	磷脂	5~7	15	10	25
	胆固醇	1~4	15	45~50	20
	游离胆固醇	1~2	5~7	8	5
	胆固醇酯	3	10~12	40~42	15~17
合成部位		小肠黏膜细胞	肝细胞	血浆	肝、肠、血浆
功能		转运外源性三酰甘油及胆固醇	转运内源性三酰甘油及胆固醇	转运内源性胆固醇	逆向转运胆固醇

(三) 血浆脂蛋白的结构

各种血浆脂蛋白的基本结构相似,除新生的 HDL 为圆盘状外,脂蛋白一般为球状颗粒,具有极性 (亲水) 的表面和非极性 (疏水) 的核心。脂蛋白都是以疏水的三酰甘油和胆固醇酯构成核心;由具有双性 α-螺旋结构的载脂蛋白和双性磷脂分子及胆固醇组成表面极性单层结构。它们的疏水基团与核心相连,其亲水基团朝向外面,从而使脂蛋白分子既能够稳定,又增加了颗粒的亲水性,得以在血液中运输。

脂蛋白中与脂质结合的蛋白质称为载脂蛋白,载脂蛋白在肝和小肠黏膜细胞中合成。目前已发现了 18 种载脂蛋白,结构与功能研究比较清楚的有 Apo A、Apo B、Apo C、Apo D 与 Apo E 五类。每类载脂蛋白又可分为不同的亚类。载脂蛋白的主要功能是稳定血浆脂蛋白结构,作

为脂质的运输载体；除此之外，有些载脂蛋白还作为酶的激活剂，如 Apo A I 可激活 LCAT，Apo C II 可激活脂蛋白脂肪酶（lipoprotein lipase，LPL）；还有些载脂蛋白还可作为细胞膜受体的配体，如 Apo B48、Apo E 参与肝细胞对 CM 的识别，Apo B100 可被各种组织表面 LDL 受体所识别等。

三、血浆脂蛋白的功能

（一）乳糜微粒

CM 是在小肠黏膜细胞中生成的，食物中的脂质在消化后，小肠黏膜细胞用摄取的中长链脂肪酸再合成三酰甘油，并与合成及吸收的磷脂和胆固醇，加上 Apo B48、A I、A II、A IV 等载脂蛋白组装成新生 CM，经淋巴道入血，从 HDL 获得 Apo C 及 E，并将部分 Apo A I、A II、A IV 转移给 HDL，形成成熟的 CM。Apo C II 激活骨骼肌、心肌及脂肪等组织毛细血管内皮细胞表面脂蛋白脂肪酶，使 CM 中 TG 及磷脂逐步水解，产生甘油、脂肪酸及溶血磷脂。

随着 CM 内核 TG 不断被水解，释放大量脂肪酸被心肌、骨骼肌、脂肪组织及肝组织摄取利用，CM 颗粒不断变小，表面过多的 Apo A I、A II、A IV、C、磷脂及胆固醇离开 CM 颗粒，形成新生 HDL。CM 最后转变成富含胆固醇酯、Apo B48 及 Apo E 的 CM 残粒，被细胞膜 LDL 受体相关蛋白识别，结合并被肝细胞摄取后彻底降解。正常人 CM 在血浆中代谢迅速，半寿期为 5~15 分钟，因此正常人空腹 12~14 小时血浆中不含 CM。

（二）极低密度脂蛋白

VLDL 是运输内源性 TG 的主要形式，其血浆代谢产物 LDL 是运输内源性胆固醇的主要形式，VLDL 及 LDL 代谢途径又称内源性脂质转运途径或内源性脂质代谢途径。肝细胞以葡萄糖分解代谢中间产物为原料合成 TG，也可利用食物来源的脂肪酸和机体脂肪酸库中的脂肪酸合成 TG，再与 Apo B100、E 以及磷脂、胆固醇等组装成 VLDL。此外，小肠黏膜细胞也可合成少量 VLDL。

VLDL 分泌入血后，从 HDL 获得 Apo C，其中 Apo C II 激活肝外组织毛细血管内皮细胞面的脂蛋白脂肪酶。和 CM 代谢一样，VLDL 中 TG 在 LPL 作用下，水解释放脂肪酸和甘油供肝外组织利用。同时，VLDL 表面的 Apo C、磷脂及胆固醇向 HDL 转移，而 HDL 胆固醇酯又转移到 VLDL。该过程不断进行，VLDL 中 TG 不断减少，CE 逐渐增加，Apo B100 及 E 相对增加，颗粒逐渐变小，密度逐渐增加，转变为 IDL。IDL 中胆固醇及 TG 含量大致相等，载脂蛋白则主要是 Apo B100 及 E。肝细胞膜 LRP 可识别和结合 IDL，因此部分 IDL 被肝细胞摄取、降解。未被肝细胞摄取的 IDL，其 TG 被 LPL 及肝脂肪酶进一步水解，表面 Apo E 转移至 HDL。这样，IDL 中剩下的脂质主要是 CE，剩下的载脂蛋白只有 Apo B100，转变为 LDL。VLDL 在血液中的半衰期为 6~12 小时。

（三）低密度脂蛋白

人体多种组织器官能摄取、降解 LDL，肝是主要器官，约 50% LDL 在肝降解。肾上腺皮质、卵巢、睾丸等组织摄取及降解 LDL 能力也较强。血浆 LDL 降解既可通过 LDL 受体途径完成，也可通过单核 - 吞噬细胞系统完成。正常血浆 LDL，每天约 45% 被清除，其中 2/3 经 LDL 受体途径，1/3 经单核 - 吞噬细胞系统。血浆中 LDL 半衰期为 2~4 天。

（四）高密度脂蛋白

新生 HDL 主要由肝合成，小肠可合成部分。在 CM 及 VLDL 代谢过程中，其表面 Apo A I、A II、A IV、C 以及磷脂、胆固醇等脱离亦可形成。HDL 按密度可分为 HDL_1、HDL_2 及 HDL_3。HDL_1 也称作 HDLC，仅存在于摄取高胆固醇膳食后的血浆中，正常人血浆主要含 HDL_2 及 HDL_3。新生 HDL 的代谢过程是胆固醇逆向转运（reverse cholesterol transport，RCT）过程，它将肝外组织细胞分泌的胆固醇，通过血液循环转运到肝，转化为胆汁酸排出，部分胆固醇也可直接随胆汁排入肠腔。HDL 的血浆半衰期为 3~5 天。

四、血浆脂蛋白代谢紊乱

脂蛋白代谢紊乱必然会使血浆中某种脂蛋白水平升高或降低，临床实践中最常见的是高脂蛋白血症（hyperlipoproteinemia）。由于高脂蛋白血症与动脉粥样硬化有密切关系，所以其在临床上受到普遍重视。

（一）高脂血症的定义和分类

脂代谢异常可引起血脂水平改变，若血脂浓度高于正常值上限即可称为高脂血症，一般以成人空腹 12~14 小时血浆三酰甘油（甘油三酯）超过 2.26 mmol/L（200 mg/dl）、胆固醇超过 6.21 mmol/L（240 mg/dl）、儿童胆固醇超过 4.14 mmol/L（160 mg/dl）为高脂血症诊断标准。由于血脂在血中以脂蛋白形式存在和转运，高脂血症实际上表现为高脂蛋白血症，主要表现为血浆中 CM、VLDL、LDL、HDL 等脂蛋白有一种或几种过高的现象。

（二）临床联系

动脉粥样硬化主要是由于血浆中胆固醇含量过高、沉积过多，在大、中动脉内膜上形成粥样斑块，引起局部坏死，结缔组织增生，血管壁纤维化和钙化等病理改变，使血管管腔狭窄。冠状动脉若发生这种变化，常引起心肌缺血，称为冠心病（coronary heart disease），甚至发生心肌梗死。

血浆中 LDL 及 VLDL 增高的患者，冠心病的发病率显著升高。HDL 的水平与冠心病的发病率呈负相关，因为 HDL 能将外周细胞过多的胆固醇转变为胆固醇酯，并将其转运到肝，转变成胆汁酸或促使其直接由胆道排出。因此 HDL 含量较高者，冠心病发病率较低；缺乏 HDL 的人，即使胆固醇含量不高也易发生动脉粥样硬化。总之，血浆 LDL 和 VLDL 含量的升高和 HDL 含量的降低是导致动脉粥样硬化的关键因素。降低 LDL 和 VLDL 的水平和提高 HDL 的水平是防治动脉粥样硬化、冠心病的基本原则。

（晁耐霞）

第五章 脂质代谢

本章知识导图

脂质代谢

- **概述**
  - 概念与分类：脂类是指脂肪和类脂及其多种衍生物的总称，包括脂肪和类脂，类脂有 PL、GL、Ch、CE
  - 组成与分布：脂肪是由 1 分子甘油和 3 分子脂肪酸组成的酯，主要分布于人体的脂肪组织；类脂主要分布于生物膜和神经组织中
  - 生理功能：脂肪具有储能、供能、保温、保护、促进脂类物质消化吸收作用；类脂为生物膜组分，并参与代谢的调节

- **血脂和血浆蛋白**
  - 血脂：是指血浆中的脂类，包括三酰甘油、磷脂、胆固醇及胆固醇酯、游离的脂肪酸
  - 血浆脂蛋白：血脂与蛋白质结合的复合物，电泳法可分为α-脂蛋白、前β-脂蛋白、β-脂蛋白和 CM，超速离心法可分为 HDL、LDL、VLDL 和 CM
  - 脂代谢异常：高脂蛋白血症：空腹时，血浆中 TG、TC 浓度超过正常值的上限；动脉粥样硬化：胆固醇沉积在大、中动脉内膜上，形成了脂斑层

- **三酰甘油的代谢**
  - 脂肪动员：储存在脂肪组织中的三酰甘油在脂肪酶的作用下逐步水解为甘油和脂肪酸，三酰甘油脂肪酶是脂肪动员的限速酶，对激素特别敏感
  - 甘油的分解：转变生成磷酸二羟丙酮，从而进入糖代谢，可沿着糖分解代谢途径氧化分解，也可在肝内经糖异生转变为葡萄糖或糖原
  - 脂肪酸的氧化分解：脂肪酸的氧化过程大致分为 4 个阶段：脂肪酸的活化、脂酰 CoA 进入线粒体、脂酰基的β-氧化、乙酰 CoA 彻底氧化，其中β-氧化过程包括脱氢、加水、再脱氢、硫解四步连续反应
  - 酮体代谢：酮体包括乙酰乙酸、β-羟丁酸和丙酮，其代谢特点为肝内生酮肝外用，是肝向外输出的能源物质的主要形式
  - TG 的合成：α-磷酸甘油和脂酰 CoA 是合成三酰甘油的直接原料，分别来自甘油和脂肪酸的活化

- **磷脂代谢**
  - 种类与生理功能：分为甘油磷脂和鞘磷脂，体内以磷脂酰胆碱和磷脂酰乙醇胺最多，是生物膜的主要组分
  - 甘油磷脂的合成：全身各组织细胞的内质网均能合成，其原料有甘油、脂肪酸、乙醇胺、胆碱、肌醇、丝氨酸等
  - 甘油磷脂的分解：体内磷脂酶主要有磷脂酶 A_1、磷脂酶 A_2、磷脂酶 B_1、磷脂酶 B_2、磷脂酶 C、磷脂酶 D

- **胆固醇的代谢**
  - 生理功能及其来源：维持生物膜的流动性，是体内多种活性物质的前体，胆固醇即可由食物中摄入，也可在体内以糖类物质为原料合成
  - 胆固醇的合成：在胞液及内质网上合成，主要以乙酰 CoA 为原料，ATP 供能和 NADPH 提供氢，HMG-CoA 还原酶是胆固醇合成过程中的限速酶
  - 胆固醇的去路：胆固醇在体内不能被彻底氧化分解，主要转化为胆汁酸、类固醇激素和维生素 D_3

第六章

蛋白质分解与氨基酸代谢

> **知识目标**
>
> **1. 归纳**
>
> 必需氨基酸的概念、种类；氨基酸脱氨基作用和 α-酮酸代谢；转氨基作用及转氨酶（ALT、AST）；联合脱氨基作用；氨的来源及去路；鸟氨酸循环；高氨血症及肝昏迷的氨中毒学说；一碳单位的概念、种类及载体。
>
> **2. 说出**
>
> 蛋白质的生理功能；氮平衡；蛋白质的营养价值；蛋白质的腐败作用；氨基酸的来源与去路；体内氨的转运；一碳单位的生物学意义；蛋氨酸循环及 SAM 的生理功能；PAPS、牛磺酸的生理功能；苯丙氨酸、酪氨酸代谢及相关疾病。
>
> **3. 知道**
>
> 蛋白质的消化、吸收；常见的食品蛋白质；氨基酸静脉营养的临床应用；L-谷氨酸脱氢酶及其催化的反应；氨基酸的脱羧基作用；胺类化合物的主要生理作用；一碳单位的相互转变；肌酸的代谢；色氨酸的代谢。

体内的各种蛋白质总是处于不断更新之中。氨基酸是蛋白质的基本组成单位，其主要功能是作为合成蛋白质的原料。蛋白质在体内要先分解为氨基酸后才能进一步代谢，因此氨基酸代谢是蛋白质分解代谢的中心内容。氨基酸代谢包括合成代谢和分解代谢两方面，本章重点论述分解代谢。此外，蛋白质的消化、吸收及营养作用与机体健康、临床实践等问题关系密切，亦在本章讨论。

第一节 蛋白质的营养作用

一、氮平衡与蛋白质的需要量

（一）蛋白质的生理功能

1. **维持组织细胞的生长、更新和修补** 此功能为蛋白质所特有，不能由糖或脂类代替。
2. **参与多种重要的生理活动** 血红蛋白运输氧，血浆中多种凝血因子参加血液凝固，肌肉中的肌动球蛋白与肌肉收缩有关。此外，酶、抗体、受体都是蛋白质。氨基酸分解还可产生一些生理活性物质，包括胺类、神经递质、激素等。
3. **氧化供能** 每克蛋白质在体内氧化分解产生 17.19 kJ（4.1 kcal）的能量，蛋白质的这种功能可由糖及脂类代替。一般情况下，蛋白质供给的能量占成人每日食物总热量的 10%~15%。

（二）氮平衡

体内蛋白质的合成与分解处于动态平衡中，故每日氮的摄入量与排出量也维持着动态平衡。各种食物蛋白质的含氮量平均为 16%，因此根据食物中含氮量，即可计算出蛋白质的含量。氮平衡（nitrogen balance）实验是指测定尿、粪、汗中的含氮量（排出氮）及摄入食物的含氮量（摄入氮）的比例关系，可评价蛋白质在体内的代谢情况。

1. 氮的总平衡　摄入氮＝排出氮，见于正常成人。
2. 氮的正平衡　摄入氮＞排出氮，表示体内蛋白质的合成大于蛋白质的分解，见于儿童、青少年、孕妇、乳母及疾病恢复期。
3. 氮的负平衡　摄入氮＜排出氮，常见于蛋白质摄入量不能满足需要时，如长期饥饿、消耗性疾病、大面积烧伤等。

（三）蛋白质的需要量

在完全禁食蛋白质的情况下，正常成人每日蛋白质的最低分解量约为 20 g，由于食物蛋白质与人体蛋白质组成有差异，不能完全被利用，而且食物蛋白质在消化道难以全部消化吸收，为了维持氮的总平衡，成人每日最低需要 30~50 g 蛋白质。我国营养学会推荐成人（60 kg 体重）每日蛋白质需要量为 80 g。

二、蛋白质的营养价值

（一）营养必需氨基酸

营养必需氨基酸（nutritionally essential amino acid）是指体内需要，但人体自身不能合成或合成不能满足需要，必须由食物蛋白质提供的氨基酸，共有 8 种：赖氨酸、色氨酸、苯丙氨酸、甲硫（蛋）氨酸、苏氨酸、亮氨酸、异亮氨酸、缬氨酸。

非必需氨基酸（non-essential amino acid）是指体内可以合成，不必由食物供给的氨基酸，除上述 8 种营养必需氨基酸外，其余 12 种组成蛋白质的氨基酸均为非必需氨基酸。组氨酸和精氨酸在婴幼儿和儿童时期因其体内合成量常不能满足生长发育的需要，也必须由食物提供，可称为半必需氨基酸。

（二）食物蛋白质的营养价值

一般认为蛋白质的营养价值即为氮保留量占氮吸收量的百分率。它取决于蛋白质所含氨基酸的种类、数量及其比例，尤其是取决于其必需氨基酸的种类和含量。评定食物蛋白质的营养价值，包括食物蛋白质含量、蛋白质的消化率、蛋白质的利用率三个方面。食物蛋白质所含必需氨基酸的种类和数量与人体蛋白质越接近，则越容易被机体利用，其营养价值越高。不同食物蛋白质的利用率存在差别，而蛋白质的消化率则直接影响利用率，有时用不同的加工或烹调方法可以使蛋白质的消化率提高，例如大豆整粒进食时蛋白质消化率为 60%，加工为豆腐时为 92%~96%，豆浆则为 85%。一般而言，动物性蛋白质的营养价值高于植物性蛋白质。

（三）食物蛋白质的互补作用

食物蛋白质的互补作用是指将几种蛋白质营养价值较低的食物混合食用，使其中的营养必需氨基酸互相补充，从而提高蛋白质营养价值的作用。例如，谷类蛋白质含赖氨酸较少而含色氨酸较多，豆类蛋白质含赖氨酸较多而含色氨酸较少，两者混合食用即可提高营养价值。为了充分发挥蛋白质的互补作用，食品种类应多样化，防止挑食和偏食。

> **知识拓展**
>
> **蛋白质营养的临床应用**
>
> 蛋白质和氨基酸的营养问题对外科患者有特别重要的意义，应充分保证其数量和质量。在术后反应期，应在各种必需氨基酸的基础上特别考虑支链氨基酸的供给，以满足体内糖异生的需要，节省肌肉蛋白质的消耗；在伤口愈合和全身康复阶段，应在丰富的优良蛋白质基础上，考虑伤口愈合需要的含硫氨基酸以及胶原中含量高的甘氨酸、脯氨酸、丙氨酸、羟脯氨酸等氨基酸的摄入。对于蛋白质的来源，除食物蛋白质外，尚有蛋白水解液以及注射用氨基酸液等。

三、常见食品蛋白质与新蛋白质资源

食物蛋白质可分为动物来源、植物来源两大类，常见的有肉类、乳、蛋、谷物、大豆蛋白等，还有一些新蛋白质资源如单细胞蛋白、叶蛋白、藻类蛋白等，是未来研究开发的主要方向。

（一）蛋类蛋白质

蛋类可分为蛋清和蛋黄，蛋清的主要营养成分是蛋白质。鸡蛋的蛋白质含量为10%~15%，能提供极为丰富的营养必需氨基酸，而且其组成非常适合人体需要。生鸡蛋中含有抗生物素蛋白、抗胰蛋白酶，能阻碍生物素的吸收和抑制胰蛋白活性，所以最好不要生吃鸡蛋。

（二）乳类蛋白质

蛋白质在牛乳中的含量为3.0%~3.5%，含有人体所需的全部8种营养必需氨基酸，其构成比例适当，其中赖氨酸和甲硫氨酸含量较高，能补充谷类蛋白质氨基酸组成的不足，提高其营养价值。乳类蛋白质的营养价值仅次于蛋类，是人类食品中的优质蛋白质。

乳类蛋白质主要由酪蛋白（casein）和乳清蛋白（lactoal-bumin）两部分组成。酪蛋白是乳中含量最高的蛋白质。酪蛋白磷酸肽是酪蛋白在胰酶或胰蛋白酶作用下水解生成的富含磷酸丝氨酸的天然活性多肽，可以在小肠内与钙、铁等矿物质形成可溶性络合物，促进人体对钙、铁的吸收，促进牙齿、骨骼中钙的沉积和钙化，促进动物体外受精和增强机体免疫力。乳清蛋白容易被人体消化吸收，具有较高的营养价值。乳清蛋白还富含含硫氨基酸，能维持人体内抗氧化剂的水平。乳清蛋白的主要组成部分是β-乳球蛋白、α-乳白蛋白、乳铁蛋白、乳过氧化物酶、生长因子、免疫球蛋白等。β-乳球蛋白是营养必需氨基酸和支链氨基酸的极好来源，可以促进蛋白质的合成，减少蛋白质的分解；α-乳白蛋白也是必需氨基酸和支链氨基酸的极好来源，是唯一一种能结合钙的乳清蛋白成分。乳铁蛋白在乳清蛋白产品中含量较低，但具有较高的生物活性，可以被用于乳制品和其他含有益生菌的营养药品中作为功能性配料。

（三）肉类蛋白质

肉类蛋白质包括禽畜肉蛋白、鱼肉蛋白和胶原蛋白。

畜肉类蛋白质含量10%~20%，是优质蛋白质。禽肉的营养价值与畜肉相似，蛋白质含量约为20%，其氨基酸组成接近人体需要。鱼类蛋白质含量一般为15%~25%，易于消化吸收，其营养价值与畜肉、禽肉相似，氨基酸组成中色氨酸含量偏低。鱼肉中的蛋白质分为肌浆蛋白、肌原纤维蛋白和基质蛋白三类。鱼类肌肉组织中水分的含量在70%~80%，比畜肉的65%~75%为高，而结缔组织中肌基质蛋白质含量较肉类蛋白质少，仅占2%~8%，这是鱼肉比较柔软的原因。

胶原蛋白是哺乳动物体内含量最丰富的蛋白质，广泛分布于人体内，它是机体内多种组织的主要组成成分。胶原蛋白富含除色氨酸、半胱氨酸外的18种氨基酸，包括7种必需氨基酸，甘氨酸、丙氨酸、脯氨酸和谷氨酸含量较高，特别是甘氨酸的含量几乎占了1/3。胶原蛋白还含有一般蛋白质中少见的羟脯氨酸、焦谷氨酸和其他蛋白质中几乎不存在的羟基赖氨酸。

（四）小麦蛋白

小麦蛋白主要是由清蛋白、球蛋白、麦胶蛋白和麦谷蛋白组成，小麦蛋白作为优质的植物蛋白质来源，具有较高的营养价值，其谷氨酸、脯氨酸含量高，赖氨酸和苏氨酸含量低。

（五）大豆蛋白

大豆蛋白质即大豆类产品所含的蛋白质，大豆富含蛋白质，含量约为40%，大豆的蛋白质含量几乎是肉、蛋、鱼的2倍，是谷类食物的4~5倍。大豆蛋白质的氨基酸组成与牛奶蛋白质相近，除甲硫氨酸略低外，其余营养必需氨基酸含量均较丰富，是植物性的完全蛋白质，在营养价值上可与动物蛋白质等同。而且大豆所含的蛋白质中，人体必需氨基酸含量充足，组分齐全，属于一种天然的优质蛋白质，具有良好的营养价值。大豆蛋白还有着动物蛋白质不可比拟的优点，动物肉类、乳类食品虽可提供大量优质蛋白质，但其中含有较多的胆固醇，容易引发动脉硬化等"富贵病"，而大豆既有较高的蛋白质营养价值，又不含胆固醇，它特有的生理活性物质异黄酮还有降胆固醇的作用。

（六）新蛋白质资源

1. 单细胞蛋白　单细胞蛋白（sing cell protein，SCP）指微生物菌体蛋白，即酵母菌、真菌、非病原细菌等单细胞中所含的蛋白质，包括酵母、细菌、真菌，以及培养蘑菇、单细胞藻类等。微生物细胞中含有丰富的蛋白质，例如酵母菌蛋白质含量占细胞干物质的45%~55%；细菌蛋白质占干物质的60%~80%；霉菌丝体蛋白质占干物质的30%~50%；单细胞藻类如小球藻等蛋白质占干物质的55%~60%。单细胞蛋白的氨基酸组成不亚于动物蛋白质，如酵母菌体蛋白，其营养十分丰富，人体必需的8种氨基酸，除甲硫氨酸外，它具备7种，故有"人造肉"之称。

螺旋藻的蛋白质含量高达60%~70%，相当于小麦的6倍，猪肉的4倍，鱼肉的3倍，鸡蛋的5倍，干酪的2.4倍，是最优良的蛋白质之一。螺旋藻不仅含有人体必需的8种氨基酸，而且各种氨基酸的比例与联合国粮农组织（FAO）和世界卫生组织（WHO）的推荐标准十分接近，非常适合人体需要。螺旋藻蛋白质全部为水溶性，利于人体吸收，消化率高达93%，是最具有潜力的藻类单细胞蛋白质。

单细胞蛋白不但营养价值很高，而且蛋白质生产速度很快，如细菌、酵母菌的倍增时间为20~120小时，真菌和绿藻类为2~6小时，植物1~2周，牛1~2个月，猪4~6周。据估计，一头500 kg的牛每天生产蛋白质0.4 kg，而500 kg酵母至少生产蛋白质500 kg。单细胞蛋白可直接作为人类食品，如酵母菌和假丝酵母菌生产的单细胞蛋白，也可以作为强化营养的添加剂。

2. 叶蛋白　叶蛋白是从新鲜植物叶片中提取的高质量浓缩蛋白质。植物的叶片是进行光合作用和合成蛋白质的场所，是一种取之不尽的蛋白质资源，许多禾谷类及豆类作物的绿色部分含有2%~4%的蛋白质。叶蛋白所含营养必需氨基酸的成分与世界卫生组织（WHO）推荐的人体需要基本相符，是一种具有开发价值的新型蛋白质。但由于叶蛋白的适口性不佳，往往不能为一般人接受，可以将其作为添加剂用于谷物食品中，会提高人们对叶蛋白的接受性，以补充谷中赖氨酸的不足，对患蛋白质缺乏症的儿童能起到改善营养的作用。

四、蛋白质的消化、吸收与腐败

(一)蛋白质的消化吸收

一般来说,食物蛋白质必须经过消化,以氨基酸或小肽的形式吸收进入体内,才能被机体利用。蛋白质未经消化不易吸收,消化过程还可消除蛋白质的抗原性,避免引起机体的过敏和毒性反应。

知识补充

蛋白质在胃肠中的消化

食物进入胃后,使胃分泌胃泌素,后者刺激胃壁细胞分泌盐酸,主细胞分泌胃蛋白酶原。胃酸的酸性可促使球状蛋白变性和松散,利于被蛋白酶水解为小分子的多肽。蛋白质在胃中消化后,连同胃液进入小肠。在胃液的酸性刺激下,小肠分泌促胰液素进入血液,刺激胰腺分泌碳酸进入小肠中和胃酸。食物刺激胰腺分泌多种蛋白酶原,随胰液进入小肠被激活后,参与蛋白质及多肽的消化过程。

---

1. 消化 食物蛋白质的消化自胃中开始,但主要在小肠中进行。

胃中消化蛋白质的酶是胃蛋白酶,它由胃蛋白酶原经胃酸激活而生成,其最适 pH 为 1.5~2.5。胃蛋白酶也能激活胃蛋白酶原转变成胃蛋白酶,称为自身激活作用。胃蛋白酶水解肽键的特异性较差。蛋白质经胃蛋白酶作用后,主要分解成多肽及少量氨基酸。胃蛋白酶对乳中的酪蛋白(casein)有凝乳作用,这对婴幼儿较为重要,因为乳液凝成乳块后在胃中停留时间延长,有利于充分消化。

在小肠中未经消化或消化不完全的蛋白质,在胰腺分泌的多种蛋白酶及肽酶的共同作用下,进一步水解成氨基酸(1/3)和寡肽(2/3)。这些蛋白酶以酶原的形式由胰腺细胞分泌,进入十二指肠后被肠激酶激活,可分为内肽酶(endopeptidase)和外肽酶(exopeptidase)。内肽酶可以水解蛋白质肽链内部的肽键,如胰蛋白酶(trypsin)、胰凝乳蛋白酶(chymotrypsin)和弹性蛋白酶(elastase)。外肽酶则可水解蛋白质或多肽氨基末端或羧基末端的肽键,如氨基肽酶、羧基肽酶。胰液中的外肽酶主要是羧基肽酶(carboxyl peptidase),可分为羧基肽酶 A 和羧基肽酶 B (图 6-1)。各种蛋白酶对水解肽键的氨基酸残基组成有一定的专一性。

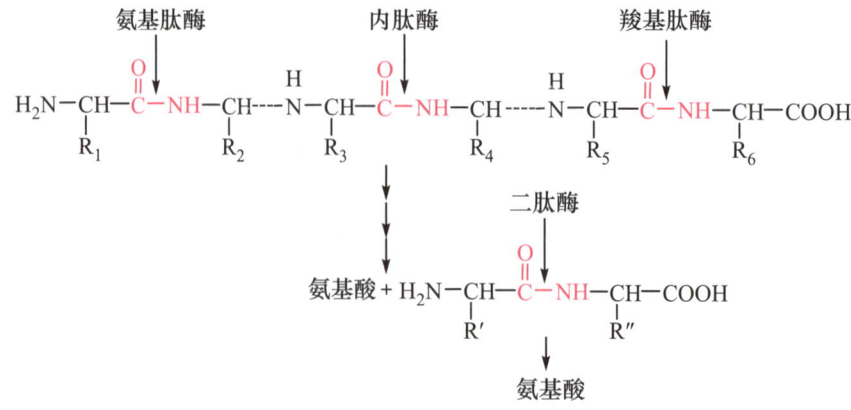

图 6-1 各种蛋白酶作用示意图

寡肽的水解主要在小肠黏膜细胞内进行。小肠黏膜细胞中有氨基肽酶（aminopeptidase）和二肽酶（dipeptidase），氨基肽酶从氨基末端逐个水解寡肽得到氨基酸，最后生成的二肽被二肽酶水解生成氨基酸。

> **知识补充**
>
> **主动吸收**
>
> 主动吸收即主动转运，其不但需要借助于镶嵌在细胞膜上的特异性传递蛋白质分子作为载体，而且还必须消耗细胞代谢所产生的能量来完成，是一种逆化学浓度梯度（即物质从低浓度区移向高浓度区）的物质转运形式，这种吸收形式是高等动物吸收营养物质的主要方式。

2. 吸收　氨基酸和寡肽主要在小肠通过主动转运机制被吸收。

（1）耗能需 Na^+ 的主动转运吸收：小肠黏膜细胞膜上存在转运氨基酸和寡肽的载体蛋白，能与氨基酸或寡肽以及 Na^+ 形成三联体，将氨基酸或寡肽和 Na^+ 转运入细胞后，钠泵将 Na^+ 泵出细胞外，此过程需要消耗 ATP。

（2）γ-谷氨酰基循环：1969 年 Meister 发现，小肠黏膜细胞、肾小管细胞还可通过 γ-谷氨酰基循环吸收氨基酸。谷胱甘肽在这一循环中起着重要作用，这也是一个主动转运的过程。氨基酸在进入细胞之前先在细胞膜上转肽酶的催化下，与细胞内的谷胱甘肽作用生成 γ-谷氨酰氨基酸并进入细胞内，然后再经其他酶催化将氨基酸释放出来，同时使谷氨酸重新合成谷胱甘肽，进行下一次转运氨基酸的过程。

（二）蛋白质的腐败作用

未被消化的蛋白质及未被吸收的蛋白质消化产物在结肠下部受到肠道细菌的分解，称为蛋白质的腐败作用（putrefaction）。腐败作用是细菌本身的代谢过程，以无氧分解为主。多数产物对人体有害，如胺类（amine）、氨（ammonia）、苯酚、吲哚及硫化氢等，但也可以产生少量脂肪酸及维生素等可被机体利用的物质。其中，氨有两个来源：一是未被吸收的氨基酸在肠道细菌作用下脱氨基而生成；二是血液中尿素渗入肠道，受肠菌尿素酶的水解而生成氨，这些氨均可被吸收入血液，再到达肝合成尿素。降低肠道的 pH，可减少氨的吸收。

正常情况下，生成的腐败产物大部分随粪便排出体外，只有小部分被吸收，大多在肝经生物转化而代谢，故不会发生中毒现象。当习惯性便秘和肠梗阻等时，腐败产物在肠道的停留时间延长，使有害物质的吸收增加。

五、氨基酸静脉营养与临床应用

蛋白质营养对疾病的防治具有重要意义，特别是在外科创伤或手术后，患者机体中蛋白质分解代谢急剧增加，很快出现负氮平衡，使病情进一步恶化。高营养剂疗法是提高临床疗效的重要辅助方法。氨基酸是构成人体蛋白质的基本单位，也是机体合成抗体、激素、酶类和其他组织的原料，在人体内有特殊的生理功能，是维持生命的基本物质。自 1940 年，首次用结晶氨基酸输入人体静脉，自此从静脉给予营养物质成为现代医学重要的发展，氨基酸已成为肠外营养支持中不可缺少的药品。

（一）氨基酸注射液的发展及特点

由多种氨基酸组成的复方氨基酸注射液在静脉营养输液中起重要作用，可用于因各种疾病不能经口进食或需要高能量和蛋白质的患者获得全面的营养要素,以提高机体防御能力,促进机体的健康。氨基酸注射液发展至今已经更替出现了4代产品。

1940年左右生产的第1代氨基酸注射液为蛋白质水解液,其质量不稳定,杂质含量也较高,已逐步被结晶氨基酸所取代;1956年,日本首先开发生产了第2代以必需氨基酸为主、包含8种必需氨基酸和2种非必需氨基酸(精氨酸、组氨酸)的复合结晶氨基酸注射液,由于其比例合理,成分恒定,用于临床治疗营养不良和抢救危重病患者获得了较好的效果;1976年,德、日等国相继生产出包含多种非必需氨基酸的第3代平衡氨基酸输液,其配方中必需氨基酸与非必需氨基酸的比值近于1:1至1:3,而且将其中的碱性氨基酸改用醋酸盐,可以减轻肾负担,降低临床酸中毒的发生率;近年来又发展出第4代高支链氨基酸注射液,3种支链氨基(亮氨酸、异亮氨酸、缬氨酸)对肌肉蛋白质的合成和分解起决定性作用。大型手术、严重创伤、大面积烧伤等重度应激的患者,早期体内可能会发生一系列内分泌和代谢变化,促使骨骼肌通过氧化分解支链氨基酸来提供能量,造成氮从体内大量丢失,所以支链氨基酸可为机体提供合成蛋白质所需的足够氮源,同时还可抑制骨骼肌蛋白质的分解,促进伤口的愈合。这类产品中支链氨基酸的含量从20%提高到45%左右。另外其含有较高的丝氨酸、丙氨酸可保证患者蛋白质高代谢的需求,脯氨酸可参与伤口愈合中胶原蛋白的合成,因此作为严重创伤和烧伤患者的重要营养用药。

(二)氨基酸注射液的临床应用原则

目前氨基酸注射液种类繁多,其主要区别在于含氮量、浓度、氨基酸种类、必需氨基酸与非必需氨基酸的比值、支链氨基酸含量、是否含葡萄糖或山梨醇、无机盐种类及含量等。由于各种氨基酸注射液的配方组成不同,故应严格把握其使用的适应证及禁忌证。在临床应用中,可根据不同病情、年龄和不同代谢状况、对氨基酸的需要量和代谢特点,选用相应的品种或通过增减制成专用的氨基酸输液。

知识拓展

支链氨基酸的代谢

支链氨基酸是指氨基酸侧链R基团带有侧支的脂肪族氨基酸,包括缬氨酸、亮氨酸和异亮氨酸。支链氨基酸的代谢主要在骨骼肌中进行,胰岛素可促进肌肉组织摄取和利用支链氨基酸。肝功能障碍时,肝细胞灭活胰岛素的能力下降,高浓度的胰岛素可增加骨骼肌对支链氨基酸的摄取和分解,故血浆支链氨基酸水平降低。

如严重肝功能障碍患者体内存在氨基酸代谢紊乱,芳香族氨基酸即苯丙氨酸、酪氨酸、色氨酸及含硫氨基酸因在肝中代谢障碍,血浆中浓度明显增高,而支链氨基酸可为肌肉所利用,含量普遍下降。正常人的血浆支链氨基酸与芳香族氨基酸比值为3.0~3.5,而肝性脑病患者比值为1.0~2.5。由于芳香族氨基酸与支链氨基酸比值失调,导致脑内假性神经递质形成,因而干扰了神经传导功能,引起一系列症状。因此对肝病患者应补给含高支链氨基酸的复合液,如六合氨基酸注射液、支链氨基酸3H注射液、肝安注射液等,以纠正氨基酸代谢紊乱,改善肝性脑病症状,还能提高患者对蛋白质的耐受性,增加蛋白质摄入,纠正负氮平衡,有利于改善肝功能。

肾功能障碍患者合成非必需氨基酸的能力较正常人强,造成体内氨基酸代谢失调,必需氨基酸总量下降,非必需氨基酸水平上升。肾安注射液中必需氨基酸含量高达92%,输入机体后，能促进蛋白质合成，减少蛋白质分解，减少胍类、尿素、肌酐、尿酸等小分子代谢产物的产生，减轻氮质血症，缓解尿毒症。

为了提高静脉氨基酸溶液的利用率，应该同时补充糖类、电解质、维生素及微量元素。其中钾离子尤为重要，钾离子能促进氨基酸进入细胞，是某些酶的激活剂，还可促进线粒体中能量的生成，如无足够钾的摄入，即使补充充足的蛋白质，低蛋白血症的患者也难以恢复正氮平衡。大量输入氨基酸时如果没有同时补充适量的非蛋白质热量，则氨基酸不能进入细胞合成蛋白质，反而会通过分解代谢产生热量供机体利用，而且氨基酸在分解过程中产生过多的氨对患者不利。因此对禁食的患者而言，还应给予适量的10%葡萄糖液以提高氨基酸溶液的利用率。

第二节　氨基酸的一般代谢

一、氨基酸的代谢概况

食物蛋白质经消化吸收的氨基酸（外源性氨基酸），与组织蛋白质分解产生的氨基酸及合成的非必需氨基酸（内源性氨基酸）混合在一起，分布于体内各处，共同参与代谢，称为氨基酸代谢库（amino acid metabolic pool）。氨基酸具有共同的基本结构，因此代谢途径有相同之处，但各种氨基酸的侧链之间存在着一定的结构差异，导致了其个别的独特代谢方式。氨基酸的代谢去路除了作为合成组织蛋白质的原料外，主要进行脱氨基作用，部分氨基酸也可进行脱羧基作用或参与组成某些含氮物质。体内氨基酸代谢的概况可归纳如图6-2。

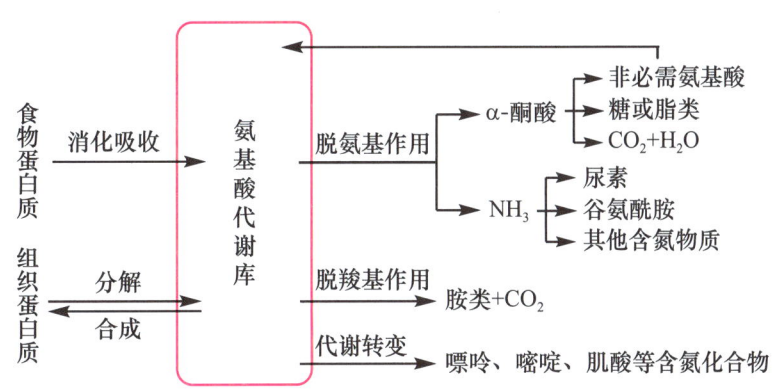

图6-2　体内氨基酸代谢概况

知识补充

氨基酸的结构特点

蛋白质受酸、碱或蛋白酶作用而水解，产生游离氨基酸。氨基酸是分子内同时含有氨基和羧基的化合物，可采用系统命名法进行命名，把氨基作为取代基，把羧酸作为母体，称为氨基某酸。氨基的位置用希腊字母α、β、γ等表示。存在于自然界中的氨基酸有300多种，而参与蛋白质合成的氨基酸一般有20种，都属于α-氨基酸。氨基酸的α碳原子上连接有氨基、羧基、氢和侧链4个不同的基团（甘氨酸的侧链基团为氢原子），为不对称碳原子，具有手性，形成旋光异构体。蛋白质中的氨基酸通常是L-氨基酸（甘氨酸除外），在一些肽抗生素及微生物细胞壁的成分中存在D-氨基酸。

二、氨基酸的脱氨基作用

氨基酸分解代谢的最主要反应是通过转氨基、氧化脱氨基、联合脱氨基等方式进行脱氨基作用，产生氨和 α- 酮酸。

（一）转氨基作用

1. 转氨酶与转氨基作用　转氨基作用（transamination）是在转氨酶（transaminase）的催化下，α- 氨基酸的氨基转移给 α- 酮酸，生成相应的氨基酸，原来的氨基酸则转变为 α- 酮酸。

$$\underset{\text{COOH}}{\overset{R_1}{H-C-NH_2}} + \underset{\text{COOH}}{\overset{R_2}{C=O}} \xrightleftharpoons{\text{转氨酶}} \underset{\text{COOH}}{\overset{R_1}{C=O}} + \underset{\text{COOH}}{\overset{R_2}{H-C-NH_2}}$$

上述反应是可逆的，平衡常数近于 1。因此，转氨基作用既是氨基酸的分解代谢过程，也是体内合成非必需氨基酸的重要途径。体内除赖氨酸、脯氨酸及羟脯氨酸外，大多数氨基酸可以参与转氨基作用。

转氨酶在各组织分布广泛，种类繁多。体内有 2 种重要的转氨酶，谷丙转氨酶（alanine aminotransferase，ALT，glutamic-pyruvic transaminase，GPT）和谷草转氨酶（aspartate aminotransferase，AST，glutamic-oxalacetic transaminase，GOT），其催化的反应如下：

$$\text{谷氨酸} + \text{丙酮酸} \xrightleftharpoons{\text{ALT}} \text{α-酮戊二酸} + \text{丙氨酸}$$

$$\text{谷氨酸} + \text{草酰乙酸} \xrightleftharpoons{\text{AST}} \text{α-酮戊二酸} + \text{天冬氨酸}$$

ALT 和 AST 在体内的分布具有组织器官特异性（表 6-1）。正常情况下，转氨酶主要存在于细胞内，在血清中的活性很低。当疾病等原因引起细胞膜通透性增高或细胞破损时，大量转氨酶释放入血，则血清中转氨酶活性明显升高。例如，急性肝炎患者血清 ALT 活性显著升高；心肌梗死患者血清中 AST 明显上升，临床上可以此作为疾病辅助诊断和预后判断的指标之一。新药研究中，有关治疗肝疾病的药物或涉及肝解毒的药物，也常测定转氨酶的活性作为重要的观察指标。

表 6-1　体内各组织器官中 ALT、AST 活性（单位/克组织）

组织器官	ALT	AST	组织器官	ALT	AST
肝	44 000	142 000	胰腺	2000	28 000
心	7100	156 000	脾	1200	14 000
肾	19 000	91 000	肺	700	10 000
骨骼肌	4800	99 000	血清	16	20

2. 转氨基作用的机制　转氨酶的辅基是磷酸吡哆醛，即含维生素 B_6 的磷酸酯。在转氨基过程中，磷酸吡哆醛先从氨基酸接受氨基转变成磷酸吡哆胺，同时氨基酸则转变成 α- 酮酸。磷酸吡哆胺进一步将氨基转移给另一种 α- 酮酸而生成相应的氨基酸，同时磷酸吡哆胺又变回磷酸吡哆醛。磷酸吡哆醛与磷酸吡哆胺的互变，起着传递氨基的作用。

（二）L- 谷氨酸氧化脱氨基作用

$$\underset{\text{L-谷氨酸}}{\overset{NH_2}{\underset{(CH_2)_2-COOH}{CH-COOH}}} \xrightleftharpoons[NAD^+ \quad NADH+H^+]{\text{L-谷氨酸脱氢酶}} \underset{}{\overset{NH}{\underset{(CH_2)_2-COOH}{C-COOH}}} \xrightleftharpoons[-H_2O]{+H_2O} \underset{\alpha\text{-酮戊二酸}}{\overset{O}{\underset{(CH_2)_2-COOH}{C-COOH}}} + NH_3$$

L- 谷氨酸脱氢酶可催化 L- 谷氨酸氧化脱氨生成 α- 酮戊二酸，反应可逆。L- 谷氨酸脱氢酶属于不需氧脱氢酶，辅酶是 NAD^+ 或 $NADP^+$，特异性强，分布广泛，肝中含量最为丰富，其次是肾、脑、心、肺等，骨骼肌中最少。L- 谷氨酸脱氢酶是一种别构酶，ATP、GTP 是其别构抑制剂，而 ADP、GDP 是别构激活剂。当体内能量缺乏时能加速氨基酸的氧化，对机体的能量代谢有重要的调节作用。

（三）联合脱氨基作用

转氨基作用虽然是体内普遍存在的一种脱氨基方式，但它仅是将氨基转移给 α- 酮酸生成另一种氨基酸，并未真正脱氨。联合脱氨基作用是将转氨基作用和谷氨酸氧化脱氨基作用偶联的过程，需要转氨酶和 L- 谷氨酸脱氢酶联合作用，即首先通过转氨基作用将氨基酸的氨基转移给 α- 酮戊二酸生成 L- 谷氨酸，然后 L- 谷氨酸氧化脱氨基，就可以使氨基酸真正脱氨生成 NH_3，这种方式也称为转氨脱氨作用（transdeamination）（图 6-3）。联合脱氨基作用是体内氨基酸脱氨基的主要方式，也是体内合成非必需氨基酸的重要途径。

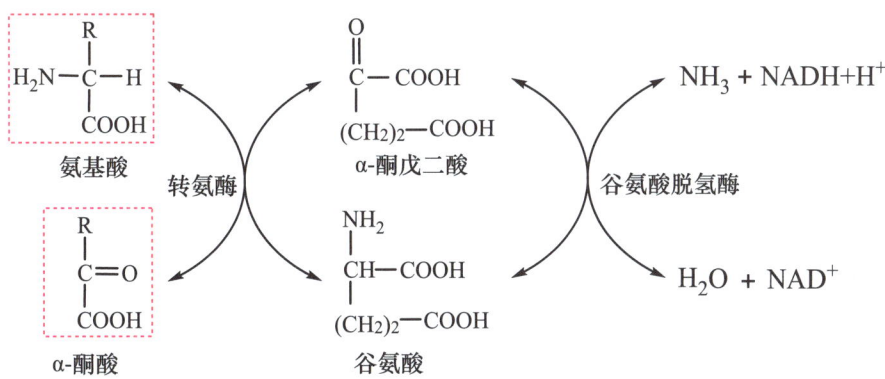

图 6-3 联合脱氨基作用

骨骼肌、心肌中谷氨酸脱氢酶活性很低，氨基酸可通过嘌呤核苷酸循环（purine nucleotide cycle）脱去氨基。氨基酸首先通过转氨基作用生成天冬氨酸，后者再和次黄嘌呤核苷酸（IMP）反应生成腺苷酸代琥珀酸，然后裂解出延胡索酸，同时生成腺嘌呤核苷酸（AMP），AMP 又在腺苷酸脱氨酶催化下脱去氨基，最终完成氨基酸的脱氨基作用。由此可见，嘌呤核苷酸循环可以看成是另一种形式的联合脱氨基作用，是肌肉中氨基酸主要的脱氨基方式。

三、氨的代谢

氨具有毒性，脑组织对氨的作用尤为敏感。正常情况下，体内氨的来源和去路保持动态平衡，血氨的浓度很低，正常值为 47~65 μmol/L。

> **知识补充**
>
> **氨的毒性**
>
> 氨或称"氨气",分子式为NH_3,是一种无色气体,有强烈的刺激气味,极易溶于水。氨对中枢神经系统具有强烈刺激作用,中枢神经系统受抑制会引起惊厥、抽搐、嗜睡和昏迷。吸入极高浓度的氨可以反射性引起心搏骤停、呼吸停止。氨在人体组织内遇水生成氨水,氨水具有极强的腐蚀作用,吸入氨会造成声带、气管、支气管黏膜、肺泡上皮细胞损伤、水肿、出血、痉挛等,严重时引起肺水肿及缺氧窒息。

(一)血氨的来源

1. **氨基酸脱氨基作用** 氨基酸脱氨基作用产生的氨是体内氨的主要来源。此外,氨基酸脱羧基后生成胺类,经胺氧化酶作用也可以产生氨。

$$RCH_2NH_2 \xrightarrow{\text{胺氧化酶}} RCHO + NH_3$$

2. **肠道吸收的氨** 肠道吸收的氨有两个来源,即氨基酸在肠道细菌腐败作用下产生的氨和血液中尿素渗透到肠道经细菌尿素酶水解产生的氨。肠道产氨的量较多,NH_3比NH_4^+易于通过细胞膜而被吸收。在碱性环境中,NH_4^+倾向于转变为NH_3,因此肠道pH偏碱性时,氨的吸收增多,毒性增强。临床上对高血氨患者采用弱酸性透析液作结肠透析,而禁止用碱性肥皂水灌肠,主要是为了减少氨的吸收,避免病情进一步加重。

3. **肾小管上皮细胞分泌的氨** 肾小管上皮细胞中的谷氨酰胺在谷氨酰胺酶的作用下水解成谷氨酸和NH_3,后者分泌到肾小管腔,与尿中的H^+结合成NH_4^+,以铵盐的形式由尿排出体外。酸性尿有利于肾小管细胞中的氨扩散入尿,而碱性尿则阻碍肾小管细胞中NH_3的分泌,这时NH_3被吸收入血,成为血氨的来源。因此,临床上对因肝硬化产生腹水的患者不宜使用碱性利尿药,避免血氨进一步升高。

(二)氨的转运

体内产生的氨必须以无毒的形式转运至肝合成尿素,或运输到肾以铵盐的形式排出体外,血液中氨的转运主要通过丙氨酸和谷氨酰胺两种形式进行。

1. **丙氨酸-葡萄糖循环** 骨骼肌中的氨基酸将氨基转移给丙酮酸生成丙氨酸,后者经血液循环转运至肝通过脱氨基作用,释放出氨用于合成尿素,生成的丙酮酸经糖异生转变为葡萄糖,葡萄糖再经血液循环转运至肌肉重新分解产生丙酮酸,这一循环过程称为丙氨酸-葡萄糖循环(alanine-glucose cycle)(图6-4)。

2. **谷氨酰胺的运氨作用** 在谷氨酰胺合成酶的催化下,脑、骨骼肌等组织产生的氨与谷氨酸反应生成谷氨酰胺,经血液循环运输到肝或肾,再由谷氨酰胺酶将其分解,产生的氨可用于合成尿素。谷氨酰胺的合成与分解是由不同酶催化的不可逆反应,需消耗能量。一般认为,谷氨酰胺对氨具有运输、贮存和解毒作用。临床上对氨中毒的患者可用谷氨酸盐进行治疗,以降低血氨浓度。

$$\begin{array}{c} \text{COOH} \\ | \\ (CH_2)_2 \\ | \\ \text{CHNH}_2 \\ | \\ \text{COOH} \\ \text{谷氨酸} \end{array} \underset{\underset{NH_3 \quad H_2O}{\xleftarrow{\text{谷氨酰胺酶}}}}{\overset{NH_3+ATP \quad ADP+Pi}{\underset{\text{谷氨酰胺合成酶}}{\xrightarrow{\hspace{2cm}}}}} \begin{array}{c} \text{CONH}_2 \\ | \\ (CH_2)_2 \\ | \\ \text{CHNH}_2 \\ | \\ \text{COOH} \\ \text{谷氨酰胺} \end{array}$$

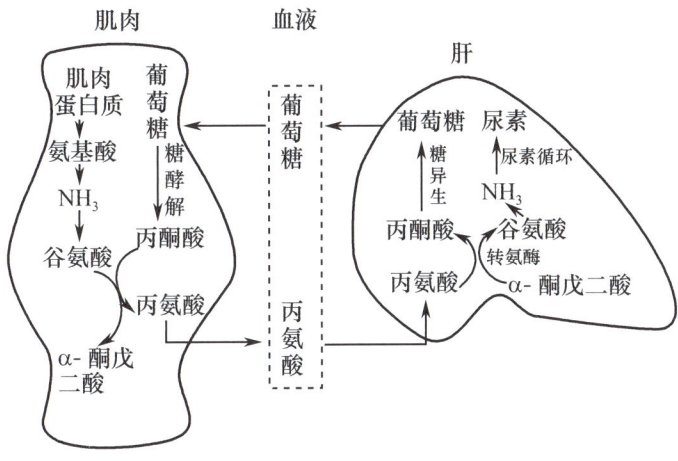

图 6-4 丙氨酸-葡萄糖循环

谷氨酰胺可以提供氨基使天冬氨酸转变成天冬酰胺。正常细胞自身有合成天冬酰胺的功能，而白血病细胞不能或很少能合成天冬酰胺。临床上应用天冬酰胺酶将血清中的天冬酰胺水解，肿瘤细胞既不能从血中获得足够天冬酰胺，亦不能自身合成，其蛋白质合成受阻，细胞不能生长、存活，从而达到治疗白血病的目的。

（三）氨的去路

氨在体内的主要去路是在肝内生成尿素。其他器官如肾及脑等虽也能合成尿素，但其量甚微。动物实验发现，若将犬的肝切除，则血液及尿中的尿素含量显著降低，而血氨水平则明显上升。尿素是中性、无毒、水溶性强的物质，可由肾经尿排出。1 分子 CO_2 和 2 分子 NH_3 合成尿素的过程称为鸟氨酸循环（ornithine cycle），是由德国学者 Krebs 和 Henseleit 在 1932 年提出，又称尿素循环（urea cycle）或 Krebs–Henseleit 循环（图 6-5）。

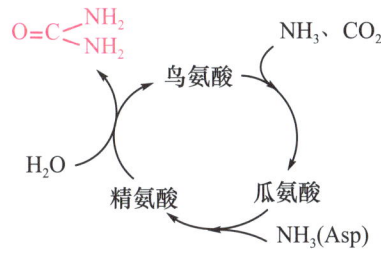

图 6-5 鸟氨酸循环

知识拓展

鸟氨酸循环学说的阐明

将大鼠肝的薄切片放在有氧条件下加铵盐保温数小时后，铵盐的含量减少，而同时尿素增多。在此切片中，分别加入各种化合物，并观察它们对尿素生成速度的影响，结果发现鸟氨酸、瓜氨酸、精氨酸能够大大加速尿素的合成。根据这三种氨基酸的结构推断，它们彼此相关，即鸟氨酸可能是瓜氨酸的前体，而瓜氨酸又是精氨酸的前体。实验还观察到，当大量鸟氨酸与肝切片及铵盐共同保温时，可观察到瓜氨酸的积存。此外，早已证实肝含有精氨酸酶，此酶催化精氨酸水解生成鸟氨酸及尿素。总结以上实验结果，提出了肝中合成尿素的鸟氨酸循环学说。

---

1. 鸟氨酸循环的具体反应步骤

（1）氨基甲酰磷酸的生成：在肝细胞线粒体中，氨基甲酰磷酸合成酶Ⅰ（carbamoyl phosphate synthetase Ⅰ，CPS-Ⅰ）催化 NH_3 与 CO_2 反应生成氨基甲酰磷酸，该反应不可逆，消耗 2 分子 ATP。CPS-Ⅰ是鸟氨酸循环的关键酶，受 N-乙酰谷氨酸别构激活。

$$NH_3 + H_2O + 2ATP \xrightarrow[\text{N-乙酰谷氨酸, Mg}^{2+}]{\text{氨基甲酰磷酸合成酶I}} H_2N-\overset{O}{\underset{\|}{C}}-O\sim PO_3^{2-} + 2ADP + Pi$$
氨基甲酰磷酸

（2）瓜氨酸的生成：在鸟氨酸氨基甲酰转移酶（ornithine carbamoyltransferase，OCT）的催化下，氨基甲酰磷酸与鸟氨酸缩合生成瓜氨酸。此反应不可逆，OCT 存在于肝细胞线粒体中，常与 CPS-Ⅰ构成复合体。瓜氨酸生成后即被转运到线粒体外。

（3）精氨酸代琥珀酸的生成：瓜氨酸在胞质中经精氨酸代琥珀酸合成酶（argininosuccinate synthetase）的催化，与天冬氨酸反应生成精氨酸代琥珀酸，在此反应中，天冬氨酸提供了尿素合成所需的第二个氨基，而天冬氨酸的氨基则来源于体内多种氨基酸的转氨基作用。精氨酸代琥珀酸合成酶也是鸟氨酸循环的关键酶。

（4）精氨酸的生成：精氨酸代琥珀酸在精氨酸代琥珀酸裂解酶的催化下，生成精氨酸和延胡索酸。延胡索酸可通过三羧酸循环的中间反应转变为草酰乙酸，然后通过转氨基作用接受谷氨酸的氨基又重新生成天冬氨酸。上述代谢转变将尿素循环与三羧酸循环紧密联系在一起。

（5）精氨酸水解生成尿素：在胞质中生成的精氨酸在精氨酸酶（arginase）的催化下生成尿素和鸟氨酸，尿素可经肾排出体外，鸟氨酸则转运进线粒体参与瓜氨酸的合成，准备进行下一轮鸟氨酸循环。

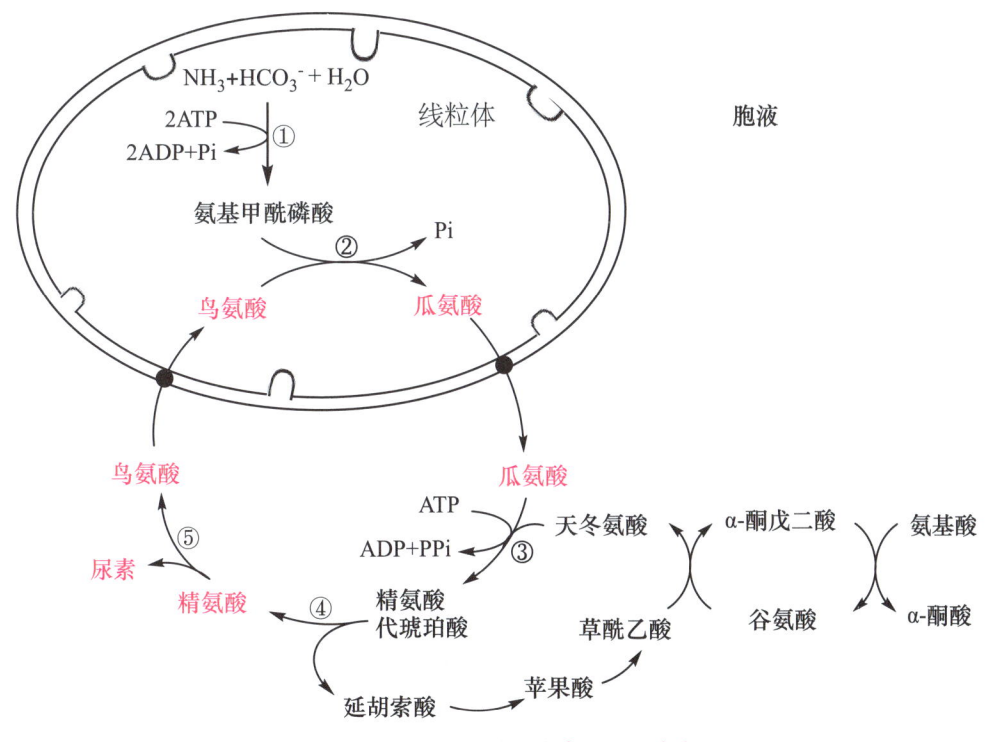

尿素的生物合成是一个消耗能量的循环过程，在反应开始时消耗的鸟氨酸在反应结束时又重新生成。尿素合成的生理意义主要在于为机体解除氨毒，鸟氨酸循环的反应步骤及细胞定位总结于图6-6。

图6-6 鸟氨酸循环的反应步骤及细胞定位
①氨基甲酰磷酸合成酶Ⅰ；②鸟氨酸氨基甲酰转移酶；③精氨酸代琥珀酸合成酶；
④精氨酸代琥珀酸裂解酶；⑤精氨酸酶

2. 氨中毒与肝性脑病　正常情况下血氨的来源和去路保持动态平衡，肝合成尿素是机体解氨毒最主要的方式。当肝功能严重损伤或尿素合成相关酶遗传缺陷时，尿素合成障碍，血氨浓度升高，称为高氨血症（hyperammonemia）。氨可以通过血脑屏障进入脑细胞，与α-酮戊二酸反应生成谷氨酸，再进一步生成谷氨酰胺，结果导致脑中α-酮戊二酸减少，三羧酸循环受到抑制，ATP合成不足，引起大脑功能障碍，严重时导致肝性脑病。

> **知识拓展**
>
> **高氨血症的防治原则**
>
> 根据体内氨的代谢特点，临床上可使用一些中间代谢物治疗高氨血症，如谷氨酸、精氨酸和鸟氨酸等，谷氨酸的作用是使氨转化为无毒的谷氨酰胺，精氨酸和鸟氨酸可促进鸟氨酸循环，加速氨生成尿素，这些药物能增加氨的去路。此外，减少氨的来源也是重要的，如限制患者食入蛋白质的量，或用抗菌药物抑制蛋白质在肠道因腐败作用产生的氨。

四、α-酮酸的代谢

氨基酸脱氨基后生成相应的α-酮酸，其在体内有以下三条代谢途径。

（一）氨基化生成非必需氨基酸

α-酮酸在体内经氨基化可生成某些非必需氨基酸。例如，丙酮酸，以及α-酮戊二酸氨基化分别生成丙氨酸、谷氨酸。

（二）转变成糖和脂质

大多数氨基酸脱氨基后生成的α-酮酸，可经糖异生途径生成葡萄糖，故这些氨基酸称为生糖氨基酸（glucogenic amino acid）；能转变为酮体的氨基酸称为生酮氨基酸（ketogenic amino acid）；既能转变成糖又能转变成酮体的氨基酸称为生糖兼生酮氨基酸（glucogenic and ketogenic amino acid）（表6-2）。

表6-2　氨基酸生糖及生酮性质的分类

类别	氨基酸
生糖氨基酸	甘氨酸、丝氨酸、缬氨酸、组氨酸、精氨酸、半胱氨酸、脯氨酸、丙氨酸、谷氨酸、谷氨酰胺、天冬氨酸、天冬酰胺、甲硫氨酸
生酮氨基酸	亮氨酸、赖氨酸
生糖兼生酮氨基酸	异亮氨酸、苯丙氨酸、酪氨酸、色氨酸、苏氨酸

（三）氧化供能

α-酮酸在体内可以通过三羧酸循环彻底氧化成CO_2和水，同时释放出能量。因此，氨基酸也是一种能源物质。

综上可见，氨基酸代谢与糖、脂质代谢密切相关。氨基酸可转变成糖、脂质；糖也可以转变成脂质及某些非必需氨基酸的碳架部分，三羧酸循环是糖、脂质、氨基酸相互转变的中心枢纽。

> **案例分析**
>
> 患者男性，53岁，肝硬化病史5年，平时状态尚可。一次进食不洁肉食后，出现高热，频繁呕吐和腹泻，继之出现说胡话，扑翼样震颤。体检：体温38.9℃，意识清，精神差，肝病面容，反应稍迟钝。皮肤及巩膜无黄染。腹软，腹部叩诊有移动性浊音，表明有腹水，肝脾未触及。实验室检查：血氨132.0 μmol/L（正常参考

值为 18~72 μmol/L），丙氨酸氨基转移酶（ALT）和天冬氨酸氨基转移酶（AST）活力均升高，血清白蛋白含量低于正常，HBsAg 阳性。入院诊断：①肝硬化失代偿期；②高氨血症；③肝性脑病Ⅰ期。治疗方案：①限制蛋白质摄入；②清除肠内积食，用弱酸性溶液灌肠；③使用弱酸性利尿剂消除腹水；④静脉滴注谷氨酸钾和谷氨酸钠。

请问：
1. 请用氨中毒学说解释肝性脑病的发病机制。
2. 为什么灌肠液和利尿剂都选用弱酸性而非碱性？
3. 静脉滴注谷氨酸盐的治疗措施有何作用？

第三节　个别氨基酸的代谢

一、氨基酸的脱羧基作用

体内某些氨基酸可以进行脱羧基作用（decarboxylation），产物为胺类和 CO_2。此类反应由氨基酸脱羧酶催化，辅酶为磷酸吡哆醛。胺类含量虽然不高，但具有重要的生理作用。体内广泛存在着胺氧化酶，能将其氧化成为相应的醛类，再氧化成羧酸，从而避免胺类在体内蓄积。

（一）γ-氨基丁酸

γ-氨基丁酸（γ-aminobutyric acid，GABA）由 L-谷氨酸脱羧而产生。反应由 L-谷氨酸脱羧酶催化，此酶在脑及肾中活性很高。γ-氨基丁酸是一种重要的抑制性神经递质。

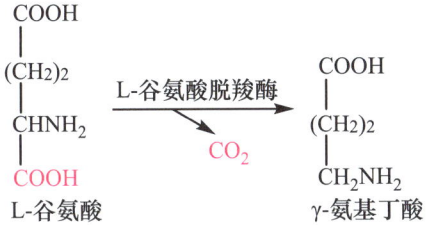

知识拓展

维生素 B_6 的临床应用

临床上用维生素 B_6 治疗妊娠呕吐和小儿抽搐，是因为磷酸吡哆醛作为谷氨酸脱羧酶的辅酶，可促进谷氨酸脱羧生成 γ-氨基丁酸，从而导致中枢神经抑制作用以减轻症状，降低呕吐中枢及神经肌肉的兴奋性。长期服用异烟肼治疗结核病的患者，因异烟肼能与维生素 B_6 结合而排出，影响脑内 γ-氨基丁酸等神经递质的合成，易导致中枢神经过度兴奋，故长期服用异烟肼时应注意补充维生素 B_6，以免发生上述中毒症状。

（二）组胺

组胺（histamine）为组氨酸在组氨酸脱羧酶催化下脱去羧基后的产物，在体内分布广泛，主要存在于乳腺、肝、肺、肌肉及胃黏膜等组织中。组胺具有很强的扩血管作用，并能使毛细血管通透性增加。组胺还具有促进平滑肌收缩及分泌胃酸的作用。

$$\text{L-组氨酸} \xrightarrow[\text{组氨酸脱羧酶}]{-CO_2} \text{组胺}$$

> **知识拓展**
>
> **组胺的生物活性**
>
> 组胺以无活性的结合型存在于肥大细胞和嗜碱性粒细胞的颗粒中，当机体受到理化因素刺激或发生过敏反应时，可引起这些细胞脱颗粒，与组胺受体结合而产生生物效应。在机体炎症、创伤部位及过敏反应时常有组胺的释放。例如过敏反应时组胺释放增加，平滑肌收缩，毛细血管通透性升高，黏膜腺体分泌增加，血管扩张导致局部出现水肿，可引起皮肤红肿、瘙痒、斑块；肺、气管平滑肌收缩引起呼吸道狭窄导致呼吸困难；胃肠道平滑肌收缩，血压降低，心率加快，可引起休克。此外，组胺还可刺激胃液分泌，可用于研究胃的分泌活动。临床上采取胃液做分析时，常给患者注射组胺，促使胃液分泌，然后抽取胃液标本。

（三）5-羟色胺

色氨酸首先通过色氨酸羟化酶的作用，生成5-羟色氨酸，再经脱羧酶作用生成5-羟色胺（5-hydroxytryptamine，5-HT）。5-HT是一种抑制性的神经递质，在大脑皮质及神经突触内含量很高，与睡眠、疼痛和体温调节有密切关系。在外周组织，5-HT具有强烈收缩血管和兴奋平滑肌的作用。

$$\text{色氨酸} \xrightarrow{\text{色氨酸羟化酶}} \text{5-羟色氨酸} \xrightarrow[-CO_2]{\text{5-羟色氨酸脱羧酶}} \text{5-羟色胺}$$

（四）多胺

多胺是指含有多个氨基的化合物。某些氨基酸经脱羧基作用可产生多胺类物质，例如鸟氨酸在鸟氨酸脱羧酶催化下生成的精脒（spermidine）和精胺（spermine）。多胺是调节细胞生长的重要物质，研究表明，在一些生长旺盛的组织和肿瘤组织中，多胺合成的关键酶鸟氨酸脱羧酶活性很高，多胺含量也较高。多胺促进细胞增殖的机制可能与其稳定细胞结构、促进核酸合成等有关。还有研究发现，维生素A的抗癌作用与其对鸟氨酸脱羧酶的抑制作用有关，可减少多胺合成，从而阻止癌细胞的生长与分裂。临床上可将测定患者血或尿中多胺的水平作为肿瘤辅助诊断及病情变化的指标之一。

二、一碳单位的代谢

（一）一碳单位的概念和载体

某些氨基酸在分解代谢过程中产生的含有一个碳原子的有机基团，称为一碳单位（one carbon unit），包括甲基（—CH_3）、亚甲基（—CH_2—）、次甲基（＝CH—）、甲酰基（—CHO）及亚氨甲基（—CH＝NH）等。需要注意的是，二氧化碳不属于一碳单位。一碳单位不能以游离形式存在，通常与四氢叶酸（tetrahydrofolic acid，FH_4）结合转运并参加代谢反应，FH_4分子的N^5、N^{10}是一碳单位结合的部位，因此，FH_4是一碳单位的载体，也可以看做是一碳单位代谢的辅酶。

5,6,7,8-四氢叶酸

叶酸 $\xrightarrow[NADPH+H^+ \quad NADP^+]{\text{二氢叶酸还原酶}}$ 二氢叶酸 $\xrightarrow[NADPH+H^+ \quad NADP^+]{\text{二氢叶酸还原酶}}$ 四氢叶酸

（二）一碳单位的生成和相互转变

一碳单位主要来自组氨酸、丝氨酸、甘氨酸和色氨酸的分解代谢。

丝氨酸 + FH_4 $\xrightarrow{\text{羟甲基转移酶}}$ N^5,N^{10}—CH_2—FH_4 + 甘氨酸

甘氨酸 + FH_4 $\xrightarrow[NAD^+ \quad NADH+H^+]{\text{甘氨酸裂解酶}}$ CO_2 + NH_3 + N^5,N^{10}—CH_2—FH_4

组氨酸 → 亚氨甲酰谷氨酸 $\xrightarrow[\text{亚氨甲基转移酶}]{FH_4 \quad \text{谷氨酸}}$ N^5—CH＝NH—FH_4

色氨酸 → → HCOOH + 犬尿酸 $\xrightarrow[ADP+Pi]{FH_4 \quad ATP}$ N^{10}—CHO—FH_4

不同形式的一碳单位之间可以相互转变，但N^5-甲基四氢叶酸的生成基本是不可逆的。

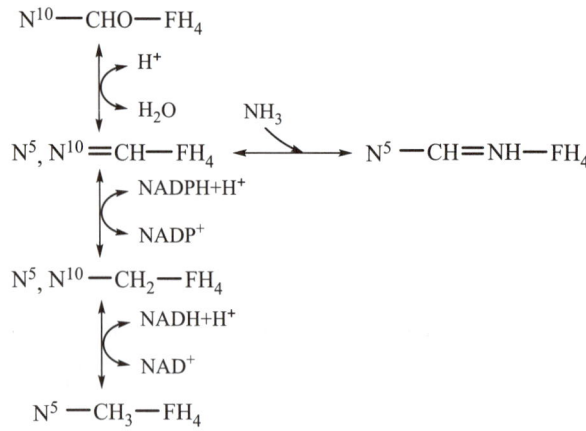

（三）一碳单位的生理功能

一碳单位是合成嘌呤和嘧啶的原料，在核酸的生物合成中有重要作用。如 N^{10}-CHO-FH_4、N^5,N^{10}=CH-FH_4 分别提供了嘌呤碱的 C_2、C_8；N^5,N^{10}-CH_2-FH_4 提供了脱氧胸苷酸的甲基。一碳单位在氨基酸代谢和核酸代谢方面起重要的联系作用。

若叶酸缺乏或叶酸转变为 FH_4 的途径受阻，一碳单位代谢障碍，影响机体正常的生命活动，可引起巨幼红细胞贫血等疾病。此外，磺胺类药及某些抗癌药（甲氨蝶呤等）正是分别通过干扰细菌及肿瘤细胞的叶酸、四氢叶酸合成，进而影响核酸合成而发挥药理作用的。

案例分析

患者女性，40 岁，长期酗酒。因恶心、呕吐、抑郁和疲劳等症状到医院急诊科就诊。患者无咳嗽、发热、畏寒、上呼吸道症状、呕血、腹疼史，也无与其他患者接触和旅游史。患者感觉饥饿和已经很长时间不能正常进食。体格检查发现，患者表现为营养不良，但没有痛苦的表现，体格检查正常。血常规检查发现白细胞（WBC）4.2×10^9/L，红细胞（RBC）2.2×10^9/L，血红蛋白（Hb）83 g/L，血小板 93×10^9/L，平均红细胞容积（MCV）122.0 fl，红细胞压积（Hct）0.27，RBC、Hb 均低于正常，而 MCV、红细胞平均血红蛋白量（MCH）高于正常，血涂片显示红细胞大小不均，以大红细胞为主，网织红细胞增多。患者血清淀粉酶、酯酶和肝功能检查正常。临床诊断：叶酸缺乏症，巨幼红细胞贫血。治疗：①注意营养与护理，防治感染。②肌内注射维生素 B_{12}，口服叶酸治疗。

请问：

1. 此患者诊断为巨幼红细胞贫血的依据是什么？
2. 叶酸和维生素 B_{12} 缺乏会导致巨幼红细胞性贫血，其生化机制是什么？
3. 为什么叶酸类似物可以抑制肿瘤细胞的生长？

三、含硫氨基酸的代谢

体内的含硫氨基酸有三种，即甲硫氨酸、半胱氨酸和胱氨酸。甲硫氨酸可以转变为半胱氨酸和胱氨酸，半胱氨酸和胱氨酸也可以互变，但后二者不能变为甲硫氨酸。

（一）甲硫氨酸的代谢

1. **甲硫氨酸循环和转甲基作用**　甲硫氨酸在甲硫氨酸腺苷转移酶的催化下，接受 ATP 提供的腺苷生成 S- 腺苷甲硫氨酸（S-adenosyl methionine，SAM）。SAM 中的甲基称为活性甲基，SAM 称为活性甲硫氨酸。已知 SAM 为体内多种重要化合物如肾上腺素、胆碱、肌酸等的合成提供甲基，核酸或蛋白质通过甲基化进行修饰，可以影响它们的功能。此外，一些活性物质经甲基化后，可消除其活性或毒性，是生物转化的一种重要反应，因此，甲基化作用不仅是重要的代谢反应，更具有广泛的生理意义，而 SAM 则是体内最重要的甲基直接供体。

SAM 提供甲基参与体内的甲基化反应，然后生成 S- 腺苷同型半胱氨酸进一步转变成同型半胱氨酸，同型半胱氨酸可以接受 N^5- 甲基四氢叶酸提供的甲基，重新生成甲硫氨酸，形成一个循环过程，称为甲硫氨酸循环（methionine cycle）（图 6-7）。这个循环的生理意义是由 N^5-CH_3-FH_4 提供甲基合成甲硫氨酸，甲硫氨酸再转变为 SAM 参与体内广泛的甲基化反应，因而，N^5-CH_3-FH_4 可认为是体内甲基的间接供体。

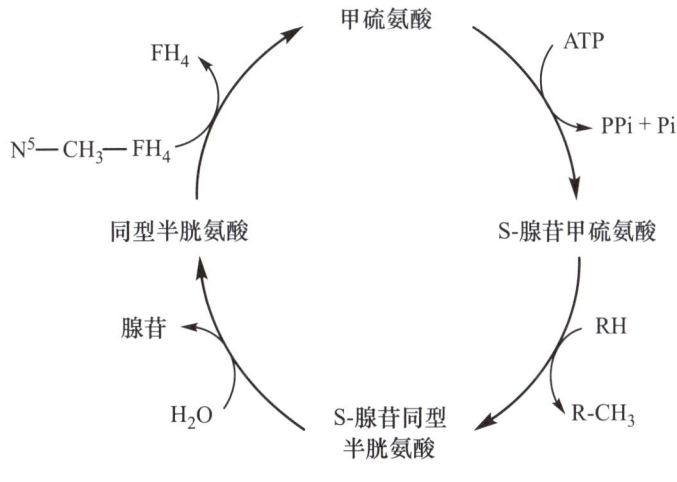

图 6-7　甲硫氨酸循环

此循环中 N^5-CH_3-FH_4 提供甲基使同型半胱氨酸生成甲硫氨酸的反应，是体内唯一能利用 N^5-CH_3-FH_4 的反应。催化此反应的酶为 N^5- 甲基四氢叶酸转甲基酶，又称甲硫氨酸合成酶，其辅酶是维生素 B_{12}。当维生素 B_{12} 缺乏时，N^5-CH_3-FH_4 的甲基不能转移，不仅影响甲硫氨酸的合成，同时由于已结合了甲基的 FH_4 不能游离出来，无法重新利用以转运一碳单位，可导致 DNA 合成障碍，影响细胞分裂，最终可能引起巨幼红细胞贫血。同时，维生素 B_{12} 缺乏还会造成同型半胱氨酸在血中浓度升高，造成高同型半胱氨酸血症，增加动脉硬化、血栓生成和高血压的危险性。

2. 肌酸的合成　以甘氨酸为骨架，由精氨酸提供脒基，S-腺苷甲硫氨酸提供甲基合成肌酸。在肌酸激酶（creatine kinase，CK）的催化下，ATP可将高能磷酸键转移给肌酸生成磷酸肌酸。磷酸肌酸是体内能量的储存形式。肌酸激酶是由脑型（B）和肌型（M）两种亚单位组成的二聚体，形成3种同工酶：CK-BB、CK-MB和CK-MM。MM主要分布在骨骼肌，MB主要在心肌，BB主要在脑，因此血中CK-MB活性增高可作为心肌梗死的辅助诊断指标之一。肌酸和磷酸肌酸代谢的产物肌酐主要经肾从尿排出。肾发生严重病变时，肌酐排出受阻，引起血中肌酐浓度升高，故血中肌酐含量的测定有助于肾功能障碍的辅助诊断。

（二）半胱氨酸代谢

1. 半胱氨酸与胱氨酸的互变　半胱氨酸含有巯基（-SH），胱氨酸含有二硫键（-S-S-）。两分子半胱氨酸可脱氢氧化生成胱氨酸，胱氨酸亦可还原成半胱氨酸。两个半胱氨酸残基之间形成的二硫键对维持蛋白质构象具有重要作用。

$$2\ \begin{matrix}CH_2SH\\ |\\ CHNH_2\\ |\\ COOH\end{matrix}\ \underset{+2H}{\overset{-2H}{\rightleftharpoons}}\ \begin{matrix}H_2C-S-S-CH_2\\ |\quad\quad\quad\quad\quad\quad |\\ CHNH_2\quad CHNH_2\\ |\quad\quad\quad\quad\quad\quad |\\ COOH\quad\ COOH\end{matrix}$$

体内许多重要的酶，如乳酸脱氢酶、琥珀酸脱氢酶等都有赖于分子中半胱氨酸残基上的巯基以表现其活性，故有巯基酶之称，某些毒物，如重金属离子Pb^{2+}、Hg^{2+}等均能和酶分子上的巯基结合而抑制酶活性，从而发挥其毒性作用。二巯基丙醇可使已被毒物结合的巯基恢复原状，具有解毒功能。谷胱甘肽的活性基团是半胱氨酸残基上的巯基，通过还原型和氧化型两种形式的互相转变，在体内发挥重要的生理功能。

2. 牛磺酸的生成　半胱氨酸可经氧化、脱羧生成牛磺酸。在肝细胞中牛磺酸可与胆汁酸结合生成结合胆汁酸。现发现脑组织中也含有较多的牛磺酸，表明它可能对脑功能也有一定作用。

3. 活性硫酸根代谢　含硫氨基酸氧化分解可产生硫酸根，而半胱氨酸是体内硫酸根的主要来源。半胱氨酸在体内进行分解代谢可以直接脱去巯基和氨基，产生丙酮酸、氨和H_2S，H_2S被迅速氧化成硫酸根，再经ATP活化为活性硫酸根，即3'-磷酸腺苷-5'-磷酸硫酸（3'-phosphoadenosine-5'-phospho-sulfate，PAPS）。PAPS化学性质活泼，是硫酸基团的供体，可与类固醇激素、胆红素、酚类等物质结合，生成硫酸酯灭活而排出体外，此反应在肝的生物转化中具有重要意义。此外，PAPS还可参与硫酸角质素、硫酸软骨素等分子中硫酸氨基糖的合成。

$$SO_4^{2-} + ATP \longrightarrow AMP\text{-}SO_3^- \longrightarrow 3\text{-}PO_3H_2\text{-}AMP\text{-}SO_3^-$$

腺苷-5'-磷酸硫酸　　　　　PAPS

PAPS结构

四、芳香族氨基酸的代谢

芳香族氨基酸包括苯丙氨酸、酪氨酸和色氨酸。

（一）苯丙氨酸和酪氨酸的代谢

1. **苯丙氨酸羟化生成酪氨酸**　苯丙氨酸和酪氨酸的结构相似，正常情况下苯丙氨酸在体内主要经苯丙氨酸羟化酶（phenylalanine hydroxylase）催化生成酪氨酸。苯丙氨酸羟化酶存在于肝，是一种混合功能氧化酶，其辅酶是四氢生物蝶呤，该酶催化的反应不可逆，故酪氨酸不能还原生成苯丙氨酸，因此，苯丙氨酸属于营养必需氨基酸。

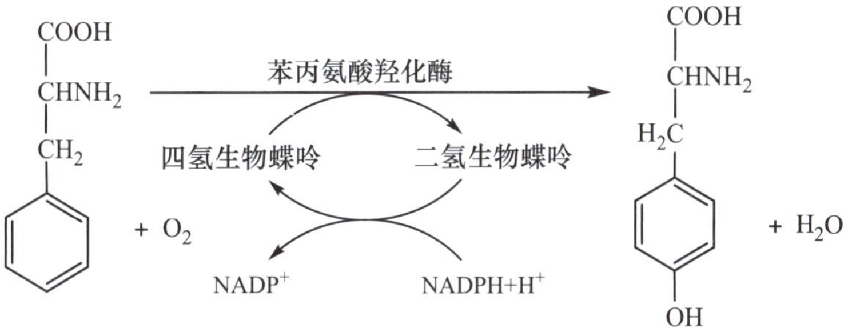

当苯丙氨酸羟化酶先天性缺陷时，则苯丙氨酸转变为酪氨酸这一主要代谢途径受阻，体内的苯丙氨酸蓄积，经转氨基作用生成苯丙酮酸，进一步转变成苯乙酸等衍生物，尿中出现大量苯丙酮酸等代谢产物，称为苯丙酮尿症（phenylketonuria，PKU）。苯丙酮酸的堆积对中枢神经系统有毒性，使患儿智力发育受障碍，这是氨基酸代谢中最常见的一种遗传性疾病，其发病率为8/10万~10/10万。患儿应尽早用低苯丙氨酸膳食治疗。PKU现已可进行产前基因诊断。

案例分析

患者女性，因尿液中出现特殊异味，于1岁3个月时来院就诊。经检查，患儿为第一胎足月顺产，出生时头发黑，以后逐渐由黑变黄变淡，皮肤浅白。走路步伐小，胆小，智力发育明显落后于同龄儿，身上及尿中均有特殊的鼠尿臭味。患儿父母现年均29岁，非近亲婚配，体检无异常发现。其他家系成员亦正常。血液中苯丙氨酸浓度为25.8 mg/dl（正常值约2 mg/dl）。诊断为苯丙酮尿症。

请问：
1. 该病的发病机制是什么？
2. 上述患者为何会出现皮肤毛发色素减少、尿中有鼠尿气味、智力发育落后？
3. 如何制订该病的防治策略？

---

2. **酪氨酸代谢**　酪氨酸进一步代谢合成某些神经递质、激素及黑色素。酪氨酸经酪氨酸羟化酶催化，生成多巴，再脱羧生成多巴胺（dopamine）。多巴胺是脑中的一种神经递质，帕金森病患者脑中的多巴胺合成减少。在肾上腺髓质中，多巴胺可被羟化，生成去甲肾上腺素（norepinephrine），后者甲基化生成肾上腺素（epinephrine）。多巴胺、去甲肾上腺素和肾上腺素统称为儿茶酚胺（catecholamine）。

黑色素细胞中酪氨酸在酪氨酸酶（tyrosinase）的催化下生成多巴，后者经氧化、脱羧、聚合等反应生成黑色素。人体缺乏酪氨酸酶，黑色素合成障碍，皮肤、毛发等发白，称为白化病（albinism），发病率约为3/10万。

酪氨酸还可转氨生成对羟苯丙酮酸，再转变成尿黑酸，最后氧化分解生成乙酰乙酸和延胡索酸，所以酪氨酸和苯丙氨酸都是生糖兼生酮氨基酸。若体内尿黑酸分解代谢的酶先天性缺乏，则尿黑酸堆积，使排出的尿迅速变黑，出现尿黑酸尿症（alkaptonuria），患者的骨组织亦有广泛的黑色物沉积。此种遗传性疾病较罕见，发病率仅为约0.4/10万。

苯丙氨酸和酪氨酸的代谢概况总结如图6-8。

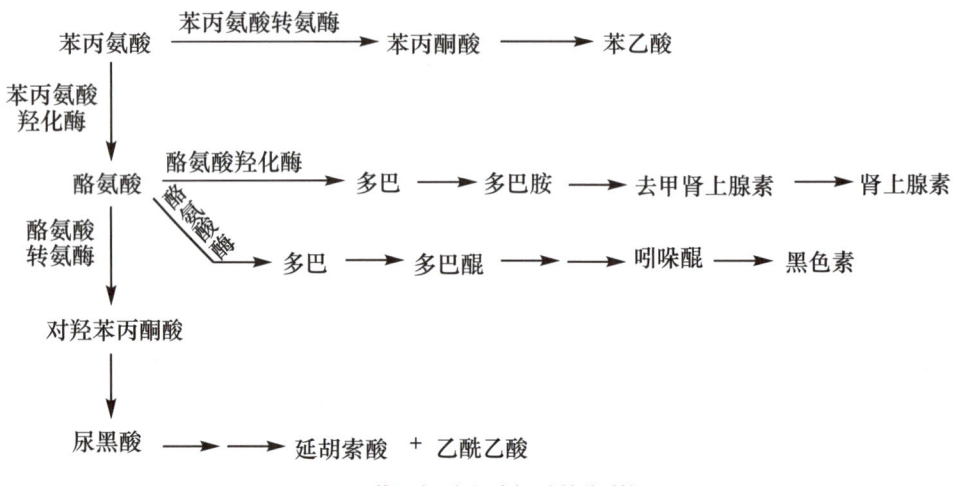

图6-8　苯丙氨酸和酪氨酸的代谢概况

（二）色氨酸代谢

色氨酸除了能转变成5-羟色胺、一碳单位外，还可分解生成丙酮酸和乙酰乙酸，所以色氨酸为生糖兼生酮氨基酸。此外，它还能合成维生素PP，但合成量较少，不能满足机体需要，这是体内合成维生素的特例。

知识拓展

假神经递质学说与肝性脑病

肠道细菌的蛋白酶使蛋白质水解成氨基酸，再经氨基酸脱羧基作用，产生胺类。例如，组氨酸脱羧基生成组胺，赖氨酸脱羧基生成尸胺，色氨酸脱羧基生成色胺，酪氨酸脱羧基生成酪胺等。肝功能障碍时，由于肝的解毒功能降低或门-体分流形成，酪胺和由苯丙氨酸脱羧基生成的苯乙胺，在肝内清除发生障碍，大量的苯乙胺和酪胺透过血脑屏障进入脑内，在β-羟化酶的作用下可分别形成β-羟酪胺和苯乙醇胺，它们的化学结构与儿茶酚胺类似，称为假神经递质。假神经递质可取代正常神经递质儿茶酚胺，致使神经传导发生障碍，可使大脑发生异常抑制，与肝昏迷的症状有关。

（贺菽嘉）

第六章 蛋白质分解与氨基酸代谢

本章知识导图

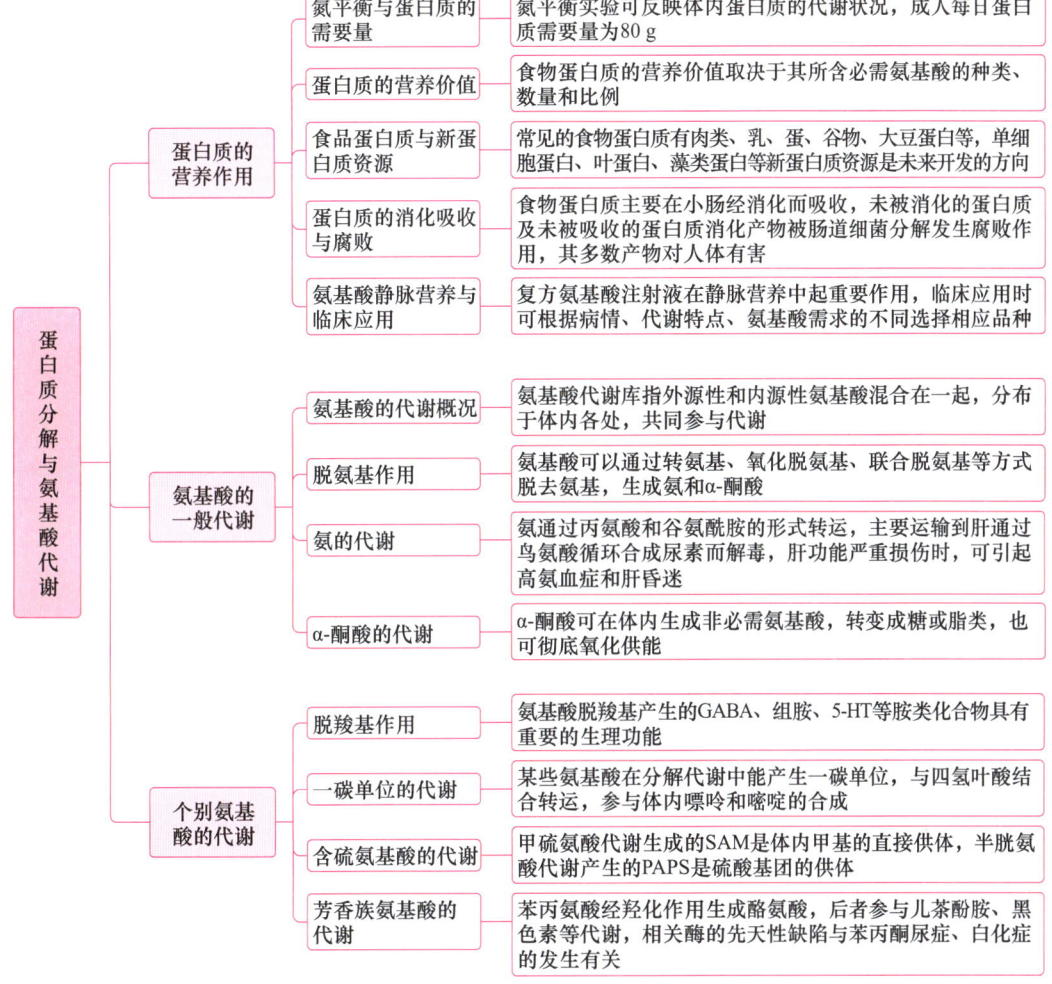

第七章 生物氧化

知识目标

1. 归纳

生物氧化的概念及其意义；呼吸链的概念；两条氧化呼吸链的排列顺序；呼吸链的主要成分及其作用；呼吸链复合体的概念；氧化磷酸化的概念；ATP 合酶结构要点及 ATP 合成的概况。

2. 说出

呼吸链复合体（Ⅰ、Ⅱ、Ⅲ、Ⅳ）所含成分及排列方式；P/O 比值概念；高能化合物概念及常见的高能化合物；化学渗透假说；常见氧化磷酸化抑制剂及抑制部位；α-磷酸甘油穿梭作用和苹果酸-天冬氨酸穿梭作用及对 ATP 生成的影响。

3. 知道

腺苷酸载体的转运；线粒体蛋白质跨膜转运；非线粒体氧化体系的组成及其作用。

第一节 概 述

一、生物氧化的概念

知识补充

氧化-还原反应

反应中有电子从一种物质转移到另一种物质的化学反应，称为氧化-还原反应。提供电子的分子称为还原剂，接受电子的分子称为氧化剂，还原剂和氧化剂偶联构成氧化-还原电子对。氧化还原反应往往是可逆的，物质失去电子后称为氧化型，氧化型再得到电子又成为还原型。习惯上，将反应按以下方式书写：

$$A^{n+} + ne \longleftrightarrow A$$

其中 A^{n+} 为氧化型即电子受体，A 为还原型即电子供体，n 为电子数目，e 为电子。

物质在生物体内进行的氧化称为生物氧化（biological oxidation），主要指糖、脂肪、蛋白质等营养物质在生物体内彻底氧化生成二氧化碳和水，并释放能量的过程。生物氧化实际上是需氧细胞呼吸作用中的一系列氧化－还原反应，所以又称为细胞氧化和细胞呼吸，有时也称组织呼吸。

二、生物氧化的类型

细胞线粒体（mitochondria）内和线粒体外均可进行生物氧化，但过程不同。线粒体内的生物氧化产能并伴有 ATP 的生成，即上述营养物质氧化分解并释放能量的过程。而在线粒体外如内质网、过氧化物酶体（微粒体）内的生物氧化不伴有 ATP 的生成，主要与药物、毒物或代谢物的生物转化有关。

生物氧化中物质的氧化方式主要有加氧、脱氢、失电子。

（一）加氧

加氧是以氧分子为电子受体发生的氧化反应，主要由加氧酶和氧化酶催化，如：

$$2H^+ + \frac{1}{2}O_2 \longrightarrow H_2O$$

在生物氧化中，各种脱氢反应生成的氢最终以这种方式进行氧化。

（二）脱氢

脱氢是指从作用物分子中脱去一对氢原子，这一对氢原子可以分离出一对质子（$2H^+$）和一对电子（$2e^-$），由各种类型的脱氢酶催化。

（三）失电子

失电子是指从作用物分子中脱下一个电子，从而使其原子或离子的正价增加，如：

$$Fe^{2+} \longrightarrow Fe^{3+} + e$$

在体内，氧化反应总是和还原反应偶联出现，还原反应的主要方式是脱氧、加氢、得电子。两种反应的实质都是发生了电子的转移，失去电子为氧化反应，而获得电子就是还原反应。

三、生物氧化的特点

生物氧化与物质在体外氧化时所消耗的氧量、最终产物（CO_2，H_2O）和释放的能量均相同，但二者所进行的方式却不相同。与物质的体外氧化相比，生物氧化的特点是：

1. 反应处于细胞内温和环境（体温，pH 接近中性）中，通过酶的催化反应，有机分子发生一系列的化学变化，在此过程中逐步氧化并释放能量。这种逐步分次的释放能量方式不会引起体温的突然升高，而且可使释放出的能量得到最有效的利用。

2. 在一系列酶催化下逐步进行。

3. 物质中能量逐步释放，营养物质在细胞内彻底氧化之前，都先经过分解代谢，分解时代谢物的脱氢反应常伴有辅酶 NAD^+ 和 FAD 的还原，还原型辅酶 NADH 和 $FADH_2$ 携带的氢离子和电子，都将经历一系列的电子传递过程，最终传递给氧，其中释放的能量有相当一部分贮存在一些特殊化合物（如 ATP）中，以提供生命活动所需之能量，其余能量则主要以热能形式释放，可用于维持体温。

4. 代谢物脱下的氢与氧结合生成水；有机酸脱羧产生 CO_2，而体外氧化（燃烧）产生的 CO_2 及 H_2O 由物质中的碳、氢直接与氧结合生成，能量释放突然，并主要以热能的形式释放。

四、参与生物氧化的酶

参与生物氧化的酶类主要有以下几种类型。

(一) 氧化酶类

氧化酶为含铜、铁等金属离子的蛋白质,能激活分子氧,促进氧对代谢物的直接氧化,反应产物为水,如细胞色素氧化酶、抗坏血酸氧化酶等。

(二) 需氧脱氢酶

需氧脱氢酶以黄素腺嘌呤二核苷酸(flavin adenine dinucleotide,FAD)或黄素单核苷酸(flavin mononucleotide,FMN)为辅基,可催化代谢物脱氢并以氧为受氢体,反应产物为过氧化氢,又称黄素酶类,习惯上也将此类酶称为氧化酶,如黄嘌呤氧化酶、氨基酸氧化酶等。

(三) 不需氧脱氢酶

不需氧脱氢酶是体内最重要的脱氢酶,能催化代谢物脱氢,并以其辅基(辅酶)作为受氢体,而不以氧为直接受氢体。此类酶的辅酶(辅基)包括烟酰胺腺嘌呤二核苷酸(nicotinamide adenine dinucleotide,NAD^+)、烟酰胺腺嘌呤二核苷酸磷酸(nicotinamide adenine dinucleotide phosphate,$NADP^+$)和黄素核苷酸(FAD、FMN),这些辅酶(辅基)接受代谢物脱下的氢,再将氢通过呼吸链传递而生成水,如琥珀酸脱氢酶、乳酸脱氢酶等。

知识拓展

氧化-还原电位

在容器 A 放入硫酸锌溶液及锌片,容器 B 中放入硫酸铜溶液和铜片,用内装饱和氯化钾溶液与琼脂凝胶的盐桥连接两个容器,用导线将两片金属连接,中间串联一个检流计,则可发现检流计的指针会立即向一方偏转,表明有电流通过导线(见右图)。这是因为锌片中锌原子(Zn)失去了两个电子,形成锌离子(Zn^{2+})进入溶液中,电子则通过导线、检流计向铜片流动。反应可表示如下:

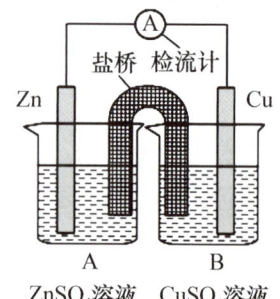

$$Zn \longrightarrow Zn^{2+} + 2e$$

锌与其盐溶液(硫酸锌溶液)即构成一个半电池,它们之间会产生电极电位,或称电极电势。任何氧化-还原物质的电极电位可通过与标准氢电极(其电极电势为零)组成原电池而测量获得,也称为氧化-还原电位。如将锌电极与氢电极连接构成原电池,则氢电极为正极(+),锌电极为负极(-),则锌的氧化-还原电位为负数,表示锌失去电子的能力强。

生物体内一些重要物质的标准氧化-还原电位已经测出。标准电位具有较大负值的氧化-还原物质更倾向于失去电子,而标准电位的正值越大的,越倾向于获得电子。

第二节 线粒体氧化体系

一、呼吸链的组成及排列顺序

真核细胞中线粒体内的生物氧化反应主要用于产能。细胞首先将糖、脂肪、氨基酸等营养物质通过各自的分解途径，生成还原型辅酶 NADH 和 $FADH_2$，两者所含的氢经由线粒体内膜上按一定顺序排列的多种酶和辅酶所构成的传递体系，通过连锁氧化还原反应逐步传递，最终与氧结合生成水，这一传递体系即氧化呼吸链（respiratory chain）。其中传递氢的酶或辅酶称之为递氢体，传递电子的酶或辅酶称之为电子传递体。由于递氢体或电子传递体都有传递电子的作用（$2H \leftrightarrow 2H^+ + 2e$），所以呼吸链又称电子传递链（electron transfer chain）。电子传递的本质是电势能转化为化学能的过程。在此过程中，电子仅在相邻的传递体之间传递，传递方向取决于电子所具有的电化学势能的大小，同时还伴随着 H^+ 的结合与释放，使 H^+ 定向转移，以形成跨线粒体内膜的 H^+ 浓度梯度差，从而推动 ATP 合成。

用胆酸、脱氧胆酸等反复处理线粒体内膜，可将呼吸链分离而得到 4 种仍具有电子传递功能的酶复合体（complex），每个复合体都由多种酶蛋白和辅助因子（金属离子、辅酶或辅基）组成（表 7-1）。其中复合体 Ⅰ、Ⅲ 和 Ⅳ 完全镶嵌在线粒体内膜的脂质双分子层中，而复合体 Ⅱ 镶嵌在内膜的内侧（图 7-1）。下面以复合体为基础叙述呼吸链中主要酶蛋白或辅助因子的氧化还原作用及电子传递的过程。

表 7-1 人线粒体呼吸链酶复合体

复合体	酶名称	分子量	多肽链数	功能辅基
复合体 Ⅰ	NADH- 泛醌还原酶	850 000	39	FMN, Fe-S
复合体 Ⅱ	琥珀酸 - 泛醌还原酶	140 000	4	FAD, Fe-S
复合体 Ⅲ	泛醌 - 细胞色素 c 还原酶	250 000	11	血红素 b_L, b_H, c_1, Fe-S
复合体 Ⅳ	细胞色素 c 氧化酶	162 000	13	血红素 a, a_3, Cu_A, Cu_B

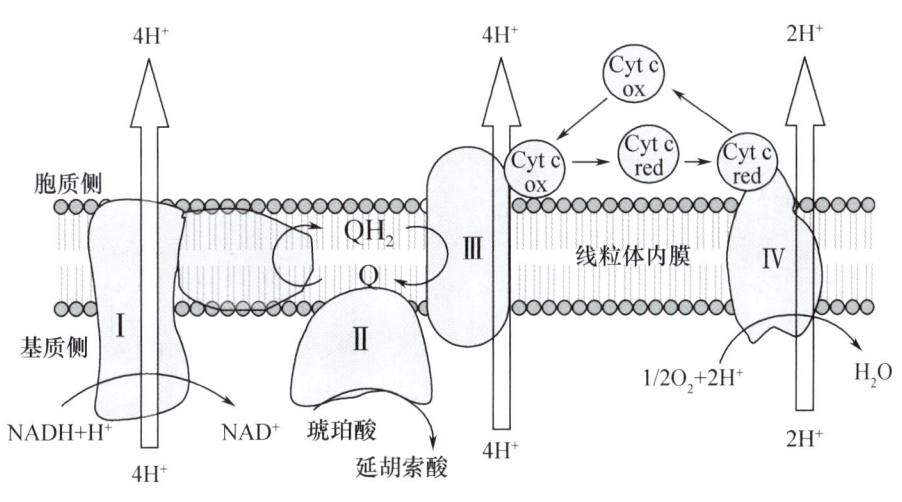

图 7-1 呼吸链各酶复合体位置示意图

（一）复合体 Ⅰ

复合体 Ⅰ 即 NADH- 泛醌还原酶，又称 NADH 脱氢酶。在代谢物的脱氢反应中，大部分代谢物脱下的 2H 由氧化型 NAD^+ 接受形成 $NADH+H^+$，而复合体 Ⅰ 则结合 NADH，并将 NADH

中的 2 个高势能电子最终传递给泛醌（ubiquinone）。复合体 I 中含有以 FMN 为辅基的黄素蛋白（flavoprotein）和以铁硫簇（iron-sulfur cluster，Fe-S）为辅基的铁硫蛋白（iron-sulfur protein）。两者均能通过辅基发挥电子传递作用。

NAD$^+$（辅酶 I，coenzyme I，Co I）与 NADP$^+$（辅酶 II，coenzyme II，Co II）（图 7-2）分子中烟酰胺芳环中氮为五价，能接受电子成为三价氮，其对侧的碳原子能接受 1 个 H$^+$，因此烟酰胺只能接受 1 个氢原子和 1 个电子，将另一个 H$^+$ 游离在溶液中，生成 NADH（NADPH）+H$^+$（图 7-3）。上述反应是可逆的。

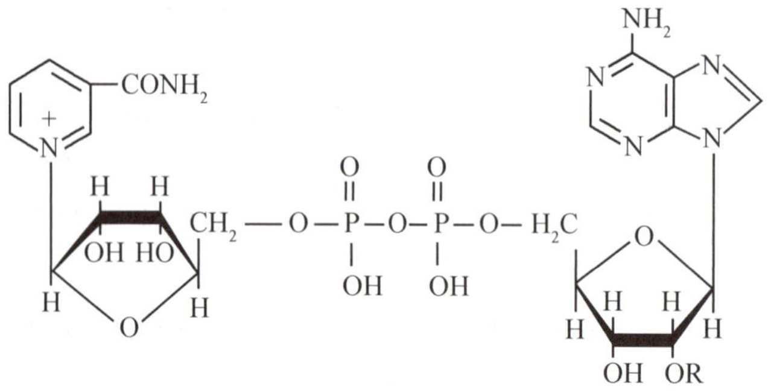

图 7-2 NAD$^+$（NADP$^+$）的结构

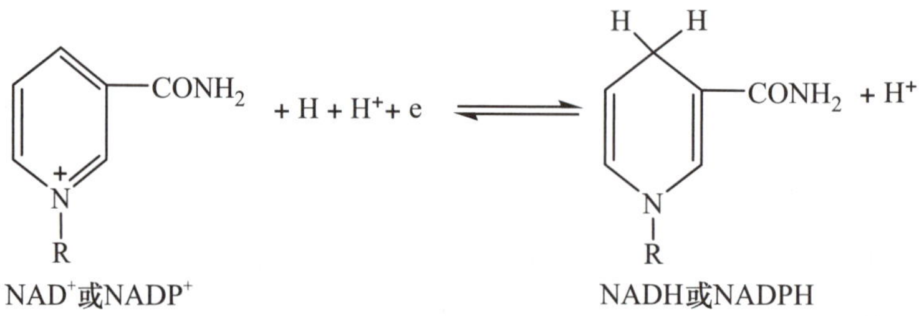

图 7-3 NAD$^+$（NADP$^+$）加氢形成 NADH（NADPH）+H$^+$

黄素蛋白辅基 FMN 中核黄素的异咯嗪环为功能结构。氧化型（醌型）FMN 可接受 1 个 H$^+$ 和 1 个 e 形成不稳定的 FMNH·（半醌型），再接受 1 个 H$^+$ 和 1 个 e 转变为还原型 FMNH$_2$（氢醌型）（图 7-4）。在复合体 I 中，FMN 的功能是接受 NADH+H$^+$ 中的 2 个 H$^+$ 和 2 个 e 生成 FMNH$_2$，并使 NADH 氧化而生成 NAD$^+$。

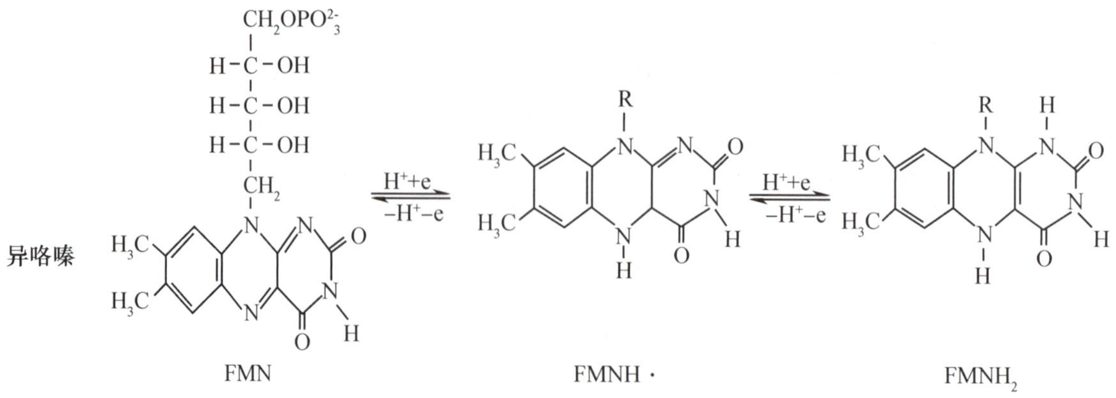

图 7-4 黄素单核苷酸经半醌中间物形成还原型黄素单核苷酸

铁硫蛋白含辅基铁硫簇 Fe-S，是由铁原子与无机硫（S）原子或（和）铁硫蛋白中蛋白质部分半胱氨酸残基的硫原子相连形成（图 7-5），具有多种形式。铁硫簇通过其中的铁原子

可进行 $Fe^{2+} \leftrightarrow Fe^{3+} + e$ 的可逆反应而传递电子，每次传递一个。在复合体 I 中，其功能是从 $FMNH_2$ 中接受电子并传递给泛醌。

泛醌又称辅酶 Q（coenzyme Q，CoQ），是一种小分子的脂溶性醌类化合物，含多个异戊二烯单位互相连接构成较长的疏水侧链，如人的 CoQ 侧链由 10 个异戊二烯单位组成，用 CoQ_{10}（Q_{10}）表示。CoQ 脂溶性强，能在线粒体内膜中自由扩散，故不包含在上述复合体中。泛醌能接受 1 个 e 和 1 个 H^+ 还原成半醌（QH·），再接受 1 个 e 和 1 个 H^+ 还原成二氢泛醌（QH_2），后者可被重新氧化为泛醌（图 7-6）。泛醌不只接受 NADH- 泛醌还原酶脱下的电子和质子，也能接受其他黄素酶类，如琥珀酸脱氢酶、脂酰-CoA 脱氢酶等脱下的电子和质子。

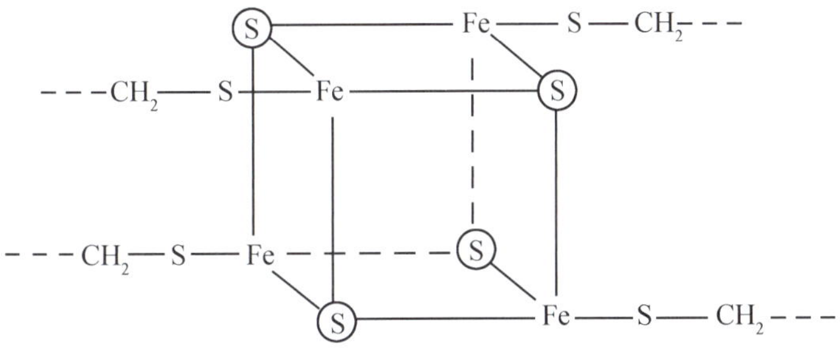

图 7-5　铁硫簇（Fe_4S_4）结构（S 为无机硫）

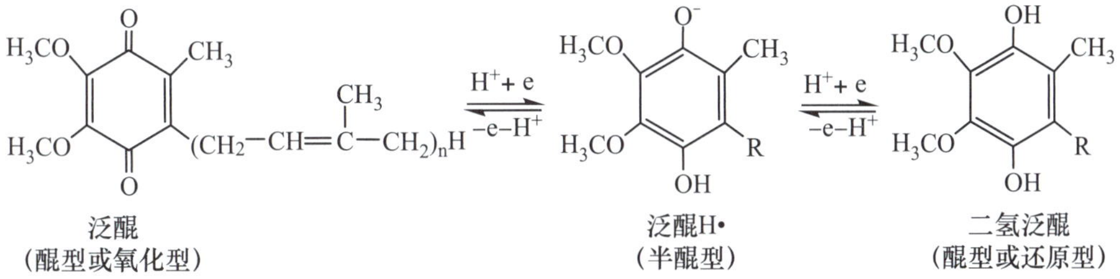

图 7-6　泛醌经半醌中间物形成还原型泛醌

复合体 I 在将一对电子从 $NADH+H^+$ 传递到泛醌的同时，还可发挥质子泵功能，将 4 个 H^+ 从线粒体内膜基质侧泵到胞质侧，质子泵出所需能量来自电子传递过程。

知识拓展

辅酶 Q

辅酶 Q 在体内呼吸链的质子移位及电子传递中起重要作用，它是细胞呼吸和细胞代谢的激活剂，也是重要的抗氧化剂和非特异性免疫增强剂。可用于以下多种疾病的辅助治疗：

1. 心血管疾病：如病毒性心肌炎，慢性心功能不全。
2. 肝炎：如病毒性肝炎，亚急性肝坏死，慢性活动性肝炎。
3. 癌症的综合治疗：能减轻放疗、化疗等引起的某些不良反应。

（二）复合体 II

复合体 II 即琥珀酸-泛醌还原酶，其功能为将电子从琥珀酸传递至泛醌。人复合体 II 中含有以 FAD 为辅基的黄素蛋白以及铁硫蛋白。FAD 的结构母核与 FMN 相同，故两者电子传递方式相同，可从琥珀酸中接受 2 个 H^+ 和 2 个 e 生成 $FADH_2$，再经铁硫簇传递至泛醌。已证明复合体Ⅱ和复合体Ⅰ的CoQ具有完全相同的结构和性质。

复合体Ⅱ电子传递释放的自由能较少，不足以将质子泵出线粒体内膜，因此没有质子泵功能。

（三）复合体Ⅲ

复合体Ⅲ将电子从泛醌传递给细胞色素c，因此又称泛醌-细胞色素c还原酶。人复合体Ⅲ中含细胞色素b（b_{562}，b_{566}）、细胞色素c_1和铁硫蛋白。

细胞色素（cytochrome，Cyt）是一类含血红素样辅基的催化电子传递的酶类，能以铁卟啉中的铁离子进行$Fe^{2+} \leftrightarrow Fe^{3+} + e$的可逆反应而进行单电子传递。还原型细胞色素具有特殊的可见光吸收光谱，根据吸收光谱不同，可分为3类：Cyt a、Cyt b、Cyt c，每一类中又因其最大吸收峰的微小差别再分为几种亚类，氧化型Cyt则看不到有吸收峰的存在。Cyt a、Cyt b中血红素与其蛋白质通过非共价键紧密结合，而Cyt c与蛋白质通过共价键相连接（图7-7，图7-8）。

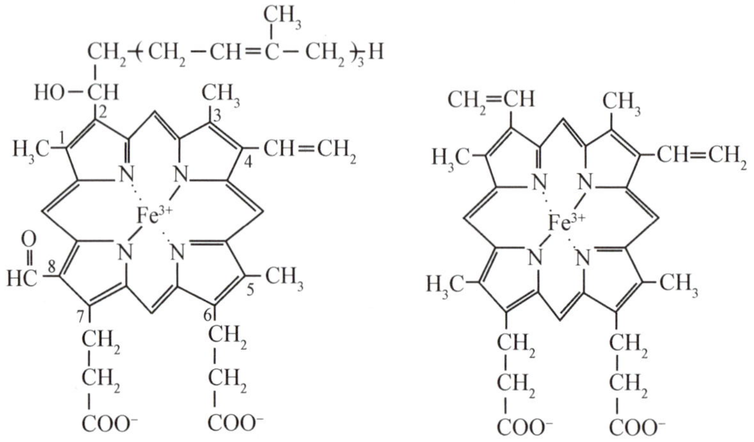

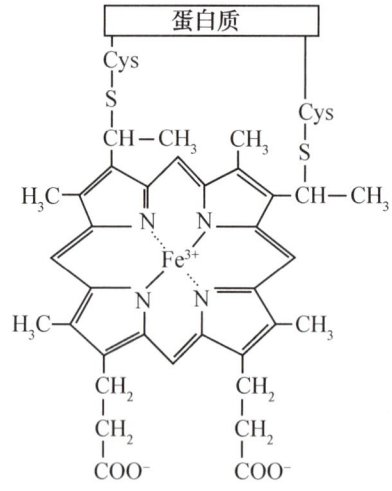

图7-7 细胞色素a辅基（左）和细胞色素b辅基（右）结构

图7-8 细胞色素c辅基结构

复合体Ⅲ在作为双电子携带体的泛醌（CoQ）和作为单电子携带体的细胞色素间要完成电子转移，须通过Q循环进行。Q循环中，每2分子QH_2分别传递1个e至Cyt c_1，则共使2个Cyt c_1得到电子，这2分子QH_2再分别传递1个电子给1分子Q，使之生成QH_2，在此过程中，复合体Ⅲ从线粒体内膜基质侧向膜间隙泵出4个H^+。

细胞色素c为呼吸链中唯一的水溶性球状蛋白，与线粒体内膜外表面结合不紧密，极易与线粒体内膜分离，故不包含在上述复合体中。Cyt c交互地与复合体Ⅲ的细胞色素c_1和细胞色素氧化酶（复合体Ⅳ）接触，在两者之间传递电子。

(四) 复合体Ⅳ

复合体Ⅳ将电子从细胞色素 c 传递给氧，又称细胞色素 c 氧化酶。人复合体Ⅳ包含 13 条多肽链，其中亚基Ⅰ~Ⅲ由线粒体基因编码，亚基Ⅰ结合两个血红素辅基，分别称之为细胞色素 a 和细胞色素 a_3，Cyt a 和 Cyt a_3 结合紧密，很难分离，故称之为 Cyt aa_3；亚基Ⅰ还含有一个 Cu 离子，称之为 Cu_B，细胞色素 a_3 和 Cu_B 形成一个 Fe-Cu 中心；亚基Ⅱ稳定结合两个 Cu 离子，称为 Cu_A。铜原子可进行 $Cu^+ \leftrightarrow Cu^{2+} + e$ 的可逆反应进行单电子传递。4 个 Cyt c 提供电子经复合体Ⅳ的 Cyt aa_3 和 Cu 离子使 O_2 中两个 O 原子共获得 4 个电子而被激活，然后从基质中获得 4 个质子，生成并释放出 2 分子 H_2O。故复合体Ⅳ共需传递 4 个 e，并从基质获得 4 个 H^+，才可使 1 分子 O_2 还原成 2 分子 H_2O（图 7-9）。

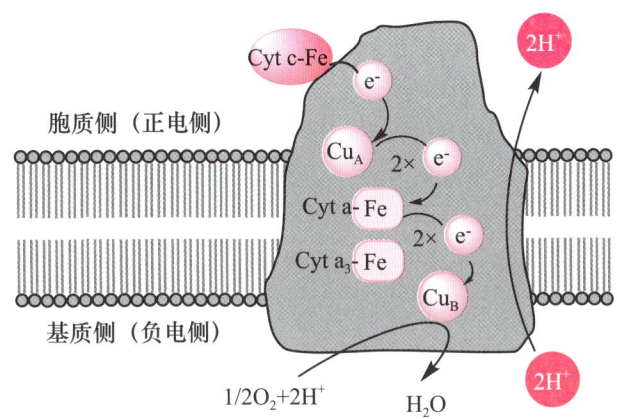

图 7-9　复合体Ⅳ的电子传递过程

复合体Ⅳ也有质子泵功能，相当于每传递 2 个 e 将从线粒体内膜基质侧泵出 2 个 H^+。

除四个复合体外，泛醌及细胞色素 c 也参与呼吸链电子传递，属于呼吸链的组分，但不包含于四个复合体内。

二、NADH 氧化呼吸链与琥珀酸氧化呼吸链

由于复合体Ⅰ从还原态的 NADH 接受电子和质子，复合体Ⅱ将底物琥珀酸脱氢生成 $FADH_2$ 并进入呼吸链。根据上述的电子传递体及其传递过程，目前认为，线粒体内存在两条氧化呼吸链，分别为 NADH 氧化呼吸链和琥珀酸氧化呼吸链。

(一) NADH 氧化呼吸链

大部分脱氢酶如乳酸脱氢酶、苹果酸脱氢酶都以 NAD^+ 为辅酶。NAD^+ 接受底物脱下的氢生成 $NADH+H^+$，然后通过 NADH 氧化呼吸链进行电子传递，其传递顺序为：

$$NADH + H^+ \rightarrow 复合体Ⅰ \rightarrow CoQ \rightarrow 复合体Ⅲ \rightarrow Cyt\ c \rightarrow 复合体Ⅳ \rightarrow O_2$$

(二) 琥珀酸氧化呼吸链（$FADH_2$ 氧化呼吸链）

琥珀酸在琥珀酸脱氢酶催化下脱下的 2H 经复合体Ⅱ使 CoQ 形成 QH_2，之后的电子传递途径与 NADH 氧化呼吸链相同，其传递顺序为：

$$FADH_2 \rightarrow 复合体Ⅱ \rightarrow CoQ \rightarrow 复合体Ⅲ \rightarrow Cyt\ c \rightarrow 复合体Ⅳ \rightarrow O_2$$

α-磷酸甘油脱氢酶及脂酰 CoA 脱氢酶催化代谢物脱下的氢也由 FAD 接受，通过此呼吸链被氧化，故归属于琥珀酸氧化呼吸链。

呼吸链各组分的排列顺序是通过下列实验确定的：

（1）根据呼吸链各组分的标准氧化还原电位，由低到高的顺序排列（电位低容易失去电子）（表 7-2）。

（2）在体外将呼吸链拆开和重组，鉴定 4 种复合体的组成与排列。

（3）利用呼吸链特异的抑制剂阻断某一组分的电子传递，在阻断部位以前的组分处于还原状态，后面组分处于氧化状态，由于呼吸链每个组分的氧化和还原状态吸收光谱不相同，故可根据吸收光谱的改变进行检测。

（4）利用呼吸链各组分特有的吸收光谱，以离体线粒体无氧时处于还原状态作为对照，缓慢给氧，观察各组分被氧化的顺序。

表 7-2　呼吸链中各种氧化还原对的标准氧化还原电位

氧化还原对	E_0（V）	氧化还原对	E_0（V）
$NAD^+/NADN+H^+$	-0.32	$Cyt\ c_1\ Fe^{3+}/Fe^{2+}$	0.22
$FMN/FMNH_2$	-0.219	$Cyt\ c\ Fe^{3+}/Fe^{2+}$	0.254
$FAD/FADH_2$	-0.219	$Cyt\ a\ Fe^{3+}/Fe^{2+}$	0.29
$Cyt\ b_L(b_H)\ Fe^{3+}/Fe^{2+}$	0.05（0.10）	$Cyt\ a_3\ Fe^{3+}/Fe^{2+}$	0.35
$Q_{10}/Q_{10}H_2$	0.06	$1/2\ O_2/H_2O$	0.816

三、ATP 的生成

ATP 是体内主要供能的高能化合物，细胞内由 ADP 磷酸化而生成 ATP 的方式有两种：一种是底物水平磷酸化；另一种为氧化磷酸化（oxidative phosphorylation），后者为机体生成 ATP 的主要方式。

（一）底物水平磷酸化

底物水平磷酸化，即代谢底物在分解代谢过程中，发生了脱氢或脱水反应，引起代谢物分子内部的能量重新分布，从而形成某些高能化合物，这些高能化合物可直接将分子中的能量转移至 ADP（或 GDP），使之磷酸化而生成 ATP（或 GTP）。有三个产生 ATP（或 GTP）的反应为底物水平磷酸化（见糖代谢）反应。

$$1,3-二磷酸甘油酸 + ADP \xrightarrow{磷酸甘油酸激酶} 3-磷酸甘油酸 + ATP$$

$$磷酸烯醇式丙酮酸 + ADP \xrightarrow{丙酮酸激酶} 丙酮酸 + ATP$$

$$琥珀酰\ CoA + GDP \xrightarrow{琥珀酰\ CoA\ 合成酶} 琥珀酸 + GTP$$

（二）氧化磷酸化

氧化磷酸化指代谢物在脱氢反应中脱下的氢原子经线粒体呼吸链传递后与氧结合生成水，此过程中释放的能量驱动 ADP 磷酸化生成 ATP，即氢原子的氧化反应和 ADP 的磷酸化反应相偶联，又称为偶联磷酸化。

由于氧化磷酸化中氢原子的传递与磷酸化偶联，理论上推测在氧化呼吸链中偶联 ATP 生成的部位称为氧化磷酸化偶联部位。根据一些实验方法如 P/O 比值实验及数据可以大致确定氧化磷酸化的偶联部位。

P/O 比值是指氧化磷酸化过程中，每消耗 1 摩尔氧原子所消耗无机磷酸的摩尔数（或 ADP 摩尔数），即生成 ATP 的摩尔数。由于一对电子通过呼吸链可激活一个氧原子，生成 1 分子 H_2O，因此 P/O 比值也就是一对电子通过呼吸链传递给氧所生成的 ATP 分子数。

将底物、ADP、H_3PO_4、Mg^{2+} 和分离得到的线粒体在模拟细胞内液的环境中相互作用，测定氧和无机磷酸（或 ADP）的消耗量，即可计算出 P/O 比值。研究发现，通过 NADH 呼吸链氧化的 β-羟丁酸的 P/O 比值接近 2.5，即该呼吸链可能存在 3 个 ATP 生成位点；琥珀酸氧化的 P/O 比值接近 1.5，即该呼吸链可能存在 2 个 ATP 生成位点，表明在 NADH 与 CoQ 之间（复合体 Ⅰ）存在 1 个偶联部位。此外，测得通过 Cyt c 进入呼吸链的抗坏血酸 P/O 比值接近 1，经 Cyt aa$_3$ 被氧化的还原型 Cyt c P/O 比值也接近 1，表明在 Cyt aa$_3$ 到氧之间（复合体 Ⅳ）也存在一个 ATP 生成位点。从 β-羟丁酸、琥珀酸和还原型 Cyt c 氧化时 P/O 比值的比较表明，在 CoQ 与 Cyt c 之间（复合体 Ⅲ）存在另一个偶联部位。因此实验证实：NADH 呼吸链可能存在 3 个偶联部位，琥珀酸呼吸链可能存在 2 个偶联部位，一对电子经 NADH 呼吸链传递，P/O 比值约为 2.5，可生成 2.5 分子 ATP；一对电子经琥珀酸氧化呼吸链传递，P/O 比值约为 1.5，可生成 1.5 分子 ATP。

以上实验说明，复合体 Ⅰ、Ⅲ、Ⅳ 可能各存在 1 个 ATP 偶联部位。但认为这 3 个复合体存在偶联部位并不是意味着它们就是 ATP 生成的直接位点，而是指经此 3 个复合体进行电子传递时释放的能量能够支持 ATP 的合成。

（三）氧化磷酸化偶联机制

英国生物化学家 Peter Mitchell 于 20 世纪 60 年代初提出化学渗透假说（chemiosmotic hypothesis）以阐明氧化磷酸化偶联机制，由于该假说逐渐拥有越来越多的实验证据，因而成为目前解释氧化磷酸化机制最为公认的一种假说，Peter Mitchell 也因此于 1978 年获诺贝尔化学奖。此假说的基本要点是电子经呼吸链传递时，可通过复合体的质子泵功能将 H$^+$ 从线粒体内膜的基质侧泵到膜间隙侧，产生跨内膜的质子电化学梯度（H$^+$ 浓度梯度和跨膜电位差），以此储存电子传递释放的能量，当质子顺浓度梯度回流至基质时驱动 ADP 与 Pi 生成 ATP。

呼吸链每传递 2 个电子，具有质子泵功能的复合体 Ⅰ、Ⅲ、Ⅳ 分别向线粒体内膜胞质侧泵出 4H$^+$、4H$^+$ 和 2H$^+$。因此一对电子从 NADH 传递到 O$_2$ 时，共泵出 10 个 H$^+$；若从 FADH$_2$ 开始传递，则复合体 Ⅲ、Ⅳ 分别泵出 4H$^+$ 和 2H$^+$。因线粒体内膜对质子不具通透性，使膜间隙的 H$^+$ 不能自由通过内膜而返回基质侧，因此在电子传递过程中，膜间隙积累了大量的质子，建立了质子梯度，此时膜间隙产生大量正电荷，基质则产生大量负电荷，使内膜两侧形成电位差；同时因内膜两侧氢离子浓度不同而产生 pH 梯度（ΔpH），这两种梯度合称为电化学梯度（electrochemical gradient）。此梯度成为推动质子回流线粒体基质的质子动力（proton-motive force，Δp）。质子的电化学梯度越大，则质子动力就越大，用于合成 ATP 的能力就越强（图 7-10）。

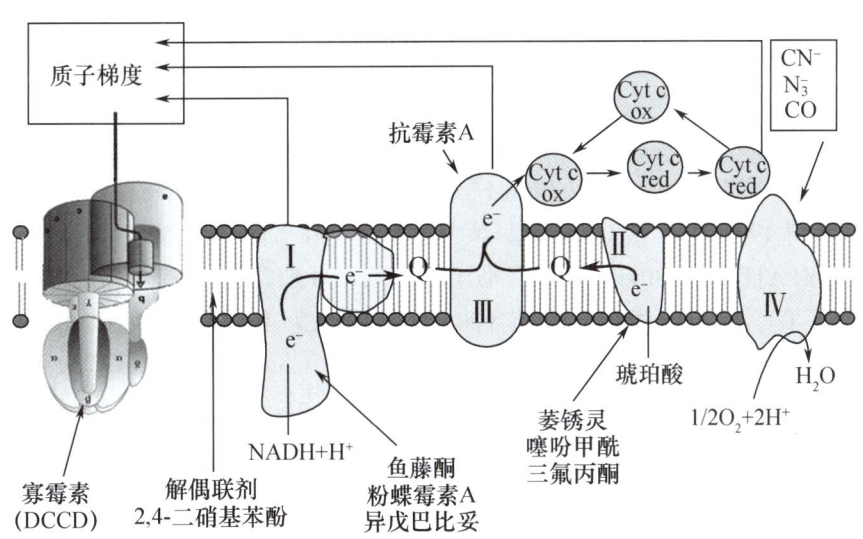

图 7-10　化学渗透假说示意图及各种抑制剂对电子传递的影响

(四) ATP 合成

电子传递形成的跨内膜质子动力使 H^+ 流顺浓度梯度沿着 ATP 合酶 (ATP synthase) 的 H^+ 通道进入线粒体基质时,释放的自由能被 ATP 合酶利用,从而推动 ADP 和 Pi 合成 ATP。

ATP 合酶位于线粒体内膜基质侧,向基质内伸出形成许多颗粒状突起。该酶主要由 F_0 (疏水部分) 和 F_1 (亲水部分) 组成。F_1 为基质侧的颗粒状突起部分,主要含 $\alpha_3\beta_3\gamma\delta\varepsilon$ 等 9 个亚基。每个 β 亚基具有一个 ATP 合成的催化中心,但必须与 α 亚基形成 αβ 功能单元;而 $\alpha_3\beta_3$ 亚基则交替排列呈橘瓣状六聚体;γ 与 ε 亚基结合形成"转子",位于 $\alpha_3\beta_3$ 的中央,可在质子流的推动下共同旋转,调节三个 β 亚基上催化位点的开放和关闭。

F_0 由疏水的 $a_1b_2c_{9-12}$ 亚基组成,镶嵌在线粒体内膜,形成一个跨膜的质子通道。9~12 个 c 亚基形成环状结构,a 亚基和 b 亚基二聚体排列在环的外侧,a 亚基有 2 个半穿透线粒体内膜、不连通的亲水质子半通道,两个开口分别位于线粒体内膜的基质侧和膜间隙侧,每个半通道分别与 1 个 c 亚基相对应,质子顺梯度从膜间隙侧进入一个半通道,结合 c 亚基,推动 c 环旋转,到达另一半通道才排入基质侧。a、b 亚基和 δ 亚基共同组成"定子"。ATP 合酶上连接 F_0 和 F_1 的颈部结构分为两部分:外侧由 b_2 和 δ 亚基相连 (定子),中心由 γε 亚基相连 (转子),部分 γ 亚基插入 $\alpha_3\beta_3$ 六聚体中央,由于 3 个 β 亚基与 γ 亚基插入部分的不同部位相互作用,使每个 β 亚基形成不同的构象 (图 7-11)。

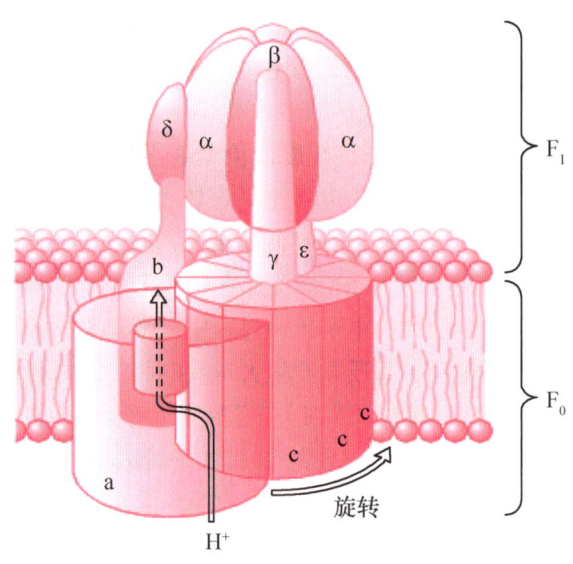

图 7-11 ATP 合酶结构

关于 ATP 合酶具体如何催化 ATP 合成的机制有很多假说,最引人注目的是 1993 年美国科学家 P. D. Boyer 提出的 ATP 合酶的催化模型——结合变构机制 (binding change mechanism),Boyer 也因此获得 1997 年诺贝尔化学奖。该假说认为:在 ATP 生成反应的不同步骤中,β 亚基有三种对底物 ATP 和 [ADP+Pi] 亲和性不同的构象,分别为与 ATP 紧密结合并可催化 ATP 合成的紧密型 (T)、与 ADP 和 Pi 疏松结合的无活性疏松型 (L) 和无活性开放型 (O)。

ATP 合酶催化 ATP 合成的过程按照"旋转催化 (rotational catalysis)"模式进行。β 亚基的构象变化主要靠 γ 亚基和 ε 亚基在催化过程中相对于 $\alpha_3\beta_3$ 的旋转运动来调节。通过 F_0 回流的质子转化成扭力矩推动"转子" γε 亚基发生旋转;γ 亚基依次接触 3 个 β 亚基,使 β 亚基的蛋白质构象发生循环变化。如疏松型 (L) β 亚基可与 ADP 和 Pi 底物结合,在跨膜质子流的推动下,γ 亚基转动,β 亚基变构为 T 型,催化 ATP 合成;γ 亚基再次转动,β 亚基再从 T 型变成 O 型,使 ATP 释放。在此过程中,每个 β 亚基均经历相同的 O—L—T—O 的构象循环变化,每次循环合成并释放 1 分子 ATP。而在任一时刻，3 个 β 亚基则分别处于不同的构象状态，因此每一次构象改变，整个 ATP 合酶总有一个 β 亚基进入 O 型，释放 1 分子 ATP（图 7-12）。

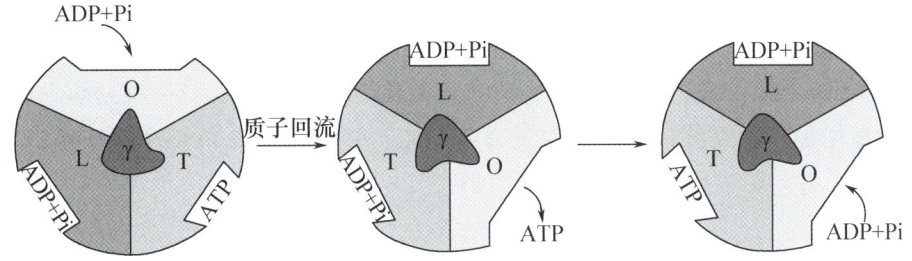

图 7-12　ATP 合酶的工作机制

三个 β 亚基分别处于不同构象，质子回流推动 γ 亚基旋转及 β 亚基构象的协调转换（O 开放型，L 疏松型，T 紧密结合型）

实验表明，每合成 1 分子 ATP 需要消耗 4 个 H^+，其中 3 个 H^+ 通过 ATP 合酶回流入基质推动 ATP 合成，另一个 H^+ 用于转运 ATP 和合成 ATP 的原料（ADP 及磷酸）。因每分子 NADH+H^+ 经呼吸链传递可向膜间隙泵出 10 个 H^+，可生成约 2.5 分子 ATP，而琥珀酸氧化呼吸链每传递 2 个电子泵出 6 个 H^+，则生成 1.5 分子 ATP。

（五）影响氧化磷酸化的因素

氧化磷酸化过程可受到许多化学因素的影响，不同因素对氧化磷酸化过程的影响方式不同。

1. ADP 的调节作用　氧化磷酸化是机体合成 ATP 的主要途径，而 ATP 是机体能量代谢的中心。因此机体要根据能量需求情况调节氧化磷酸化速率，调节 ATP 生成量。氧化磷酸化包括电子传递和 ADP 磷酸化两个部分，而电子传递所消耗的氧量也取决于 ADP 的含量，因此正常机体氧化磷酸化的速率主要受 ADP 浓度的调节。细胞内 ADP 浓度以及 ATP/ADP 比值能够反映机体能量状态变化，当机体内耗能代谢加强，ATP 分解加快，ADP 浓度增高，使氧化磷酸化速度加快，合成 ATP 以满足需求；反之，能量需求不高，ATP 分解速率减慢，ADP 浓度低，使氧化磷酸化速度减慢。这种调节作用可使 ATP 的生成速度适应生理需要。

2. 抑制剂

（1）呼吸链抑制剂：此类抑制剂能在某些特异部位阻断呼吸链中的电子传递，使代谢物氧化受阻，偶联磷酸化无法进行，ATP 的生成随之减少。例如鱼藤酮（rotenone）是一种极毒的植物成分，可阻断电子从 NADH 向 CoQ 的传递，从而抑制复合体Ⅰ。与鱼藤酮抑制部位相同的抑制剂还有粉蝶霉素 A（piericidin A）、异戊巴比妥（amobarbital）等。

抗霉素 A（antimycin A）则抑制复合体Ⅲ中 Cyt b 与 Cyt c_1 间的电子传递。

知识拓展

氰化物中毒

如果吸入了高浓度的氢氰酸或吞服大量的氰化物，就会导致急性中毒。急性中毒是"闪电式的死亡"：在摄入氰化物后，几秒钟之内就会发出尖叫声，出现发绀，全身痉挛，并呼吸停止。如果是吸入中毒者，空气中的氢氰酸浓度达到 0.3 mg/L 就会引起死亡。口服氰化物如氰化钠、氰化钾，每千克体重 1~2 mg 可致死。进食含氰苷的植物果实和根部，如苦杏仁、枇杷仁、杏仁、木薯、白果等，也可能导致中毒；如

> 成人一次服用 40~60 粒苦杏仁，小儿服用 10~20 粒已经是致死剂量。对于氰化物中毒者，需要采用亚硝酸盐及硫代硫酸钠的特殊疗法，其中亚硝酸盐可以使患者体内的血红蛋白迅速形成高铁血红蛋白，后者的三价铁离子能与体内游离的或已经结合细胞色素 aa_3 的氰基结合，形成不稳定的氰化高铁血红蛋白，从而使得细胞色素 c 氧化酶免受抑制；由于氰化高铁血红蛋白不稳定，在数分钟之内又可以解离出氰根，所以需要迅速给予供硫剂，如硫代硫酸钠，可以使氰根转变成为低毒的硫氰酸盐而排出体外。

氰化物（CN^-）、硫化氢（H_2S）、一氧化碳（CO）和叠氮化物（N_3^-）能与复合体Ⅳ中 Cyt aa_3 的卟啉铁保留的一个配位键结合形成复合物，抑制细胞色素 c 氧化酶，使电子不能传给氧，从而阻断呼吸链电子传递。目前发生的城市火灾事故中，由于装饰材料中的 N 和 C 经高温可形成氢氰酸（HCN），因此伤员除因燃烧不完全造成 CO 中毒外，还存在 CN^- 中毒。

呼吸链抑制剂可使细胞内呼吸停止，与其相关的细胞生命活动因而停止，引起机体迅速死亡。

（2）解偶联剂：解偶联剂（uncoupler）可消除跨膜的质子电化学梯度，解偶联剂存在时，电子可正常传递并建立质子电化学梯度，但 H^+ 不经 ATP 合酶的 F_0 质子通道回流，而是通过内膜中其他途径返回基质，从而使 ATP 的生成受到抑制。解偶联剂不抑制电子传递，甚至还加速电子传递，促进燃料分子（糖、脂肪、蛋白质）的消耗和刺激线粒体对分子氧的需要，但 ATP 的生成减少。

2,4-二硝基苯酚（dinitrophenol，DNP）是最早发现的，也是最典型的化学解偶联剂，为脂溶性物质，在线粒体内膜中可自由移动，进入基质侧释出 H^+，返回膜间隙结合 H^+，从而破坏了电化学梯度。

人（尤其是新生儿）、哺乳类等动物体内存在含大量线粒体的棕色脂肪组织，其线粒体内膜中存在解偶联蛋白（uncoupling protein），可在内膜上形成质子通道，H^+ 可经此返回基质，使质子梯度不能推动 ATP 生成，能量则以热能的形式释放，因此棕色脂肪组织是产热御寒组织。新生儿硬肿症就是因为患儿缺乏棕色脂肪组织，不能维持正常体温而使皮下脂肪凝固所致。近年来发现，在骨骼肌等组织的线粒体内膜中也存在解偶联蛋白的同源蛋白，可能对机体的代谢速率起调节作用。

（3）氧化磷酸化抑制剂：氧化磷酸化抑制剂（oxidative phosphorylation inhibitor）对电子传递及 ADP 磷酸化均有抑制作用。例如，寡霉素（oligomycin）可与 ATP 合酶的 F_0 结合而阻止质子回流，抑制 ATP 生成。这类抑制剂直接抑制 ATP 的生成过程，使质子不能通过 ATP 合酶返回基质，则内膜两侧电化学梯度增高，膜内质子继续泵出遇到困难，继而抑制电子传递。各种抑制剂对线粒体耗氧的影响见图 7-13。

3. 甲状腺激素　甲状腺激素（T_3）诱导细胞膜上 Na^+-K^+-ATP 酶的生成，使 ATP 加速分解为 ADP 和 Pi，ADP 增多促进氧化磷酸化，甲状腺激素还可使解偶联蛋白基因表达增加，因而引起耗氧和产热均增加。所以甲状腺功能亢进症患者基础代谢率增高。

4. 线粒体 DNA 突变　线粒体 DNA（mitochondrial DNA，mtDNA）呈裸露的环状双螺旋结构，缺乏蛋白质保护和损伤修复系统，容易受到氧化磷酸化过程中产生的氧自由基的损伤而发生突变，其突变率远高于核 DNA 突变率。

线粒体 DNA 含呼吸链氧化磷酸化复合体中 13 条多肽链的基因，线粒体蛋白质合成时所

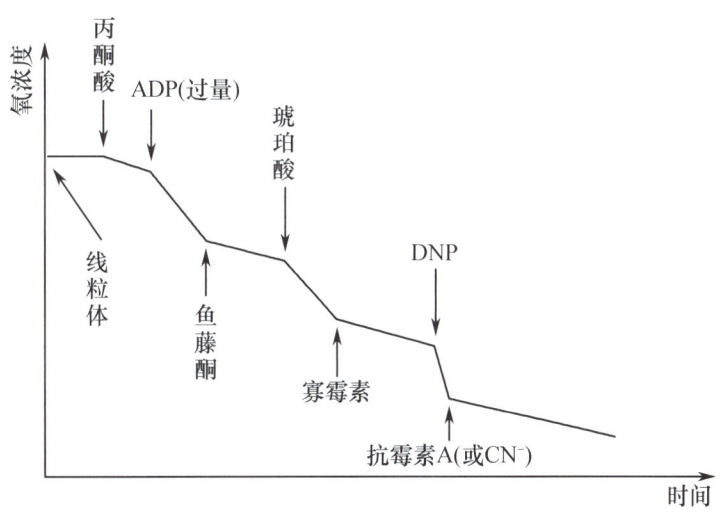

图 7-13 不同底物和抑制剂对线粒体氧耗的影响

需的 22 个 tRNA 的基因以及 2 个 rRNA 的基因。因此线粒体 DNA 突变可直接影响氧化磷酸化的功能，使 ATP 生成减少而致能量代谢紊乱，从而产生疾病。线粒体 DNA 病出现的症状决定于线粒体 DNA 突变的严重程度和各器官对 ATP 的需求，耗能较多的组织器官首先出现功能障碍，如脑组织；常见的临床症状有盲、聋、痴呆、肌无力、糖尿病等。

因每个卵细胞中有几十万个线粒体 DNA 分子，每个精子中只有几百个线粒体 DNA 分子，受精时，卵细胞对子代线粒体 DNA 贡献较大，因此该病以母系遗传居多。随着年龄的增长，线粒体 DNA 突变日趋严重，因此大多数线粒体 DNA 病的症状到老年时才出现。

（六）跨线粒体内膜的物质转运

呼吸链电子传递与氧化磷酸化都是在线粒体内进行的，而线粒体具有双层膜结构，内膜有较严格的通透选择性，需要通过膜上含有的各种转运蛋白体系，对各种物质进行选择性转运，以保证基质内物质代谢过程的顺利进行（表 7-3）。

表 7-3 线粒体内膜的一些转运蛋白对代谢物的转运

转运蛋白	进线粒体	出线粒体
ATP-ADP 转位酶	ADP^{3-}	ATP^{4-}
磷酸盐转运蛋白	$H_2PO_4^- + H^+$	HPO_4^{2-}
二羧酸转运蛋白	延胡索酸	苹果酸
α-酮戊二酸转运蛋白	苹果酸	α-酮戊二酸
天冬氨酸-谷氨酸转运蛋白	谷氨酸	天冬氨酸
单羧酸转运蛋白	丙酮酸	OH^-
三羧酸转运蛋白	苹果酸	柠檬酸
碱性氨基酸转运蛋白	鸟氨酸	瓜氨酸
肉碱转运蛋白	脂酰肉碱	肉碱

1. 胞质中 NADH 的氧化　线粒体内生成的 NADH 可直接参加氧化磷酸化过程，但在胞质中生成的 NADH 不能自由透过线粒体内膜，必须通过某种转运机制才能进入线粒体，再进行氧化磷酸化过程。转运机制有 α-磷酸甘油穿梭（glycerophosphate shuttle）和苹果酸-天冬氨酸穿梭（malate-aspartate shuttle），两种穿梭因进入线粒体呼吸链的方式不同，使胞质中的 $NADH+H^+$ 最终生成的 ATP 分子数不同。

（1）α-磷酸甘油穿梭：此穿梭主要存在于脑和骨骼肌中。线粒体外的NADH+H$^+$在胞质中磷酸甘油脱氢酶催化下，将2H传递给磷酸二羟丙酮，使之还原成α-磷酸甘油，后者到达线粒体内膜的膜间隙侧，再经位于膜间隙侧的磷酸甘油脱氢酶（为胞质磷酸甘油脱氢酶的同工酶）催化下脱氢氧化，此酶辅基为FAD，因此反应生成的FADH$_2$进入琥珀酸呼吸链，生成1.5分子ATP（图7-14）。

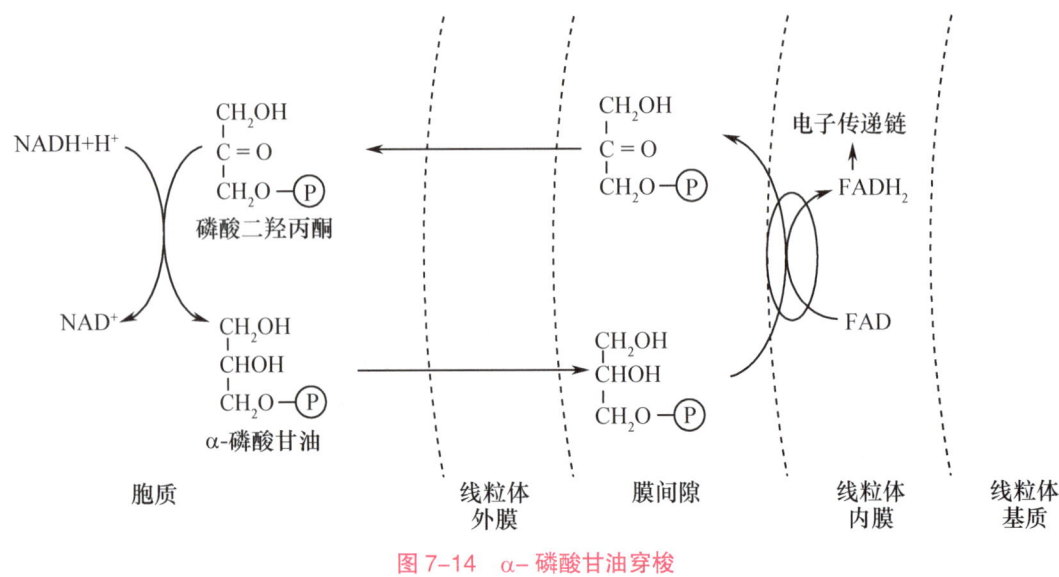

图7-14　α-磷酸甘油穿梭

（2）苹果酸-天冬氨酸穿梭：此穿梭主要存在于肝、肾和心肌细胞中。胞质中的NADH+H$^+$在苹果酸脱氢酶的作用下，使草酰乙酸还原成苹果酸，后者通过线粒体内膜上的苹果酸-α-酮戊二酸转运蛋白进入线粒体，在基质内苹果酸脱氢酶作用下重新生成的NADH+H$^+$进入NADH呼吸链，生成2.5分子ATP（图7-15）。

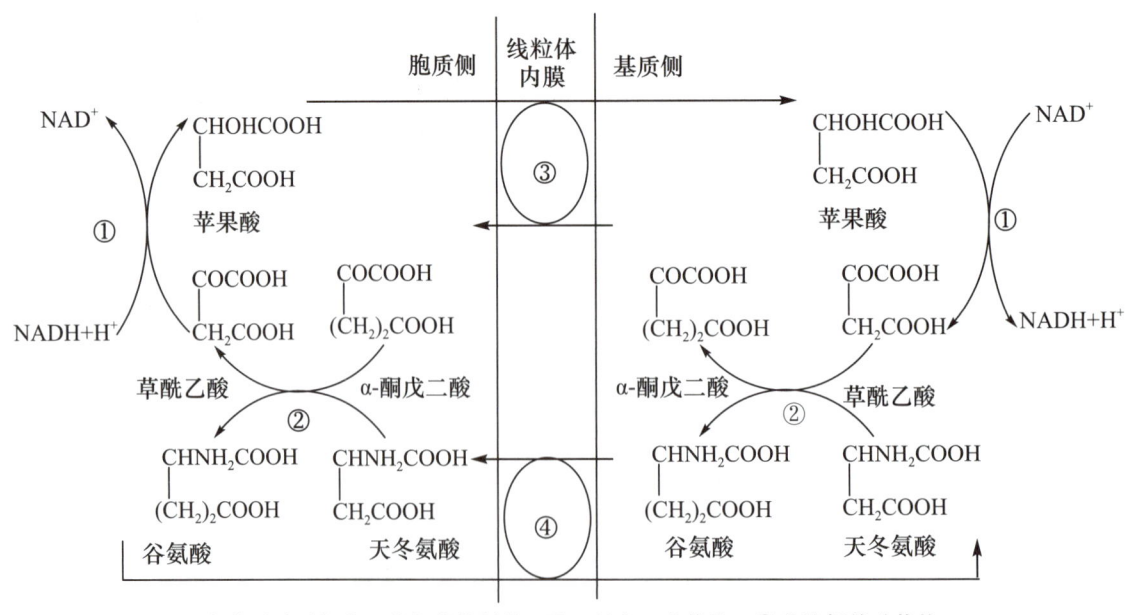

①苹果酸脱氢酶　②谷草转氨酶　③α-酮戊二酸载体　④酸性氨基酸载体

图7-15　苹果酸-天冬氨酸穿梭

2. 腺苷酸转运蛋白　细胞内的 ATP 是在线粒体内由 ADP 磷酸化而生成，大部分 ATP 是在线粒体外被利用后又生成 ADP。由于 ADP 和 ATP 都不能自由穿过线粒体内膜，所以必须由线粒体内膜上的腺苷酸转运蛋白负责双向转运（图 7-16）。

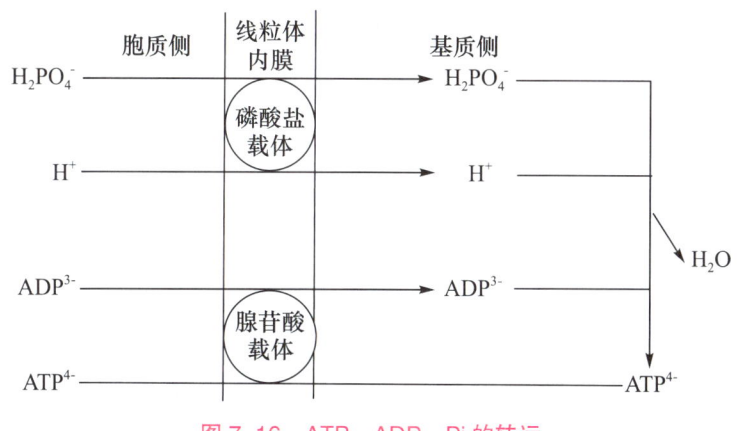

图 7-16　ATP、ADP、Pi 的转运

腺苷酸转运蛋白即 ATP-ADP 转位酶，在跨膜电位（外正，内负）的推动下，把 ADP 运入基质，并运出 ATP；同时，胞质中的 $H_2PO_4^-$ 与一分子 H^+ 经磷酸盐转运蛋白同向转运入线粒体基质，加上每生成 1 分子 ATP 需要 3 分子 H^+ 回流以推动 ATP 合酶，因此每分子 ATP 生成及运出共需 4 个 H^+ 回流入线粒体基质。

案例分析

患者女性，60 岁，昏迷约半小时。半小时前晨起其儿子发现患者叫不醒，未见呕吐，房间有一炭炉用于取暖，患者一人单住，前一晚一切正常。无肝、肾和糖尿病史，无药物过敏史。查体：T 36.8 ℃，P 98 次/分，R 24 次/分，BP 135/80 mmHg，昏迷，呼之不应，皮肤黏膜无出血点，浅表淋巴未触及，巩膜无黄染，瞳孔等大，直径 3 mm，对光反射灵敏，口唇樱桃红色，颈软，无抵抗，甲状腺（-），心界不大，心率 98 次/分，律齐，无杂音，肺叩清，无啰音，腹平软，肝脾未触及，克氏征（-），布氏征（-），双巴氏征（+），四肢肌力对称。实验室检查：血 Hb 130 g/L，WBC 6.8×10^9/L，N68%，L28%，M4%，尿常规（-），ALT 38 IU/L，TP 68 g/L，Alb 38 g/L，TBIL 18 μmol/L，DBIL 4 μmol/L，Scr 98 μmol/L，BUN 6 mmol/L，血 K^+ 4.0 mmol/L，Na^+ 140 mmol/L，Cl^- 98 mmol/L。

请问：

1. 根据病例摘要，患者可诊断为何种疾病？
2. 根据生物氧化所涉及的理论知识试解释导致患者昏迷的机制是什么。

四、能量的转移、储存和利用

化学物质所含的能量可以在其发生反应时转换为其他形式，而生物体也不直接利用营养物质的化学能，需要使之转变为细胞可以利用的能量形式。在代谢过程中，生物氧化过程将化学物质逐步转换为含较低能量的新化合物，同时释放自由能和热能，部分自由能转移到一些特殊化合物,如 ATP 中,ATP 则可直接为细胞的各种生理活动提供能量。

(一)高能化合物

磷酸化合物在生物体的能量转换过程中占有重要地位。生物氧化过程中释放的能量约有 40% 以化学能的形式储存于一些特殊的有机磷酸化合物中,形成磷酸酯(磷酸酐)。这些有机磷酸化合物的磷酸酯键水解时释放的标准自由能较多($\Delta G > 25$ kJ/mol),一般称之为高能磷酸键,常用 "~P" 符号表示。含有高能磷酸键的化合物称之为高能磷酸化合物。如水解 ATP 末端的磷酸酯键,ΔG 为 -30.5 kJ/mol(-7.3 kcal/mol),则 ATP 为高能磷酸化合物;而水解 6- 磷酸葡萄糖的磷酸酯键,ΔG 为 -13.8 kJ/mol(-3.3 kcal/mol),则 6- 磷酸葡萄糖不是高能磷酸化合物。实际上键能特别高的化学键并不真的存在,高能磷酸键水解时释放的高能量是整个高能化合物分子转变为产物时,释放出了较高的能量。但为了叙述方便,高能磷酸键和高能磷酸化合物的概念目前仍被采用。在体内所有高能磷酸化合物中,以 ATP,尤其是 ATP 末端的磷酸键最为重要,可以直接为细胞的各种生理活动提供能量。此外,体内还存在高能磷酸化合物以外的其他高能化合物,即含高能硫酯键的高能硫酯化合物(表 7-4)。

表 7-4 一些重要高能化合物水解释放的标准自由能

化合物	ΔG	
	kJ/mol	kcal/mol
磷酸烯醇式丙酮酸	−61.9	−14.8
氨基甲酰磷酸	−51.4	−12.3
1,3- 二磷酸甘油酸	−49.3	−11.8
磷酸肌酸	−43.1	−10.3
ATP → ADP+Pi	−30.5	−7.3
乙酰辅酶 A	−31.5	−7.5
ADP → AMP+Pi	−27.6	−6.6
焦磷酸	−27.6	−6.6

(二)能量在高能化合物间的转移、储存和利用

ATP(腺苷三磷酸,adenosine triphosphate)是高能磷酸化合物的代表。ATP 所含三个磷酸基团从与腺苷基团相连的算起,分别称为 α、β、γ,其中 β、γ 磷酸酯键为高能磷酸键。在物质分解代谢过程中形成的具有更高磷酸基团转移势能的化合物,可以用转移磷酸基团的方式,将自由能传递给 ADP 而生成 ATP;而 ATP 分子又倾向于将磷酸基团转移给具有较低磷酸基团转移势能的化合物,其实质是传递能量,从而驱动与之偶联的热力学上不能进行的反应。由于生物体不直接利用营养物质的化学能,则能量的储存和利用都以 ATP 为中心(图 7-17)。

人体内 ATP 含量虽然不多,但 ATP/ADP 相互转变的速度能够适应细胞对能量的需求。

1. **ATP 外的其他核苷三磷酸** 除 ATP 作为主要的能量载体外,细胞也可利用其他一些核苷三磷酸参与能量传递,如分别为糖原、磷脂、蛋白质合成提供能量的 UTP、CTP、GTP,这些核苷三磷酸一般不能在物质氧化过程中直接生成,只能在核苷二磷酸激酶(nucleoside diphosphate kinase)的催化下,从 ATP 中获得 ~P。

$$ATP + UDP \rightarrow ADP + UTP$$
$$ATP + CDP \rightarrow ADP + CTP$$
$$ATP + GDP \rightarrow ADP + GTP$$

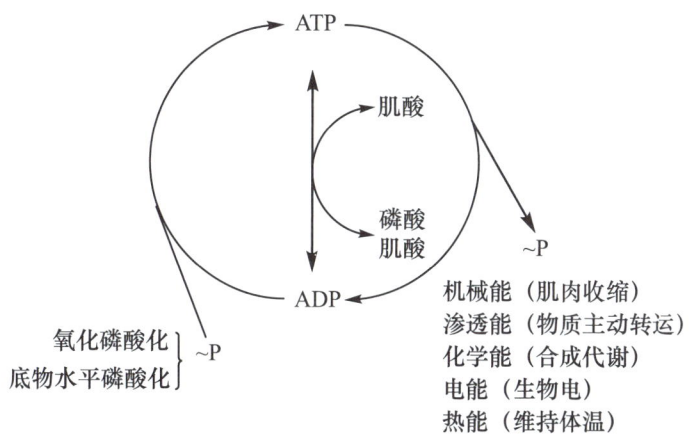

图 7-17　ATP 的生成、储存和利用

当体内 ATP 消耗过多（例如肌肉剧烈收缩）时，ADP 累积，在腺苷酸激酶（adenylate kinase）催化下，ADP 可转变成 ATP 被利用。此反应是可逆的，当 ATP 需要量降低时，AMP 从 ATP 中获得 ~P 生成 ADP。

$$ADP + ADP \rightleftharpoons ATP + AMP$$

2. 磷酸肌酸　ATP 充足时，还可将其末端 ~P 转移给肌酸（creatine）生成磷酸肌酸（creatine phosphate，CP），作为需能较多的骨骼肌、心肌和脑组织中能量的一种贮存形式。当机体消耗 ATP 过多而致 ADP 增多时，磷酸肌酸将 ~P 转移给 ADP，生成 ATP，以供生理活动之用。

第三节　非线粒体氧化体系

一、抗氧化酶体系

（一）活性氧

在生命活动的代谢过程中不断产生各种氧自由基，其中以超氧阴离子自由基（·O_2^-）和羟自由基（·OH）最具代表性。自由基是指能独立存在的，含有一个或一个以上未成对电子的任何原子或原子团，具有很高的反应活性。处于自由基状态的氧（如超氧阴离子自由基·O_2^- 和羟自由基·OH），以及不属于自由基的过氧化氢 H_2O_2 等未完全还原的氧分子，氧化活性远大于 O_2，统称反应活性氧类（reactive oxygen species，ROS）。

在需氧生物细胞内产生超氧阴离子自由基最多的地方是线粒体。细胞色素 c 氧化酶所特有的催化机制使氧化还原中间物紧密结合在酶蛋白上而不释放到周围溶液中，从而避免了氧自由基的产生，但仍有少量氧被部分还原而生成·O_2^- 和 H_2O_2。而且在电子传递时，有些物质，如黄素蛋白、醌发生氧化反应的能障很低，尤其是带单电子的半醌可以在内膜中自由移动，会通过非酶促反应将单个电子泄漏给 O_2 而产生超氧阴离子自由基（$\cdot O_2^-$）。

除呼吸链外，许多氧化酶，如黄嘌呤氧化酶、NADPH-细胞色素 P_{450} 还原酶等均可促使 O_2 发生单电子还原，形成 $\cdot O_2^-$。还有一些蛋白质、低分子化合物，如血红蛋白、肌红蛋白、黄素单核苷酸（FMN）、辅酶 I（NAD）等在一定条件下也可以自动氧化，产生 $\cdot O_2^-$。此外，细菌感染、组织缺氧等病理过程及电离辐射、吸烟、药物作用等外部因素也可能导致细胞产生大量活性氧类。

反应活性氧类化学性质非常活泼，氧化性强，对细胞有很强的毒害作用。如磷脂中不饱和脂肪酸可被氧化成过氧化脂质，损伤生物膜；过氧化脂质与蛋白质结合形成的复合物积累成棕褐色的色素颗粒，称脂褐素，与组织老化有关；产生 ROS 的主要部位线粒体内 DNA 及代谢相关酶极易受到 ROS 的攻击而造成突变或损伤，从而使能量代谢旺盛的组织如脑、心肌、肝、肾等受到影响，损伤严重时导致代谢紊乱、衰老和疾病。因此必须及时清除活性氧类，机体才能免受其害。

（二）抗氧化酶体系

机体为了及时清除细胞产生的活性氧类，已发展出有效的抗氧化体系以保护自身免受其害，包括各种抗氧化酶、小分子抗氧化剂等。小分子抗氧化剂有维生素 C、维生素 E、β-胡萝卜素、泛醌等。超氧化物歧化酶、过氧化氢酶、过氧化物酶等则都是抗氧化酶的重要组成。

1. **超氧化物歧化酶** 超氧化物歧化酶（superoxide dismutase，SOD）可催化 1 分子超氧阴离子自由基（$\cdot O_2^-$）氧化生成 O_2，另一分子 $\cdot O_2^-$ 还原生成 H_2O_2，因两个相同的底物反应后生成了两个不同的产物，所以叫歧化酶，其反应式如下：

$$2\cdot O_2^- + 2H^+ \xrightarrow{SOD} H_2O_2 + O_2$$

SOD 是生物体内重要的抗氧化酶，主要用于防御内、外环境中超氧阴离子自由基造成的损伤。哺乳动物细胞中 SOD 按其活性中心所含金属辅基的不同可分为三种，含铜（Cu）、锌（Zn）的称为 Cu/Zn-SOD，主要存在于机体细胞外及胞质中；含锰（Mn）的称为 Mn-SOD，存在于线粒体中。

知识拓展

超氧化物歧化酶

超氧化物歧化酶（SOD）是生物体防御内、外环境中超氧离子损伤的重要酶，也是体内氧自由基的天然清除剂，具有广泛的医用价值，可作为药品、食品及日化产品的添加剂。在药品方面，主要用于炎症患者，如类风湿关节炎、慢性多发性关节炎，并可用于水肿、氧中毒预防、氧中毒治疗、自身免疫性疾病（早期治疗）、肺气肿、辐射病及辐射防护、老年性白内障等。

---

2. **过氧化氢酶** 超氧阴离子自由基经 SOD 作用后生成的 H_2O_2 可被过氧化氢酶（catalase）分解为 H_2O 和 O_2。过氧化氢酶主要存在于过氧化酶体、胞质及微粒体中，又称触酶，含有 4 个血红素辅基，催化能力极强，其催化的反应如下：

$$2H_2O_2 \longrightarrow 2H_2O + O_2$$

H_2O_2 是具有一定生理活性的化合物，如在粒细胞和吞噬细胞中，H_2O_2 可氧化杀死入侵的细菌；甲状腺细胞中产生的 H_2O_2 可使 $2I^-$ 氧化为 I_2，进而使酪氨酸碘化生成甲状腺激素。

3. 谷胱甘肽过氧化物酶 体内可防止活性氧损伤的主要酶还有含硒的谷胱甘肽过氧化物酶（glutathione peroxidase），存在于细胞胞质、线粒体及过氧化酶体，可使 H_2O_2 或过氧化物（ROOH）与还原型谷胱甘肽（GSH）反应，将 H_2O_2 还原为 H_2O，或将过氧化物（ROOH）还原为醇，同时生成氧化型 GSH，其催化的反应如下：

$$H_2O_2 + 2GSH \longrightarrow 2H_2O + GS-SG$$

$$ROOH + 2GSH \longrightarrow ROH + H_2O + GS-SG$$

反应生成的氧化型 GSH 在谷胱甘肽还原酶催化下，由 $NADPH+H^+$ 提供两个氢而重新被还原。还原型 GSH 也是一种抗氧化剂，可保护蛋白质中巯基（—SH）不受活性氧的氧化。

二、微粒体氧化体系

单加氧酶（monooxygenase）催化 1 个氧原子加到底物分子上（羟化），另一个氧原子被 $NADPH+H^+$ 的氢还原为水，故又称混合功能氧化酶（mixed-function oxidase 或羟化酶（hydroxylase），其催化的反应如下：

$$RH + NADPH + H^+ + O_2 \longrightarrow ROH + NADP^+ + H_2O$$

上述反应需要细胞色素 P_{450}（cytochrome P_{450}，Cyt P_{450}）参与。Cyt P_{450} 属于 Cyt b 类，因与 CO 结合后在 450 nm 波长处出现最大吸收峰而被命名。细胞色素 P_{450} 在生物中广泛分布，哺乳动物 Cyt P_{450} 分属 10 个基因家族。人 Cyt P_{450} 有 100 多种同工酶，对被羟化的底物各有其特异性。此酶在肝和肾上腺的微粒体中含量最多，参与类固醇激素、胆汁酸及胆色素等的生成，以及药物、毒物的生物转化过程。

连接 NADPH 与 Cyt P_{450} 的是 NADPH-细胞色素 P_{450} 还原酶。NADPH 首先将电子经黄素蛋白递给铁氧还蛋白，与底物结合的氧化型 Cyt P_{450} 接受铁氧还蛋白的 2e 使氧活化（O_2^{2-}），其中 1 个氧原子使底物（RH）羟化（R-OH），另一个氧原子与来自 NADPH 的质子结合生成 H_2O（图 7-18）。

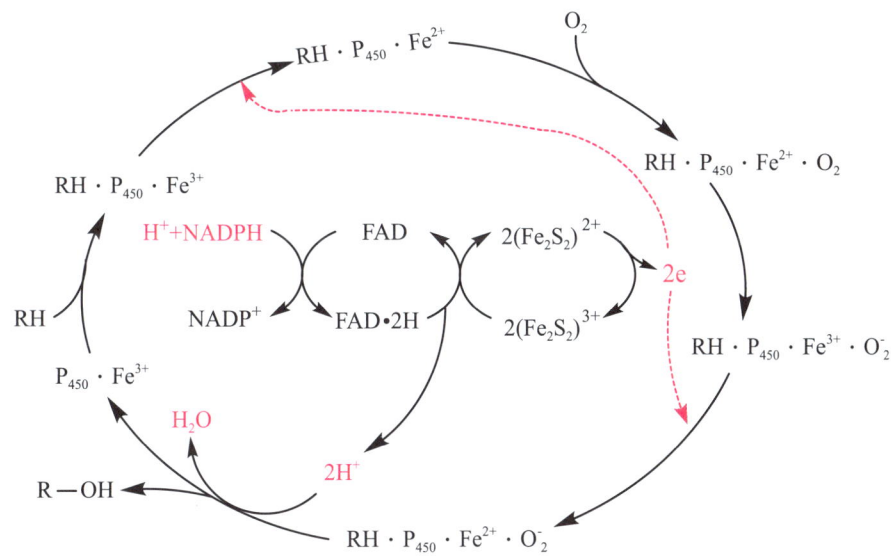

图 7-18 微粒体细胞色素 P_{450} 单加氧酶反应机制

（蔡丹昭）

本章知识导图

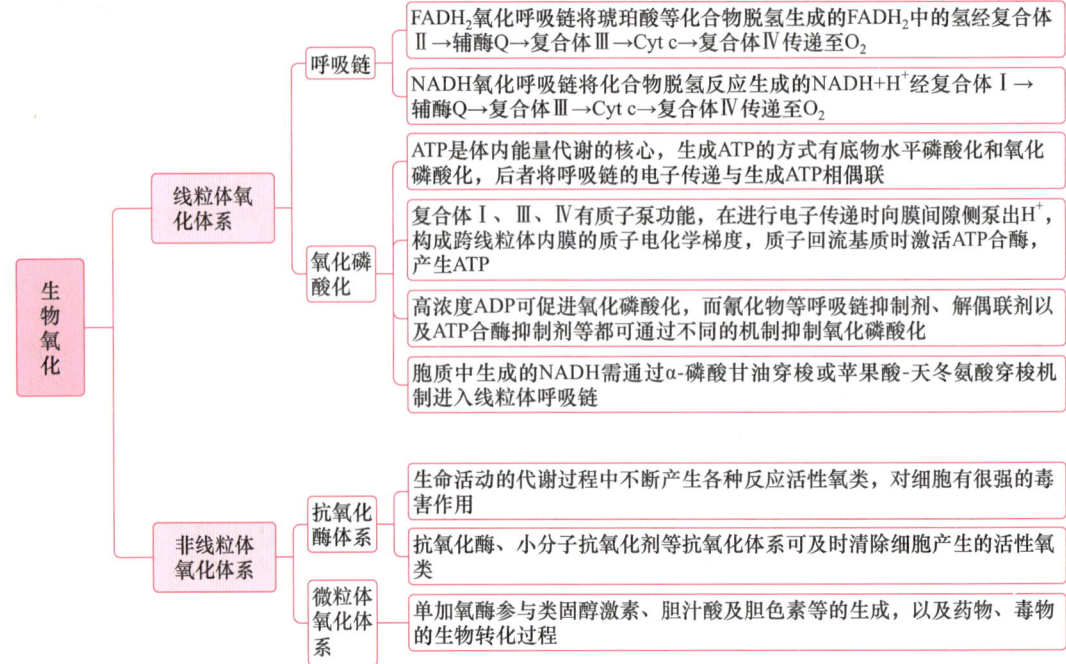

第八章

核酸与核苷酸代谢

知识目标

1. 归纳

两类核酸的基本成分和基本单位的异同，DNA双螺旋结构模型的要点及DNA的功能。嘌呤核苷酸合成代谢的原料和分解代谢的终产物，嘧啶核苷酸合成代谢的原料和分解代谢的终产物。

2. 说出

游离核苷酸的重要生物学功能、RNA的分类、各类RNA的结构特点与功能。

3. 知道

核酸的紫外吸收特性，DNA的变性、复性及分子杂交的概念，嘌呤、嘧啶核苷酸的合成过程。

第一节 核酸的化学组成

核酸（nucleic acid）是生物体内合成的一类生物大分子，具有复杂的结构和重要的生物学功能。核酸分为脱氧核糖核酸（deoxyribonucleic acid，DNA）和核糖核酸（ribonucleic acid，RNA）两大类。DNA主要存在于细胞核内，是遗传信息的携带者，与生物的繁殖、遗传与变异有密切的关系。RNA主要存在于细胞质中，主要参与蛋白质的合成。在某些病毒中，RNA也可以作为遗传信息的携带者。

一、核酸的元素组成

组成核酸的元素有C、H、O、N、P等，与蛋白质比较，其组成上有两个特点：一是核酸一般不含元素S；二是核酸中P元素的含量较多并且恒定，占9%~10%。因此，核酸定量测定的经典方法是以测定P的含量来代表核酸量。

二、核酸的基本结构单位——核苷酸

核酸经水解可得到很多核苷酸（nucleotide），核苷酸是核酸的基本单位。核苷酸进一步水解为核苷（nucleoside）和磷酸，核苷还可进一步水解生成碱基（base）和戊糖（图8-1）。磷酸、碱基和戊糖是核酸的基本成分。

图 8-1 核酸的水解产物

（一）核苷酸的组成

1. **碱基** 核酸中的碱基是两类含氮杂环化合物，即嘌呤碱（purine）和嘧啶碱（pyrimidine）。嘌呤碱主要有腺嘌呤（adenine，A）、鸟嘌呤（guanine，G）。嘧啶碱主要有胞嘧啶（cytosine，C）、尿嘧啶（uracil，U）和胸腺嘧啶（thymine，T）。DNA 和 RNA 分子中均含有 A、G、C，而 U 只存在于 RNA 中，T 只存在于 DNA 中。它们的化学结构如图 8-2 所示。

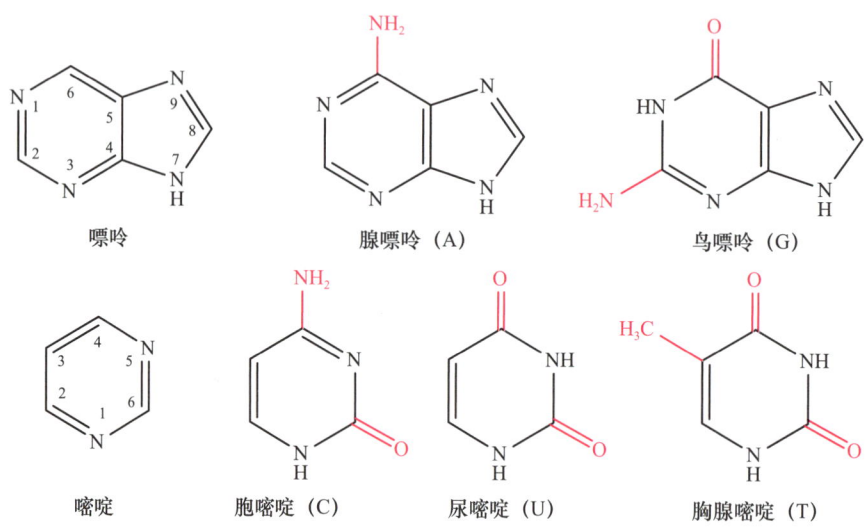

图 8-2 DNA 和 RNA 中的碱基结构

除了上述 5 种基本的碱基外，还发现了核酸分子中含有几十种其他的碱基。它们是通过甲基化、羟甲基化及硫化基本碱基内的某些基团所产生的，由于它们在核酸中含量稀少，故称为稀有碱基。如 RNA 中的稀有碱基主要见于 tRNA 中，与 tRNA 的特殊结构及功能有关（表 8-1）。

表 8-1 核酸中的部分稀有碱基

DNA	RNA
尿嘧啶（U）	1-甲基腺嘌呤（m^1A）
5-羟甲基尿嘧啶（hm^5U）	N^6-甲基腺嘌呤（m^6A）
5-甲基胞嘧啶（m^5C）	2-甲基鸟嘌呤（m^2G）
5-羟甲基胞嘧啶（hm^5C）	5,6-二氢尿嘧啶（DHU 或 hU）
N^6-甲基腺嘌呤（m^6A）	4-乙酰基胞嘧啶（ac^4C）
2-氨基腺嘌呤（n^2A）	4-硫尿嘧啶（s^4U）

2. **戊糖** 参与核苷酸组成的糖类为五碳糖，即戊糖，包括核糖（ribose）和脱氧核糖（deoxyribose）两种，分别存在于核糖核苷酸和脱氧核糖核苷酸中。其中 RNA 分子中的戊糖在第 2 位碳上含氧，称为 β-D-核糖（ribose）；DNA 分子中的戊糖在第 2 位上不含氧，称为 β-D-2-脱氧核糖（deoxyribose）。

核糖与脱氧核糖结构式如图 8-3。

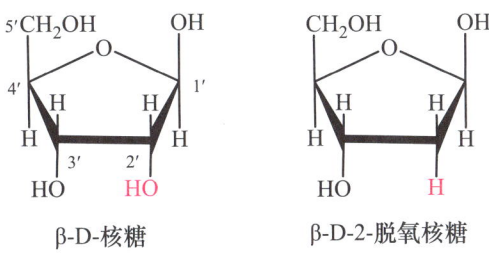

图 8-3　核糖与脱氧核糖结构式

> **知识补充**
>
> **D- 核糖和 D-2- 脱氧核糖**
>
> 核糖和脱氧核糖均为单糖，即戊醛糖。单糖有 D、L 两种构型，自然界中存在的单糖大多为 D- 型。然而结晶状态下的单糖通常以环状结构存在，（脱氧）核糖也不例外。C-4 的羟基与 C-1 的醛基加成生成环状半缩醛，形成两种五元环：α -D- （脱氧）核糖，即 C-1 上的苷羟基在环平面下方；β - （脱氧）核糖，即 C-1 上的苷羟基在环平面上方。在核酸中的核糖和脱氧核糖是以 β - 型的呋喃糖存在，分别称为 β -D- 呋喃核糖和 β -D- 呋喃脱氧核糖。

3. 磷酸　核酸中的磷酸，可以连接在戊糖的 C-2′、C-3′、C-5′ 位上，常见的是连接在核糖或脱氧核糖的 C-5′ 位，形成 5′- 核苷酸。

DNA 和 RNA 的化学组成见表 8-2 所列。

表 8-2　DNA 和 RNA 的化学组成

组成成分	DNA	RNA
碱基	A、G、C、T	A、G、C、U
戊糖	β -D-2- 脱氧核糖	β -D- 核糖
磷酸	磷酸	磷酸

（二）核苷酸的结构

1. 核苷与脱氧核苷　各种碱基与戊糖通过糖苷键（N-C）连接形成的化合物称为核苷。通常是戊糖的 C-1′ 与嘧啶碱的 N-1 或嘌呤碱的 N-9 相连接形成糖苷键，部分核苷与脱氧核苷结构见图 8-4。

2. 核苷酸与脱氧核苷酸　各种核苷和脱氧核苷均可与磷酸相连，生成核苷一磷酸（也称核苷酸）和脱氧核苷一磷酸（也称脱氧核苷酸）。在生物体内，磷酸大多与戊糖的 C-5′-OH 以磷酸二酯键相连构成 5′- 磷酸核苷（即 5′- 核苷酸）和 5′- 磷酸脱氧核苷（即 5′- 脱氧核苷酸），如图 8-5 所示。

除了常见的 4 种核苷酸和脱氧核苷酸外，细胞内还有相当数量的核苷酸代谢中间物，如黄嘌呤核苷酸（xanthosine monophosphate，XMP）和次黄嘌呤核苷酸（inosine monophosphate，IMP），后者又简称肌苷酸。

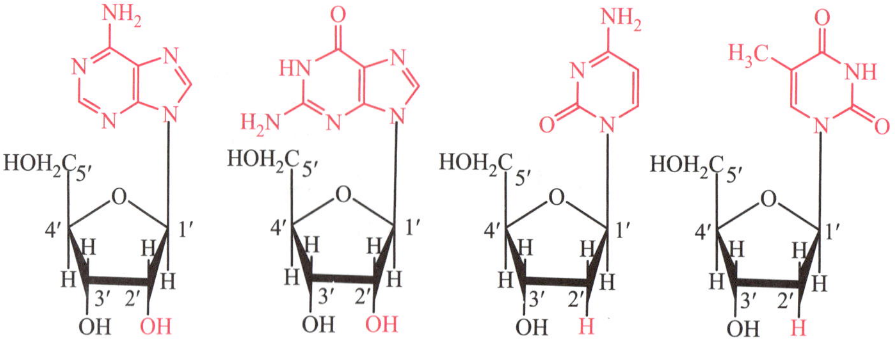

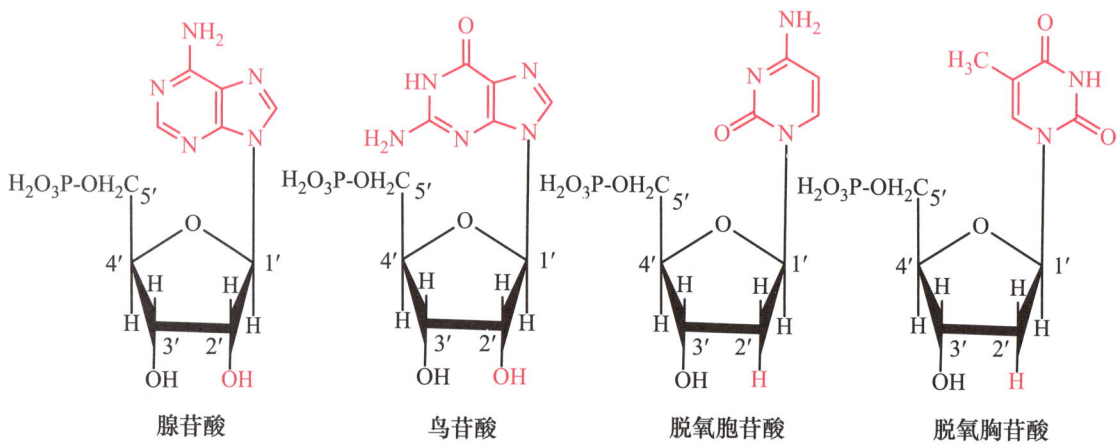

图 8-4 部分核苷与脱氧核苷结构

图 8-5 部分核苷酸与脱氧核苷酸结构

3. 二磷酸或三磷酸核苷与脱氧核苷　以上各种 5′-磷酸核苷和 5′-磷酸脱氧核苷可以进一步通过酸酐键结合第二个、第三个磷酸，形成核苷二磷酸（NDP）、核苷三磷酸（NTP）和脱氧核苷二磷酸（dNDP）、脱氧核苷三磷酸（dNTP）。NTP 根据碱基不同有 ATP、GTP、CTP 和 UTP 四种，它们是 RNA 合成的原料；dNTP 根据碱基不同有 dATP、dGTP、dCTP 和 dTTP 四种，它们是 DNA 合成的原料。如 ATP 结构见图 8-6。

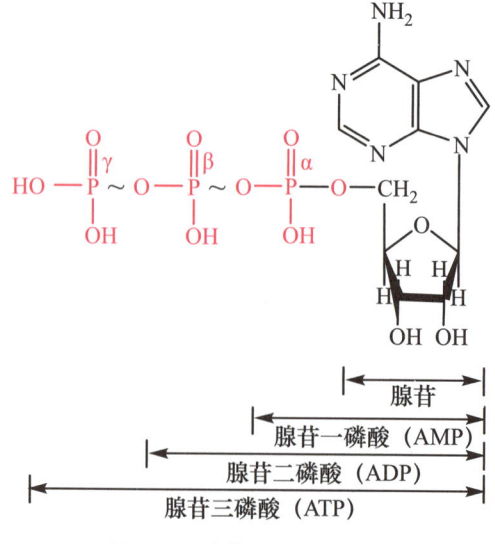

图 8-6 腺苷三磷酸的结构

在体内，ATP 和 GTP 还可以在环化酶的作用下，核糖 C-5′-磷酸与 C-3′-OH 之间脱去 1 分子水形成 3′,5′-环腺苷酸（cAMP）和 3′,5′-环鸟苷酸（cGMP）。cAMP 和 cGMP 分别作为激素的第二信使参与细胞信息的传递等。cAMP 和 cGMP 结构见图 8-7。

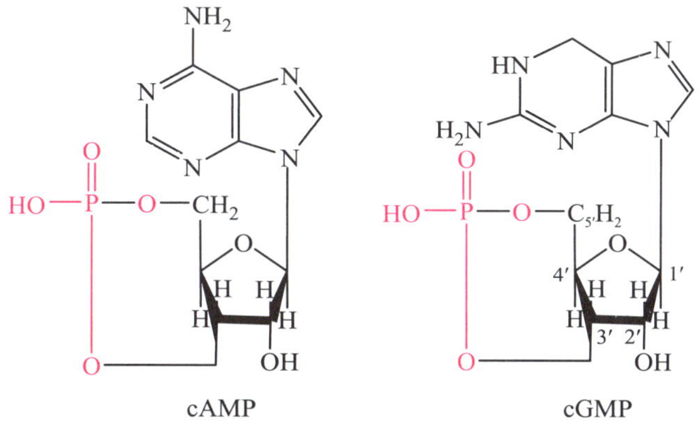

图 8-7　cAMP 和 cGMP 结构

三、核酸中核苷酸的连接方式

（一）核酸的连接方式

核酸分子是由许多单核苷酸彼此间通过 3′,5′-磷酸二酯键连接而成的多聚核苷酸链。3′,5′-磷酸二酯键是核酸分子主链的连接键，它是由一个核苷酸分子中戊糖的 C-3′ 羟基和下一个核苷酸的戊糖的 C-5′ 磷酸基脱去 1 分子水相连而成。因此，核酸分子的主链骨架是由磷酸和戊糖通过磷酸二酯键交替相连而成，嘌呤碱和嘧啶碱作为特殊的侧链部分。核酸主链两端分别用 5′ 末端和 3′ 末端表示，方向规定为 5′→3′ 末端。5′ 末端常含游离磷酸基（5′-PO$_3$H$_2$），作为多聚核苷酸链的"头"，3′ 末端含游离羟基（3′-OH），作为多聚核苷酸链的"尾"（图 8-8）。

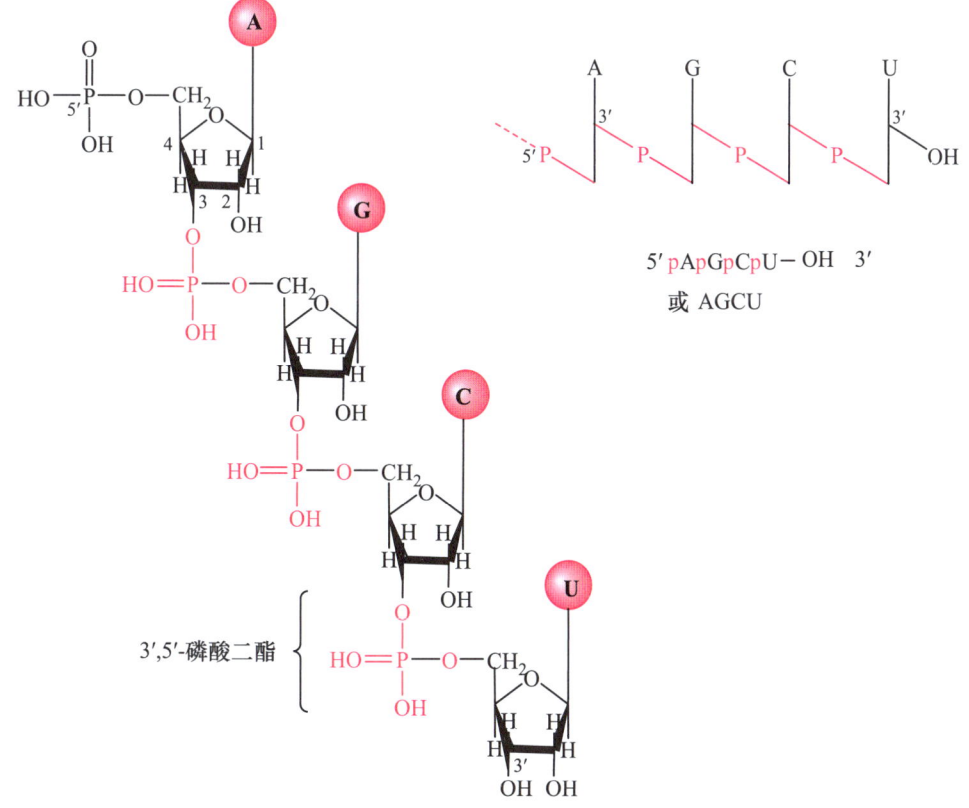

图 8-8　核酸的连接方式及其缩写法

核酸分子大小常用碱基数目表示（base 或 kilobase，用于单链 RNA 或 DNA），或用碱基对数目表示（base pair 或 kilobase pair，bp，用于双链 DNA）。

（二）核酸的表示简式

由于大多数核酸分子巨大，用结构式书写很不方便。又因为无论是 DNA 还是 RNA，其分子中的主链骨架戊糖-磷酸组成是相同的，这样可以方便地用以下几种简化式来表示核苷酸链，如图 8-8 所示。

1. 短线式表示法　式中竖线代表戊糖，碱基用英文符号表示并写在竖线上方，斜线表示磷酸二酯键，斜线与竖线的两个交叉点分别为戊糖的 C-3′ 和 C-5′ 位。

2. 字母表示法　如果没有明确说明的话，一般 5′ 端在左侧，3′ 端在右侧。有时干脆将 5′ 端和 3′ 端都省去。

通常把长度小于 50 个核苷酸构成的核苷酸链称为寡核苷酸（oligonucleotide），更长的则称为多聚核苷酸（polynucleotide），通称为核酸。在生理 pH 条件下，核酸主链上的磷酸基完全电离带负电，常和带正电荷的蛋白质（组蛋白）结合，以核蛋白形式存在于组织细胞中。

第二节　DNA 的结构与功能

一、核酸的一级结构

核酸（DNA 和 RNA）的一级结构是指分子中脱氧（核糖）核苷酸残基的排列顺序，称为核苷酸序列。由于核苷酸之间的差别仅是碱基的不同，因此，DNA 的一级结构常用碱基的排列顺序表示。

二、DNA 的空间结构

（一）DNA 的二级结构——双螺旋结构

1953 年，沃森（J.Watson）和克里克（F.Crick）根据 DNA 的 X 线衍射图像和碱基分析数据，提出了 DNA 双螺旋结构模型学说。DNA 双螺旋结构的发现是生物化学发展的里程碑，标志着现代分子生物学的开始，奠定了现代分子生物学的理论基础。

双螺旋结构模型的要点是：

1. DNA 是反向平行的右手双螺旋结构　两股 DNA 链围绕着同一个中心轴以右手螺旋方式盘旋成双螺旋结构。两条链中的一条链是 5′→3′ 走向，而另一条链是 3′→5′ 走向。螺旋的直径为 2.4 nm，螺距为 3.54 nm，每个螺旋包含 10.5 个碱基对（图 8-9）。

2. 核糖与磷酸位于螺旋外侧　由脱氧核糖和磷酸基通过 3′,5′-磷酸二酯键相连形成的亲水骨架位于双螺旋的外侧，而疏水的碱基则位于螺旋内侧。双螺旋结构的表面有大沟和小沟。

3. DNA 双链之间形成了互补碱基对　DNA 分子中一条链的碱基与另一条链处于同一平面的碱基通过氢键形成碱基对，即腺嘌呤与胸腺嘧啶配对（A=T）；鸟嘌呤与胞嘧啶配对（G≡C）。这种 A 与 T、G 与 C 的配对规律称之为碱基互补规则（图 8-9）。每一碱基对的两个碱基称为互补碱基，同一 DNA 分子的两条脱氧核苷酸链称为互补链。

4. 碱基堆积力和氢键是维持 DNA 双螺旋结构稳定的主要因素　相邻的两个碱基对平面间通过疏水作用形成碱基堆积力（纵向范德华力），碱基堆积力和互补链之间碱基对的氢键共同维系着 DNA 双螺旋结构的稳定，而前者的作用更为重要。

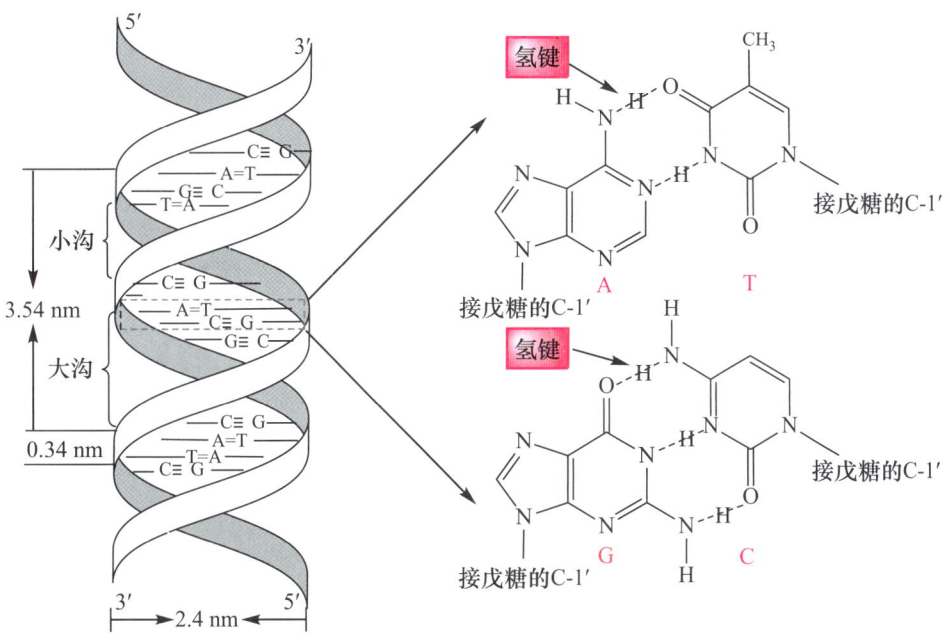

图 8-9　DNA 双螺旋结构模型和碱基互补规则

> **生化史事**
>
> **双螺旋结构的发现**
>
> 　　1951 年，美国生物学家沃森（Watson）博士第一次看到了由富兰克林（Franklin）和威尔金斯（Wilkins）拍摄的 DNA 的 X 线衍射图像后，激发了研究核酸结构的兴趣。后来他在卡文迪许实验室结识了英国生物物理学家克里克（Crick），两人为揭示 DNA 空间结构的奥秘开始了密切合作。根据富兰克林和威尔金斯的高质量的 DNA 分子 X 线衍射图像和前人的研究成果，他们于 1953 年提出了 DNA 双螺旋结构模型。DNA 双螺旋结构的发现被认为是分子生物学发展史上的里程碑。因此，沃森、克里克和威尔金斯分享了 1962 年的诺贝尔生理学或医学奖。

（二）DNA 的三级结构——超螺旋结构

双螺旋 DNA 进一步扭曲、盘绕和折叠形成三级结构，超螺旋是 DNA 三级结构的主要形式。

原核生物、线粒体和叶绿体的 DNA 是环状双链超螺旋结构，这种超螺旋结构是在二级结构（双螺旋结构）基础上进一步螺旋形成的。如果超螺旋结构方向与双螺旋方向一致，称为正超螺旋，反之称为负超螺旋。负超螺旋可以减少双螺旋的圈数，使 DNA 容易解链，利于 DNA 的复制、转录。几乎所有的天然 DNA 都是负超螺旋结构。

真核生物 DNA 与组蛋白组装成染色体。真核生物的染色体在细胞生活周期的大部分时间里都是以染色质的形式存在。染色质是一种纤维状结构，也叫染色丝，它是由最基本的单位核小体成串排列而成。核小体由组蛋白和 DNA 组成。根据所含碱性氨基酸的不同，组蛋白可分为 H_1、H_{2A}、H_{2B}、H_3 和 H_4 五类。每个核小体直径约为 5.5 nm，其核心部分由 H_{2A}、H_{2B}、H_3 和 H_4 各两分子组成八聚体。双螺旋 DNA 分子在它的表面盘绕 1.75 圈（约 140 bp），称为核心 DNA。在两个核心颗粒之间由双链 DNA（连接 DNA）约 60 bp 连接一分子组蛋白 H_1 形成串珠状结构。在此基础上进一步盘旋成直径为 30 nm 的中空的染色质纤维空管，染色质纤维空管进一步卷曲和折叠形成超螺线管。超螺线管几经卷曲，最后形成棒状染色体，最终压缩比约为1/10 000。这样才使得每个人染色体中几厘米长的DNA分子容纳在直径数微米的细胞核中（图8-10）。

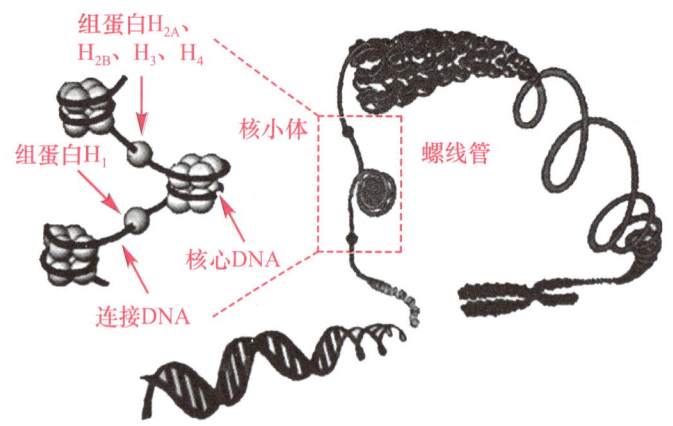

图8-10 核小体及其组成的染色质纤维超螺旋结构示意图

三、DNA的功能

DNA是生物遗传信息的载体，其遗传信息是以基因的形式存在的。基因（gene）是指DNA分子中具有特定功能的某一区段，其中的核苷酸序列决定了基因的功能。DNA的基本功能是作为生物遗传信息复制的模板和基因转录的模板，它是生命遗传繁殖的物质基础，也是个体生命活动的基础。

一个单倍体细胞或生物所含的全套基因称为基因组（genome），最简单的生物如SV40病毒的基因组仅含有5100 bp，大肠埃希菌基因组全长4.6×10^6 bp，含有4000多个基因，人的基因组则大约由4.6×10^9 bp组成，可编码的信息量大大增加。一般来讲，基因组越大，其生物进化的程度也越高。

生化史事

人类基因组计划

1986年3月，美国政府开始组织和讨论人类基因组计划（Human Genome Project，HGP）。该计划将对人类23对染色体的全部DNA进行测序，并绘制相关的遗传图谱、物理图谱和序列图谱。1988年，美国国会正式批准HGP，并任命沃森为项目总负责人。该计划于1990年正式启动，英、法、德、日等国家相继加入。中国于1999年加入人类基因组计划，承担了1%的测序任务。2001年2月，美国成立的"国家人类基因组研究中心"与Celera公司联合公布了人类基因组序列草图。至此，人类历史上第一次由多个国家的数千名科学家参与的国际性科研合作项目宣告完成。

第三节 RNA的结构与功能

如同DNA一样，RNA在生命活动中具有同等重要的作用。目前已知，它和蛋白质共同负责基因的表达和表达过程的调控。RNA通常是以单链形式存在，但也可以有局部的二级结构或三级结构。其碱基组成特点为含有尿嘧啶而不含胸腺嘧啶，碱基配对发生于 G 和 C、U 和 A 之间。RNA 碱基组成之间无一定的比例关系，且稀有碱基较多。RNA 分子比 DNA 分子小得多，小的只有数十个核苷酸，大的则由数千个核苷酸组成。RNA 具有多种功能，所以它的种类、大小和结构都比 DNA 多样化。

RNA 在细胞核中合成，主要分布在细胞质中，根据 RNA 在基因表达中所发挥的功能不同，将 RNA 分为信使 RNA（messenger RNA，mRNA）、转运 RNA（transfer RNA，tRNA）和核糖体 RNA（ribosomal RNA，rRNA）。

一、信使 RNA 的结构和功能

信使 RNA 是蛋白质合成的模板，其特点是种类多而含量少，仅占 RNA 总量的 2%~5%，但 mRNA 代谢活跃，半衰期只有数分钟到几小时。原核生物 mRNA 结构简单，而真核生物 mRNA 结构复杂。真核生物在细胞核内刚合成的 RNA 分子量较大，且不均一，被称为核不均一 RNA（heterogeneous RNA，hnRNA）。hnRNA 合成后需经加工、剪接等才能生成成熟的 mRNA（见第九章）。真核生物成熟 mRNA 的主要特点是在 5′ 端有一个以 7- 甲基鸟苷三磷酸（m^7Gppp）为主体的"帽子"结构，3′ 末端大多有一个由 30~200 个多聚腺苷酸（polyA）构成的"尾巴"（图 8-11）。5′ 端"帽子"结构可保护其免遭核酸酶的降解，也是蛋白质生物合成过程中被起始因子识别的一种标志；3′- 端"尾巴"结构有利于引导其由细胞核转移到细胞质，维系 mRNA 的稳定性。

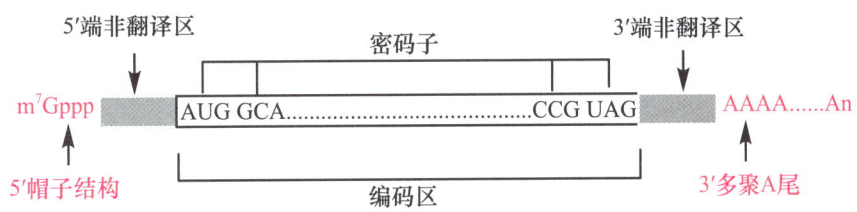

图 8-11　真核生物成熟 mRNA 结构特点

mRNA 的功能是把核内 DNA 的碱基顺序（遗传信息），按照碱基互补的原则，抄录并转送到细胞质，用于指导蛋白质的生物合成。mRNA 从 5′ 末端的碱基序列 AUG 开始，每三个相邻的核苷酸组成一个三联体密码（triplet），编码一种氨基酸（具体编码方式见第九章）。因此，mRNA 分子中核苷酸排列顺序决定蛋白质分子中氨基酸排列顺序。

二、转运 RNA 的结构和功能

tRNA 的主要功能是选择性转运氨基酸和识别 mRNA 密码子的功能，参与蛋白质的生物合成。每一种氨基酸都有相应的一种或几种 tRNA，目前已发现有 100 多种 tRNA，占细胞内 RNA 总量的 15% 左右。tRNA 是细胞内分子量最小的 RNA，由 70~120 个核苷酸组成。在 tRNA 中，约 50% 的碱基可自身折叠而形成局部双螺旋结构，而非互补区形成环状结构。所有 tRNA 的二级结构为三叶草形，即 3 个茎 - 环结构、4 个螺旋区、3 个环和 1 个附加叉（图 8-12）。

tRNA 三叶草结构具有以下结构特点：

1. 分子中含有较多稀有碱基　tRNA 中的稀有碱基占所有碱基的 10%~20%，包括二氢尿嘧啶（DHU）、假尿嘧啶（Ψ）和甲基化嘌呤（mG，mA）等，这些稀有碱基主要来自 tRNA 合成后的化学修饰。

2. 分子形成茎 - 环结构　tRNA 分子中有 3 个茎 - 环结构，分别为 DHU 环、TΨC 环和反密码子环。

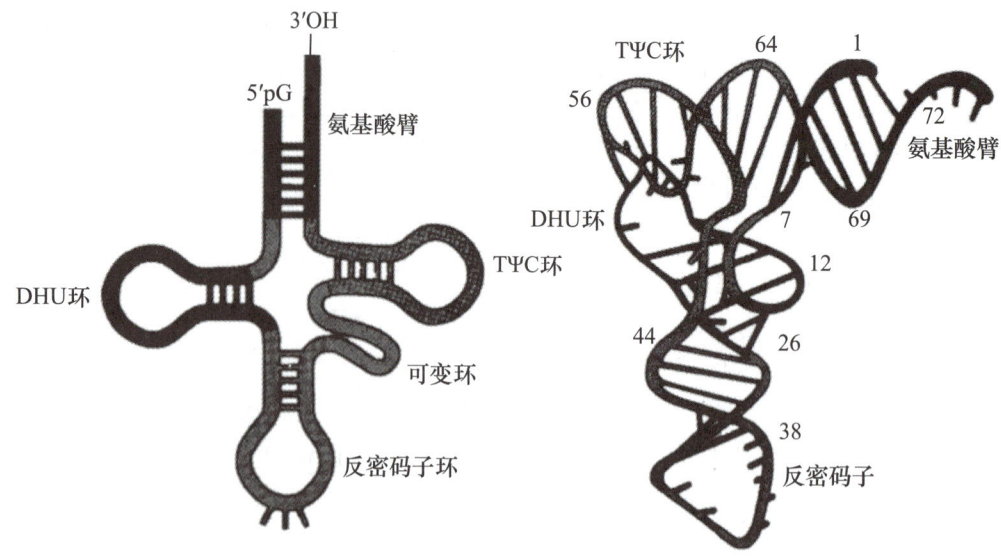

图 8-12　tRNA 的二、三级结构

3. **分子末端构成氨基酸臂**　氨基酸臂由 7 个碱基对组成的螺旋区与 3′ 末端上 CCA 相连接的部分构成。所有 tRNA 的 3′ 末端都是以 CCA 结束的，氨基酸可以通过酯键连接在 A 上，从而使 tRNA 成为了氨基酸的载体。不同的 tRNA 可以结合不同的氨基酸，有的氨基酸只有一种 tRNA 作为载体，有的则有数种 tRNA 作为载体。

4. **tRNA 序列中有反密码子**　反密码子环由 7~9 个核苷酸组成，居中的 3 个核苷酸构成了一个反密码子，这个反密码子与 mRNA 分子上的三联体密码子通过碱基互补的关系相互识别，将其所携带的氨基酸正确地运送到蛋白质合成的场所。

tRNA 二级结构扭曲成"倒 L 形"构象，即为三级结构。在倒 L 形的一端为反密码子环，另一端为氨基酸臂，拐角处则为 TΨC 环和 DHU 环。

tRNA 的主要功能是携带氨基酸，在翻译开始之前的准备阶段，各种氨基酸在相应的氨基酰 -tRNA 合成酶催化下分别加载到各自的 tRNA 上，形成氨基酰 -tRNA。同时 tRNA 的反密码子能与 mRNA 中相应的密码子互补结合，于是 tRNA 所携带的氨基酸就准确地在 mRNA 上"对号入座"，从而使肽链中氨基酸按 mRNA 规定的顺序排列起来。

三、核糖体 RNA 的结构和功能

核糖体 RNA 是细胞中含量最多的一类 RNA，约占细胞总 RNA 的 80% 以上。它们与蛋白质结合成核糖体，是蛋白质合成的场所，起着"装配机"的作用。无论是 tRNA 或 mRNA 都必须与核糖体中相应的 rRNA 结合，这样氨基酸才能按 mRNA 密码子顺序合成多肽链。

核糖体都是由大小 2 个亚基组成，如原核生物由 50 S 大亚基和 30 S 小亚基组成；真核生物由 60 S 大亚基和 40 S 小亚基组成。原核细胞中的核糖体含有 3 种 rRNA，其中 23 S rRNA 与 5 S rRNA 存在于大亚基中，而 16 S rRNA 则存在于小亚基中。真核细胞核糖体含有 4 种 rRNA，其中大亚基含有 28 S、5.8 S 及 5 S 三种，而小亚基只含 18 S 一种（表 8-3）。

表 8-3　原核细胞与真核细胞核糖体的组成

项目名称	核糖体（S）	大亚基		小亚基	
		rRNA（S）	蛋白质	rRNA（S）	蛋白质
原核生物	70	23，5	36 种	16	21 种
真核生物	80	28，5.8，5	49 种	18	33 种

不同来源的 rRNA 的碱基组成相差很大，但主要碱基都是 A、G、C、U 4 种，且以 G 的含量最多。各类 rRNA 结构无统一模式，它们因自身回折可形成 A=U、G≡C 小螺旋区，呈现多种高级结构（图 8-13）。

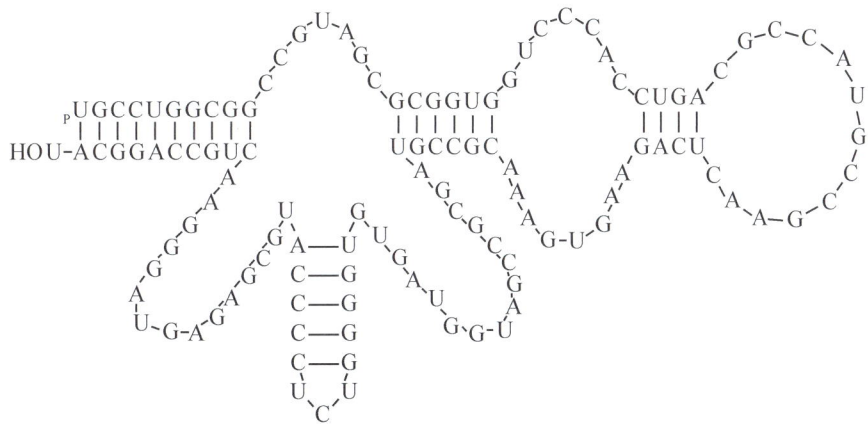

图 8-13　大肠埃希菌 5 S rRNA 的二级结构

核糖体是细胞合成蛋白质的场所，核糖体中的 rRNA 和蛋白质共同为肽链合成所需要的 mRNA、tRNA 以及多种蛋白因子提供相互结合的位点和相互作用的空间环境。

第四节　核酸的理化性质

一、核酸的一般性质

（一）酸性核酸是两性电解质

因为它既有酸性的磷酸基，又有碱基上的碱性基团，因磷酸基的酸性较强，故整个分子呈酸性。DNA 分子是线状大分子，黏度很大；RNA 分子较小，因此黏度也小得多。DNA 分子在机械力的作用下易发生断裂。

（二）260 nm 处有紫外吸收

DNA 和 RNA 分子中所含的碱基都有共轭双键的性质，故都具有紫外吸收特性，其最大吸收峰在 260 nm。该特征可以用来对核酸进行定性和定量分析，也可以分析核酸的纯度。实验中常以 $A_{260}=1.0$ 相当于 50 μg 双链 DNA、40 μg RNA、33 μg 单链 DNA 为计算标准。利用 260 nm 与 280 nm 的光密度比值（A_{260}/A_{280}）还可以判断所提取的核酸样品的纯度，DNA 纯品的 A_{260}/A_{280} 应为 1.8；而 RNA 纯品的 A_{260}/A_{280} 应为 2.0。

二、核酸的变性、复性与分子杂交

（一）变性

核酸的变性（denaturation）是指核酸在某些理化因素（如加热、酸、碱、辐射等）等作用下双链 DNA 解开，氢键断裂，双螺旋松散成为无规则线团结构。变性可使核酸溶液黏度下降，核酸生物学功能丧失，但变性不会破坏核酸一级结构。在实验室，使 DNA 变性最常用的方法是加热，通常将温度升高（80 ℃以上）引起的变性称为热变性。DNA 变性解链 50% 时的温度称为解链温度或熔解温度（temperature，T_m）（图 8-14）。不同 DNA 的 T_m 不同，T_m 值与其 G+C 所占总碱基数的百分比成正相关，两者的关系可表示为：

$$T_m = 69.3 + 0.41 \times (G+C)\%$$

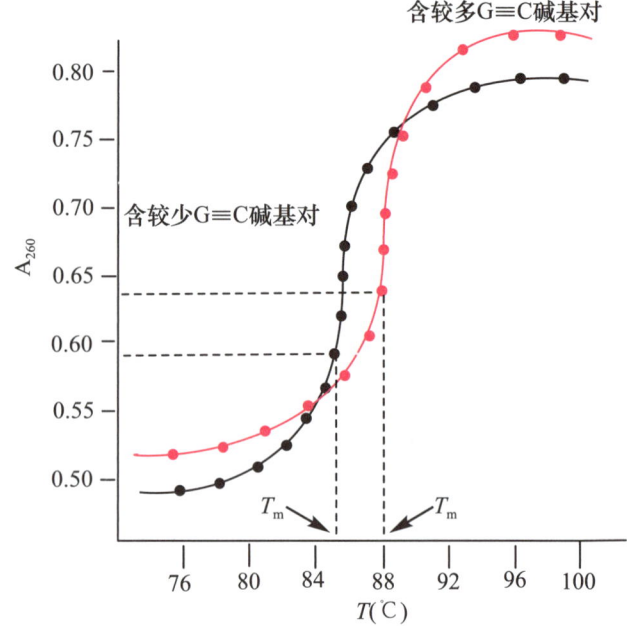

图 8-14　DNA 的解链温度及 GC 碱基对含量对解链温度的影响

DNA 变性时双螺旋解开，由于碱基对暴露而导致紫外吸收值增高，这种现象称为 DNA 的增色效应。它是检测 DNA 双链是否发生变性的一个最常用的指标。

（二）复性

缓慢降温，逐渐恢复至生理温度，变性 DNA 可以使两条彼此分开的单链重新缔合成为双螺旋结构，称为复性，也称退火（annealing）。DNA 复性后许多理化性质恢复，生物活性也可大部分恢复。若 DNA 变性不彻底，两条链没有完全分开，则复性过程很快。DNA 的片段越大复性越慢，而变性 DNA 的浓度越大则越容易复性。复性后 DNA 紫外吸收值降低的现象被称为减色效应。

（三）核酸的杂交

核酸分子杂交是 DNA 热变性和复性原理在分子生物学中的应用。不同来源的 DNA 如果存在互补碱基序列则易形成互补杂交双链，这一过程称为核酸分子杂交（hybridization）（图 8-15）。这种杂交不仅在基因变异的发现和基因测序方面有重大意义，而且还可根据互补程序了解种属亲缘关系，如黑猩猩与人类 DNA 序列同源率高达 99%，说明两者亲缘关系极近。

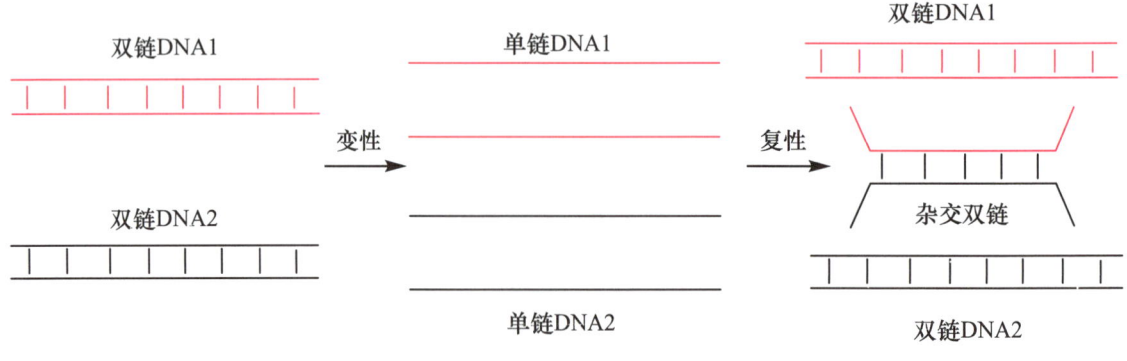

图 8-15　核酸分子变性、复性与杂交示意图

> **知识拓展**
>
> **DNA 指纹技术**
>
> 生物个体间的差异本质上是 DNA 分子序列的差异，人类不同个体（同卵双生除外）的 DNA 各不相同。如人类 DNA 分子中存在高度重复的序列，不同个体重复单位的数目不同，差异很大，但重复序列两侧的碱基组成高度保守，且重复单位有共同的核心序列。因此，针对保守序列选择同一种限制性核酸内切酶，针对重复单位的核心序列设计探针，将人类基因组 DNA 经过酶切、电泳、分子杂交及放射自显影等处理，可获得检测的杂交图谱，杂交图谱上的杂交带数目和分子量大小具有个体差异，这如同一个人的指纹图形一样各不相同。因此，将这种杂交图谱称为 DNA 指纹。DNA 指纹技术已被广泛应用于法医学如物证检测、亲子鉴定、疾病诊断和肿瘤研究等领域。

第五节　核苷酸的代谢

核苷酸是核酸的基本组成单位，人体内的核苷酸主要由机体自身合成。因此，核苷酸不属于营养必需物质。

食物中的核酸多与蛋白质结合为核蛋白，在胃中受胃酸的作用，分解为核酸和蛋白质。核酸进入小肠后，受胰液和小肠液中各种水解酶的作用逐步水解，水解产物均可被肠黏膜吸收。但大部分在肠黏膜细胞内又进一步分解，吸收后的戊糖参与体内的糖代谢，嘌呤和嘧啶主要被分解排出体外。因此，来自食物的嘌呤和嘧啶很少被机体利用。

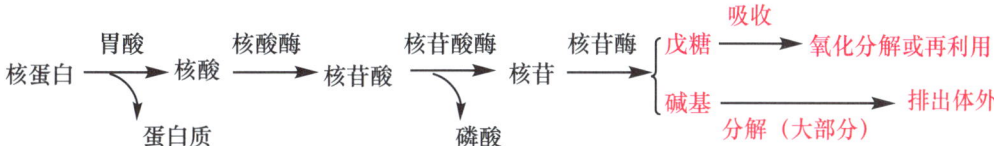

核苷酸代谢包括合成代谢和分解代谢。

一、核苷酸的合成代谢

核苷酸的合成途径有两条：由磷酸核糖、氨基酸、一碳单位及二氧化碳等简单物质为原料合成核苷酸的途径称为从头合成；利用现成的碱基做原料合成核苷酸的途径称为补救合成。从头合成是体内大多数组织合成核苷酸的主要途径，而脑、骨髓等只能进行补救合成。嘌呤核苷酸与嘧啶核苷酸的合成过程不同，分述如下。

（一）嘌呤核苷酸的合成代谢

1. 嘌呤核苷酸的从头合成途径

（1）合成原料：嘌呤核苷酸从头合成的基本原料是：5-磷酸核糖、一碳单位、甘氨酸、天冬氨酸、谷氨酰胺和 CO_2。

从头合成过程在胞液中进行，应用放射性核素示踪证明，嘌呤核苷酸中的嘌呤环的合成原料来源如图 8-16 所示。

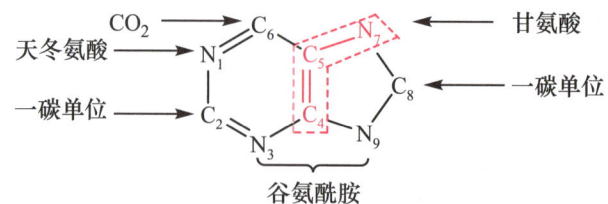

图 8-16 嘌呤碱从头合成原料来源

（2）合成过程：嘌呤核苷酸的从头合成过程较为复杂，可分为以下三个阶段。

第一阶段：PRPP 的生成。糖代谢中经磷酸戊糖途径生成的核糖-5-磷酸（R-5-P）在磷酸核糖焦磷酸激酶催化下，由 ATP 提供焦磷酸，生成 5-磷酸核糖-1-焦磷酸（PRPP）。PRPP 是提供 R-5-P 的活性中间体，参加各种核苷酸的合成，故此步反应是核苷酸合成代谢过程中的重要步骤之一（图 8-17）。

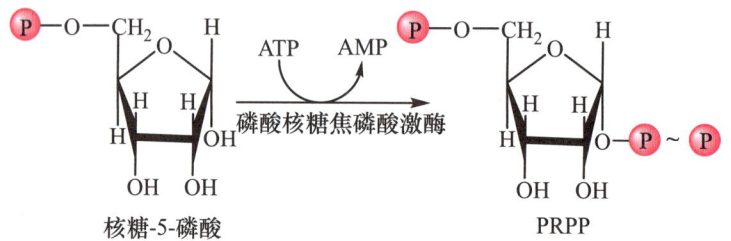

图 8-17 PRPP 的生成

第二阶段：IMP 的合成。该阶段由 PRPP 提供核糖-5-磷酸（R-5-P），经过大约 10 次化学反应，逐步加上各种原料合成 IMP（图 8-18）。

第三阶段：由 IMP 合成 AMP 和 GMP。IMP 经氨基化合成 AMP，IMP 经氧化、氨基化合成 GMP（图 8-19）。

AMP 和 GMP 可连续发生两次磷酸化进一步生成 ATP 和 GTP，作为合成 RNA 的原料。

2. 嘌呤核苷酸的补救合成途径　骨髓、脑及脾等组织能够利用现成嘌呤碱或嘌呤核苷以合成嘌呤核苷酸，这样的合成过程称为补救合成途径，是次要的合成途径。

（1）嘌呤碱与 PRPP 直接合成嘌呤核苷酸：腺嘌呤磷酸核糖转移酶（adenine phosphoribosyl transferase，APRT）可专一催化腺嘌呤与 PRPP 反应生成 AMP，次黄嘌呤-鸟嘌呤磷酸核糖转移酶（hypoxanthine-guanine phosphoribosyl transferase，HGPRT）则可催化次黄嘌呤（鸟嘌呤）与 PRPP 作用生成 IMP（GMP）。

$$腺嘌呤 + PRPP \xrightarrow{APRT} AMP + PPi$$

$$次黄嘌呤 + PRPP \xrightarrow{HGPRT} IMP + PPi$$

$$鸟嘌呤 + PRPP \xrightarrow{HGPRT} GMP + PPi$$

（2）嘌呤核苷的重新利用：人体内的腺苷在腺苷激酶催化下，与 ATP 作用生成腺苷酸。

$$腺嘌呤核苷 + ATP \xrightarrow{腺苷激酶} AMP + ADP$$

> **知识拓展**
>
> **自毁容貌综合征**
>
> 自毁容貌综合征（Lesch-Nyhan syndrome）是 X 连锁隐性遗传的先天性嘌呤代谢缺陷病，源于次黄嘌呤-鸟嘌呤磷酸核糖转移酶（HGPRT）的遗传缺陷引起的。由于 HGPRT 缺乏，使得分解产生的 5-磷酸核糖-1-焦磷酸（PRPP）不能被利用而堆积，PRPP 促进嘌呤的从头合成，从而使次黄嘌呤和鸟嘌呤不能转换为 IMP 和 GMP，而降解为尿酸。患者脑发育不全、智力低下、具有攻击和破坏性行为，继而发展为肌肉强迫性痉挛，四肢麻木，发生自残行为，常咬伤自己的嘴唇、手和足趾，故称自毁容貌综合征。

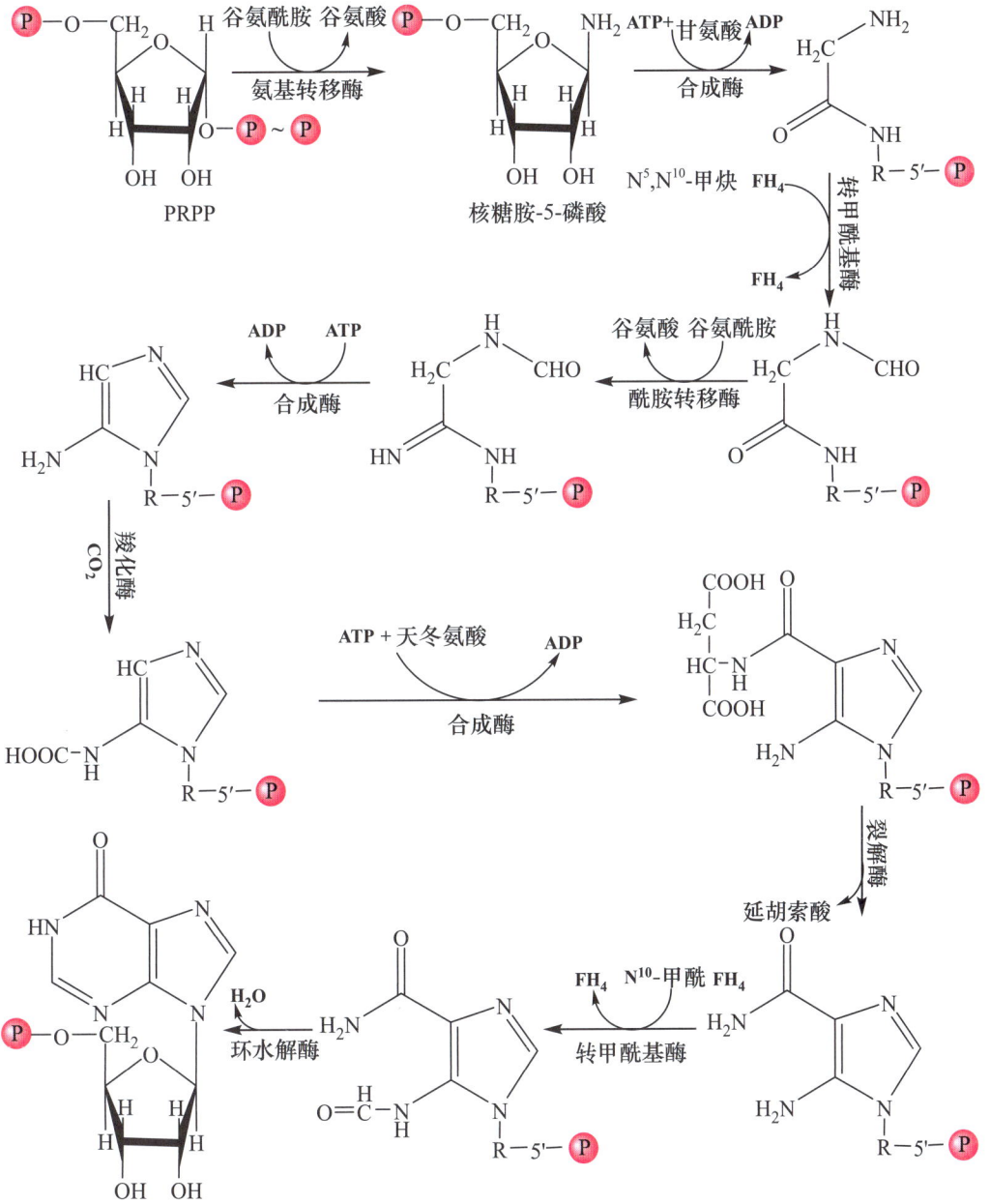

图 8-18　IMP 的生成

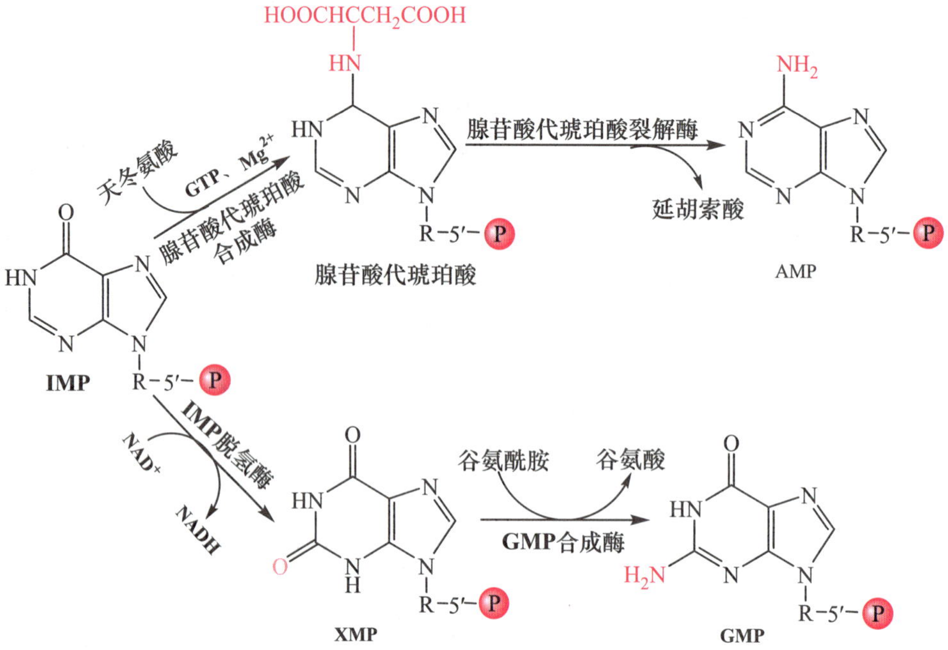

图 8-19 AMP 和 GMP 的生成

案例分析

患儿 2 岁，家人发现其有咬自己的手指和足趾等自残行为，并且攻击和破坏性行为较明显，且智力发育缓慢。到医院检查表现为高尿酸血症和高尿酸尿症。

请问：1. 该男孩可能患什么病？涉及哪条代谢途径？
    2. 为什么会出现以上症状？

分析：

1. 患儿为 Lesch-Nyhan 综合征，涉及嘌呤核苷酸的补救合成代谢。

2. Lesch-Nyhan 综合征由于先天基因缺陷导致 HGPRT 缺失，致使脑内核苷酸和核酸合成障碍，从而影响脑细胞的生长发育，进而患儿表现为智力发育障碍、迟钝、共济失调，出现咬自己的口唇、手指及足趾等强制性的自残行为，甚至自毁容貌。

（二）嘧啶核苷酸的合成代谢

1. 嘧啶核苷酸的从头合成途径

（1）合成原料：经放射性核素示踪实验证明，嘧啶环的合成原料来自谷氨酰胺、天冬氨酸和 CO_2，如图 8-20 所示。合成嘧啶核苷酸还需要核糖 -5- 磷酸。

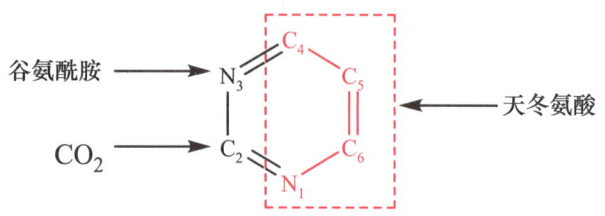

图 8-20 嘧啶环中各元素的来源

（2）合成过程：与嘌呤核苷酸合成途径不同，嘧啶核苷酸的从头合成在胞液中以合成氨基甲酰磷酸为起点，逐步形成嘧啶环，而后由 PRPP 提供磷酸核糖，合成尿嘧啶核苷酸（UMP）。UMP 可在 ATP 供给磷酸基团的条件下，由激酶催化生成 UDP 及 UTP，三磷酸尿苷（UTP）经氨基化转变为三磷酸胞苷。UDP 还可在还原酶的作用下生成 dUDP 和 dUTP，dUTP 再经 TMP 合酶作用生成 TMP（图 8-21）。

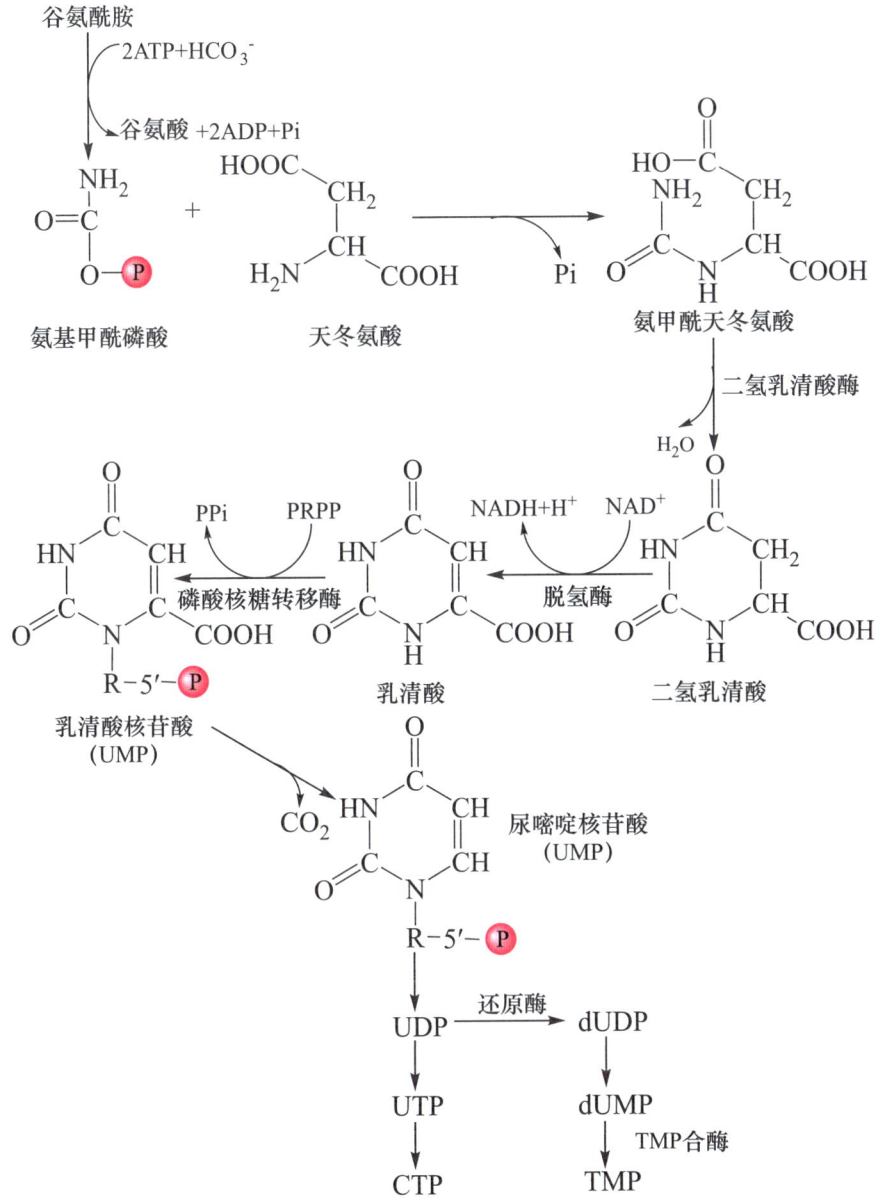

图 8-21　嘧啶核苷酸的从头合成

2. 嘧啶核苷酸的补救合成途径　生物体内嘧啶核苷酸的补救合成有两种方式：

（1）通过磷酸核糖转移酶催化嘧啶碱接受 PRPP 供给的磷酸核糖基，直接生成核苷酸。

（2）嘧啶碱在核苷磷酸化酶的催化下，先与核糖 1- 磷酸反应，生成嘧啶核苷，后者在嘧啶核苷激酶作用下，被磷酸化而形成核苷酸。

分化较快的细胞如肿瘤细胞，需要丰富的 dTMP 供应，以便合成 DNA。故某些阻断 dTMP 合成的化学制剂，可用于治疗肿瘤。

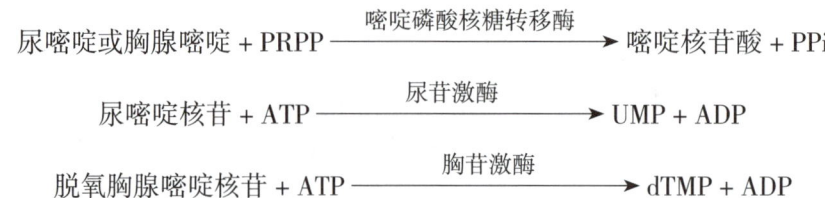

（三）脱氧核苷酸的合成代谢

DNA 由四种脱氧核糖核苷酸组成，当细胞分裂旺盛时，脱氧核糖核苷酸的含量会明显增加，目的是适应 DNA 合成时的需要。除 dTMP 外，其他脱氧核糖核苷酸都是在二磷酸核苷（NDP，N 代表 A、C、G、U 等碱基）的基础上还原生成，由核糖核苷酸还原酶催化。反应过程较复杂，需要硫氧化还原蛋白、NADPH+H$^+$ 以及硫氧化还原蛋白还原酶以及 FAD 的参与（图 8-22）。生成的 dNDP，经激酶的作用再磷酸化成脱氧核苷三磷酸（dNTP），参与 DNA 的合成。

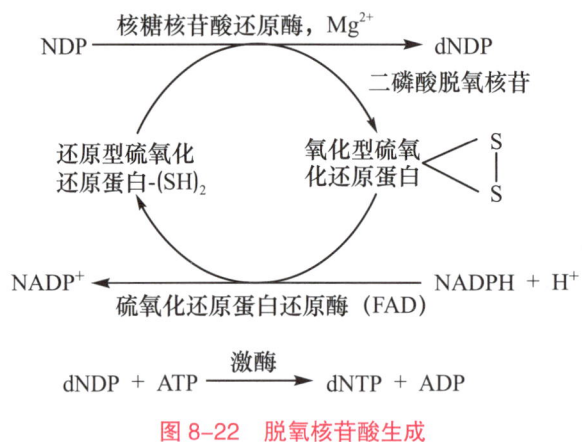

图 8-22　脱氧核苷酸生成

二、核苷酸的分解代谢

（一）嘌呤核苷酸的分解代谢

体内嘌呤核苷酸的分解代谢主要在肝、小肠及肾内进行，分解代谢过程与食物中核苷酸的消化过程类似。

腺苷经脱氨、水解过程，依次生成次黄苷和次黄嘌呤，在黄嘌呤氧化酶催化下生成黄嘌呤。鸟嘌呤核苷经核苷酶作用生成鸟嘌呤，在鸟嘌呤脱氨酶催化下脱氨生成黄嘌呤。黄嘌呤经黄嘌呤氧化酶催化生成尿酸（图 8-23）。

尿酸则是嘌呤核苷酸分解代谢的最终产物。正常人血清中尿酸的含量为 0.12~0.36 mmol/L，男性略高于女性。

临床上常用别嘌呤醇（allopurinol）来治疗痛风症。别嘌呤醇与次黄嘌呤结构相似，故可竞争性抑制黄嘌呤氧化酶，从而抑制尿酸的生成（图 8-24）。由于黄嘌呤、次黄嘌呤的水溶性比尿酸的水溶性大，故不会形成结晶而沉积。此外，别嘌呤醇还可在体内形成与 IMP 结构相似的别嘌呤醇核苷酸，反馈性地抑制了嘌呤核苷酸从头合成，使嘌呤核苷酸的合成减少，进而减少尿酸的生成。

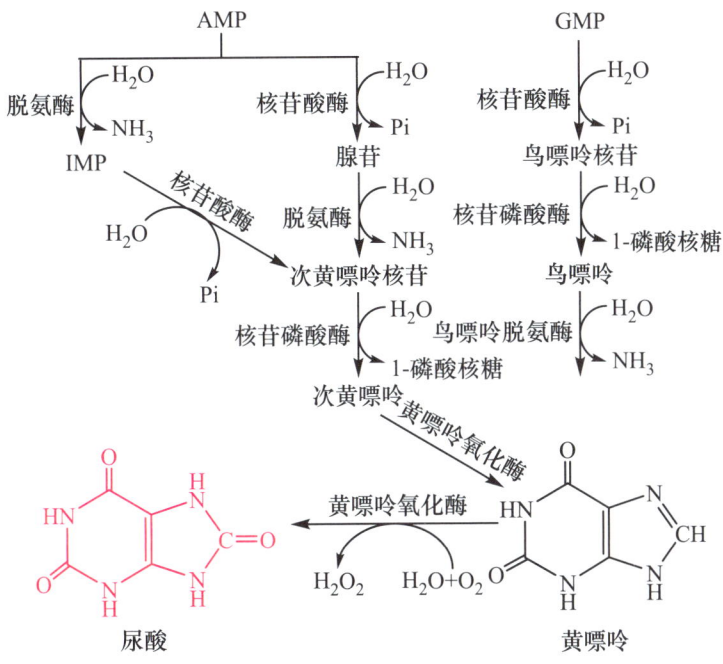

图 8-23 嘌呤核苷酸的分解代谢

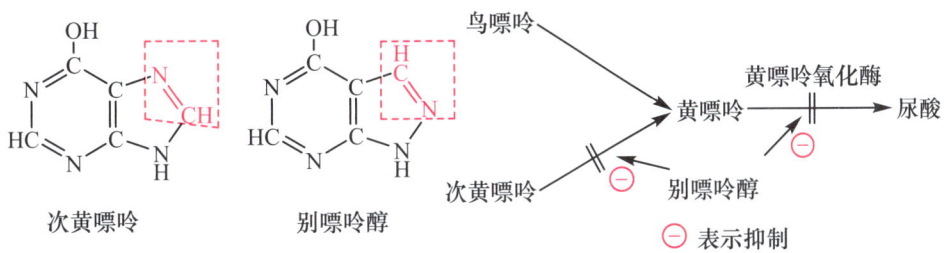

图 8-24 别嘌呤醇结构与作用机制

案例分析

患者男性，52岁，几个月前发现足趾关节偶尔疼痛，尤其是每当食海鲜或饮酒后，疼痛感加剧。检查：左足大趾关节红肿疼痛、拒按，走路困难。生化指标：血尿酸含量 0.59 mmol/L（尿酸正常值：男 0.21~0.43 mmol/L；女：0.16~0.36 mmol/L）；X 线检查：关节腔有积液，关节稍有畸形。

请问：1. 该患者可能患什么病？诊断依据是什么？
2. 如果你是医生，应采取怎样的治疗措施？

分析：

1. 患者血尿酸为 0.59 mmol/L。当血尿酸超过 0.48 mmol/L 时，尿酸盐结晶沉积于关节、软组织、软骨和肾等处，最终导致关节炎、尿路结石及肾疾病等痛风症。

2. 应用别嘌呤醇和促进尿酸排泄的药物。此外，每天饮水 2000 ml 以上以增加尿酸的排泄；控制饮食总热量，限制饮酒和高嘌呤食物如肝、心、肾等的大量摄入；慎用抑制尿酸排泄的药物如噻嗪类利尿药等；避免诱发因素、积极治疗相关疾病等。

（二）嘧啶核苷酸的分解代谢

嘧啶核苷酸经过核苷酸酶及核苷酸磷酸化酶催化，水解为磷酸、核糖，产生嘧啶碱。胞嘧啶脱氨基转化成尿嘧啶，尿嘧啶还原成二氢嘧啶，水解开环最终生成 NH_3、CO_2 及 β- 丙氨酸。胸腺嘧啶降解成 NH_3、CO_2 及 β- 氨基异丁酸（图 8-25），后者可作为一种氨基酸进一步分解或直接随尿排泄。

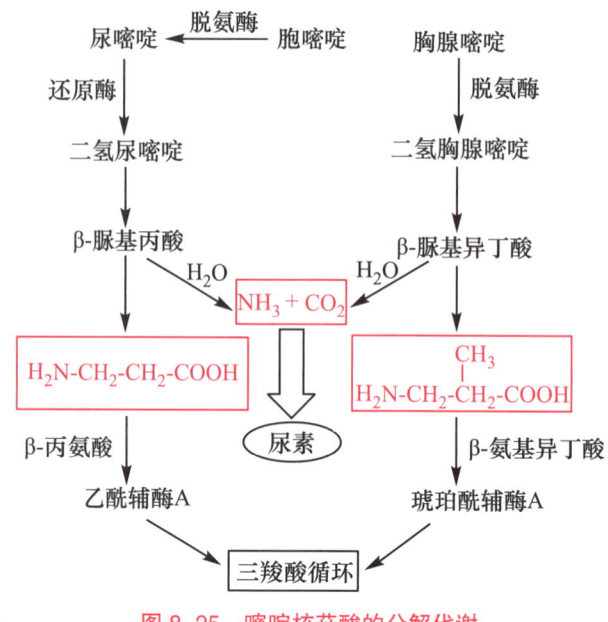

图 8-25 嘧啶核苷酸的分解代谢

β- 氨基异丁酸在尿中的排泄量一定程度上可反映 DNA 的破坏程度。白血病患者、癌症患者放疗或化疗治疗后，由于 DNA 破坏过多，常导致尿中 β- 氨基异丁酸排泄量增加。

三、核苷酸代谢异常及其抗代谢药物

（一）核苷酸代谢障碍

由于参与核苷酸代谢的某些酶先天性缺陷或调节机制失常，均可引起核苷酸代谢障碍。嘌呤核苷酸代谢的遗传缺陷较嘧啶核苷酸的多见。表 8-4 列举了其中由嘌呤核苷酸代谢相关的酶缺陷所引起的遗传性疾病。

表 8-4 核苷酸代谢的酶异常及相应的遗传缺陷

缺陷的酶	临床疾病
PRPP 合成酶	痛风症
HGPRT 部分欠缺	痛风症
腺苷脱氨酶（ADA）严重欠缺	免疫缺陷
嘌呤核苷酸磷酸化酶（PNP）严重欠缺	免疫缺陷
HGPRT 完全欠缺	Lesch-Nyhan 综合征
APRT 完全欠缺	肾结石

（二）核苷酸抗代谢物

有些人工合成的或天然存在的化合物的结构，与生物体内的一些代谢物相似，将其引入生

物体后，与体内的代谢物会发生拮抗作用，从而影响生物体中的正常代谢，这些化合物为抗代谢物。

核苷酸的抗代谢物是一些碱基、氨基酸或叶酸等的类似物，它们以多种方式干扰或阻断核苷酸的合成代谢，从而进一步阻止核酸及蛋白质的生物合成，这些代谢物具有抗肿瘤作用。

1. 嘌呤类似物　嘌呤类似物有 6-巯基嘌呤（6-mercaptopurine，6-MP）、6-硫鸟嘌呤、8-氮杂鸟嘌呤等，其中以 6-MP 在临床上应用较多。6-MP 的结构与次黄嘌呤相似，其分子中由巯基取代了次黄嘌呤的羟基。6-MP 的作用机制之一在于经磷酸核糖化后在体内生成 6-巯基嘌呤核苷酸，通过抑制 IMP 转变为 AMP 及 GMP，使 AMP 及 GMP 的生成受阻。6-MP 还能直接通过竞争性抑制影响次黄嘌呤-鸟嘌呤磷酸核糖转移酶，阻止了嘌呤核苷酸的补救合成途径。

2. 氨基酸类似物　氨基酸类似物有氮杂丝氨酸及 6-重氮 -5-氧正亮氨酸等。它们的化学结构与谷氨酰胺类似，可干扰谷氨酰胺在嘌呤核苷酸合成中的作用，抑制 CTP 的生成，从而抑制嘌呤、嘧啶核苷酸的合成。

3. 嘧啶类似物　嘧啶类似物主要有 5-氟尿嘧啶（5-fluorouracil，5-FU），是临床上常用的抗肿瘤药物。5-FU 的结构与胸腺嘧啶相似，在体内需转变成 5-氟尿嘧啶衍生物——磷酸脱氧核糖氟尿嘧啶核苷（FdUMP）及三磷酸氟尿嘧啶核苷（FUTP）后，才能发挥作用。FdUMP 与 dUMP 结构相似，可阻断 dTMP 的合成，从而影响 DNA 的生物合成，FUTP 以假底物形式掺入 RNA 分子中影响 RNA 的功能。

4. 叶酸类似物　氨蝶呤（aminopterin）及甲氨蝶呤（methotrexate，MTX）都是叶酸类似物，能竞争性地抑制二氢叶酸还原酶，从而抑制 FH_4 的生成，使嘌呤环中 C-8 与 C-2 的一碳单位运输受阻，dUMP 不能利用一碳单位甲基化生成的 TMP，进而影响 DNA 的合成。MTX 在临床上用于白血病等癌症的治疗。

嘌呤核苷酸抗代谢物的作用部位见图 8-26。

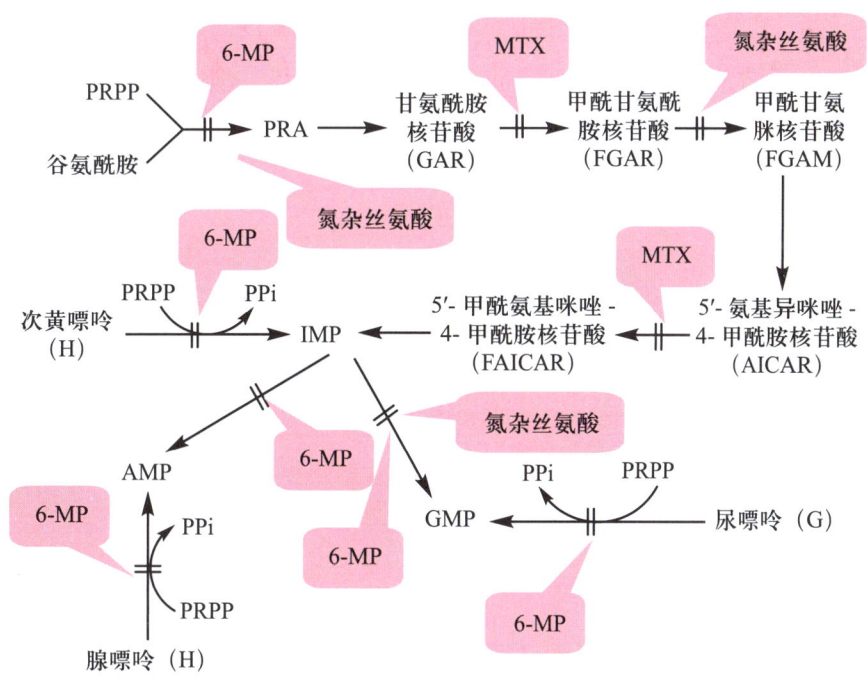

图 8-26　嘌呤核苷酸类似物的作用部位

嘧啶核苷酸抗代谢物的作用部位见图 8-27。

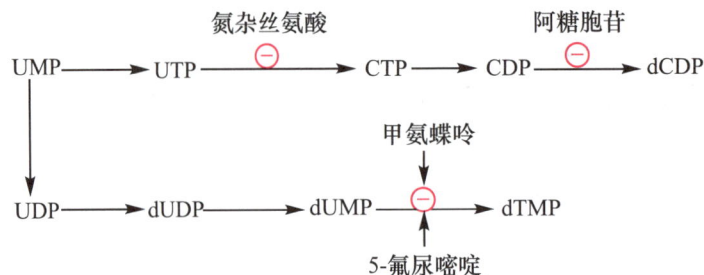

图 8-27 嘧啶核苷酸类似物的作用部位

（梁大敏）

本章知识导图

核酸与核苷酸代谢
- 核酸的化学组成
  - 核酸的元素组成：元素组成：C、H、O、N、P
  - 核酸的基本结构单位
    - 核苷酸由磷酸、碱基、戊糖组成
    - 碱基与戊糖通过糖苷键（N-C）形成核苷，磷酸与核苷中5'-羟基形成核苷
  - 核苷酸的连接方式
    - 核酸的连接方式：核苷酸与核苷酸通过3',5'-磷酸二酯键形成多聚核苷酸链；核苷酸链具有方向性，两末端分别为5'端和3'端
    - 核酸的表示简式
- DNA的结构与功能
  - 核酸的一级结构：一级结构：核苷酸的排列顺序（碱基排列顺序）
  - DNA的空间结构：二级结构为双螺旋结构，三级结构为超螺旋结构
  - DNA的功能：以基因的形式携带遗传信息
- RNA的结构与功能
  - mRNA的结构与功能：结构：单链，5'端有m7Gppp的"帽子"结构，3'端有polyA的"尾巴"；功能：指导蛋白质合成
  - tRNA的结构与功能：二级结构为三叶草结构，三级结构为倒"L"形结构；功能：携带氨基酸
  - rRNA的结构与功能：与蛋白质形成核糖体，是蛋白质合成的场所
- 核酸的理化性质
  - 核酸的一般性质：线性，分子量大，呈酸性，紫外吸收：260 nm
  - DNA变性、复性与杂交
    - 概念：双链变成单链的过程；增色效应：变性后紫外吸收增强，变性条件为热变性时，一半DNA变性时的温度称为熔解温度（T_m），T_m 与GC含量正相关
    - 复性：变性DNA在去除变性条件后，能恢复到天然双螺旋结构的现象，若是热变性，温度降低后的复性则称为退火
    - 杂交：DNA的变性和复性可将两条不同来源的核酸链之间形成杂化链，称为杂交
- 核苷酸代谢
  - 核苷酸的合成代谢
    - 嘌呤：以5-磷酸核糖、一碳单位、甘氨酸、天冬氨酸、谷氨酰胺和CO_2为原料称为从头合成；嘌呤碱或核苷为原料的称为补救合成
    - 嘧啶：以5-磷酸核糖、天冬氨酸、谷氨酰胺和CO_2为原料称为从头合成；嘧啶碱或核苷为原料的称为补救合成
  - 核苷酸的分解代谢
    - 嘌呤核苷酸的分解代谢产物尿酸，尿酸增多引起痛风症，治疗药物别嘌呤醇
    - 嘧啶核苷酸的分解代谢产物：NH_3、CO_2、β-氨基异丁酸
  - 核苷酸代谢异常及其抗代谢药物：常见的抗代谢物：嘌呤类似物（6-MP）、嘧啶类似物（5-FU）、氨基酸类似物、叶酸类似物甲氨蝶呤（MTX）

第九章

遗传信息的传递与表达

> **知识目标**
>
> 1. 归纳
>
> DNA 复制的基本特点；参与 DNA 复制、转录和翻译的主要物质及其作用；真核生物的转录后加工与修饰；遗传密码的特点；基因表达调控的特点和方式；乳糖操纵子。
>
> 2. 说出
>
> DNA 损伤的类型及常见修复方式。
>
> 3. 知道
>
> 端粒与端粒酶；DNA 复制、DNA 损伤修复相关的疾病；翻译后加工修饰；蛋白质合成与医学的关系；基因工程在医学中的应用。

DNA 是大多数生物遗传信息的载体。细胞分裂之前，以胞内 DNA 为模板合成相同的子代 DNA 的过程称为 DNA 的复制（replication）。此外，细胞利用 DNA 分子中某一段碱基序列为模板，合成相应 RNA 分子的过程称为转录（transcription），被转录的这段模板序列单元即为一个基因（gene）。转录生成的 mRNA 分子可以作为模板，指导蛋白质生物合成，这一过程称为翻译（translation）。通过转录和翻译，DNA 分子中的脱氧核苷酸排列顺序被转换成蛋白质肽链中的氨基酸排列顺序。遗传信息沿 DNA→RNA→蛋白质的方向进行传递的规律称为遗传信息传递的中心法则（central dogma）。这一法则由 Crick 于 1958 年提出，它描述了大多数生物遗传信息传递的规律。1970 年，H. Temin 和 D. Altimore 分别从 RNA 病毒中发现了能催化以 RNA 为模板合成 DNA 的反转录酶，完善了中心法则（图 9-1）。

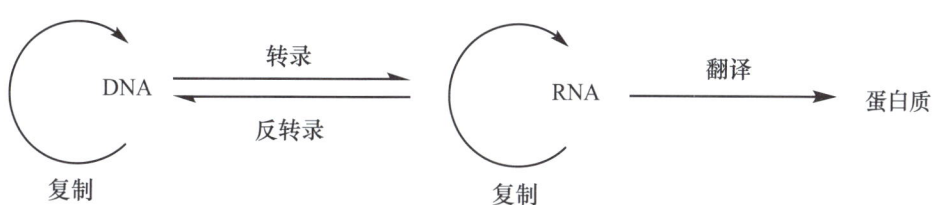

图 9-1　遗传信息传递的中心法则

第一节　DNA 的生物合成

生物体或细胞内存在三种合成 DNA 的方式：
（1）DNA 复制合成子代 DNA；
（2）DNA 修复时合成 DNA 片段；
（3）以 RNA 为模板反转录合成 DNA。

一、DNA 的复制

DNA 复制（replication）是以母代 DNA 为模板，合成子代 DNA 的过程。在这个过程中，母代 DNA 作为模板，依据碱基互补配对原则，指导子代 DNA 的合成。DNA 复制过程的实质是在 DNA 聚合酶的催化下，脱氧核糖核苷酸通过形成 3′,5′-磷酸二酯键聚合成为新的 DNA 链。原核生物和真核生物 DNA 复制的基本规律和过程相似，但参与真核生物 DNA 复制的分子更多、更复杂，真核生物的 DNA 复制过程也比原核生物复杂及精细。

（一）DNA 复制的基本特征

DNA 复制主要包括以下三个基本特征：半保留复制（semi-conservative replication）、双向复制（bidirectional replication）和半不连续复制（semi-discontinuouse replication）。

1. **半保留复制**　无论是原核生物还是真核生物，其 DNA 复制均以半保留复制的方式进行（图 9-2），即 DNA 复制时，母代 DNA 双链解开形成两条单链，每一条单链各自作为模板，依据碱基互补配对原则指导与模板互补的新链 DNA 的生成。复制完成后，新生成的每个子代双链 DNA 分子中，都含有一条来源于母代的单链 DNA（模板）和一条新合成的单链 DNA。这样的复制方式，保证了母代 DNA 与子代 DNA 分子的碱基序列具有高度的一致性，对于确保遗传信息能够准确无误地传递到下一代具有极为重要的意义。

值得注意的是，遗传的稳定性是相对的而不是绝对的。半保留复制方式使遗传信息的相对稳定是自然界中物种稳定延续的基础，但自然界中普遍存在着 DNA 变异现象，致使同一物种的个体与个体之间仍然有碱基序列的区别。

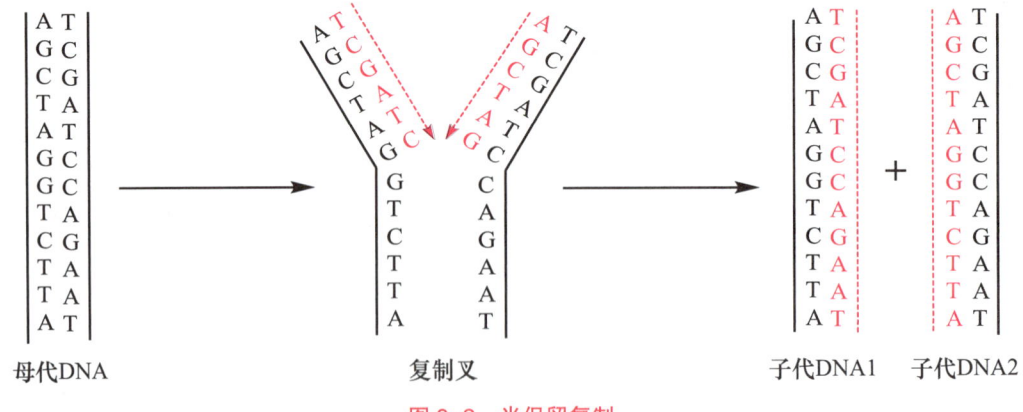

图 9-2　半保留复制

2. **双向复制**　DNA 复制时，是从 DNA 分子的特殊部位开始的，称为复制起始点（origin，ori）。复制时，母代 DNA 从起始点开始朝相反的方向同时解开成为单链状态，每股单链各自作为模板合成互补新链，形成"Y"形结构，该结构类似于叉子，称为复制叉（replication fork）。

原核生物基因组 DNA 通常是双链闭合环状分子，只有一个复制起始点。从复制起始点开始，两个复制叉朝着相反的方向移动，直至在某处汇合。单点起始、双向复制是原核生物DNA复制的特征（图9-3）。

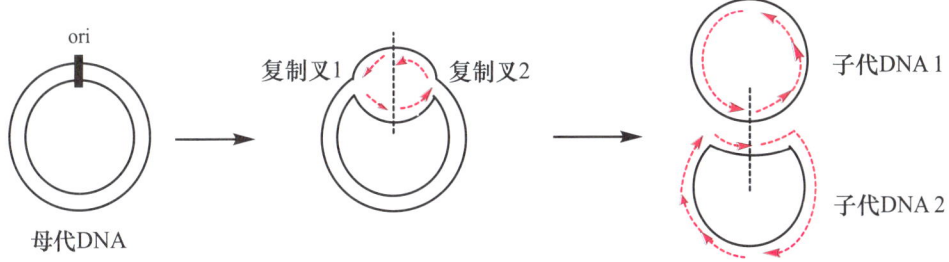

图9-3 原核生物复制起始点和方向

真核生物基因组以染色体形式存在，其DNA通常是双链线性分子，且真核生物基因组庞大，每条染色体DNA均需要复制。因此真核生物DNA复制时，每条DNA上有多个复制起始点，每个复制起始点各自生成两个移动方向相反的复制叉进行复制，形成独立完成复制的区域，称为复制子（replicon）。各起始点的复制叉移动直至遇到相邻的复制叉才停止，从而使复制贯通整条DNA分子。多点起始形成多个复制子，双向复制是真核生物DNA复制的特征（图9-4）。

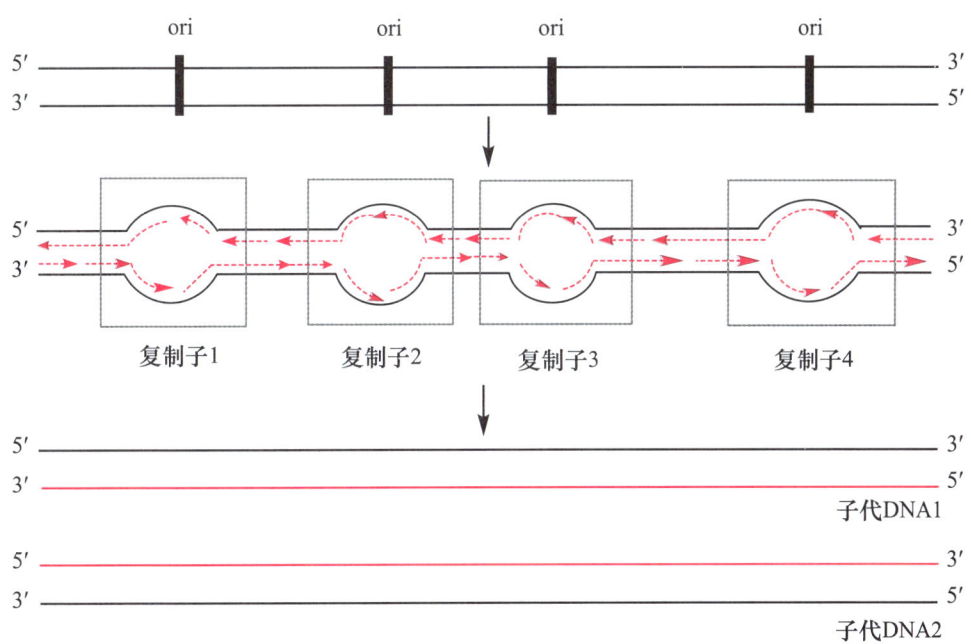

图9-4 真核生物复制的起始点和方向

3. 半不连续复制　DNA双螺旋结构中，两股单链的方向相反，即一股单链为5′→3′，另一股单链为3′→5′。DNA复制时，复制叉的移动是朝着DNA模板解链方向进行的，而DNA聚合酶只能催化脱氧核糖核苷酸从5′→3′方向聚合，即新链只能按照5′→3′方向生成。那么在同一个复制叉上，与方向为3′→5′的母代单链互补的新链合成方向为5′→3′，正好与DNA聚合酶催化方向和复制叉移动（解链方向）一致，因此可以随着复制叉移动边解链边生成，这股连续生成的新链称为前导链（leading strand）；与方向为5′→3′的母代单链互补的新链合成方向与复制叉移动（解链方向）相反，不能连续地延长，只能解开一段就起始合成该段互补链，再解开一段就再起始合成一段相应的互补链，最后各片段连接起来形成完整的DNA新链，这样一股不连续生成的新链称为后随链（lagging strand）（图9-5）。后随链中生成的一段段短的DNA片段是由日本人冈崎（Okazaki R）在1968年用电子显微镜结合放射自显影技术首先观察到的，因而被命名为冈崎片段（Okazaki fragment）。

由此可见，DNA复制时，一条新链生成方向与解链方向一致，可以连续合成；另一条新链则由于生成方向与解链方向相反，不能连续合成，这样的复制方式称为半不连续复制。

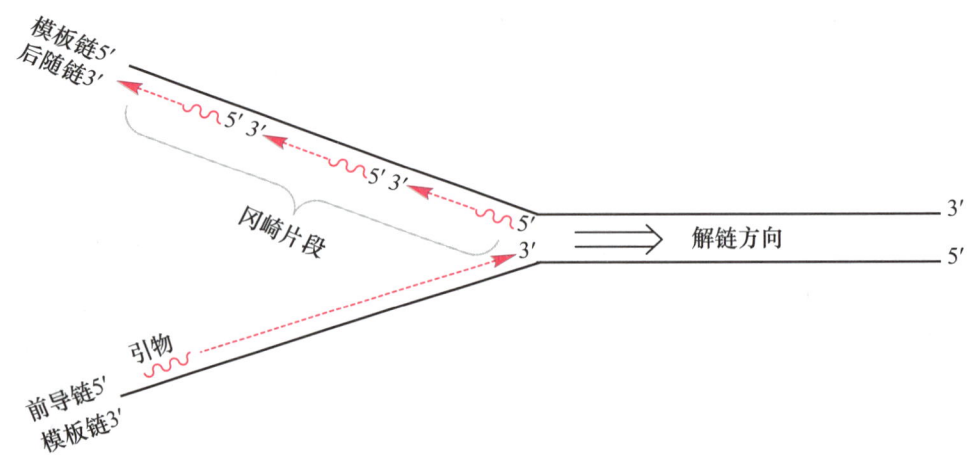

图9-5 半不连续复制

（二）参与DNA复制的酶和蛋白因子

DNA复制是酶促的脱氧核糖核苷酸聚合反应。该反应需要dNTP（dATP、dGTP、dCTP和dTTP）作为原料，母代DNA作为模板，还需要多种酶和蛋白因子的参与。

DNA复制时，解开母代DNA双链结构、保障解链过程的顺畅和维持已解链部分的单链状态需要相应的解链、解旋酶参与。大肠埃希菌（*Escherichia coli*，*E.coli*）结构简单，繁殖速度快，是较早用于分子遗传学研究的模式生物。大肠埃希菌中与DNA复制相关的酶及蛋白因子很多，其中主要的酶和蛋白因子及其具体功能见表9-1。

表9-1 原核生物大肠埃希菌中参与DNA解链的酶和蛋白因子

酶或蛋白因子	功能
拓扑异构酶	松弛超螺旋，使解链顺畅
DnaA	辨认复制起始点
DnaB（解旋酶）	依赖ATP供能解开DNA双链结构
DnaC	协同DnaB蛋白发挥作用
DnaG（引物酶）	以母代DNA为模板催化互补的一段RNA引物的生成
SSB（单链结合蛋白）	与已解开成为单链的部分结合，使其免受核酸酶的降解

1. 拓扑异构酶（DNA topoisomerase） 天然DNA分子具有超螺旋结构，复制解链时DNA分子朝超螺旋的相反方向快速旋转（100次/秒），会出现复制叉前进方向前方的DNA链打结、缠绕和连环等阻碍DNA继续解链的现象。拓扑异构酶在将要打结或已打结处水解DNA分子中的磷酸二酯键形成切口，使切口后方的DNA链发生一定程度的旋转以松解打结处，然后拓扑异构酶再旋转将DNA复位和断口重新连接。

拓扑异构酶广泛存在于原核和真核生物中，分为拓扑异构酶Ⅰ和拓扑异构酶Ⅱ两种，近年还发现了拓扑异构酶Ⅲ。拓扑异构酶Ⅰ作用时不需要ATP，拓扑异构酶Ⅱ则需要利用ATP供能。原核生物拓扑异构酶Ⅱ又称为促旋酶（gyrase），真核生物的拓扑异构酶Ⅱ还分为几种不同的亚型。

2. DNA解链蛋白　DNA复制解链时需要DnaA、DnaB、DnaC等多种解链蛋白的参与，其中DnaB又称为解旋酶（DNA helicase），其作用是利用ATP供能沿着复制叉移动方向不断解开DNA双链结构。

3. 单链DNA结合蛋白（single-stranded DNA binding protein，SSB）　由于碱基互补配对关系仍然存在，已经解开成为单链状态的两股DNA链容易重新配对形成双链结构；另外，呈单链状态的DNA分子容易受到细胞内广泛存在的核酸酶的降解。单链DNA结合蛋白的结合，可以维持已解链部位的单链状态，并避免其遭受核酸酶的降解作用。

4. DnaG蛋白（引物酶，primase）　DnaG蛋白实质是一种RNA聚合酶，即在DNA复制开始时，以已解开的单链DNA为模板，以NTP（ATP、GTP、CTP和UTP）作为原料，按照A-U、C-G碱基配对的原则首先合成一小段含5~10个核苷酸的RNA分子（引物）。该RNA引物分子末端的3′-OH是新链DNA合成的起点，即DNA聚合酶将第一个脱氧核糖核苷酸的5′-磷酸基团与引物末端的3′-OH催化形成3′,5′-磷酸二酯键而连接。

5. 依赖DNA的DNA聚合酶（DNA-dependent DNA polymerase，DNA pol）　依赖DNA的DNA聚合酶是DNA聚合酶的全称，以dNTP（dATP、dGTP、dCTP和dTTP）为原料，依据碱基互补配对原则，在模板链的指导下将脱氧核糖核苷酸聚合（图9-6）。第一种DNA聚合酶由Kornberg A于1958年首先在大肠埃希菌中发现，被命名为DNA polⅠ，之后其他种类的DNA聚合酶被陆续发现。

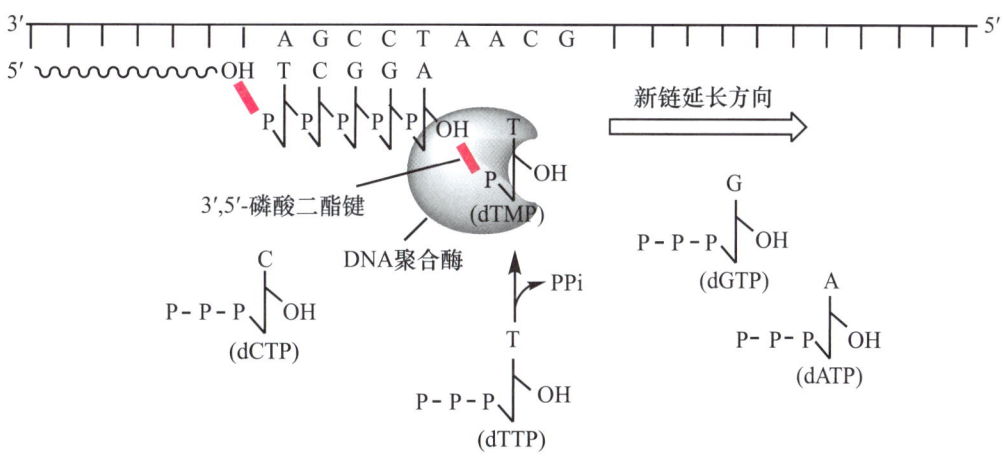

图9-6　DNA聚合酶催化脱氧核糖核苷酸间生成3′,5′-磷酸二酯键

目前已知的原核生物大肠埃希菌DNA聚合酶至少有5种，分别为DNA polⅠ、Ⅱ、Ⅲ、Ⅳ和Ⅴ（表9-2）。其中，DNA polⅢ是真正催化原核生物新链DNA生成延长的DNA聚合酶，具有高效的5′→3′聚合酶活性，每分钟可以催化高达10^5个脱氧核糖核苷酸的聚合；同时，该酶具有3′→5′核酸外切酶活性，可以及时识别、切除复制时错配的脱氧核糖核苷酸，最大程度降低复制的错误率和确保遗传信息传递的精确性和稳定性。

表 9-2　三种主要的大肠埃希菌 DNA 聚合酶

DNA 聚合酶	活性	主要功能
Ⅰ	5'→3' 聚合酶活性 3'→5' 核酸外切酶活性 5'→3' 核酸外切酶活性	①切除 RNA 引物 ②填补 DNA 复制或修复时产生的空隙 ③校对纠正复制中的错误
Ⅱ	5'→3' 聚合酶活性 3'→5' 核酸外切酶活性	应急状态下修复损伤的 DNA（保真度较低）
Ⅲ	5'→3' 聚合酶活性 3'→5' 核酸外切酶活性	①催化新链延长 ②校对纠正复制中的错误

真核生物的 DNA 聚合酶至少有 15 种，其中主要的 5 种分别为：DNA pol α、β、γ、δ 和 ε（表 9-3）。

表 9-3　五种主要的真核生物 DNA 聚合酶

DNA 聚合酶	主要功能
α	合成引物
β	参与应急修复（保真度较低）
γ	负责线粒体 DNA 的复制
ε	负责前导链的合成
δ	负责后随链的合成

6. DNA 连接酶（DNA ligase）　DNA 连接酶催化两段 DNA 链相邻脱氧核糖核苷酸间 3',5'-磷酸二酯键的生成，从而将两段 DNA 片段连接起来，该作用需要消耗 ATP。DNA 连接酶只能催化 DNA 双链中某股单链缺口的接合，不能催化单独存在的 DNA 单链或者 RNA 单链间的接合（图 9-7）。DNA 连接酶不但在 DNA 复制中起连接缺口的作用，在 DNA 修复、重组中也同样起接合缺口的作用，因此也是一种用于基因工程的重要工具酶。

图 9-7　DNA 链接酶的作用

> **知识拓展**
>
> **抑制 DNA 复制的药物**
>
> 抗癌药喜树碱通过抑制人体 DNA 复制所需的 DNA 拓扑异构酶 Ⅰ 抑制 DNA 复制，故增殖的细胞对该药物具有较高的敏感性；依托泊苷用于治疗小细胞肺癌的原理是基于其作用于人 DNA 拓扑异构酶 Ⅱ 从而抑制 DNA 的复制；喹诺酮类抗生素（诺氟沙星、氧氟沙星等）作用于 DNA 促旋酶以抑制细菌 DNA 的复制，从而起到杀菌作用。

（三）DNA 复制的过程

原核生物和真核生物 DNA 复制既有相似的过程，也有各自的特点，但都可以大致分为复制的起始、新链的延长和复制的终止三个阶段。

复制的起始阶段，需要解决的问题主要包括：在复制起始点解开 DNA 双链结构、形成复制叉和合成 RNA 引物，该过程需要各种酶和蛋白质分子的参与。

新链的延长阶段，主要是 DNA 聚合酶在母代 DNA 模板链的指导下，依据 A-T、C-G 的碱基配对原则将脱氧核糖核苷酸从新链的 5′末端向 3′末端聚合。

复制的终止阶段，包括 RNA 引物的切除、切除引物后空缺的填补替换、后随链中各片段间的连接成为完整的 DNA 链。

1. 原核生物 DNA 复制的过程　下面以大肠埃希菌 DNA 复制的过程为例，介绍原核生物 DNA 复制的过程。

（1）起始阶段

①DNA 的解链和复制叉的形成：大肠埃希菌 DNA 复制在固定的复制起始点（oriC）开始。该复制起始部位的 DNA 序列特征是：跨度为 245 bp，富含 A-T 碱基对，故氢键相对少，因而容易发生解链。DnaA、DnaB 和 DnaC 三种蛋白质分子共同参与完成解链，形成复制叉。解链过程还需要 DNA 拓扑异构酶不断理顺打结、缠绕的 DNA 分子以使解链顺畅进行。单链结合蛋白（SSB）维持和保护 DNA 单链。

②引物的生成和复制起始复合物的形成：由于 DNA 聚合酶不能催化两个游离的 dNTP 间生成磷酸二酯键，因此真正的 DNA 链合成前必须先由引物酶（primase）以单链 DNA 为模板，催化合成与模板互补的短链 RNA 分子（引物），该 RNA 引物提供了 3′-OH 末端，将来可在 DNA 聚合酶催化下与 dNTP 的 5′-磷酸基团结合生成磷酸二酯键。解链蛋白 DnaB、DnaC、引物酶和母代 DNA 上复制起始区域形成的共同结构称为复制起始复合物（图 9-8）。

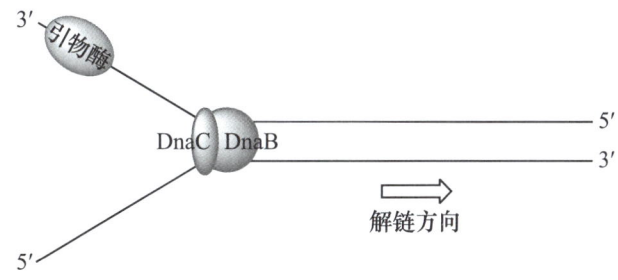

图 9-8　原核生物大肠埃希菌复制起始复合物

（2）延长阶段：DNA pol Ⅲ 以 dNTP 为底物，水解 dNTP 的两个高能磷酸键生成 dNMP 后，该 dNMP 的 5′磷酸基团与引物或者正在延长的新链的 3′-OH 反应，生成磷酸二酯键，使新链 DNA 沿着 5′→3′方向延长一个脱氧核糖核苷酸单位（图 9-6）。在同一个复制叉上，前导链和后随链的延长由同一个 DNA pol Ⅲ 催化完成。但 DNA pol Ⅲ 只能随着复制叉（解链方向）前进，此时生成方向与 DNA pol Ⅲ 移动方向一致的前导链得以连续合成，而生成方向与 DNA pol Ⅲ 移动方向相反的后随链则作 360°绕转，使 DNA pol Ⅲ 覆盖的区域的新链合成方向正好与酶前进方向一致，得以生成一小段新链 DNA 片段，称为冈崎片段（Okazaki fragment），当 DNA pol Ⅲ 向前移动至下一区域时，相应的区域又作类似的绕转并再次生成一段冈崎片段，之前绕转的区域恢复，依次重复进行，使后随链得以延长（图 9-9）。

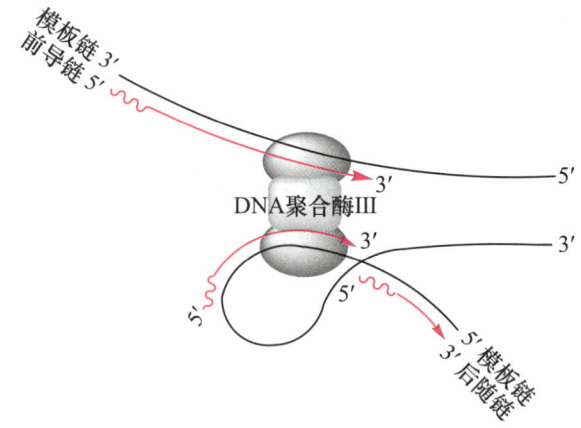

图 9-9　DNA 聚合酶同时催化前导链和后随链的合成

（3）终止阶段：原核生物基因组是环状 DNA，复制从单个起点开始，双向同时复制至终点处（ter）汇合（图 9-10）。复制的终止过程包括 DNA pol Ⅰ 切除引物、填补空隙，DNA 连接酶连接相邻 DNA 片段形成完整的 DNA 新链（图 9-11）。

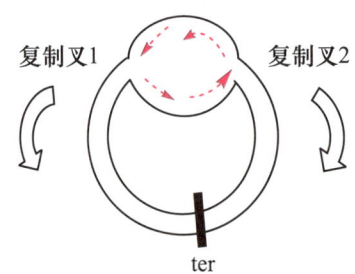

图 9-10　原核生物 DNA 复制方向和终止

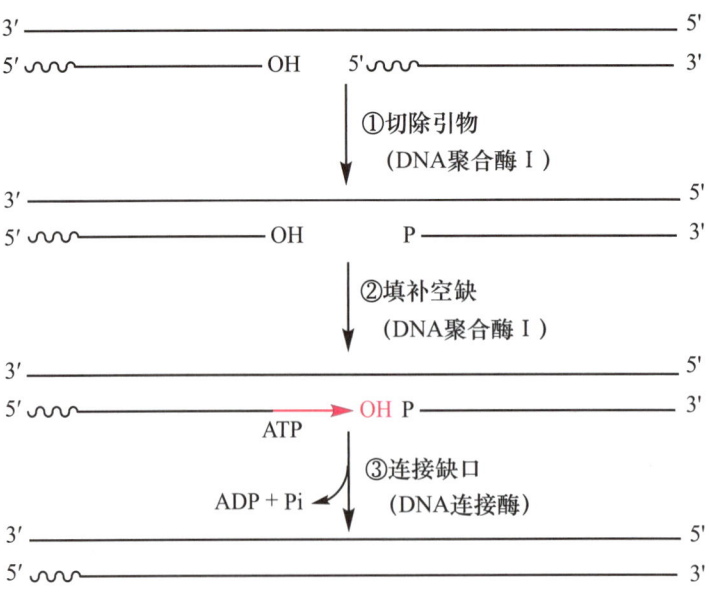

图 9-11　DNA 复制后切除引物、填补空缺和链接缺口

2. 真核生物 DNA 复制的过程　真核生物 DNA 复制过程和基本特征与原核生物相似，但也有其自身特点。由于真核生物基因组更为庞大、遗传物质以染色体形式存在（非裸露的 DNA），每条染色体 DNA 各自复制，因而 DNA 复制时较原核生物复杂，参与的酶与蛋白因子等物质更多，且仍有不少机制尚未明确。

> **知识补充**
>
> **细胞周期**
>
> 真核细胞具有细胞周期（cell cycle），即细胞从一次分裂完成开始到下一次分裂结束所经历的全过程，分为分裂间期（包括 G1、S 和 G2 三个时期）与分裂期（M 期）两个阶段。真核生物 DNA 复制发生在细胞分裂间期的 S 期，即 DNA 合成期，且一个细胞周期内只能复制一次。

（1）起始阶段：真核生物复制的起始过程类似于原核生物，同样需要先在复制起始点打开双链结构形成复制叉、形成起始复合物和合成 RNA 引物。

真核生物 DNA 为线性分子，复制时，是多个地方分别起始并从起始点朝相反方向进行复制直至贯通整个 DNA 分子，即多起点、双向复制。与原核生物大肠埃希菌复制起始点 oriC 相比，真核生物复制起始点也富含 AT，但较复杂。

真核生物复制的起始同样需要解旋酶、拓扑异构酶、引物酶等参与，但详细的机制包括各种酶及辅助蛋白质的作用顺序尚未完全明了。

（2）延长阶段：与原核生物大肠埃希菌 DNA 复制延长阶段由同一 DNA pol Ⅲ 同时进行前导链和后随链的延长不同，真核生物 DNA 复制时，前导链的合成由 DNA pol ε 负责，后随链的合成则由 DNA pol δ 负责。虽然真核生物 DNA 聚合酶的催化速率远比原核生物慢（约 50 个 dNTP/s），但由于真核生物是多起点复制，总体速度还是比较快的。

（3）终止阶段：真核生物 DNA 复制后 RNA 引物的去除由 FEN1 和 RNase H 负责；此外还需要重新组装成核小体并最终形成染色体结构。

（四）端粒与端粒酶

真核生物 DNA 是线性分子。当复制完成，新链 5′ 末端由于 RNA 引物被切除后的空隙无法填补，导致子代 DNA 单链 5′ 末端缩短（图 9-12）。这样的末端如果不填平成双链结构，一方面 DNA 分子会被细胞核内的 DNA 酶（DNase）降解；另一方面，缩短的单链作为下一轮复制的模板，会使其子代 DNA 更短，随着复制次数的增加，DNA 分子会越来越短，使遗传信息丢失。为解决染色体 DNA 末端缩短和染色体 DNA 稳定性的问题，真核生物 DNA 末端形成端粒结构，以避免染色体相互融合及末端遗传信息丢失。

端粒（telomere）是真核生物线性染色体 DNA 两个末端的结构，因染色体 DNA 两端膨大、像顶帽子盖在染色体的末端而得名。端粒含数十至上百次"AGGGTT"重复序列，与蛋白质紧密结合，端粒酶（telomerase）可以以该重复序列为模板，将缩短的 DNA 单链 5′ 末端延长，从而维持端粒一定的长度（图 9-13）。

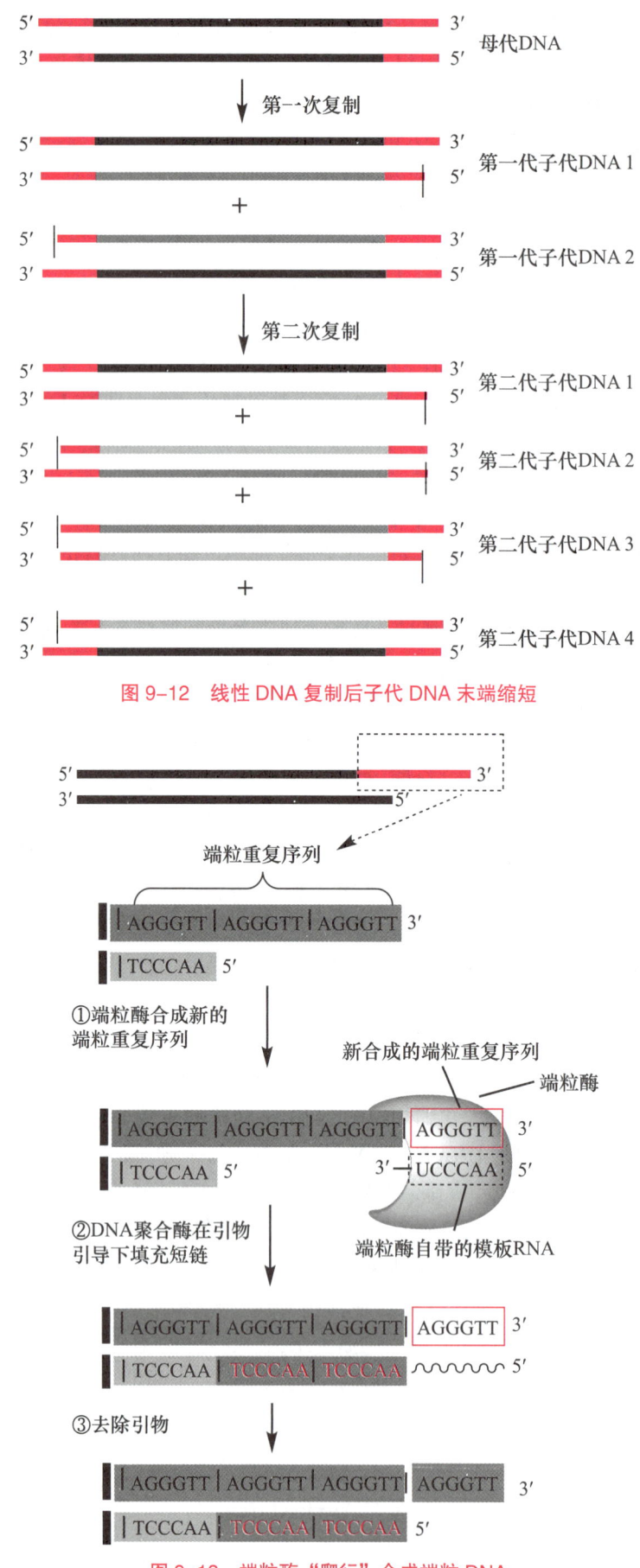

图 9-12 线性 DNA 复制后子代 DNA 末端缩短

图 9-13 端粒酶"爬行"合成端粒 DNA

二、DNA 的损伤与修复

DNA 复制的高保真性保证了生物遗传的稳定。然而，在漫长的生物进化过程中，稳定只是相对的，DNA 不可避免地会受到生物体内、外因素的影响而发生改变。DNA 分子中脱氧核糖核苷酸序列（或碱基序列）的改变如果保留下来并通过复制遗传给下一代，这种改变将是永久性的，称为 DNA 突变（DNA mutation）或 DNA 损伤（DNA damage）。针对不同的 DNA 损伤，生物体都有相应的修复体系，能够及时发现并修复损伤；如果不能修复或修复不完全，则 DNA 的损伤突变可能导致细胞功能的改变，对人来说，可能出现如非正常的细胞衰老、细胞向恶性转化等病理变化。

（一）引起 DNA 损伤的因素

根据引起 DNA 损伤的因素是来自生物体自身还是外部环境刺激，可以分为：体内因素（如生物体自身代谢过程产生的某些物质刺激、DNA 复制过程中发生的碱基错配）和体外因素（如环境中的射线、化学毒物、药物和病毒感染等物理化学因素）。

最常见的引起 DNA 损伤的因素有：物理因素如辐射（X 线、γ 射线和紫外线等）、化学因素如各种化学药物和毒素（如碱基类似物、亚硝酸盐和黄曲霉毒素等）。

（二）DNA 损伤的类型

DNA 损伤的类型有：碱基的脱落、碱基错配、碱基置换、插入或缺失、嘧啶二聚体的形成、DNA 单链或双链断裂等。

1. 碱基置换　DNA 链中某个位置的嘌呤碱基变成另一种嘌呤碱基，或某个位置的嘧啶碱基变成另一种嘧啶碱基，称为转换；某个位置的碱基发生嘌呤变嘧啶或嘧啶变嘌呤的改变，即颠换。碱基置换可能导致：①氨基酸编码的改变，即错义突变（missense mutation）；②未改变氨基酸编码，即同义突变（same sense mutation）；③变成了终止密码子，即无义突变（nonsense mutation）。

2. 碱基的插入或缺失　若插入或缺失的碱基数正好是 3 的倍数，通常会使相应的蛋白质肽链中氨基酸数量增加或减少；否则将导致遗传密码读码框的改变，即框移突变（frame shift mutation）。

3. 嘧啶二聚体的形成　低波长（100~290 nm）紫外线照射使同一股 DNA 单链上两个相邻的嘧啶碱基发生共价连接形成嘧啶二聚体，最常见的是"T-T"二聚体。嘧啶二聚体的形成，使 DNA 产生弯曲或扭结，从而使复制或转录受阻。

4. DNA 链断裂　断裂可以发生在双链 DNA 中的某股单链上，即单链断裂，也可以是双链的断裂。

（三）DNA 损伤的修复

生物体有多种针对不同损伤类型的 DNA 修复系统（DNA repair system）。根据所修复的损伤类型及具体修复方式的不同，常见的有：光复活修复、切除修复、重组修复和跨损伤修复等。

1. 光复活修复（photo reactivation repair，PRR）　光复活修复简称光修复，是针对于嘧啶二聚体损伤的修复类型。光复活修复方式普遍存在于生物界，但不是高等生物修复嘧啶二聚体的主要方式。该修复方式是在可见光的激发下，一种 DNA 光裂合酶（DNA photolyase）将嘧啶二聚体解聚恢复原样（图 9-14）。

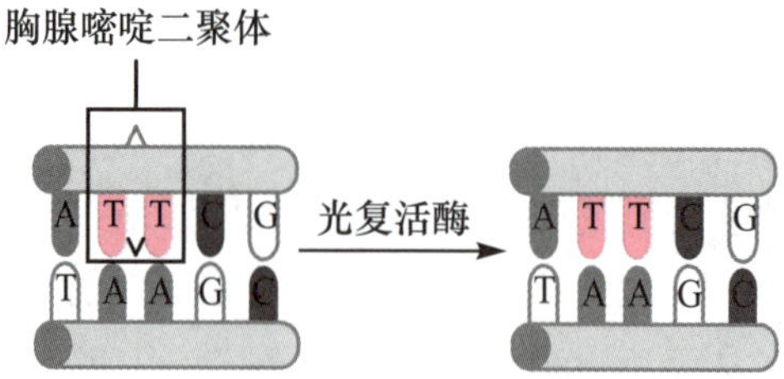

图 9-14 光复活修复胸腺嘧啶二聚体

2. 切除修复（excision repair） 切除修复是在酶的催化下，将异常的部位（碱基或核苷酸）切除并替换成正确的碱基或核苷酸，是生物界最普遍的 DNA 损伤修复方式（图 9-15）。

知识拓展

着色性干皮病

着色性干皮病（xeroderma pigmentosum，XP）是一种罕见的遗传病。患者由于 DNA 损伤核苷酸切除修复系统基因缺陷，不能修复紫外照射引起的表皮细胞 DNA 嘧啶二聚体损伤，导致患者对日光特别是紫外线特别敏感，皮肤暴露部分容易晒伤形成大量黑斑甚至溃烂。常引起发病早、多类型的皮肤癌。

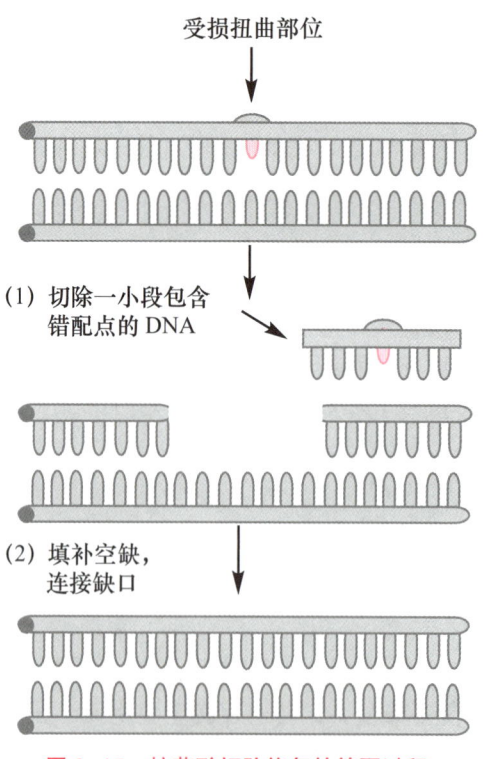

图 9-15 核苷酸切除修复的简要过程

3. 重组修复（recombination repair） 重组修复是针对 DNA 双链断裂进行的修复。受损 DNA 双链断裂部位与另一条序列相同（同源）的完好 DNA 链相应部位并排靠近，完好 DNA 的两股单链各自作为模板分别指导断裂部位 DNA 片段的合成，直至受损 DNA 的两条断链均被修补完整（图 9-16）。哺乳动物细胞参与重组修复的 DNA 与受损 DNA 没有同源性时，断裂部位修复后的 DNA 序列与原来相比有一定的差异，但细胞依然可以存活。

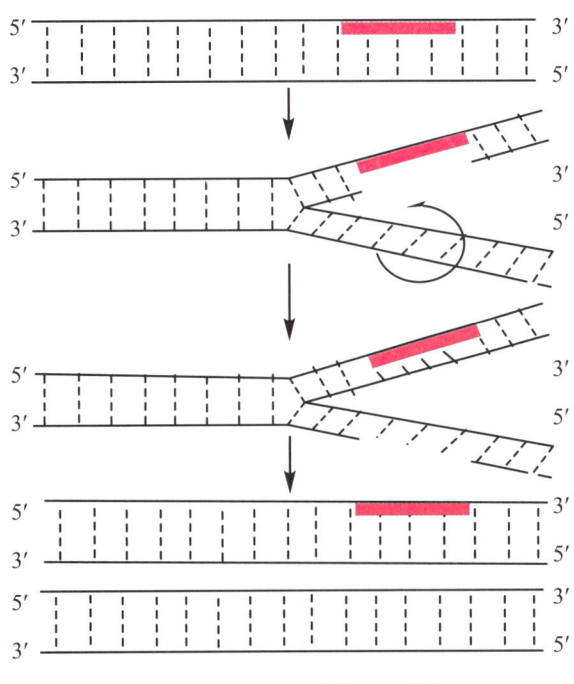

图 9-16　DNA 损伤的重组修复

4. 跨损伤修复　当 DNA 损伤范围较大，上述修复系统都无法有效修复时，细胞中 DNA 复制至损伤处时先跨过损伤部位继续完成复制，再设法修补损伤的部位。这种修复使 DNA 复制过程得以完成，使细胞得以存活，但保留了较大范围的变异。

三、反转录合成 DNA

绝大多数的生物以 DNA 作为遗传物质，只有少数病毒以 RNA 作为遗传物质（称为 RNA 病毒）。有一类 RNA 病毒的遗传物质为单链 RNA，能以单链 RNA 为模板，合成双链 DNA 分子，这种 DNA 合成方式称为反转录（reverse transcription），催化反转录过程的酶称为反转录酶（reverse transcriptase），全称为依赖于 RNA 的 DNA 聚合酶（RNA-dependent DNA polymerase）。存在反转录现象的 RNA 病毒称为反转录病毒（retrovirus）。

反转录生成 DNA 的过程分为三步（图 9-17）：

（1）反转录酶发挥其依赖 RNA 的 DNA 聚合活性，以单链 RNA 为模板，以 dNTP 为原料，根据 A-U、C-G 配对原则合成互补的 DNA（complimentary DNA，cDNA），即第一链 DNA，形成 RNA-DNA 杂化双链分子；

（2）反转录酶发挥其 RNA 酶活性，将模板 RNA 链水解，剩下单链 DNA；

（3）反转录酶发挥其依赖 DNA 的 DNA 聚合酶活性，以之前剩下的单链 DNA 作为模板，合成互补新链 DNA（第二链 DNA），形成双链 DNA 分子。该双链 DNA 分子可以插入到宿主细胞基因组 DNA 中，随宿主细胞 DNA 一起复制和表达，即整合（integration）。

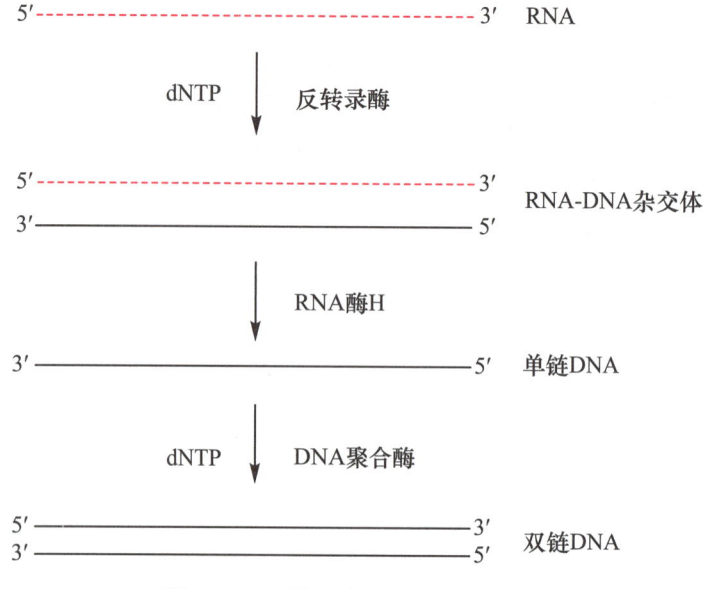

图 9-17 反转录酶催化的反转录作用

反转录病毒通过反转录生成 cDNA 后将其整合入真核宿主细胞基因组 DNA 中，成为前病毒（provirus），后者可以在宿主细胞中表达出病毒 RNA 和病毒蛋白并重新组装成病毒颗粒，然后使宿主细胞发生转化如癌变，或者继续感染其他宿主细胞。对反转录病毒的研究是当今的又一重大课题。人类免疫缺陷病毒（human immunodeficiency virus，HIV）就是反转录病毒。

反转录酶可以将真核生物 mRNA 反转录成只含有外显子序列而不含内含子序列的 cDNA，因而是基因工程的重要工具酶之一。

第二节　RNA 的生物合成

以 DNA 为模板合成 RNA 的过程，称为转录（transcription）。生物体通过转录过程合成各种 RNA 分子。还有一种合成 RNA 的现象，是一些病毒以其遗传物质 RNA 为模板合成新的 RNA，即 RNA 的复制（RNA replication）。本节仅介绍转录生成 RNA 的内容。

一、转录反应体系

转录生成 RNA 的过程是酶促反应过程，是以 DNA 双链中的其中一股链作为模板，按照碱基互补配对原则（A-U 配对、C-G 配对），将核糖核苷酸从 5′→3′方向不断生成 3′,5′-磷酸二酯键而聚合的过程。参与该过程的主要物质包括：DNA 作为模板、四种核糖核苷酸（ATP、GTP、CTP 和 UTP）作为物质原料、RNA 聚合酶催化合成 RNA 链，此外还需要其他蛋白质及 Mg^{2+} 的参与。

二、原核生物的转录过程

（一）参与原核生物转录的主要物质及其作用

1. DNA 模板　与 DNA 复制时双链 DNA 的两股单链各自作为模板、合成包含全序列的子代 DNA 分子不同，转录只发生在 DNA 分子的一些特定区段，这些能指导 RNA 生成的特定 DNA 区段称为结构基因（structural gene）。结构基因 DNA 双链中仅有其中一股链作为模板指导 RNA 分子的生成，这股链称为模板链（template strand）；与模板链互补而不被转录的另一股 DNA 单链，因其碱基序列与转录产物 RNA 一致（除了 T 被 U 代替之外），称为编码链（coding

strand）。另一方面，不同结构基因转录时，所使用的模板链并不一定是同一股DNA单链。因此，转录具有不对称性，即不对称转录（asymmetric transcription），其含义是：DNA双链中只有一股链转录；不同基因转录的模板不总在同一股链上（图9-18）。

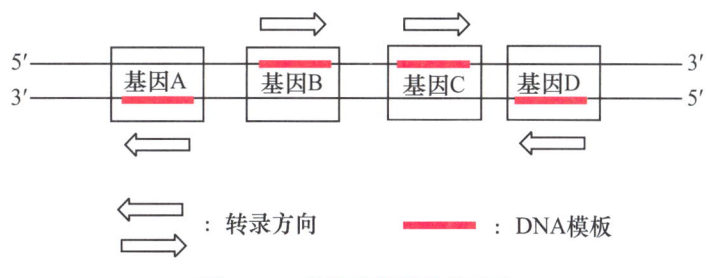

图9-18　转录模板及转录方向

2. 物质原料　核糖核苷三磷酸NTP（ATP、GTP、CTP和UTP）是转录的物质原料。RNA聚合酶根据模板序列信息，以NTP为底物，去掉NTP的两个磷酸基生成NMP后将其掺入到合成的RNA链中。

3. RNA聚合酶　全称为依赖于DNA的RNA聚合酶（DNA-dependent RNA polymerase，RNA pol）。RNA聚合酶可以催化两个游离的核苷酸之间生成3',5'-磷酸二酯键而启动RNA的合成，故转录不需要引物引发。

大肠埃希菌RNA聚合酶全酶由5种（6个）亚基组成，即$\alpha_2\beta\beta'\omega\sigma$。其中σ亚基的作用是辨认DNA模板上的转录起始位点，并带动RNA聚合酶全酶与转录起始位点结合。之后，σ亚基脱离，由RNA聚合酶核心酶（$\alpha_2\beta\beta'\omega$）负责RNA链的延长。

4. 其他蛋白质及Mg^{2+}　转录还需要其他蛋白质和Mg^{2+}的参与。如转录终止有时需要ρ因子（蛋白），也有的转录终止不需要该蛋白因子。Mg^{2+}则作为RNA聚合酶的辅基参与转录过程。

（二）原核生物转录过程

转录过程大致分为三个阶段：起始、延长和终止。

1. 起始阶段　转录的起始阶段主要包括：RNA聚合酶全酶结合DNA模板上转录起始位点形成转录起始复合物、转录起始区双链DNA打开成单链和与模板互补的第一、第二个核苷酸的聚合。

若以转录开始生成的RNA 5'端第一个核苷酸对应于DNA编码链的位置为+1，称为转录起点（transcription start site，TSS）。转录起点之前的DNA上游序列用负数表示，则离+1最近的上游核苷酸为-1，次之的为-2，以此类推。

对数百个原核生物基因转录区上游序列分析发现，上游距转录起点6~7个核苷酸的-10区的序列总是"TATAAT"，也称为"TATA盒"（Pribnow box）；与-10区相隔16~18个核苷酸的上游-35区序列通常为"TTGACA"。-10区和-35区均富含AT，易于解链，是RNA聚合酶全酶结合并决定转录起始点的关键部位，称为启动子（promoter）。RNA聚合酶全酶首先结合在启动子的-35区，然后向下游移动到-10区，形成稳定的RNA聚合酶与DNA的复合物，即可开始转录。

2. 延长阶段　转录起始后，σ亚基脱落离开启动子，由RNA聚合酶核心酶沿模板链3'→5'方向滑动，催化核苷酸由5'→3'方向聚合使RNA链延长。随着RNA聚合酶核心酶的移动，DNA双螺旋结构不断解开和重新恢复（图9-19）。

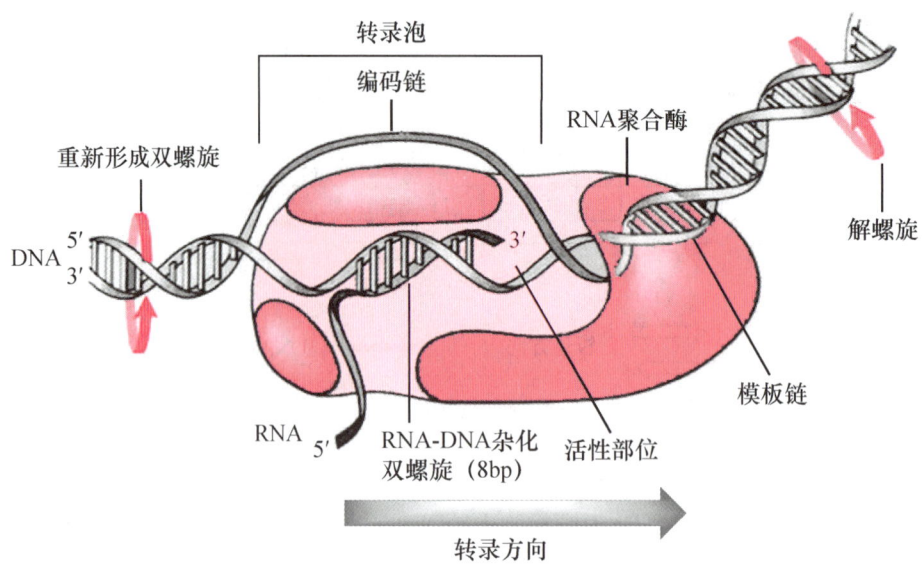

图 9-19　RNA 聚合酶沿 DNA 模板链移动合成 RNA

3. 终止阶段　转录终止时，RNA 聚合酶核心酶在 DNA 模板上停止移动，释放出转录产物 RNA 链。根据终止时是否需要蛋白因子 ρ 的参与，原核生物转录终止分为：依赖 ρ 因子的终止和不依赖 ρ 因子的终止。转录是否需要 ρ 因子的参与，由 DNA 模板上接近转录终止处的序列特征决定。

（1）依赖 ρ 因子的转录终止：接近转录终止处的 DNA 模板序列为有规律、富含 G 的区域，致使转录出来的 RNA 链 3′ 末端会生成富含 C 且有规律的序列，成为能被 ρ 因子识别并结合的转录终止信号。ρ 因子与 RNA 链 3′ 末端终止信号的结合，使 RNA 聚合酶核心酶构象发生变化而停止移动，转录产物 RNA 链被释放。

（2）不依赖 ρ 因子的转录终止：接近转录终止处的一段 DNA 模板序列富含 GC，且本身有碱基互补配对关系，该序列下游还有一连串的 A 碱基，使转录出的 RNA 链 3′ 末端序列能形成局部配对的双链区域（茎环或发夹结构）和含有一连串 U 碱基。这些序列特征促使 RNA 聚合酶核心酶的构象改变，进而与 DNA 模板的结合方式改变，从而不再移动，使得不需要 ρ 因子即可转录终止。

真核生物转录过程远比原核生物复杂，表现在：不同种类的 RNA（tRNA、mRNA、rRNA 和其他 RNA）由不同的 RNA pol 负责合成；RNA pol 必须与辅因子结合，有些还需要被称为转录因子（transcription factor）的蛋白质的参与才能起始转录；启动子序列特征和位置不如原核生物那么一致等方面。在此不作详细叙述。

三、转录后的加工与修饰

由于没有核膜，原核生物细胞是边转录边翻译的，即 mRNA 的合成尚未完成，已转录生成的 mRNA 部分已经作为模板指导蛋白质肽链的合成了，但 rRNA、tRNA 等非编码 RNA 的转录后加工普遍存在于原核细胞中。真核生物细胞由于有核膜的阻隔，在细胞核中转录生成的 mRNA 分子必须经过转录后加工与修饰后移出细胞核进入细胞质，作为模板由核糖体翻译生成蛋白质肽链。

真核生物转录生成的各种 RNA 分子都是初级 RNA 转录产物，称为前体 RNA（pre-RNA）。几乎所有的初级 RNA 转录产物都需要经过加工修饰才能成为有功能的 RNA，即成熟 RNA（mature RNA）。转录后加工主要在细胞核中进行。本部分主要介绍 mRNA、rRNA 和 tRNA 这三种主要参与蛋白质合成过程的 RNA 转录后加工与修饰。

(一)真核生物 mRNA 的转录后加工与修饰

真核生物合成的前体 mRNA（precursor mRNA），也称为核不均一 RNA（heterogeneous nuclear RNA，hnRNA），需要对其 5′ 端和 3′ 端进行修饰及序列的剪接，才能成为成熟的 mRNA，在胞质中由核糖体将其作为模板翻译成蛋白质氨基酸序列。

1. 5′端加"帽"修饰 大多数真核生物成熟 mRNA 的 5′ 端都有一个"帽子"结构——7-甲基鸟嘌呤核苷三磷酸（m^7GpppN），其以不常见的 5′,5′-三磷酸连接键与 mRNA 的第一个核苷酸连接（图 9-20）。5′ 端的"帽子"结构可以保护 mRNA 避免被核酸酶的水解，对于维持 mRNA 的稳定性有重要的意义；此外，该结构参与 mRNA 与核糖体的结合，与蛋白质合成起始有关。

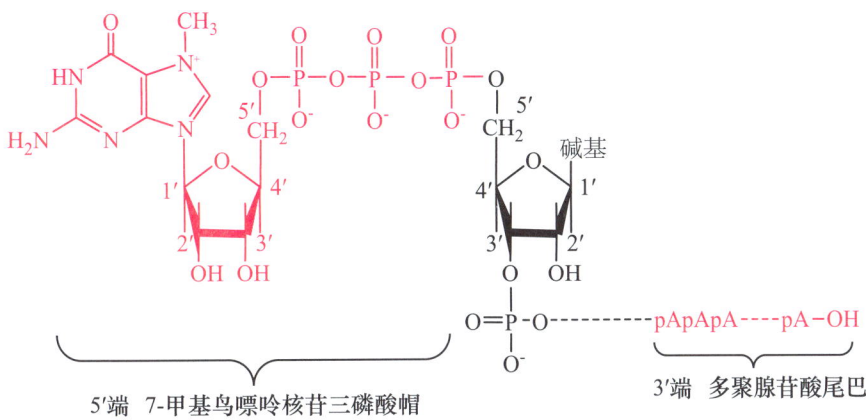

图 9-20 真核生物 mRNA 的帽子结构及形成过程

2. 3′端加多聚腺苷酸 [poly（A）]"尾" 除组蛋白的 mRNA 外，真核生物的成熟 mRNA 的 3′ 端都有个多聚腺苷酸 [poly（A）]"尾"结构，即一连串"A"碱基的排列（80~250 个）（图 9-20）。

3. 剪接（splicing） 真核生物前体 mRNA 中，将来用于指导蛋白质肽链合成的编码序列被一些非编码序列间隔成数段，编码序列称为外显子（exon），非编码序列称为内含子（intron）。因此，mRNA 的剪接包括将内含子序列切除、相邻外显子序列拼接成连续编码区（图 9-21）。

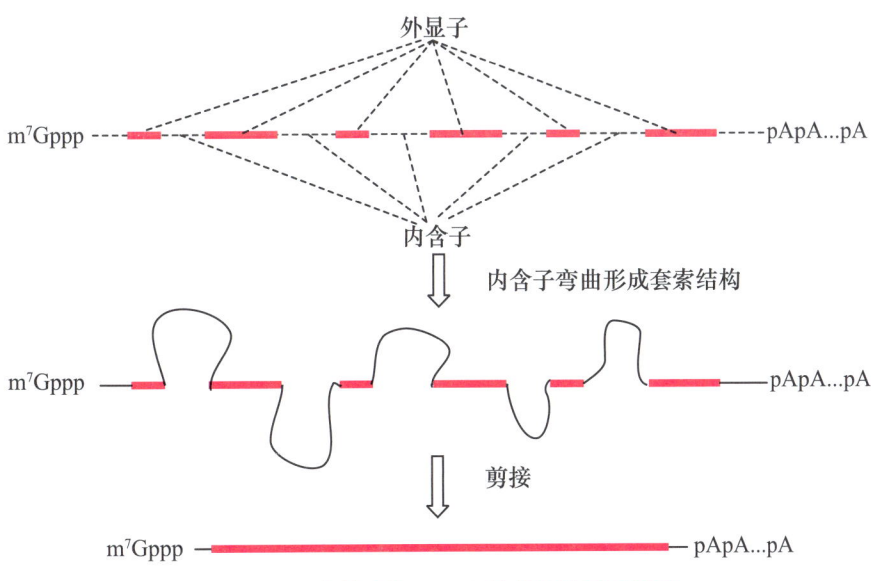

图 9-21 真核生物 mRNA 的剪接过程示意图

> **知识链接**
>
> **剪接点突变可致病**
>
> 剪接点序列的突变可以导致 mRNA 的错误剪接和异常蛋白质的生成。至少 20% 以上的遗传性疾病与序列突变影响了 mRNA 的剪接直接相关,如某些类型的 β-地中海贫血。

(二) 真核生物 rRNA 的转录后加工与修饰

真核生物 18S、5.8S 和 28S 三种 rRNA 的编码基因是串联在一起的,转录时首先生成一条 45S 大小的 rRNA 分子。45S rRNA 经过剪切、去除内含子序列后,生成成熟的 18S、5.8S 和 28S rRNA 分子。这些成熟的 rRNA 分子在核仁中与多种蛋白质一起装配成核糖体,后者被运往细胞质负责蛋白质的合成(图 9-22)。

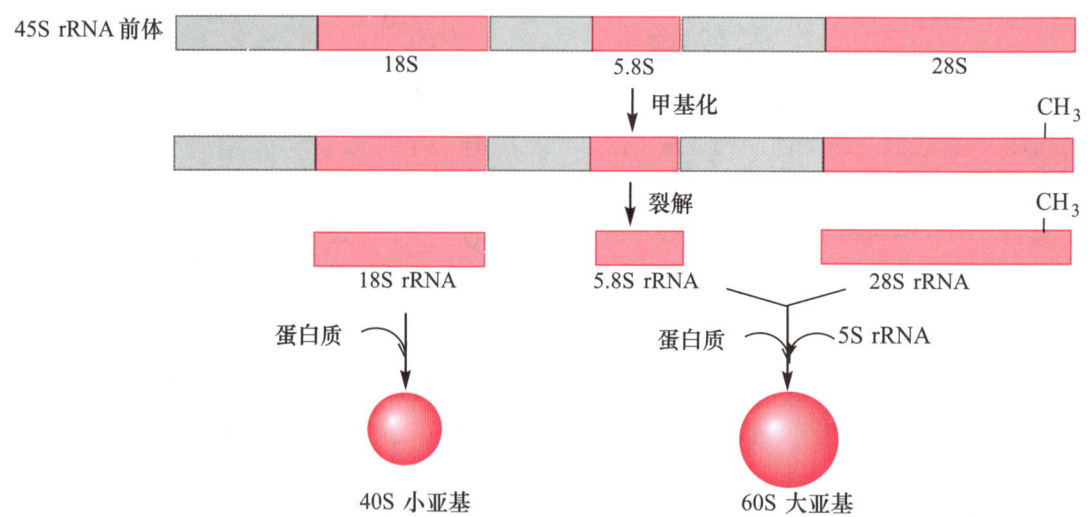

图 9-22 真核生物前体 rRNA 转录后的加工

(三) 真核生物 tRNA 的转录后加工与修饰

真核细胞转录生成前体 tRNA 后需要多种加工过程,包括:5′端前导序列的切除、茎环结构中部内含子的切除及切除后连接形成反密码子环、3′端形成统一的 CCA 末端序列(图 9-23)和茎环结构中一些碱基修饰成为稀有碱基(二氢尿嘧啶 DHU、假尿嘧啶 φ、次黄嘌呤 I 等)。

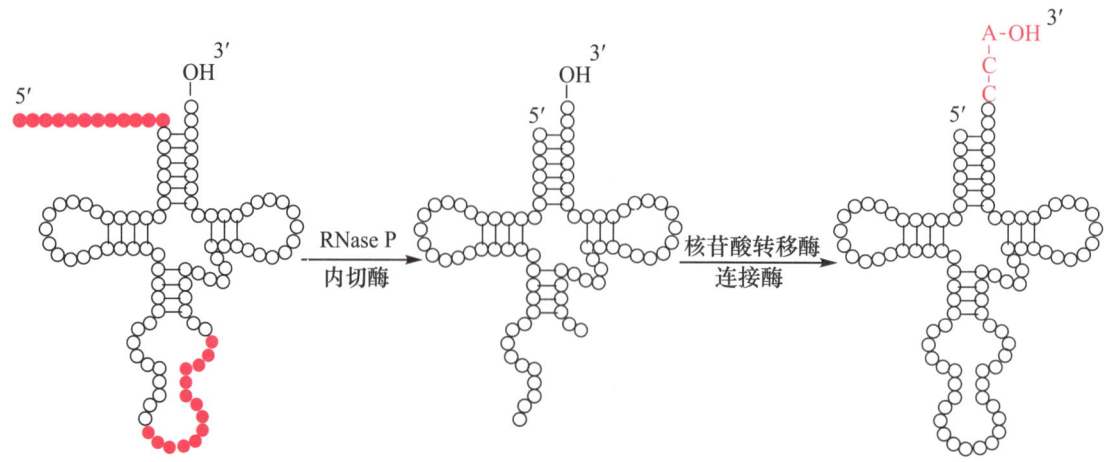

图 9-23 真核生物前体 tRNA 的加工过程示意图

第三节　蛋白质的生物合成

蛋白质是生命活动的物质基础，几乎参与所有生命过程。生物体合成蛋白质的过程，是中心法则的核心，即遗传信息从 DNA 经 mRNA 传递至蛋白质的过程，mRNA 分子作为蛋白质合成的直接模板，其核苷酸（碱基）序列被核糖体转换成蛋白质肽链中的氨基酸序列，故蛋白质合成过程又称为翻译（translation）。肽链生成后通常还需要经过加工修饰、折叠形成正确的空间构象后运输至合适的亚细胞部位才能发挥其生物学功能。

一、参与蛋白质合成的主要物质及作用

参与蛋白质合成的主要物质及其作用为：氨基酸作为物质原料、mRNA 作为直接模板、tRNA 作为氨基酸的"搬运工具"、rRNA 参与构成的核糖体作为合成场所、其他的酶与蛋白质分子参与反应及 ATP 或 GTP 提供能量。

（一）mRNA 是蛋白质合成的直接模板

mRNA 分子 5′端→3′端方向核苷酸（碱基）序列中，从编码区开始，每 3 个核苷酸为一组，代表了一种特异的氨基酸或肽链合成终止的信号，称为三联体密码（triplet code）或密码子（codon）。mRNA 中的四种碱基（A、G、C 和 U）每 3 个一组，一共可以形成 64 种组合，即 64 个密码子。其中 61 个密码子代表了 20 种氨基酸，3 个密码子（UAA、UAG 和 UGA）不代表任何氨基酸，而是作为肽链合成的终止信号，称为终止密码子（termination codon）。值得注意的是：AUG 不仅代表甲硫氨酸，同时还是翻译起始点，称为起始密码子（initiation codon）（表 9-4）。

表 9-4　遗传密码表

第 1 个核苷酸（5′端）	第 2 个核苷酸				第 3 个核苷酸（3′端）
	U	C	A	G	
U	苯丙氨酸	丝氨酸	酪氨酸	半胱氨酸	U
	苯丙氨酸	丝氨酸	酪氨酸	半胱氨酸	C
	亮氨酸	丝氨酸	终止密码子	终止密码子	A
	亮氨酸	丝氨酸	终止密码子	色氨酸	G
C	亮氨酸	脯氨酸	组氨酸	精氨酸	U
	亮氨酸	脯氨酸	组氨酸	精氨酸	C
	亮氨酸	脯氨酸	谷氨酰胺	精氨酸	A
	亮氨酸	脯氨酸	谷氨酰胺	精氨酸	G
A	异亮氨酸	苏氨酸	天冬酰胺	丝氨酸	U
	异亮氨酸	苏氨酸	天冬酰胺	丝氨酸	C
	异亮氨酸	苏氨酸	赖氨酸	精氨酸	A
	*甲硫氨酸	苏氨酸	赖氨酸	精氨酸	G
G	缬氨酸	丙氨酸	天冬氨酸	甘氨酸	U
	缬氨酸	丙氨酸	天冬氨酸	甘氨酸	C
	缬氨酸	丙氨酸	谷氨酸	甘氨酸	A
	缬氨酸	丙氨酸	谷氨酸	甘氨酸	G

*AUG 既作为翻译起始密码子，同时又代表甲硫氨酸

遗传密码具有以下几个特点：

1. 方向性　翻译时，从 mRNA 分子上起始密码子 AUG 开始，沿其 5′→3′方向逐一将密码子转换成氨基酸，即密码子的阅读是从 mRNA 分子的 5′→3′方向逐个进行的。

2. 连续性　阅读密码子从起始密码子 AUG 开始之后连续进行，期间无间隔、无跨越，直至遇到终止密码子。

> **知识拓展**
>
> **脆性 X 染色体综合征**
>
> 脆性 X 染色体综合征（fragile X chromosome symdrome）是发生率仅次于唐氏综合征（21-三体综合征）的第二大染色体异常疾病。患者往往表现为智力低下、巨大睾丸、特殊容貌及语言和行为障碍。该病是由于患者体内 FMR1 蛋白基因非翻译区 CGG 过度重复无法产生正常的 FMR1 蛋白，从而影响了 DNA 与组蛋白装配成核小体，最终使 X 染色体长臂末端形成"狭沟"，使该部分 DNA 复制和转录障碍。

3. 简并性　参与合成蛋白质的氨基酸只有 20 种，而密码子有 61 个，因此出现某些氨基酸由不止一个密码子编码的现象，称为简并性（degeneracy）。具体见表 9-4。

4. 通用性　目前发现，从低等生物如细菌到高等生物如人类都共用一套密码。这不仅为地球上的生物来自同一祖先的进化论提供了可靠的证据，同时也使人类通过遗传操作对不同物种进行基因改造，以获取新性状和利用微生物生产人类所需的食品、药物等成为可能。

5. 摆动性　mRNA 密码子的第 3 位碱基与 tRNA 反密码子的第 1 位碱基有时不严格遵循 Waston-Crick 碱基配对原则，存在摆动（wobble）现象，使一种 tRNA 可以识别多种简并性密码子（表 9-5）。

表 9-5　密码子与反密码子的摆动配对关系

tRNA 反密码子第 1 位碱基	I	U	G	A	C
mRNA 密码子第 3 位碱基	U、C、A	A、G	U、C	U	G

（二）tRNA 是氨基酸的"搬运工具"

蛋白质合成（翻译）时，含有能与 mRNA 上密码子配对的反密码子的相应 tRNA 分子会结合特异的氨基酸，生成氨酰-tRNA 后将氨基酸携带进入核糖体用于肽链的延长。各种氨酰-tRNA 的表示方式通常为：在 tRNA 右上角标注氨基酸的三字母符号以体现其结合并运输的氨基酸，如 tRNA^{Ala}（丙氨酰 tRNA）结合运输的是丙氨酸。

（三）rRNA 与多种蛋白质结合形成"蛋白质合成的装配机"——核糖体

rRNA 的功能是作为核糖体的组成成分，与数十种蛋白质结合组成核糖体，后者被誉为"蛋白质合成的装配机"，负责蛋白质肽链合成。原核生物核糖体大小为 70S，由 50S 的大亚基和 30S 的小亚基组成，其中 5S rRNA、23S rRNA 与 33 种蛋白质构成大亚基，16S rRNA 与 21 种蛋白质构成小亚基；真核生物的核糖体更大，为 80S，其中 5S rRNA、28S rRNA 和 5.8S rRNA 与约 50 种蛋白质构成 60S 的大亚基，而 18S rRNA 与约 35 种蛋白质构成 40S 的小亚基。

原核生物和真核生物的核糖体都有 3 个重要的功能部位：A 位、P 位和 E 位。A 位，即氨酰位（aminoacyl site，A site），是携带特异氨基酸的氨酰-tRNA 进入核糖体时的部位；P 位，即肽酰位（peptidyl site，P site），是结合有氨基酸连接成的肽结构的肽酰-tRNA 所在部位；E 位，即排出位（exit site，E site），已经卸下了氨基酸的空载 tRNA 经此部位离开核糖体（图 9-24）。

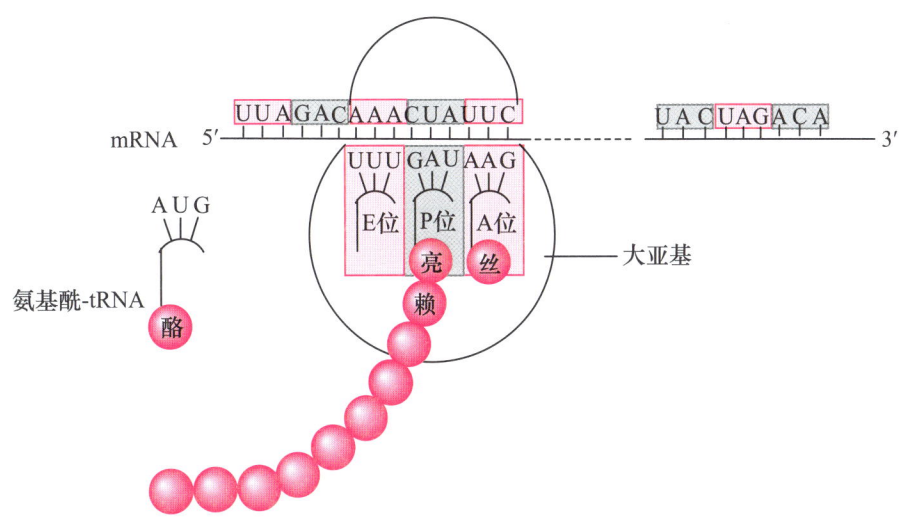

图 9-24 核糖体的 A、P、E 位

（四）其他酶类、蛋白质因子和能量分子

蛋白质合成需要氨酰-tRNA 合成酶、肽酰转移酶、Mg^{2+} 以及肽链合成的起始因子（initiation factor，IF）、延长因子（elongation factor，EF）和终止因子（termination factor，TF）等蛋白因子的参与，还需要 ATP 或 GTP 供能。

二、蛋白质的合成过程

蛋白质的合成过程可分为三个阶段：氨基酸的活化、多肽链的合成、肽链合成后的加工修饰。真核生物与原核生物相比，肽链合成过程基本相似，但反应更复杂、参与的蛋白质因子更多。这里主要介绍原核生物的肽链合成过程。

（一）氨基酸的活化

氨基酸的活化是指氨基酸与特异 tRNA 结合形成氨基酰-tRNA 的过程。此反应由氨基酰-tRNA 合成酶催化，反应不可逆，消耗 2 个高能磷酸键。

$$\text{氨基酸} + \text{tRNA} + \text{ATP} \xrightarrow{\text{氨基酰-tRNA 合成酶}} \text{氨基酰-tRNA} + \text{AMP} + \text{PPi}$$

tRNA 通过反密码子识别配对 mRNA 上的密码子、其 3′-OH 与氨基酸的 α-COOH 以共价键结合，从而将特定的氨基酸准确地运送到核糖体相应的部位用于肽链的合成。tRNA 与氨基酸的结合是相对特异的，即一种氨基酸可以和 2~6 种 tRNA 结合。

（二）多肽链的合成

多肽链合成是指氨基酸活化后，在核糖体上缩合形成多肽链的过程。该过程包括肽链合成的起始、肽链的延长和肽链合成的终止及释放。

1. 肽链合成的起始　肽链合成的起始阶段主要是指 mRNA 模板、携带甲酰化甲硫氨酸的起始 tRNA（称为甲酰甲硫氨酸，fMet-tRNA^{fMet}）及核糖体结合形成翻译起始复合物的过程，此过程还需要起始因子（IF）、能量分子 GTP 和 Mg^{2+} 的参与。

（1）核糖体小亚基与 mRNA 模板的结合：肽链合成起始时，核糖体在起始因子帮助下大小亚基分离。小亚基含有的 16 S rRNA 能与 mRNA 模板上核糖体结合位点（ribosome-binding site，RBS）序列互补配对识别，从而将核糖体小亚基准确定位结合于 mRNA 模板上。核糖体结合位点序列位于起始密码子 AUG 上游约 10 个核苷酸，通常为"AGGAGG"，也称为"Shine-Dalgarno 序列，S-D 序列"。这一序列的存在，使得核糖体小亚基能正确区分起始密码子 AUG

和翻译区内编码甲硫氨酸的 AUG 密码子。

（2）起始氨酰-tRNA（fMet-tRNA^fMet）与核糖体小亚基的结合：小亚基结合 mRNA 模板的 S-D 序列后，覆盖了包括 S-D 序列和其下游的起始密码子，小亚基的 P 位正好对应于 mRNA 的起始密码子处。起始氨酰-tRNA 与 GTP-IF2 一起识别并结合 AUG，进入小亚基的 P 位，A 位则被 IF1 占据，无任何氨酰-tRNA 结合。

（3）核糖体大亚基最后结合形成翻译起始复合物：GTP 水解供能促使 IF 释放离开，大亚基与小亚基结合，形成完整核糖体，并与 mRNA 模板、fMet-tRNA^fMet 等形成翻译起始复合物（图 9-25）。

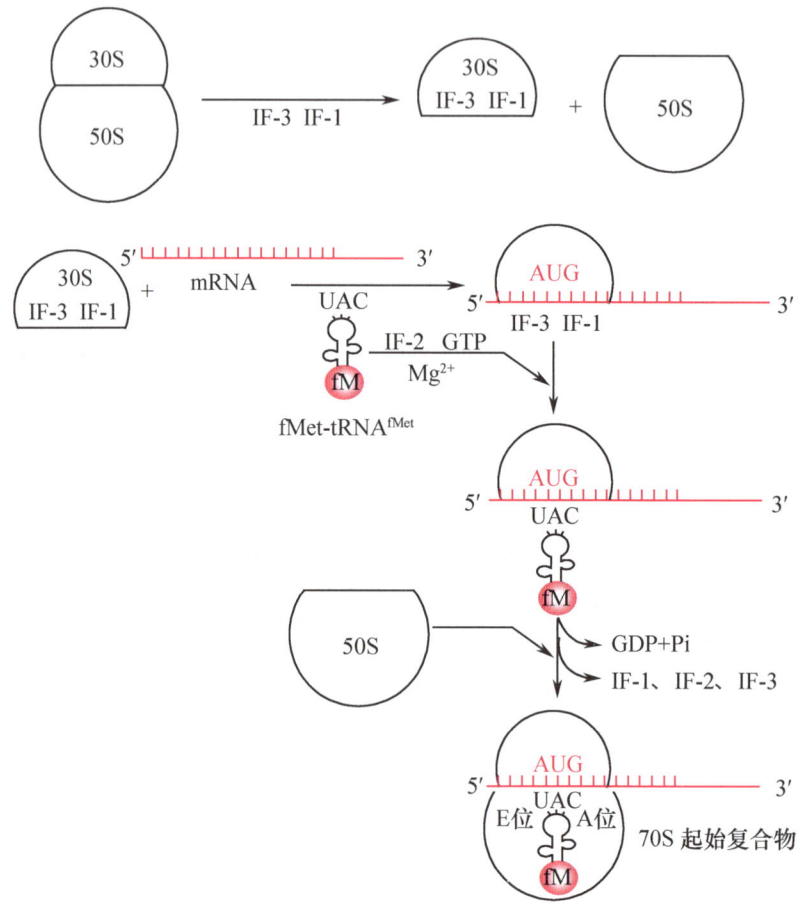

图 9-25　原核生物翻译起始复合物

2. 肽链的延长　延长阶段主要是核糖体沿着 mRNA 从 5′→3′方向移动，逐一将密码子转换成氨基酸，催化肽链由 N→C 延长。肽链每增加一个氨基酸残基，都需要进行进位、成肽和转位三个连续步骤（图 9-26）。肽链的延长过程就是在核糖体上不断循环进行这三个步骤的过程，同时还需要多种延长因子（EF）及 GTP 的参与。

（1）进位：又称为注册，即与密码子匹配的氨酰-tRNA 进入核糖体的 A 位。该过程需要延长因子和 GTP 的参与。不能与密码子配对的氨酰-tRNA 则不能与 A 位结合，以保证翻译的正确，体现了核糖体对氨酰-tRNA 进位的校对功能。

（2）成肽：成肽是指 P 位上氨酰-tRNA 的氨基酸脱离，与其后 A 位上的氨酰-tRNA 生成肽键结合成肽。该反应由核糖体大亚基含有的 23 S rRNA（真核生物是 28 S rRNA）催化，称为肽酰转移酶，其本质是具有催化作用的 RNA 分子，即核酶。P 位上卸下了氨基酸的 tRNA 成为空载的 tRNA。

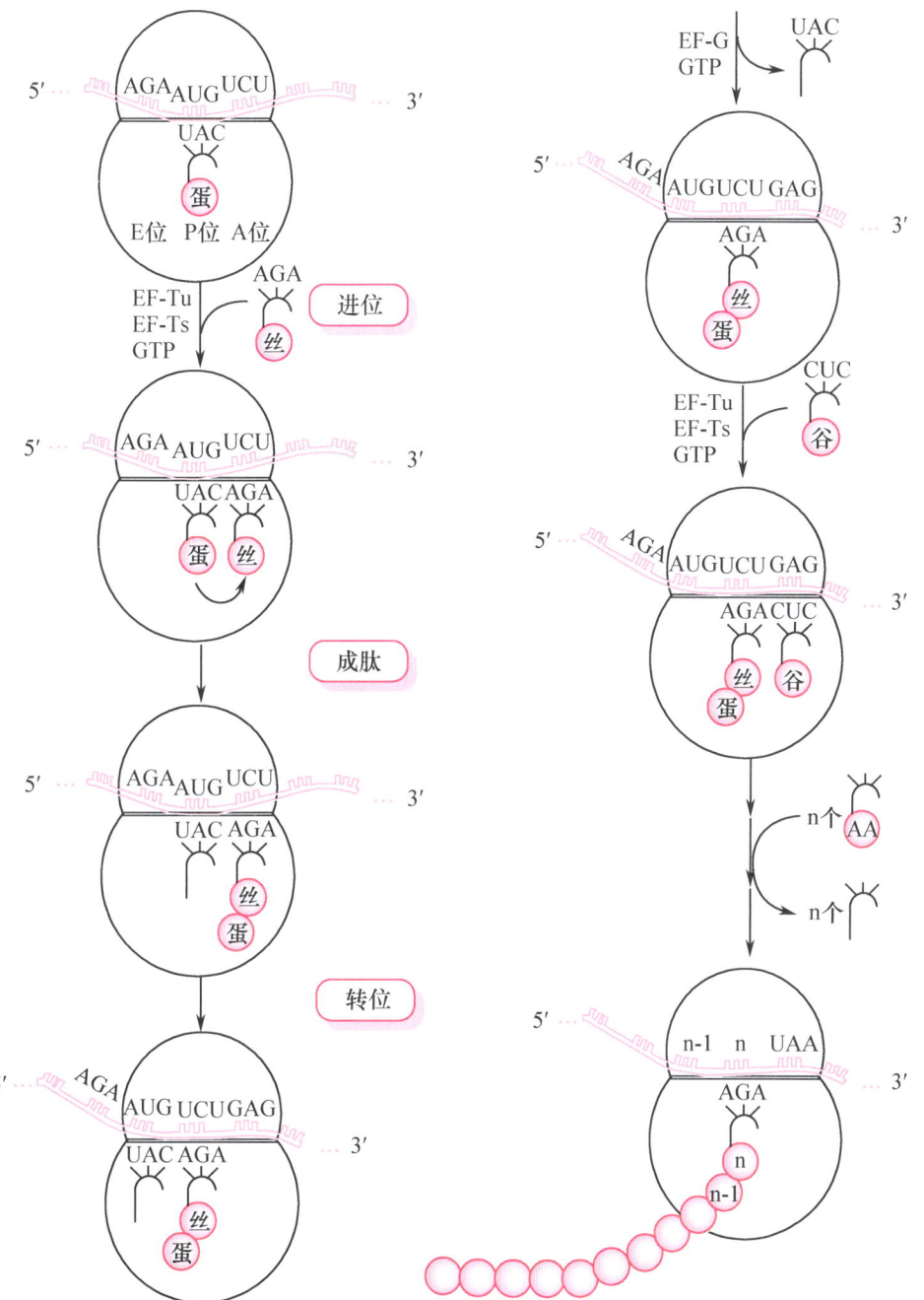

图 9-26　原核生物肽链延长过程示意图

（3）转位：成肽反应后，核糖体向 mRNA 的 3′端方向移动一个密码子的距离，使原来位于 P 位的空载 tRNA 挪到了核糖体 E 位上，而结合了肽分子的肽酰 -tRNA 挪到 P 位上，A 位则重新空缺，等待下一个氨酰 -tRNA 的进入开始新一轮的延长过程。

3. 肽链合成的终止及释放　当核糖体移动到 A 位处于终止密码子处时，没有任何氨酰 -tRNA 而是释放因子（RF）识别和进入 A 位，促使新生肽链释放，mRNA、tRNA 及 RF 脱离核糖体，核糖体大小亚基分离。

无论原核生物还是真核生物，1 条肽链未合成完毕即可再次启动肽链的合成，因而 1 条 mRNA 模板链上可以附着数十个核糖体，这种多个核糖体结合在 1 条 mRNA 链上形成的复合物称为多聚核糖体（polyribosome 或 polysome）。多聚核糖体的形成使细胞得以高效合成蛋白质肽链。

（三）蛋白质合成后的加工和修饰

刚合成的肽链通常没有生物活性，必须经过进一步加工修饰才能转变为具有一定生物学活性的肽分子或蛋白质，这一过程称为翻译后的加工，包括：多肽链折叠形成正确的空间结构，以及对肽链结构的修饰等。

1. 多肽链的折叠　大多数天然蛋白质的折叠不能自发完成，而是需要其他的酶或蛋白质分子的辅助，如热休克蛋白（heat shock protein，HSP，又称热激蛋白）和伴侣蛋白（chaperonin），它们被称为分子伴侣（molecular chaperone）。有些蛋白质折叠还需要异构酶（蛋白质二硫键异构酶和肽脯氨酰基顺-反异构酶）的参与。

2. 肽链的水解　新生肽链的水解是肽链加工的重要形式。

（1）肽链 N 端的加工：原核细胞中约半数的成熟蛋白质其 N 端经脱甲酰基酶切除 N- 甲酰基而保留甲硫氨酸，另一部分成熟蛋白质则由氨基肽酶切除 N- 甲酰甲硫氨酸。

（2）切除部分肽段：真核细胞中，分泌蛋白和跨膜蛋白的成熟过程需将其前体分子 N 端含 13~36 个氨基酸残基的信号肽（signal peptide）切除。有些情况下，C 端的氨基酸残基也需要被酶切除。还有许多蛋白质初合成时是分子量较大的无活性的前体分子，如胰岛素原、胰蛋白酶原等，需切除部分肽段才能成为胰岛素、胰蛋白酶等功能分子。

（3）肽链水解成小分子活性肽：有些多肽链经水解可以产生多种小分子活性肽，如阿黑皮素原（pro-opiomelanocortin，POMC）可以被水解成促肾上腺皮质激素、β- 促脂解素、α- 激素、促皮质素样中叶肽、γ- 促脂解素、β- 内啡肽、β- 促黑激素、γ- 内啡肽及 α- 内啡肽等 9 种活性物质。

3. 氨基酸残基的酶促化学修饰　对肽链中某些氨基酸残基的侧链基团由特定的酶如蛋白激酶、糖基转移酶、羟化酶和甲基转移酶等进行催化修饰，可以改变蛋白质的溶解度、稳定性、亚细胞定位及与胞内其他蛋白质分子间的相互作用等。

4. 辅基的结合　结合蛋白质中，肽链（蛋白质部分）必须与辅基（非蛋白质）结合才能形成具有活性的蛋白质。能与蛋白质肽链结合的辅基通常有色素、糖类、脂类、核酸、磷酸、金属离子等。

5. 多亚基蛋白的亚基聚合过程　有些蛋白质由 2 条甚至更多的肽链（亚基）构成，各亚基必须通过非共价键聚合在一起后，才能成为有功能的蛋白质。如成人的血红蛋白就是由 2 个 α 亚基和 2 个 β 亚基聚合而成的四聚体（$\alpha_2\beta_2$）。

（四）蛋白质合成后的靶向运输

蛋白质合成后还需要被运输到合适的亚细胞部位以行使其生物学功能。有的驻留在细胞质中，有的被运输到细胞器或镶嵌于细胞膜，还有的被分泌到细胞外。蛋白质合成后在细胞内被定向输送到其发挥作用的部位的过程，称为蛋白质靶向运输（protein targeting）或蛋白质分拣（protein sorting）。

三、蛋白质合成与医学的关系

一些药物和毒素通过抑制蛋白质合成而发挥作用。原核生物与真核生物的蛋白质合成过程虽然有一定的相似，但在具体细节上仍有较多的区别，这些区别具有重要的临床应用价值。如抗生素通过抑制细菌生长和繁殖，但对真核细胞没有显著的影响，这是因为抗生素仅作用于原核生物蛋白质合成的过程。有些毒素因能抑制真核生物蛋白质的合成，故对人有毒性。常用抗生素抑制蛋白质合成的原理见表 9-6。

表 9-6 常用抗生素抑制蛋白质合成的原理及应用

抗生素	作用位点	作用原理	应用
伊短菌素	原核、真核核糖体的小亚基	阻碍翻译起始复合物的形成	抗病毒
四环素	原核核糖体的小亚基	抑制氨酰-tRNA与小亚基结合	抗菌
链霉素 新霉素 巴龙霉素	原核核糖体的小亚基	引起读码错误；抑制起始	抗菌
氯霉素 林可霉素 红霉素	原核核糖体的大亚基	抑制肽酰转移酶，阻断肽链延长	抗菌
放线菌酮	真核核糖体的大亚基	抑制肽酰转移酶，阻断肽链延长	医学研究
嘌呤霉素	原核、真核核糖体	使肽酰基转移到它的氨基上，肽链脱落	抗肿瘤
夫西地酸 微球菌素	原核延长因子EF-G	阻止转位	抗菌
大观霉素	原核核糖体的小亚基	阻止转位	抗菌

第四节 基因表达调控

基因表达（gene expression）是指基因转录和翻译的过程，包括基因转录生成各种非编码RNA或生成的mRNA作模板最终生成蛋白质。

原核生物和真核生物在细胞结构和基因组结构上的差异，决定了它们的基因表达方式必然有不同。例如：原核细胞由于没有细胞核结构，没有核膜的阻隔，转录和翻译都发生在细胞质环境，转录和翻译过程是偶联的，即边转录边翻译；真核生物则不然，由于核膜的阻隔，细胞核内转录生成的mRNA必须外运至细胞质中才能被翻译，转录和翻译过程是非偶联的。尽管如此，原核生物和真核生物的基因表达仍然遵循一些共同的基本规律。

一、基因表达调控的基本概念

基因表达调控（regulation of gene expression）就是生物体或细胞对需表达基因的选择、基因表达的过程、表达时间、表达部位及表达水平等方面进行的调控，即基因组中的基因哪些持续表达、哪些表达开启或关闭、哪些组织表达特定基因、如何成功表达生成产物（RNA或蛋白质）及其表达水平高低等。生物体或细胞对基因表达的调控是其在受到内、外环境信号刺激时或为了适应环境变化而做出的应答。

二、基因表达调控的基本原理

（一）基因表达具有时间特异性和空间特异性

1. 时间特异性（temporal specificity） 基因表达的时间特异性指按照功能需求，某一特定基因的表达严格按照一定的时间顺序发生。对于多细胞生物，在不同发育阶段都会有不同的基因严格按照自己特定的时间顺序开启或关闭，与发育、分化时间具有一致性，故多细胞生物基因表达的时间特异性也称为阶段特异性（stage specificity）。

2. 空间特异性（spatial specificity） 对于多细胞生物个体，由于生长发育阶段的不同，同一个基因在不同的组织器官有不同的表达水平，称为基因表达的空间特异性，又称细胞特异性

(cell specificity)或组织特异性(tissue specificity)。

(二)不同基因表达方式不同

1. **基本(组成性)基因表达(constitutive gene expression)** 有些基因表达的产物对生物体的整个生命过程都是不可或缺的,因而需要在生物体的所有细胞中持续表达,其表达不易受环境的影响,这类基因称为管家基因(house-keeping gene),如三羧酸循环是细胞营养物质氧化分解产能的枢纽途径,催化该反应途径的各种酶的编码基因。这类基因的表达方式即为基本(组成性)表达。

2. **可诱导的表达(inducible gene expression)** 也称可阻遏的表达(repressible gene expression)。有些基因的表达容易受到环境的影响,其表达水平改变以适应环境的变化。若环境刺激下,某些基因的表达增强,表现为被激活,则这些基因的表达是可诱导的,如某些原因造成DNA损伤时,参与修复的酶和蛋白因子的编码基因被激活而表达以满足修复所需。与此相反的是,当生物体或细胞不需要某些基因产物时,相应的基因表达水平降低甚至关闭,则这类基因表达称为可阻遏的表达,如细菌细胞合成色氨酸是一个需要消耗大量的物质原料和能量的过程,是细胞内最"昂贵"的代谢途径之一。因而当细菌生长环境中有足够的色氨酸时,与色氨酸合成相关的基因则不表达,这些基因即为可阻遏表达的基因。

3. **协同表达(coordinate expression)** 功能上相关的一组基因尽管各自有不同的表达方式,但在一定机制的控制下,都需要相互协调一致地表达,这种方式称为协调表达。如为了确保一条代谢途径有条不紊地进行,参与其中的各种酶和蛋白质分子的编码基因表达被统一调节。

(三)基因表达调控发生在基因表达的各环节

无论是原核生物还是真核生物,对基因表达的调控可以发生在基因表达的全过程和DNA水平上的调控。

1. 基因表达全过程,包括转录、转录后加工、翻译和翻译后加工等生成RNA或蛋白质的每一个环节,都可能成为调控的节点。

2. 以DNA为遗传信息载体的生物,DNA水平上的调控包括特定基因在DNA分子中的拷贝数、DNA重排和DNA甲基化修饰等变化对基因表达的影响。

转录水平上的调控,尤其是对转录起始的调控对基因表达起着至关重要的作用。控制基因转录的起始,是调控基因表达的基本控制点。本节主要介绍原核生物转录水平的调控。

三、原核生物基因表达的调控

大多数原核生物的基因表达是通过操纵子(operon)来调控的。操纵子是原核生物基因表达及调控的DNA序列单元,由结构基因(编码序列)、调控序列和调节基因三部分构成。

通常功能相关的数个结构基因串联排列,在同一个启动子序列和转录终止信号序列的控制下一并转录,因此转录产物mRNA包含了该数个基因的编码信息,为这些基因编码的蛋白质合成的共用模板。这样一条携带多种蛋白质编码信息的mRNA分子,称为多顺反子mRNA(polycistronic mRNA)。

调控序列主要包括启动子和操纵序列。启动子是转录起始时RNA聚合酶的结合部位;操纵序列与启动子毗邻,其DNA序列与启动子序列常有交错和重叠,是调节基因编码的阻遏蛋白结合的位点。

调节基因编码阻遏蛋白,后者通过与操纵序列结合抑制转录起始。

下面以大肠埃希菌的乳糖操纵子(*lac* operon)为例介绍原核生物操纵子的结构和基因转录调控模式。大肠埃希菌乳糖操纵子是最早发现及研究最清楚的原核生物转录调控的模式。与乳糖代谢相关的酶的编码基因(结构基因)由乳糖操纵子调控其转录开启或关闭,以应对大肠埃希菌生长环境中碳源种类和水平的变化。

（一）乳糖操纵子的结构

乳糖操纵子结构包括：结构基因及其上游的调控序列和调控基因（图 9-27）。

1. 结构基因（structural gene） 乳糖操纵子含有 Z、Y 和 A 共 3 个结构基因，分别编码与乳糖利用相关的 3 种酶：β- 半乳糖苷酶、透过酶和乙酰转移酶。

2. 调控序列　调控序列包括：①启动子序列 P（promoter），是转录起始时大肠埃希菌 RNA 聚合酶识别并结合的部位；②操纵序列 O（operator），是阻遏蛋白结合的部位；③ CAP 结合位点，是激活蛋白（catabolite activator protein，CAP）结合的部位。

3. 调节基因（regulatory gene） 调节基因 I 编码一种阻遏蛋白，后者与操纵序列 O 结合时阻止结构基因的转录。

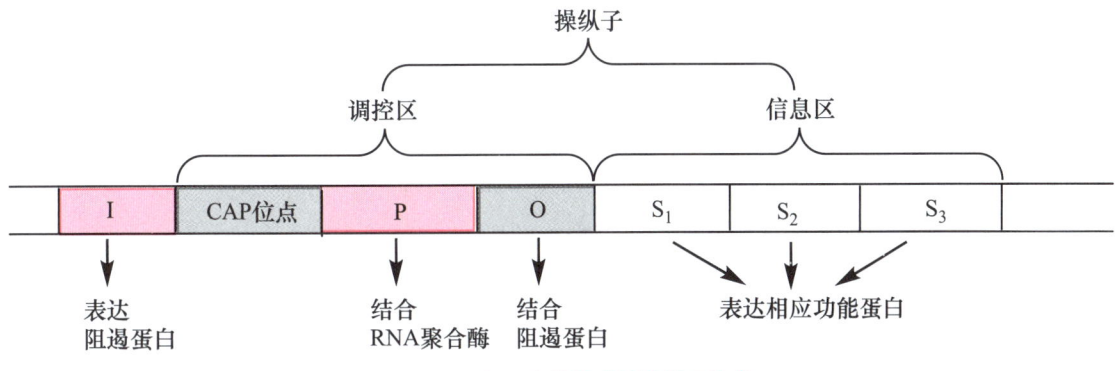

图 9-27　大肠埃希菌乳糖操纵子结构

（二）乳糖操纵子调控结构基因表达的模式

阻遏蛋白对乳糖操纵子起负性调节作用，CAP 蛋白则起正性调节作用，两种调节机制互相协同、互相制约，共同调节结构基因的表达。

1. 环境中有葡萄糖而无乳糖时　大肠埃希菌细胞可以利用葡萄糖而不需要利用乳糖，因此结构基因 Z、Y 和 A 需要关闭以减少不必要的酶蛋白合成。一方面，I 基因编码的阻遏蛋白结合于 O 序列以阻碍 RNA 聚合酶与 P 的结合，从而抑制了结构基因的转录起始；另一方面，细胞由于利用葡萄糖致使 cAMP 浓度降低，影响 cAMP-CAP 复合物的生成，无 cAMP 结合的 CAP 蛋白不能与 CAP 位点结合，因而不能发挥其增强转录的正性调节作用。

2. 环境中无葡萄糖而有乳糖时　一方面，少量乳糖被转变为别乳糖后与阻遏蛋白结合，导致阻遏蛋白不能与 O 序列结合，从而解除阻遏作用；另一方面，葡萄糖的缺乏使得细胞内有高浓度 cAMP，有利于 cAMP-CAP 复合物的生成并结合于 CAP 位点。该结合作用促进 RNA 聚合酶与启动子 P 的结合，提高转录效率。两方面的协同作用，极大地增强了乳糖操纵子结构基因的表达，以便细胞很好地利用乳糖。

3. 环境中既有葡萄糖又有乳糖时　大肠埃希菌细胞以利用葡萄糖为主，结构基因仅有少量的转录。一方面，乳糖去除阻遏蛋白的阻遏作用；另一方面，葡萄糖的存在降低了 cAMP 的浓度，不利于 CAP 蛋白结合 CAP 位点。由于乳糖操纵子的启动子作用较弱，没有 CAP 的结合激活，即使去除阻遏后基因转录活性还是比较低的。两方面作用的结果是乳糖操纵子仅有较低的转录效率。

由上可见，乳糖操纵子的表达需要乳糖的诱导，属于典型的诱导型调控。原核生物细胞还存在另一类阻遏抑制基因表达的操纵子，例如只要环境中有相应的氨基酸供应，细菌细胞就不会自己合成该氨基酸，而是将与该氨基酸合成相关的酶基因表达全部关闭，以最大限度减少能源消耗。

大肠埃希菌色氨酸操纵子（*trp* operon）就是一个阻遏操纵子。细胞内有色氨酸时，色氨酸与阻遏蛋白形成阻遏复合物并结合到操纵序列 O 上，以关闭色氨酸合成有关酶基因的表达；当细胞内无色氨酸时，阻遏蛋白不能单独结合于操纵序列 O，色氨酸合成有关酶的基因得以表达。

除了在转录水平上的调控，原核生物基因表达在翻译水平上也受到精细的调控，尤其是翻译起始阶段，如调节蛋白的结合阻止核糖体识别结合翻译起始区从而阻断翻译、调节 RNA 与 mRNA 翻译起始区互补配对阻止核糖体小亚基识别起始密码子和与 S-D 序列结合从而抑制翻译等。

四、真核生物基因表达的调控

真核生物由于基因组结构特点、多细胞生物体组织细胞间的联络，基因表达的调控层次丰富，具体表现在：

1. 真核生物如哺乳动物基因组中 90% 的序列为非编码序列，且含大量重复序列，功能至今不清楚，可能与基因表达调控相关。
2. 真核生物 mRNA 成熟需要经过剪接过程，增加了基因表达调控的环节。
3. 多亚基蛋白的各亚基各自表达，需协调。
4. 真核生物 DNA 与蛋白结合成染色质（体）的复杂结构影响基因表达。
5. 真核生物有核 DNA 和线粒体 DNA，两者的表达既相互独立又需要协调。

由此可见，与原核生物基因表达调控相比，真核生物基因表达调控的多样性和复杂性超乎想象，是原核生物无法比拟的。真核基因表达调控可以发生在基因表达的各环节，如染色质激活、转录起始、转录后加工修饰、转录产物胞内转运、翻译起始、翻译后加工修饰等。与原核生物相同的是，转录起始的调控也是真核生物基因表达调控的关键。

真核生物转录调控的基本方式主要是顺式作用元件和反式作用因子之间的相互作用，即反式作用因子对顺式作用元件的识别与结合，其本质就是 DNA- 蛋白质之间的相互作用进行转录调控。

（一）顺式作用元件

顺式作用元件（cis-acting element）是 DNA 分子中特定基因编码序列附近、可影响该基因表达活性的非编码序列。顺式作用元件是具有调控转录作用的蛋白因子（转录因子）的结合部位，该部位被特异的转录因子识别及结合后，可以使受其调控的基因表达增强或减弱。真核生物每个基因都有各自的顺式作用元件。根据与所调控基因的位置关系、作用方式和效果，常见的顺式作用元件有：启动子、增强子和沉默子。

1. 启动子（promoter） 真核生物不同基因的启动子序列一致性不如原核生物明显，序列特征比原核生物启动子复杂得多，序列也更长。真核基因启动子的典型序列是位于转录起始点上游 -25~-30 bp 处的"TATAAAA"，又称"TATA 盒"，此外较常见的还有"GGGCGG"（"GC 盒"）和"GCCAAT"（"CAAT 盒"）等。也有很多启动子不含"TATA 盒"，还有的既没有"TATA 盒"也没有富含"GC"区。

2. 增强子（enhancer） 增强子序列可以使受其调控的基因转录效率提高 100 倍或更多。增强子作用特点如下：

（1）有些出现在受其调控的基因编码序列上游或下游附近，可以远距离调控（通常 1~4 kb），个别甚至可以调控距离 30 kb 以外的基因。

（2）被特异的转录因子结合才能表现转录增强的作用。

（3）通过增强启动子转录活性起作用且没有严格的专一性，即同一增强子可以影响不同类型的启动子。

（4）序列倒置时仍然可以起作用。

3. 沉默子（silencer） 作用效果与增强子相反，即起阻遏基因转录的作用。其作用特点与增强子类似，如可以远距离调控基因转录、调节不同基因转录和序列倒置仍然起作用等。

（二）反式作用因子（trans-acting factor）

反式作用因子其化学本质是一类调节转录的蛋白质因子，又称转录因子（transcription factor，TF）。绝大多数真核转录因子由其编码基因表达后进入细胞核，与特定的顺式作用元件识别并结合，从而调控相关基因转录增强和减弱。

转录因子可分为通用转录因子（general transcription factor）和特异转录因子（special transcription factor）。

1. 通用转录因子　这类转录因子帮助 RNA 聚合酶与启动子结合并起始转录，为所有基因转录所必需。

2. 特异转录因子　这类转录因子为特定基因转录所必需。其中，起激活转录作用的，称转录激活因子，通常结合增强子；起抑制转录作用的，称转录抑制因子，多数结合沉默子，也有不与顺式作用元件作用而是通过蛋白质 - 蛋白质相互作用抵消转录激活因子的效应。

除了转录调控，真核生物基因表达调控还可以发生在其他环节，如对 mRNA 转录后戴"帽"加"尾"确保其稳定性、对前体 mRNA 选择性剪接产生不同的成熟 mRNA 模板从而生成不同的蛋白质、一些小分子非编码 RNA 引起转录后基因沉默、磷酸化修饰对翻译起始因子活性调节从而激活或抑制调控翻译起始、对新生肽链的水解和运输调节特定空间部位蛋白质的生成速度等。

第五节　基因工程

1972 年，第一个重组 DNA 分子构建成功以来，基因工程技术迅速发展。如今应用基因工程技术，人们几乎可以随心所欲地对基因进行分离、分析、切割和连接等操作。此外，基因工程技术已经广泛用于生命科学研究、医学研究、疾病诊断与防治、法医学鉴定和物种的改造等诸多领域。

一、基因工程的概念

基因工程（genetic engineering）又称重组 DNA 技术（recombinant DNA technology）、DNA 克隆（DNA cloning）或分子克隆（molecular cloning），是指通过体外操作将来源不同的 DNA 分子重新组合成新的 DNA 分子，并在合适的细胞中扩增或表达的方法。

重组 DNA 技术中所使用的酶统称为工具酶，常用的有：限制性内切酶、DNA 连接酶、DNA 聚合酶、反转录酶和末端转移酶等。本节主要介绍限制性内切酶和 DNA 连接酶。

（一）限制性内切酶

限制性内切酶是一类核酸内切酶，即通过识别双链 DNA 分子内部特定碱基序列，并水解 3′,5′- 磷酸二酯键来切割 DNA。不同的限制性内切酶通常识别的碱基序列和切割位点不同。因此通过对酶的选择使用可以定点切割 DNA。

1. 识别序列和切割方式　大多数限制性内切酶识别 DNA 切割位点的序列为回文序列，即识别序列 DNA 两股链上从 5′→3′的碱基序列完全一致。部分限制性内切酶识别的序列和切割位点见表 9-7。

表 9-7 部分限制性内切酶识别序列和切割位点

限制性内切酶	识别序列	限制性内切酶	识别序列
Apa I	GGGCC'C	*Sma* I	CCC'GGG
	C'CCGGG		GGG'CCC
*Bam*H I	G'GATCC	*Sau*3A I	GATC'
	CCTAG'G		'CTAG
Pst I	CTGCA'G	*Not* I	GC'GGCCGC
	G'ACGTC		CGCCGG'CG
*Eco*R I	G'AATTC	*Sfi* I	GGCCNNN'NGGCC
	CTTAA'G		CCGGN'NNNCCGG

' 表示切割位点；N 表示任意碱基

2. **黏性末端和平齐末端** 限制性内切酶切割 DNA 后形成的没有单链突出的断端，称为平齐末端（blunt end）；有单链突出的断端，称为黏性末端（sticky end）。其中，黏性末端又有 5′突出和 3′突出两种，如 *Eco*R I 切割产生的是 5′突出的黏性末端，而 *Pst* I 切割产生 3′突出的黏性末端。

3. **同尾酶和同切点酶** 识别序列不同，但切割 DNA 后产生的末端相同的一组限制性内切酶称为同尾酶，如 *Bam*H I 的识别序列和切割位点为 –G′GATCC–，*Bgl* II 的识别序列和切割位点为 –A′GATCT–，均产生 5′突出的黏性末端 –GATC–。

识别序列相同，切割 DNA 的位点可能相同或不同的一组限制性内切酶，称为同切点酶。如 *Bam*H I 和 *Bst* I 识别和切割相同位点 –G′GATCC–；*Xma* I 和 *Sma* I 识别相同序列 –GGGCCC–，但前者切割点为 –G′GGCCC–，后者切割点为 –GGG′CCC–。

如果用同一限制性内切酶分别切割目的基因和载体 DNA，产生相同的黏性末端因而彼此能配对结合，使目的基因更容易与载体连接。

（二）**DNA 连接酶（DNA ligase）**

DNA 连接酶催化 DNA 分子中相邻的 5′- 磷酸基末端与 3′- 羟基末端之间形成磷酸二酯键，使 DNA 切口封合或使两个 DNA 片段连接。基因工程最常用的是 T4 DNA 连接酶，既可用于黏性末端的连接，也可用于平齐末端的连接，且连接效率高。

二、基因工程基本操作流程

基因工程克隆 DNA 的过程通常可以归纳为五大步骤（图 9-28）。

1. 分：分离获得感兴趣的目的 DNA（外源 DNA）片段。
2. 选：选择合适的载体及制备。
3. 连：将目的 DNA 与载体连接获得重组 DNA 分子。
4. 转：重组 DNA 转入合适的受体细胞。
5. 筛：筛选和鉴定含有重组 DNA 的细胞。

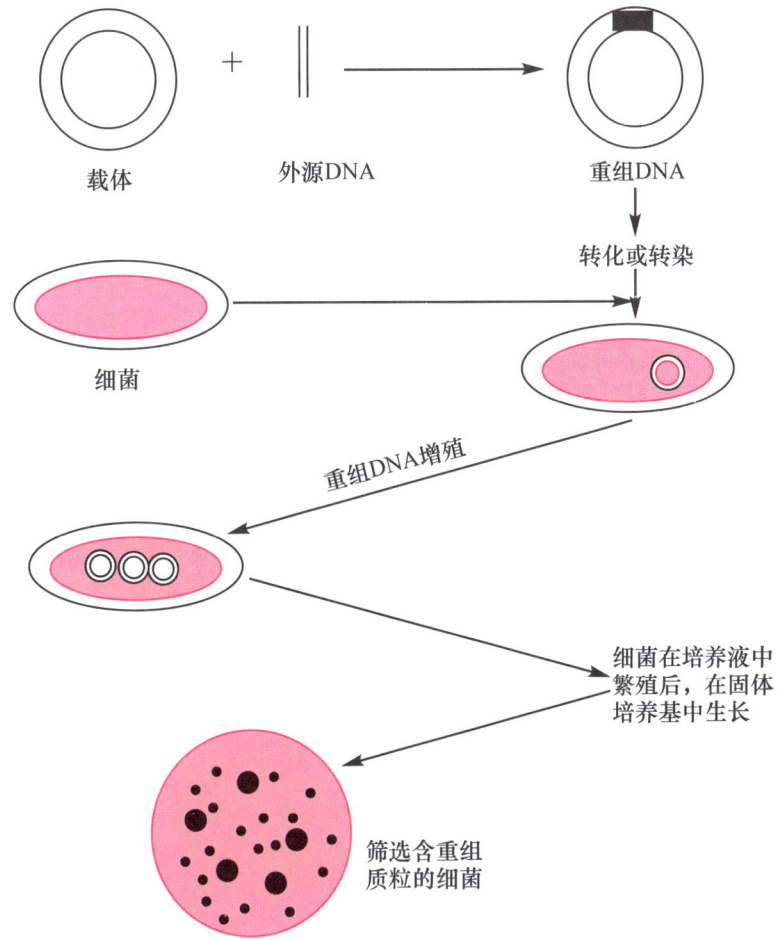

图 9-28　以质粒为载体的 DNA 克隆过程示意图

下面仅对操作的基本原理、操作的原则和大致流程作简单叙述。

（一）目的 DNA 片段的分离和获取

根据不同的实验需求和目的 DNA 片段特征，目的 DNA 片段的分离获取可以有几种途径。

1. 已知目的 DNA 片段碱基序列或者两侧碱基序列时

（1）酶切回收法：从含有该目的 DNA 的细胞里提取全长 DNA，再用合适的限制性内切酶将目的片段从全长 DNA 中切割出来，酶切产物用琼脂糖凝胶电泳分离各 DNA 片段后将目的 DNA 片段回收。

（2）PCR 法：模拟 DNA 复制过程，设计与目的片段两侧互补的单链 DNA 小片段（引物）特异性地扩增获得大量目的 DNA 片段。

（3）化学法：体外直接合成目的 DNA 片段碱基序列。

2. 未知目的 DNA 片段碱基序列时　当不能明确知道目的 DNA 片段碱基序列而无法采用上述途径定向获取目的 DNA 片段时，可以通过先构建 DNA 文库（DNA library），再采用合适的筛选方法将目的 DNA 片段"钓"出来。

构建 DNA 文库的大致过程是：先用限制性内切酶将生物基因组 DNA 切割成大量的 DNA 片段，逐一将这些 DNA 片段与载体分子拼接成重组 DNA 分子。所有的重组分子都导入宿主细胞进行扩增，这些宿主细胞的集合就是一个 DNA 文库。由于真核生物 DNA 中含有大量非编码序列，在构建 DNA 文库时，往往先分离提取 mRNA 后反转录成全是编码序列的 cDNA 再与载体连接形成重组分子，这些重组分子都导入宿主细胞进行扩增，构建的文库称为 cDNA 文库。

(二) 载体的选择和制备

用于基因工程的载体（vector）是指可以接纳外源（目的）DNA 片段，并在受体细胞中自我复制扩增或表达外源基因的 DNA 分子。载体应具备以下几个基本特点：①能在宿主细胞中自主复制；②有选择标记以便筛选含有重组 DNA 的宿主细胞，如抗生素抗性基因、β-半乳糖苷酶基因（lacZ）或营养缺陷耐受基因等；③有多种限制性内切酶的唯一切点（多克隆位点），以便用合适的限制性内切酶切开载体，以便外源 DNA 片段的插入。

1. **载体的分类** 根据功能不同，载体分为克隆载体（cloning vector）、表达载体（expression vector）两大类。克隆载体指接纳外源 DNA 并能在受体细胞中自我扩增的一类 DNA 分子，常用的是质粒和噬菌体，此外还有柯斯质粒、细菌人工染色体、酵母人工染色体等。表达载体指能在宿主细胞中高效表达外源基因的载体，包括原核表达载体（在原核宿主细胞中表达外源基因）和真核表达载体（在真核宿主细胞中表达外源基因）。

2. **载体的选择** 使用目的不同、克隆的基因性质不同则应选择的载体和改建方法不同。因此载体的选择、制备和改进技术性非常强。在此只简单介绍一些基本原则。

（1）根据克隆 DNA 的目的来选择：如果只是为了获得和保存目的 DNA 片段，应选用克隆载体；如果需要在宿主细胞内表达目的基因产物（通常为蛋白质）则应选用表达载体。

（2）根据克隆 DNA 的片段长度来选择：不同载体对外源 DNA 片段的容纳能力不同，需选择能容纳外源 DNA 片段的合适载体。此外，还要结合使用的宿主细胞来选择。

常用载体的容量和其宿主细胞见表 9-8。

表 9-8 不同载体的克隆容量及其宿主细胞

载体名称	外源 DNA 片段的容纳能力	宿主细胞
质粒	< 5~10 kb	细菌，酵母
λ 噬菌体	~20 kb	细菌
柯斯质粒	~50 kb	细菌
细菌人工染色体	~400 kb	细菌
酵母人工染色体	~3 Mb	酵母

3. **载体的制备** 载体需要用合适的限制性内切酶将其切开口，以便外源 DNA 片段的插入。选用限制性内切酶处理载体时，要结合外源 DNA 片段切割时所用的酶、产生的末端（黏端或平端）及末端易连接和稳固性等综合考虑。由于该选择和处理过程技术性很强，实际操作时需综合各种因素考虑，在此不作详细叙述。

(三) 目的 DNA 与载体的连接

目的 DNA 与载体的连接由 DNA 连接酶催化两片段间相邻核苷酸间生成 3′,5′-磷酸二酯键，使目的 DNA 与载体间的断口缝合。T4 DNA 连接酶是较常用的连接酶。

(四) 重组 DNA 转入受体细胞

重组 DNA 必须转入宿主（受体）细胞后才能扩增。使用的宿主细胞应具有较强的接纳外源 DNA 的能力，并能保证外源 DNA 在其中长期、稳定地传代或表达。

根据受体细胞的种类及介导转入过程的载体性质不同，将重组 DNA 转入受体细胞的常用方法有：转化、转染和感染。

1. **转化** 指将以质粒、柯斯质粒为载体的重组 DNA 分子导入原核细胞或酵母的过程。具体可以用化学法（如氯化钙法）、电穿孔法等。

2. **转染** 指将重组 DNA 分子导入真核细胞（酵母除外）或以噬菌体为载体的重组分子导

入受体细菌的过程。常用的有化学法（如磷酸钙共沉淀法、脂质体融合法等）、物理方法（如显微注射法、电穿孔法等）。

3. 感染　指以外源 DNA 与病毒 DNA 结合成重组 DNA 后包装形成病毒颗粒再被导入宿主细胞的过程。

（五）含重组 DNA 的宿主细胞的筛选与鉴定

成功被导入重组 DNA 的宿主细胞称为重组体。重组体的筛选是通过载体上的选择标记或目的 DNA 的序列特征设计合适的筛选方法。如利用载体含有的抗性基因进行抗性、宿主细胞营养（功能）缺陷表型变化、检测重组体中外源 DNA 等。

由于具体的筛选鉴定操作涉及多项实验技术方法，此处不作细节介绍。

三、基因工程在医学中的应用

基因工程技术广泛应用于人们生活的各领域，同时在人类对疾病研究、疾病预防及治疗方面也有着巨大的影响。

（一）基因工程在医学方面的应用

1. 建立特定实验动物模型　通过基因工程技术，研究者可以对医学实验动物进行遗传修饰改造，以获得满足医学研究的各种动物模型用于研究人类重大疾病，如癌症、糖尿病、肥胖、心脏病、衰老等；将猪的免疫基因敲除以期扩大人类器官移植的来源及提高成功率；降低传播疟疾的蚊子的生育力以控制疟疾传播等。

2. 基因诊断（gene diagnosis）　人类遗传病的基因诊断是指应用分子生物学技术对携带遗传信息的分子进行序列分析，从而在分子水平上确定疾病发生的原因。以遗传物质作为诊断目标，可以在临床症状和表型发生改变前做出早期诊断，不仅能确定病因、还能提示疾病发生的分子机制。

基因诊断通常是对 DNA 和 RNA 的定性、定量分析，即从 DNA 水平上分析基因结构是否异常和从 RNA 水平上分析基因表达水平是否异常。进行基因诊断的前提是疾病表型与基因型的关系已经明确。

基因诊断的基本方法几乎全部基于核酸分子杂交和 PCR 技术，或两种技术的联合应用。常用的基本方法主要有各种核酸分子杂交技术、PCR、DNA 测序和基因芯片技术等。

基因诊断具有特异性强、灵敏度高、可进行快速和早期诊断、适用性强和诊断范围广等特点。

知识拓展

无创产前 DNA 检测

无创产前 DNA 检测（non-invasive prenatal testing）又称无创胎儿染色体非整倍体检测，仅需采取孕妇静脉血，利用新一代 DNA 测序技术对母体外周血浆中的游离 DNA 片段（包含胎儿游离 DNA）进行测序，并将测序结果进行生物信息分析，以得到胎儿的遗传信息，从而用于胎儿三大染色体疾病的产前诊断。

---

3. 基因治疗（gene therapy）　基因治疗指通过基因工程技术，将正常基因或者有治疗作用的 DNA 片段导入患者靶细胞以矫正或置换致病基因，从而对疾病起到治疗的作用。

基因治疗的策略主要有基因矫正、基因替换和基因增补。基因矫正和基因替换都是对缺陷基因进行精确的原位修复，不破坏整个基因组的结构，但目前尚未能从理论和技术上得到突破。基因增补是目前临床上使用的主要基因治疗策略，即不删除突变的致病基因，而是在基因组的某一位点额外插入正常基因以在体内表达出正常功能的蛋白质，从而达到治疗的目的。

> **知识链接**
>
> **基因治疗**
>
> 人类历史上第一例基因治疗的临床试验于1990年9月14日获准实施。4岁的小女孩Ashanthi De Silva患有重度联合免疫缺陷综合征。她体内先天性缺少腺苷脱氨酶（adenosinedeaminase，ADA），致使细胞内脱氧腺苷大量积累，会导致T淋巴细胞中毒死亡。美国国立卫生研究院（NIH）的French Anderson博士等从Ashanthi身上抽取血、分离得到少量白细胞后进行体外培养扩增。然后，他们利用改造后的逆转录病毒将正常的人ADA基因转移到靶细胞里，使白细胞代偿性地表达了ADA蛋白。通过这种治疗方式，Ashanthi的免疫系统功能提高了40%以上。至今，Ashanthi的健康状态一直保持良好，彻底告别了与世隔绝的无菌病房，成为第一个接受基因治疗并获得成功的患者。

（二）基因工程在生物制药方面的应用

利用基因工程技术生产药物是当今药物研发和生产的一个重要方向。一方面可用于改造菌种获得高产菌株，另一方面可以用来生产药用蛋白、多肽和疫苗等。如将致病病毒的毒力基因去除，保留抗原基因，生产无毒或减毒疫苗。目前正在开发的基因工程治疗药物有几百种，且逐年迅速增加。但经卫生部门批准正式投入市场的仅20余种，如干扰素、生长因子、白细胞介素、生长素、胰岛素、乙肝疫苗等已进入临床应用。

（乐　宁）

第九章 遗传信息的传递与表达

本章知识导图

遗传信息的传递和表达

- **DNA的生物合成**
  - DNA的复制：DNA复制的基本特征，参与DNA复制的酶和蛋白质因子，DNA复制的过程，端粒与端粒酶
  - DNA的损伤与修复：引起DNA损伤的因素，DNA损伤的类型，DNA修复的方式
  - 反转录：反转录的概念，逆转录酶

- **RNA的生物合成**
  - 转录反应体系：DNA作为模板、四种核糖核苷酸（ATP、GTP、CTP和UTP）作为物质原料、RNA聚合酶催化合成RNA链，还需要其他蛋白质及Mg^{2+}参与
  - 原核生物的转录过程：转录的起始、延伸和终止三个阶段
  - 转录后的加工与修饰：真核生物mRNA、rRNA和tRNA的转录后加工与修饰

- **蛋白质的生物合成**
  - 参与的物质及作用：mRNA是直接模板，tRNA转运氨基酸，rRNA是核糖体组成成分，还需要其他酶、蛋白因子和能量
  - 合成过程：包括氨基酸的活化、多肽链的合成、蛋白质合成后的加工与修饰及靶向运输
  - 蛋白质合成与医学的关系：一些药物、毒素正是通过抑制蛋白质合成过程而起作用的

- **基因表达调控**
  - 基本概念：生物体或者细胞对需表达基因的选择、基因表达的过程、时间、部位及表达水平等方面进行的调控
  - 基本原理：基因表达具有时间特异性和空间特异性，基因表达方式有组成性表达、可诱导或阻遏的表达及协同表达，不同基因表达方式不同，基因表达调控发生在基因表达的全过程和DNA水平上
  - 原核生物基因表达调控：大多数原核基因表达通过操纵子调控，乳糖操纵子的结构及调控机制，色氨酸操纵子等
  - 真核生物基因表达调控：真核生物基因表达调控的层次丰富，远比原核生物复杂多样，主要通过顺式作用元件与反式作用因子间的相互作用进行转录调控

- **基因工程**
  - 概念：基因工程是通过体外操作将来源不同的DNA分子重新组合成新的DNA分子并在合适的细胞中扩增或表达的方法。常用的工具酶有：限制性内切酶、DNA连接酶
  - 基本操作流程：归纳为分、选、连、转、筛五大步骤
  - 基因工程在医学中的应用：建立特定动物模型、基因诊断、基因治疗和生物制药

第十章

血液的生物化学

> **知识拓展**
>
> 1. 归纳
>
>   血液非蛋白质含氮化合物的种类；血浆蛋白质的组成与功能；成熟红细胞的糖代谢特点。
>
> 2. 说出
>
>   血液的化学组成；血浆蛋白质的特点；血红素生物合成的原料和关键酶；血红蛋白的气体运输功能。
>
> 3. 知道
>
>   血红素生物合成的基本过程及调节；白细胞的代谢特点。

第一节 概 述

一、血液的基本成分

（一）血液的含量与化学成分

血液（全血）（blood）是由液态的血浆与混悬在其中的红细胞、白细胞、血小板等有形成分组成。正常人血液的 pH 为 7.35~7.45，比重为 1.050~1.060，比重的大小取决于所含有形成分和血浆蛋白质的量，血液的黏度为水的 4~5 倍，37 ℃时的渗透压为 6.8 个大气压。离体血液加适当的抗凝剂后离心使有形成分沉降，所得的浅黄色上清液为血浆（plasma），占全血体积的 55%~60%。如离体血液不加抗凝剂任其凝固成血凝块后所析出的淡黄色透明的液体即为血清（serum）。在临床医疗工作中，经常要采取全血、血浆、血清三种血液标本，它们的主要区别及制备方法是：

全血 = 血浆 + 有形成分（制备时需加抗凝剂）适用于临床血液学检查

血浆 = 全血 - 有形成分（制备时需加抗凝剂，全血样品离心后吸取上层清液）适用于血栓与止血检查

血清 = 全血 - 有形成分 - 纤维蛋白原（制备时无须加抗凝剂）适用于化学和免疫学检测

血浆与血清的主要区别在于参与血液凝固的成分在量和质上的区别。

（二）血浆的基本成分

血浆的主要组成成分是水，水在血浆中占 90%~92%。其余为固体成分和少量的 O_2 和 CO_2 等气体。固体成分是由无机物和有机物两大类物质组成。无机物主要以电解质为主，主要

的阳离子有 Na^+、K^+、Ca^{2+}、Mg^{2+}，主要的阴离子有 Cl^-、HCO_3^-、HPO_4^{2-} 等。它们在维持血浆晶体渗透压、酸碱平衡以及神经肌肉的正常兴奋性等方面起重要作用。有机物主要包括蛋白质、非蛋白质含氮化合物和少量糖类和脂质等物质。

二、非蛋白质含氮化合物

血液中除蛋白质以外的含氮物质，主要是尿素（urea）、尿酸（uric acid）、肌酸（creatine）、肌酐（creatinine）、氨基酸、氨、肽、胆红素（bilirubin）等，这些物质总称为非蛋白质含氮化合物，而这些化合物中所含的氮量则称为非蛋白质氮（non-protein-nitrogen，NPN），正常成人血中 NPN 含量为 143~250 mmol/L。这些化合物中绝大多数为蛋白质和核酸分解代谢的终产物，可经血液运输到肾随尿排出体外。当肾功能障碍影响排泄时会导致其在血中浓度升高，这也是血中 NPN 升高最常见的原因。此外，当肾血流量下降，体内蛋白质摄入过多，消化道出血或蛋白质分解加强等也会使血中 NPN 升高，临床上将血中 NPN 升高称为氮质血症。

（一）尿素与尿酸

尿素是非蛋白质含氮化合物中含量最多的一种物质，也是体内蛋白质分解代谢的终产物，正常人尿素氮（blood-urea-nitrogen，BUN）含量占血中 NPN 总量的 1/2~1/3，故临床上测定血中 BUN 与测定 NPN 的意义基本相同，因尿素检测方便，临床上直接检测血清尿素可反映肾小球滤过功能。正常人血清尿素为 1.8~7.1 mmol/L。

尿酸是体内嘌呤化合物分解代谢的终产物，正常人血清含量男性 180~440 μmol/L，女性 120~320 μmol/L。当机体肾排泄功能障碍或嘌呤化合物分解代谢过多，如痛风、白血病、中毒性肝炎等疾病均可使血中尿酸升高。

（二）肌酸与肌酐

肌酸是肝细胞利用精氨酸、甘氨酸和 S-腺苷甲硫氨酸（SAM）为原料而合成的（图 10-1），主要存在于肌肉和脑组织中，正常人血中含量为 228.8~533.8 μmol/L，肌酸和 ATP 反应生成磷酸肌酸是体内 ATP 的储存形式。

肌酐是由肌酸脱水或由磷酸肌酸脱磷酸脱水而生成，且反应不可逆。因此它是肌酸代谢的终产物，正常人血中肌酐的含量为成人男性 62~115 μmol/L，成人女性 53~97 μmol/L，肌酐全部由肾排泄，且食物蛋白质的摄入量不影响血中肌酐的含量，故临床检测血肌酐含量较尿素更能正确地了解肾功能。

知识拓展

肝性脑病的病因及临床表现

肝性脑病（HE）旧称"肝性昏迷"，是指严重肝病引起的、以代谢紊乱为基础的中枢神经系统功能失调的综合征，其主要临床表现是意识障碍、行为失常和昏迷。有急性与慢性脑病之分。

病因：引起肝性脑病的原发病有重症病毒性肝炎、重症中毒性肝炎、药物性肝病、妊娠期急性脂肪肝、各型肝硬化、门-体静脉分流术后、原发性肝癌，以及其他弥漫性肝病的终末期，而以肝硬化患者发生肝性脑病最多见，约占 70%。诱发肝性脑病的因素很多，如上消化道出血、高蛋白饮食、大量排钾利尿、放腹水，使用安眠、镇静、麻醉药，便秘、尿毒症、感染或手术创伤等。这些因素大体都是通过：①使神经毒质产生增多或提高神经毒质的毒性效应。②提高脑组织对各种毒性物质的敏感性。③增加血脑屏障的通透性而诱发脑病。

临床表现：因肝病的类型、肝细胞损害的程度、起病的急缓以及诱因的不同而有所差异。由于导致肝性脑病的基础疾病不同，其临床表现也比较复杂、多变，早期症状的变异性是本病的特点。但也有其共性的表现：即反映为神经精神症状及体征。既有原发于肝的基础疾病的表现，又有其特有的临床表现，一般表现为性格、行为、智能改变和意识障碍。

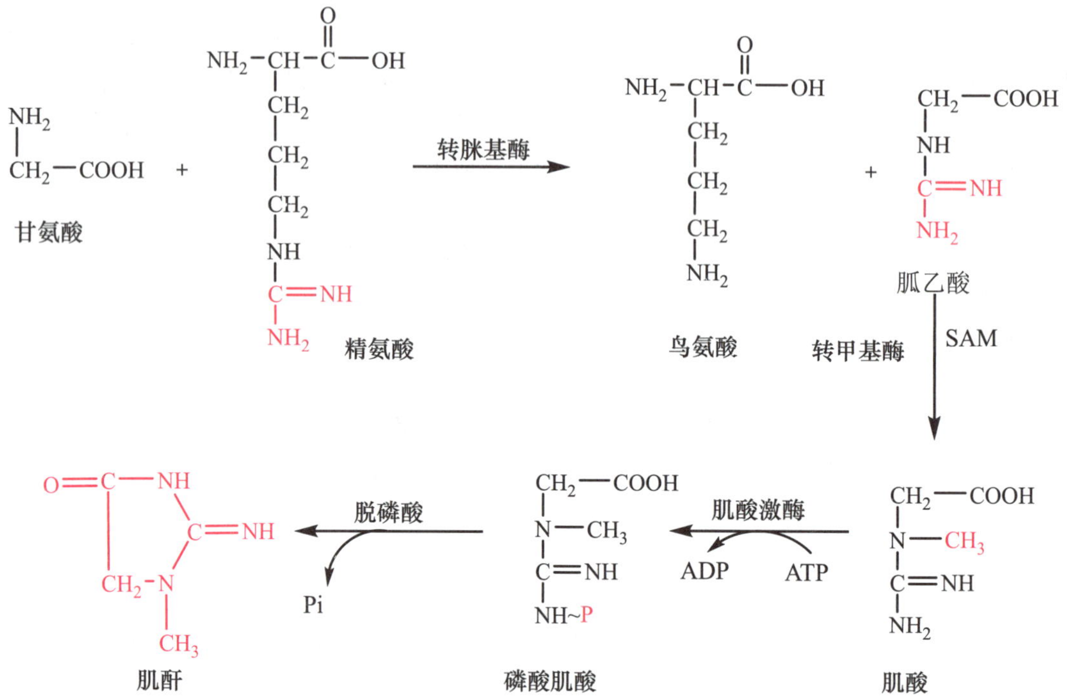

图 10-1 肌酸的生成

（三）氨基酸与氨

血浆游离氨基酸有 20 多种，正常时含量不高，肝在维持血浆游离氨基酸浓度中起着重要作用。肝是氨基酸代谢的主要场所，肝细胞大量破坏时，血中游离氨基酸增高；肝硬化时，可出现血中芳香族氨基酸升高，支链氨基酸下降等。了解血浆中这些氨基酸含量的变化有助于肝性脑病的诊断和估计预后。正常血氨浓度为 5.9~35.2 μmol/L，氨在肝中合成尿素，当肝功能障碍时，血氨升高，血中尿素含量则下降。

三、不含氮的有机化合物

血液中不含氮的有机化合物主要有葡萄糖、乳酸、酮体、三酰甘油、胆固醇、磷脂等。它们的含量与糖代谢及脂代谢密切相关。

第二节 血浆蛋白质

一、血浆蛋白质的分类

血浆蛋白质是指血浆中所有蛋白质的统称，是血浆中主要的固体成分。近年来已知的血浆蛋白质有 200 多种。正常成人血浆总蛋白含量为 60~80 g/L。按不同的分离方法可将血浆蛋白质分为不同组分，目前主要的分类方法有以下两种。

（一）按分离方法分类

盐析法可将血浆蛋白质分为清蛋白、球蛋白、纤维蛋白原；电泳法是最常用的分离蛋白质的方法，其原理是根据蛋白质分子大小不同和表面电荷的差异、在电场中泳动速度不同而加以分离。如采用醋酸纤维素薄膜电泳可将血浆蛋白质分为 5 条区带，依次是清蛋白、α_1 球蛋白、α_2 球蛋白、β 球蛋白、γ 球蛋白，如图 10-2 所示。

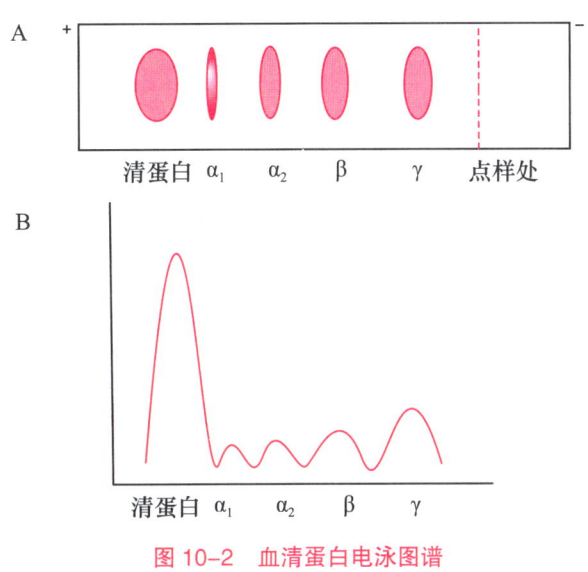

图 10-2　血清蛋白电泳图谱
A. 染色后的图谱　B. 光密度扫描后的电泳峰

知识补充

盐析法分离蛋白质

胶体的盐析是加盐而使胶粒的溶解度降低，形成沉淀析出的过程，是胶体的聚沉现象的一种。如向蛋白质溶液中加入某些浓的无机盐（如硫酸铵、硫酸钠、亚硫酸钠等）溶液后，可以使蛋白质凝聚而从溶液中析出，这种作用就叫做盐析。这样析出的蛋白质仍可以溶解在水中，而不影响原来蛋白质的性质。因此，盐析是一个可逆的过程。利用这个性质，可以采用多次盐析的方法来分离、提纯蛋白质。蛋白质在水溶液中的溶解度取决于蛋白质分子表面离子周围的水分子数目，亦即主要是由蛋白质分子外周亲水基团与水形成水化膜的程度以及蛋白质分子带有电荷的情况决定的。蛋白质溶液中加入中性盐后，由于中性盐与水分子的亲和力大于蛋白质，致使蛋白质分子周围的水化层减弱乃至消失。同时，中性盐加入蛋白质溶液后由于离子强度发生改变，蛋白质表面的电荷大量被中和，更加导致蛋白质溶解度降低，使蛋白质分子之间聚集而沉淀。由于各种蛋白质在不同盐浓度中的溶解度不同，不同饱和度的盐溶液沉淀的蛋白质不同，从而使之从其他蛋白质中分离出来。简单的说就是将硫酸铵、硫化钠或氯化钠等加入蛋白质溶液，使蛋白质表面电荷被中和以及水化膜被破坏，导致蛋白质在水溶液中的稳定性因素去除而沉淀。

（二）按生理功能分类

根据各种血浆蛋白质生理功能的区别，可以分为不同的种类（表 10-1）。

表 10-1　正常人血浆蛋白质的功能分类

种类	血浆蛋白
载体蛋白	清蛋白、脂蛋白、转铁蛋白、铜蓝蛋白等
免疫防御系统蛋白质	IgG、IgM、IgA、IgD、IgE 和补体 C1-9 等
凝血和纤溶蛋白	凝血因子（除Ⅳ因子外）、纤溶酶原等
酶	脂蛋白脂肪酶、卵磷脂胆固醇酰基转移酶等
蛋白酶抑制物	α_1-抗胰蛋白酶、α_2-巨球蛋白等
激素	促红细胞生成素、胰岛素等
参与炎症应答的蛋白质	C-反应蛋白、α_2-酸性糖蛋白等

二、血浆蛋白质的性质

1. 绝大多数血浆蛋白质在肝合成，如清蛋白、纤维蛋白原，少量蛋白质由其他组织细胞合成，如 γ-球蛋白由浆细胞生成。

2. 血浆蛋白质的合成场所一般位于膜结合的多核蛋白体上。进入血浆前，在肝细胞内经历从粗面内质网到高尔基复合体，再抵达质膜分泌入血的途径。

3. 除清蛋白外，几乎所有血浆蛋白质均为糖蛋白。它们含有 N- 或 O- 连接的寡糖链，发挥重要作用。

4. 许多血浆蛋白质呈现多态性（poly morphism），如 ABO 血型及运铁蛋白、免疫球蛋白等均具有多态性。

5. 循环过程中，每种血浆蛋白质均有自己特异的半衰期。如正常成人的清蛋白和结合珠蛋白的半衰期分别为 20 天和 5 天左右。

6. 在急性炎症或一些类型的组织损伤时，某些血浆蛋白质水平会增高，称为急性时相蛋白质（acute phase protein，APP）。包括 C- 反应蛋白（CRP）、α_1- 抗胰蛋白酶等，提示 CRP 在人体炎症反应中起一定作用。此外，急性时相期，血中清蛋白、转铁蛋白等浓度降低。

三、血浆蛋白质的功能

（一）维持胶体渗透压

正常人血浆胶体渗透压的大小，取决于血浆蛋白质的摩尔浓度，其中清蛋白能最有效地维持血浆胶体渗透压，当血浆蛋白质浓度（尤其清蛋白）过低时，血浆胶体渗透压下降，导致组织水肿。

（二）维持血浆正常的 pH

血浆蛋白质可组成缓冲体系，在维持机体酸碱平衡中发挥重要作用。

（三）运输作用

血浆蛋白质分子表面分布着众多的亲脂性结合位点，脂溶性物质可与其结合而被运输。血浆蛋白质还能与易被细胞摄取和易随尿液排出的一些小分子物质结合，防止它们从肾丢失。

（四）免疫作用

血浆中的免疫球蛋白 IgG、IgA、IgM、IgD 和 IgE 又称抗体，在体液免疫中起至关重要的作用。血浆中还有一组协助抗体完成免疫功能的蛋白酶——补体。

（五）催化作用

根据酶的来源和功能分三类：

1. **血浆功能酶** 主要在血浆发挥催化功能。这类酶绝大多数由肝合成后分泌入血，如凝血及纤溶系统的多种蛋白水解酶等。

2. **外分泌酶** 包括胃蛋白酶、胰蛋白酶等；在生理条件下少量逸入血浆，它们的催化活性与血浆正常生理功能无直接关系，但当脏器受损时，血浆中相应的酶含量增加、活性增高，具有临床诊断价值。

3. **细胞酶** 存在于细胞和组织内参与物质代谢的酶。正常时，血浆中含量甚微，随着细胞的不断更新，这些酶可释放入血，大部分无器官特异性，小部分具有器官特异性，可用于临床酶学检验。

（六）营养作用

血浆蛋白分解为氨基酸参与氨基酸代谢池（库），用于组织蛋白质的合成或转变成其他含氮化合物，此外，还可氧化分解供能。

（七）凝血、抗凝血和纤溶作用

血浆中的众多凝血因子，抗凝血及纤溶物质在血液中相互作用、相互制约，保持循环通畅。当血管损伤、血液流出血管时，使血液由液体状态转变为凝胶状态，称为血液凝固（blood coagulatin），是止血的重要环节。

知识拓展

巨球蛋白血症

表现为血中出现异常增多的 IgM 即巨球蛋白血症。本症有原发和继发之分，原因不明的单克隆 IgM 增多称之为原发性巨球蛋白血症。原发性巨球蛋白血症有遗传倾向，其是否与环境因素有关还不肯定。感染、自身免疫病或特殊职业性暴露所引起的慢性抗原刺激与原发性巨球蛋白血症没有明确的联系，与病毒感染是否有关还有待确定。继发于其他疾病的单克隆或多克隆 IgM 增多称为继发性巨球蛋白血症。原发性巨球蛋白血症的临床表现特征是老年发病、贫血、出血倾向及高黏滞综合征。诊断依据为血中出现大量单克隆 IgM 和骨髓中有淋巴样浆细胞浸润。本病呈慢性过程，无临床症状时不宜化疗，对进展性疾病采用化疗。巨球蛋白血症是一种惰性疾病，进展较慢其预后差别较大。尽管有报道生存期 9 年甚至 10 年的达 55%，但大宗研究报道中生存期仅为 5~7 年。Merlini 等研究了 215 例患者，结果显示，血清 β_2-MG、血红蛋白、白蛋白和年龄等因素对巨球蛋白血症患者的预后起决定作用。最常见的死因是进行性的淋巴增殖（约占 50%）、感染及心力衰竭，少数患者死于脑血管意外、肾衰竭或消化道出血。

第三节　血细胞的代谢

红细胞（red blood cell，RBC）是血液中最主要的血细胞，由骨髓造血干细胞定向分化生成。红细胞是血液中数量最多的一种血细胞，同时也是脊椎动物体内通过血液运送氧气的最主要的媒介。红细胞在成熟过程中经历一系列的形态（图 10-3）和代谢改变，哺乳动物成熟的红细胞是无细胞核的，这意味着它们失去了 DNA。红细胞也没有线粒体，它们通过分解葡萄糖释放能量。运输氧气和运输一部分二氧化碳。运输二氧化碳时呈暗紫色，运输氧气时呈鲜红色，红细胞会生成于骨髓之内，开始在白细胞内生长。红细胞老化后，易导致血管堵塞，所以会自动返回骨髓深处，由白细胞负责销毁；或是在经过肝时，被库普弗细胞（Kupffer）分解成为胆汁。

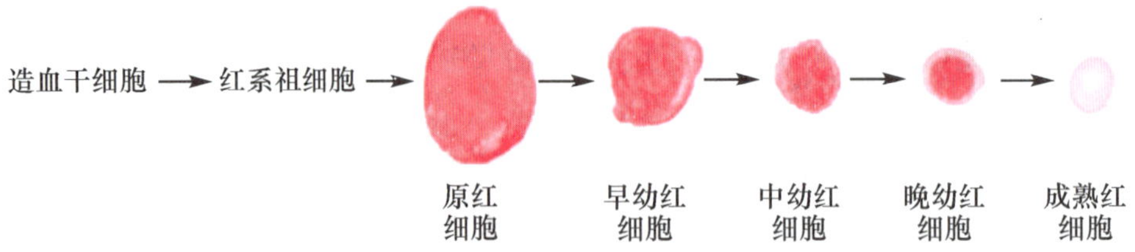

造血干细胞 → 红系祖细胞 → 原红细胞 → 早幼红细胞 → 中幼红细胞 → 晚幼红细胞 → 成熟红细胞

图 10-3　红细胞形态变化过程

知识补充

动物细胞内结构

动物细胞有细胞膜、细胞质、细胞核。动物细胞的细胞质包括细胞质基质和细胞器。动物细胞的细胞器包括：内质网、线粒体、高尔基体、核糖体、溶酶体、中心体。多数细胞只有一个细胞核，有些细胞没有细胞核，如人体内成熟红细胞等。有些细胞含有两个或多个细胞核，如肌细胞、肝细胞等。细胞核可分为核膜、染色质、核液和核仁四部分。核膜与内质网相通连，染色质位于核膜与核仁之间。染色质主要由蛋白质和 DNA 组成。DNA 是一种有机大分子，又叫脱氧核糖核酸，是生物的遗传物质，其中的片段叫做基因。在有丝分裂时，染色体复制，DNA 也随之复制为两份，平均分配到两个子细胞中，使得后代细胞染色体数目恒定，从而保证了后代遗传特性的稳定。

一、血红素的生物合成

血红蛋白（hemoglobin，Hb）是红细胞中最主要的成分，是血液运输 O_2 的重要物质，由珠蛋白和血红素（heme）组成。血红素不但是 Hb 的辅基，也是肌红蛋白、细胞色素、过氧化物酶等的辅基，具有重要的生理功能。

（一）血红素的合成部位和原料

参与血红蛋白组成的血红素主要在骨髓的幼红细胞和网织红细胞中合成。合成血红素的基本原料为甘氨酸、琥珀酰 CoA、Fe^{2+}。

（二）血红素合成过程

血红素合成的起始和终末在线粒体内，中间阶段在细胞液内进行，合成过程可分为四步：

1. δ-氨基-γ-酮戊酸（ALA）的生成　线粒体内由琥珀酰 CoA 与甘氨酸缩合生成 ALA（图 10-4），此反应由 ALA 合酶催化，辅酶是磷酸吡哆醛，此酶是血红素合成的限速酶。

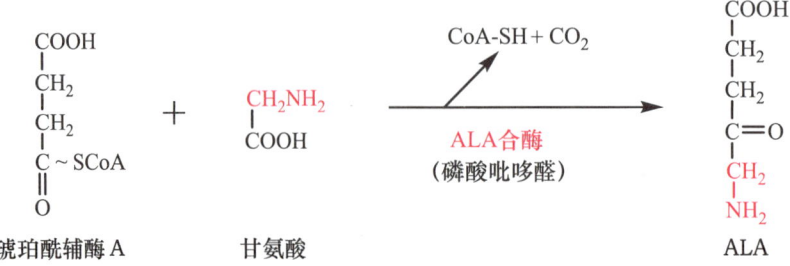

图 10-4　δ-氨基-γ-酮戊酸的合成

2. 胆色素原的生成　ALA 生成后由线粒体进入胞液，在 ALA 脱水酶的催化下，2 分子 ALA 脱水缩合成 1 分子胆色素原（PBG）。ALA 脱水酶对铅等重金属的抑制作用敏感，会被抑制活性（图 10-5）。

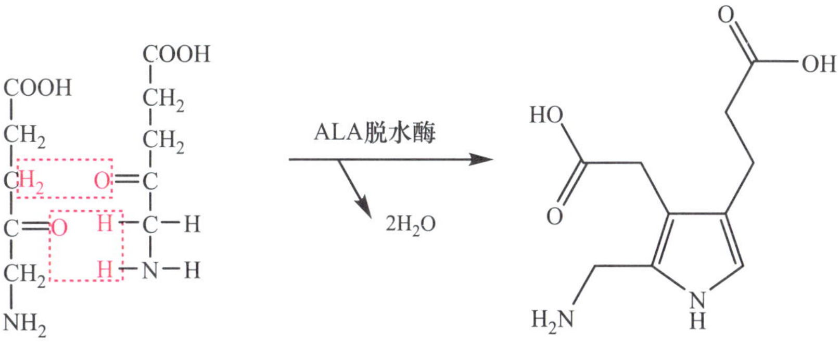

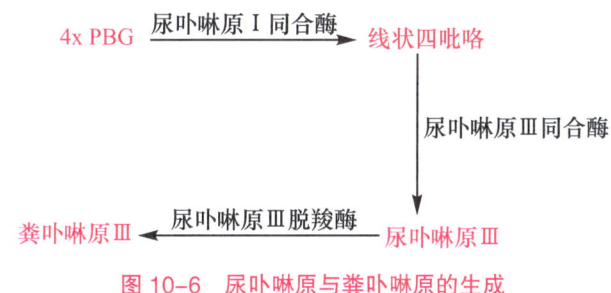

图 10-5　胆色素原的合成

3. 尿卟啉原与粪卟啉原的生成　在细胞液中，4 分子 PBG 经一系列酶催化，生成尿卟啉原Ⅲ，最终在尿卟啉原Ⅲ脱羧酶作用下生成粪卟啉原Ⅲ（图 10-6）。

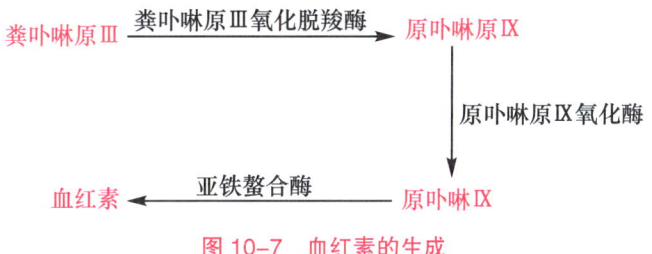

图 10-6　尿卟啉原与粪卟啉原的生成

4. 血红素生成　在细胞液中生成的粪卟啉原Ⅲ再进入线粒体，生成原卟啉Ⅸ。由亚铁螯合酶（血红素合成酶）催化原卟啉Ⅸ与 Fe^{2+} 结合，生成血红素。铅等重金属对亚铁螯合酶有抑制作用。血红素生成后从线粒体转运到胞液，在骨髓的有核红细胞及网织红细胞中与珠蛋白结合成为血红蛋白（图 10-7）。

图 10-7　血红素的生成

（三）血红素的合成调节

血红素的合成是要受多因素调节，其中最主要调节步骤是 ALA 生成，ALA 合成酶是血红素合成体系的限速酶，受血红素反馈抑制作用。磷酸吡哆醛是该酶的辅酶，因此，维生素 B_6 缺乏将减少血红素生成，某些类固醇激素诱导 ALA 合酶的生成，许多肝内进行生物转化的物质，如致癌剂、药物、杀虫剂等可导致肝 ALA 合酶显著增加。肾合成的促红细胞生成素（EPO）可促进 ALA 合酶的生成，此外，ALA 脱水酶和亚铁螯合酶对铅等重金属抑制非常敏感，故铅中毒时血红素合成受抑制。

二、红细胞的物质代谢

由于成熟红细胞所具有的独特的细胞结构，导致其不能进行核酸和蛋白质的生物合成，也不能通过糖的有氧氧化获得能量。血液中的葡萄糖是红细胞的唯一能量来源，红细胞的代谢主要有糖酵解、磷酸戊糖途径、2,3-二磷酸甘油酸（2,3-BPG）支路三种方式。

（一）糖酵解

成人血液中的红细胞每天消耗约 30 g 葡萄糖，其中 90%~95% 经糖酵解被利用。1 分子葡萄糖经酵解可产生 2 分子 ATP。红细胞中生成的 ATP 主要用于维持红细胞膜上的离子泵（钠泵、钙泵）所需能量，以保持红细胞的各种平衡，从而维持细胞膜的结构与功能。红细胞糖酵解中生成的 $NADH+H^+$ 是高铁血红蛋白还原酶的辅助因子，此酶催化高铁血红蛋白还原为有载氧功能的亚铁血红蛋白。

（二）磷酸戊糖途径

红细胞内 5%~10% 的葡萄糖通过磷酸戊糖途径代谢。磷酸戊糖途径代谢是红细胞产生 NADPH 的唯一途径，红细胞中的 NADPH 具有抗氧化、保护细胞膜蛋白、血红蛋白和酶蛋白的巯基免遭氧化的作用，从而维持红细胞的正常功能。

（三）2,3-二磷酸甘油酸支路

在糖酵解中，1,3-二磷酸甘油酸（1,3-BPG）有 15%~50% 在二磷酸甘油酸变位酶催化下生产 2,3-BPG，后者再经 2,3-BPG 磷酸酶催化生成 3-磷酸甘油酸。这一生成 2,3-BPG 的侧支循环称 2,3-二磷酸甘油酸支路（图 10-8）。2,3-BPG 能特异地与血红蛋白结合，使血红蛋白的 T 构象（紧密型）更加稳定，从而减低血红蛋白对氧的亲和力。红细胞内 2,3-BPG 浓度升高促使 HbO_2 释放氧，而 2,3-BPG 浓度下降，则有利于 Hb 与 O_2 的结合。

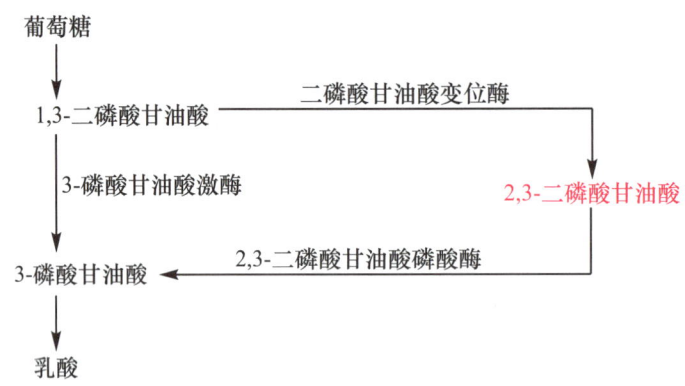

图 10-8 2,3-BPG 支路

三、血红蛋白的气体运输功能

血红蛋白是高等生物体内负责运载氧的一种蛋白质（缩写为 Hb 或 HGB）。是使血液呈红色的蛋白质。血红蛋白由四条链组成，两条 α 链和两条 β 链，每一条链有一个包含一个铁原子的环状血红素。氧气结合在铁原子上，被血液运输。

血红蛋白的特性是：在氧含量高的地方，容易与氧结合；在氧含量低的地方，又容易与氧分离。血红蛋白分子中的每个亚基能结合 1 个 O_2 分子，因此 1 分子血红蛋白能与 4 分子 O_2 结合。血红蛋白的这一特性，使红细胞具有运输氧的功能。

（一）氧的运输

氧的运输有以下两种方式，少数氧直接溶解于血液中，随血液运输到组织利用，此种方式仅占运输氧的 0.8%~1.5%。大部分氧与血红蛋白结合后运输到组织被利用。

在高氧分压的情况下，氧进入红细胞与血红蛋白中血红素的亚铁离子结合成氧合血红蛋白，叫氧合作用。这种结合受氧分压的影响，是可逆的。

（二）CO_2 的运输

二氧化碳在血液中的运输有以下三种方式。

1. 有 2.7% 的二氧化碳直接溶解于血液中，随血液运输。

2. 20% 的二氧化碳与血红蛋白结合成氨基甲酸血红蛋白，这种结合也是可逆的，受二氧化碳分压的影响。在组织毛细血管处，二氧化碳与血红蛋白结合，在肺毛细血管处，二氧化碳与血红蛋白分离。

3. 70% 的二氧化碳以碳酸氢盐的形式运输，经组织换气，二氧化碳扩散入血液，先部分溶解于血浆，与水结合成碳酸，血浆中缺乏碳酸酐酶，反应速度慢，二氧化碳增多时，由于分压高，进入红细胞，红细胞内含有碳酸酐酶，可使二氧化碳生成碳酸的速度加快，在红细胞内的碳酸又迅速解离出碳酸氢根离子，与钾和钠离子结合。当碳酸氢盐到肺部时，由于二氧化碳分压低，碳酸氢根离子和水结合生成碳酸，碳酸再释放出二氧化碳。

案例分析

患者女性，45 岁，活动后心悸发作 2 年余。患者近 2 年来时常活动后心悸，伴面色苍白，神疲乏力，头晕，视物模糊，多梦而夜寐不酣，食欲减退，腹泻等症状。为明确诊断，前来就诊。既往有月经过多史。

查体：T：36.5 ℃，P：80 次 / 分，R：18 次 / 分，BP：110/80 mmHg。神志清，精神尚可，形体偏瘦，毛发干脱，爪甲裂脆，唇甲色淡，心肺检查（-），肝脾肋下未触及，腹平软，无压痛，肠鸣音 4 次 / 分，周身皮肤无出血点，生理反射未见异常，病理反射未引出。

辅助检查：血常规：红细胞计数 3.1×10^{12}/L，红细胞体积（MCV）60 fl，血红蛋白（Hb）80 g/L，红细胞平均血红蛋白浓度（MCHC）20%，网织红细胞计数 1.2%，血小板计数 218×10^9/L。血清铁蛋白 10 μg/L，血清铁 7.74 μmol/L，总铁结合力 80 μmol/L。肝脾超声波（-）。临床诊断：缺铁性贫血。

请问：

1. 患者诊断缺铁性贫血的指标有哪些？
2. 为什么患者会有面色苍白、唇甲色淡？
3. 分析可能导致患者发生缺铁性贫血的原因。

四、白细胞的代谢

人体白细胞由粒细胞、淋巴细胞和单核吞噬细胞三大系统组成，粒细胞内含线粒体很少，故粒细胞及单核吞噬细胞可将花生四烯酸转变为白三烯，白三烯是速发型过敏反应中产生的慢反应的物质。粒细胞中含较高的组胺，释放后参与变态反应，单核吞噬细胞能合成多种酶、补体和各种细胞因子。

（一）糖代谢

糖酵解是主要的糖代谢途径，为吞噬作用提供能量，具有吞噬功能的白细胞磷酸戊糖途径很活跃，产生大量的NADPH。磷酸戊糖途径产生的NADPH经氧化酶的电子体系使O_2还原产生超氧阴离子、H_2O_2、OH^-等自由基，起杀菌作用。

（二）脂代谢

中性粒细胞不能从头合成脂肪酸，单核吞噬细胞可将花生四烯酸转变成血栓素和前列腺素。

（三）氨基酸和蛋白质代谢

氨基酸在粒细胞中浓度较高，特别是组氨酸脱羧后的代谢产物组胺含量尤其多。这是由于组胺参与白细胞激活后的变态反应。成熟粒细胞缺乏内质网，蛋白质的合成量极少；而单核吞噬细胞具有活跃的蛋白质代谢，能合成各种细胞因子、多种酶和补体。

（钱　静）

本章知识导图

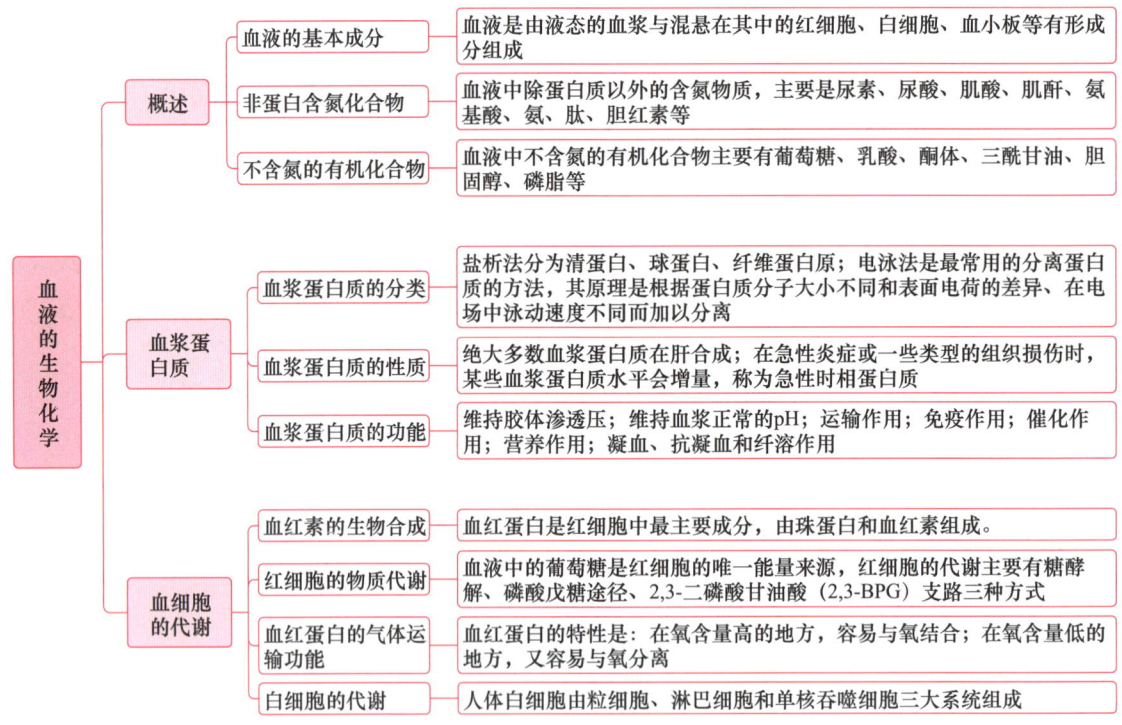

第十一章

肝的生物化学

知识目标

1. 归纳

生物转化的概念、类型，胆色素生成及不同胆红素的理化性质，肝在胆色素代谢中的作用。

2. 说出

糖、脂质、蛋白质氨基酸、微生物及激素在肝中代谢的特点。

3. 知道

肝在胆汁酸代谢中的作用。

肝（liver）是人体内最大的多功能实质性器官，成人肝重 1.2~1.5 kg，占体重的 2.5%。肝具有多方面的功能，它几乎参与体内一切物质的代谢，不仅在糖类、脂质、蛋白质、维生素和激素等物质代谢中有重要作用，而且还具有分泌、排泄和生物转化等重要功能，同时还具有调节机体血容量、维持体液平衡和免疫吞噬等作用。肝的功能之所以如此复杂多样，是由于其本身所独有的形态结构和化学组成特点所决定的：

（1）肝具有肝动脉和门静脉双重血液供给系统；

（2）肝具有肝静脉和胆道两条输出通道；

（3）肝具有丰富的血窦，血液在此流速缓慢，以便于肝细胞与血液进行充分的物质交换；

（4）肝细胞具有丰富的亚微结构，如线粒体、内质网、微粒体及溶酶体等，以保证肝内各种代谢的区域化分布；

（5）肝内含有丰富的酶系，已知肝中的酶类有数百种以上，有些酶还为肝所特有，使得肝细胞除了有一般组织细胞所具有的代谢途径外，还具有特殊的代谢途径。

肝被形象地称为人体的"化工厂"，能够参与很多人体的物质代谢，为人体提供各种物质需求。

第一节 肝的物质代谢特点

一、肝与糖代谢

肝是调节血糖浓度的主要器官。肝主要通过肝糖原合成、肝糖原分解与糖的异生来维持血糖浓度的恒定。当饭后单糖经小肠黏膜吸收后，由门静脉到达肝，在肝内转变为肝糖原而储存。肝利用血糖合成糖原，一般成年人肝内约含 100 g 肝糖原，仅够禁食 24 小时之用。肝糖原在调节血糖浓度以维持其稳定中具有重要作用。过多的糖会在肝转变为脂肪，以及加速磷酸戊糖途径等，从而降低血糖，维持血糖浓度的恒定。相反，当血糖浓度降低时，肝糖原分解及糖异生作用加强，生成葡萄糖释放入血中，调节血糖浓度，使之不致过低。因此，严重肝病时，易出现空腹血糖降低，主要由于肝糖原贮存减少，以及糖异生作用障碍的缘故。临床上，可通过糖耐量试验及测定血中乳酸含量来观察肝糖原生成及糖异生是否正常。肝也是糖异生的主要器官，可将甘油、乳糖及生糖氨基酸等转化为葡萄糖或糖原，在剧烈运动及饥饿时尤为显著。肝还能将果糖及半乳糖转化为葡萄糖，亦可作为血糖的补充来源。糖在肝内的生理功能主要是保证肝细胞内核酸和蛋白质代谢，促进肝细胞的再生及肝功能的恢复。

（1）通过磷酸戊糖途径生成磷酸戊糖，用于 RNA 的合成；

（2）加强糖原生成作用，从而减弱糖异生作用，避免氨基酸的过多消耗，保证有足够的氨基酸用于合成蛋白质或其他含氮生理活性物质。肝细胞中葡萄糖经磷酸戊糖途径，还为脂肪酸及胆固醇合成提供所必需的 NADPH。

知识拓展

血乳酸

血乳酸（blood lactic acid）是体内糖代谢的中间产物，主要由红细胞、横纹肌和脑组织产生，血液中的乳酸浓度主要取决于肝及肾的合成速度和代谢率。在某些病理情况下（如呼吸衰竭或循环衰竭时），可引起组织缺氧，由于缺氧可引起体内乳酸升高。另外，体内葡萄糖代谢过程中，如糖酵解速度增加，剧烈运动、脱水时，也可引起体内乳酸升高。体内乳酸升高可引起乳酸中毒。检查血乳酸水平，可提示潜在疾病的严重程度。

二、肝与蛋白质代谢

肝是合成血浆蛋白质的主要场所，由消化道吸收的氨基酸在肝内进行蛋白质合成、脱氨、转氨等作用，合成的蛋白质进入血液循环供全身器官组织之需要。肝除合成自身所需蛋白质外，还合成多种分泌蛋白质，部分见表 11-1。

表 11-1　肝分泌的主要蛋白质的相关功能及其临床检测意义

蛋白名称	主要功能	对肝疾病诊断的意义
清蛋白（Alb）	转运和结合蛋白质、调节渗透压	肝合成功能受损时会下降
α_1-抗胰蛋白酶（α_1-AT）	胰蛋白酶和蛋白酶抑制剂	增高可见于肝硬化时
甲胎蛋白（AFP）	调节渗透压、转运和结合蛋白	80% 以上原发性肝癌 AFP 会增高
纤维蛋白原	纤维蛋白的前体	反映有功能的肝细胞数量
血浆铜蓝蛋白（CER）	转运铜	下降可见于严重肝病时
前清蛋白（PA）	组织修补材料、运载	早期肝功能损伤的指标
α_1-酸性糖蛋白（α_1-AG）	与免疫防御有关	下降可见于肝实质病变时
α_2-巨球蛋白（α_2-MG）	蛋白酶抑制剂	增高可见于肝硬化时

如血浆蛋白质中，除 γ- 球蛋白外，白蛋白、凝血酶原、纤维蛋白原及血浆脂蛋白所含的多种载脂蛋白（如 ApoA、ApoB、ApoC、ApoE 等）均在肝内合成。由于血浆蛋白质可作为体内各种组织蛋白质的更新之用，所以肝合成血浆蛋白质的作用对维持机体蛋白质代谢有重要意义。故肝功能严重损害时，常出现水肿及血液凝固机能障碍。肝合成白蛋白的能力很强，由于血浆中含量多而分子量小，在维持血浆胶体渗透压中起着重要作用。肝在血浆蛋白质分解代谢中亦起重要作用。肝细胞表面有特异性受体，可识别某些血浆蛋白质（如铜蓝蛋白、α_1- 抗胰蛋白酶等），经胞饮作用吞入肝细胞，被溶酶体水解酶降解。蛋白质所含氨基酸可在肝进行转氨基、脱氨基及脱羧基等反应进一步分解。肝中有关氨基酸分解代谢的酶含量丰富，体内大部分氨基酸，除支链氨基酸在肌肉中分解外，其余氨基酸特别是芳香族氨基酸主要在肝分解。故遇到严重肝病时，血浆中支链氨基酸与芳香族氨基酸的比值下降。在蛋白质代谢中，肝还具有一个极为重要的功能：肝将氨基酸代谢产生的氨合成尿素，经肾排出体外。所以肝病时血浆蛋白质减少，血氨升高。即将氨基酸代谢产生的具有毒性的氨在肝通过鸟氨酸循环的特殊酶系合成尿素以解氨毒。肝也是胺类物质解毒的重要器官，肠道细菌作用于氨基酸产生的芳香胺类等有毒物质，被吸收入血，主要在肝细胞中进行转化以减少其毒性。当肝功能不全或门体侧支循环形成时，这些胺类可不经处理进入神经组织，进行 β- 羟化生成苯乙醇胺和 β- 多巴胺。它们的结构类似于儿茶酚胺类神经递质，并能抑制后者的功能，属于"假神经递质"，与肝性脑病的发生有一定关系。

知识拓展

白球比与肝病

在肝功能正常情况下，白蛋白要高于球蛋白，血清白球比（A/G）正常值范围在 1.5~2.5 之间波动。当白球比小于 1.5 时（也有很多文献以小于 1 为标准），这时被称为白球比倒置或白球比偏低。而在这个时候也就预示着肝已经受到了严重的损伤。白蛋白是在肝内制造的，肝功能衰竭或肝硬化时，在白球比值中作为分子的白蛋白产生就会减少，导致白球比值偏低。球蛋白是机体免疫器官制造的，当体内存在乙肝病毒等抗原（敌人）时，机体的免疫器官就要增兵来消灭"敌人"。此时免疫系统就会制造出过多的球蛋白，白球比值中的分母就会增大，也会出现白球比值偏低。在慢性肝病，A/G 比值降低是诊断肝硬化的良好指标，但在早期病例检出不够灵敏。作为病程中的观察指标，则比值的降低与病变的发展相当符合。

三、肝与脂类代谢

肝在脂类的合成、分解、转化、运输等过程均起到重要作用。消化吸收后的一部分脂肪进入肝，以后再转变为体脂而储存。饥饿时，储存的体脂可先被运送到肝，然后进行分解。在肝内，中性脂肪可水解为甘油和脂肪酸，此反应可被肝脂肪酶加速，甘油可通过糖代谢途径被利用，而脂肪酸则可完全被氧化为 CO_2 和水。肝能分泌胆汁，其中的胆汁酸盐是胆固醇在肝的转化产物，能乳化脂类、可促进脂类的消化和吸收。肝也是人体中合成胆固醇最旺盛的器官。肝合成的胆固醇占全身合成胆固醇总量的 80% 以上，是血浆胆固醇的主要来源。此外，肝还合成并分泌卵磷脂胆固醇酰基转移酶（LCAT），促使胆固醇酯化为胆固醇酯。肝还是合成磷脂的重要器官。肝内磷脂的合成与三酰甘油（甘油三酯）的合成及转运有密切关系。磷脂合成障碍将会导致三酰甘油在肝内堆积，形成脂肪肝（fatty liver）。其原因一方面由于磷脂合成障碍，导致前β-脂蛋白合成障碍，使肝内脂肪不能顺利运出；另一方面是肝内脂肪合成增加。卵磷脂与脂肪生物合成有密切关系。卵磷脂合成过程的中间产物——二酰甘油（甘油二酯）有两条去路：即合成磷脂和合成脂肪。当磷脂合成障碍时，二酰甘油生成三酰甘油明显增多。

四、肝与维生素代谢

肝在维生素的贮存、代谢、运输、转化等方面具有重要作用，人体95%的维生素A都贮存在肝内，肝是维生素C、D、E、K、B_1、B_6、B_{12}、烟酸、叶酸等多种维生素贮存和代谢的场所。当肝功障碍，使得其他脏器合成维生素不能通过肝利用，致使维生素缺乏。这就是为什么肝病患者要补充多种维生素的原因。

五、肝与激素代谢

（一）正常代谢

正常情况下，血浆激素浓度维持在一定水平，其生成与灭活处于平衡状态。激素的灭活主要在肝进行，灭活过程调控激素的强度和作用时间，灭活后的产物多从尿中排出。

（二）代谢变化

当患肝病时，肝细胞对激素的灭活功能降低，某些激素在体内积聚，引起物质代谢紊乱。如醛固酮、抗利尿激素在体内堆积，引起水、钠滞留而发生水肿。也可出现雌激素灭活障碍，引起男性乳房发育、女性月经不调及性征改变等。

第二节 肝的生物转化作用

人体内不可避免地存在许多非营养物质，这些物质既不能作为构建组织细胞的成分，又不能作为能源物质，其中一些还对人体有一定的生物学效应或潜在的毒性作用，长期蓄积则对人体有害。

一、肝的生物转化作用是机体重要的保护机制

（一）生物转化的概念

机体中存在内源性和外源性非营养物质，在排出这些非营养物质之前，需对它们进行代谢转变，使其水溶性提高，极性增强，易于通过胆汁或尿液排出体外，这一过程称为生物转化作用（biotransformation）。

肝是机体内生物转化最重要的器官。体内进行生物转化的非营养物质按其来源分为内源性和外源性两类。内源性物质包括体内物质代谢的产物或代谢中间物（如胺类、胆红素等），以及发挥生理作用后有待灭活的激素、神经递质等一些对机体具有强烈生物学活性的物质。外源性物质系人体在日常生活和（或）生产过程中不可避免接触的异源物，如药物、毒物、环境化学污染物、食品添加剂等，以及从肠道吸收来的腐败产物。这些物质多为脂溶性，均需经过生物转化作用才能排出体外。

（二）生物转化的生理意义

生物转化的生理意义在于：一则生物转化可对体内的大部分非营养物质进行代谢转化，使其生物学活性降低或丧失（灭活），或使有毒物质的毒性减低或消除（解毒）。另则通过生物转化作用可增加这些非营养物质的水溶性和极性，从而易于从胆汁或尿液中排出。但应该指出的是，有些非营养物质经过肝的生物转化作用后，虽然溶解性增加，但其毒性反而增

强;有的还可能溶解性下降,不易排出体外。如多环芳烃类化合物——苯丙芘,其本身没有直接致癌作用,但经过生物转化后反而成为直接致癌物。有的药物如环磷酰胺、百浪多息、水合氯醛和中药大黄等需经生物转化才能成为有活性的药物。因此,不能将肝的生物转化作用简单地称为解毒作用(detoxification),这体现了肝生物转化作用的解毒与致毒的双重性特点。

二、肝的生物转化包括两相反应

肝的生物转化可分为两相反应。第一相反应包括氧化(oxidation)、还原(reduction)和水解(hydrolysis)。许多物质通过第一相反应,其分子中的某些非极性基团转变为极性基团,水溶性增加,即可大量排出体外。但大多数物质经过第一相反应后水溶性和极性改变不明显,还须进一步与葡萄糖醛酸、硫酸等极性更强的物质相结合,以得到更大的溶解度才能排出体外,这些结合反应(conjugation)属于第二相反应。实际上,许多物质的生物转化反应非常复杂。一种物质有时需要连续进行几种反应类型才能实现生物转化目的,这反映了生物转化反应的连续性特点。如阿司匹林常先水解成水杨酸后再经结合反应才能排出体外。同一种或同一类物质可以进行不同类型的生物转化反应,产生不同的产物,则体现了生物转化反应类型的多样性特点。

(一)第一相反应——氧化、还原、水解反应

1. 氧化反应　氧化反应是最多见的生物转化第一相反应。肝细胞的微粒体、线粒体和胞质中含有参与生物转化的不同氧化酶系,催化不同的氧化反应。

(1)加单氧酶系(monooxygenase):存在于肝细胞微粒体中,是氧化酶中最重要的酶类,由细胞色素 P_{450}(Cyt P_{450})、NADPH-细胞色素 P_{450} 还原酶(以 FAD 为辅基的黄酶)组成。该酶在生物转化的氧化反应中占重要地位,所催化的总反应式如下:

$$RH + O_2 + NADPH + H^+ \xrightarrow{\text{加单氧化酶}} ROH + NADP^+ + H_2O$$

底物　　　　　　　　　　　　　　　　氧化产物

(2)单胺氧化酶系:氧化脂肪族和芳香族胺类的、存在于肝细胞线粒体内的单胺氧化酶(monoamine oxidase,MAO)是另一类参与生物转化的氧化酶类。属于黄素酶类,可催化蛋白质腐败作用等产生的脂肪族和芳香族胺类物质(如组胺、酪胺、色胺、尸胺、腐胺等),以及一些肾上腺素能药物(如5-羟色胺、儿茶酚胺类等)的氧化脱氨基作用生成相应的醛类,其反应式如下:

$$RCH_2NH_2 + O_2 + H_2O \xrightarrow{\text{单胺氧化酶系}} RCHOH + NH_3 + H_2O_2$$

胺　　　　　　　　　　　　　　　　醛

(3)脱氢酶系:肝细胞的胞液中存在非常活跃的以 NAD^+ 为辅酶的醇脱氢酶(alcohol dehydrogenase,ADH),可催化醇类氧化成醛,后者再由线粒体或胞液中的醛脱氢酶(aldehydedehydrogenase,ALDH)催化生成相应的酸类。醇脱氢酶与醛脱氢酶将乙醇最终氧化成醋酸(乙酸)。

$$CH_3CH_2OH \xrightarrow{\text{醇脱氢酶}} CH_3CHO \xrightarrow{\text{醛脱氢酶}} CH_3COOH$$

乙醇　　　　　　　乙醛　　　　　　醋酸(乙酸)

摄入人体的乙醇约有2%直接由肺呼出,其余均在肝内经生物转化生成醋酸(乙酸)。肝内存在多种氧化乙醇的酶,主要是醇脱氢酶和氧化其产物(乙醛)的醛脱氢酶。醇脱氢酶分子量为40 000,是含锌的结合蛋白,由两个亚基组成。人体内参与乙醇代谢的醇脱氢酶主要

有 ADH-Ⅰ、ADH-Ⅱ、ADH-Ⅲ 3 种。ADH-Ⅰ对醇具有很高亲和力（Km 0.1~1.0 mmo/L）；ADH-Ⅱ的 Km 较高（~34 mmol/L），在乙醇浓度很高时才发挥作用（低乙醇浓度时其活性只有 ADH-Ⅰ的 10%）；ADH-Ⅲ的 Km 更大，对乙醇的亲和力更小。长期饮用乙醇可使肝内质网增殖，大量饮酒或慢性乙醇中毒可启动微粒体乙醇氧化系统（microsomal ethanol oxidizing system，MEOS），使其活性增加 50%~100%，可代谢乙醇总量的 50%。MEOS 是乙醇 -P450 单加氧酶，产物是乙醛，仅在血中乙醇浓度很高时起作用。MEOS 不但不能利用乙醇氧化产生 ATP，还增加肝对氧和 NADPH 的消耗，并催化脂质过氧化产生羟乙基自由基。羟乙基自由基可进一步促进脂质过氧化造成肝损害。

2. 还原反应　硝基化合物多见于食品防腐剂、工业试剂等。偶氮化合物常见于食品色素、化妆品、药物、纺织与印刷工业等，有些可能是前致癌物。这些化合物分别在微粒体硝基还原酶和偶氮还原酶的催化下，从 NADH 或 NADPH 接受氢，还原生成相应的胺类。如氯霉素被还原而失效。

又如，百浪多息是无活性的药物前体，经还原生成具有抗菌活性的氨苯磺胺。

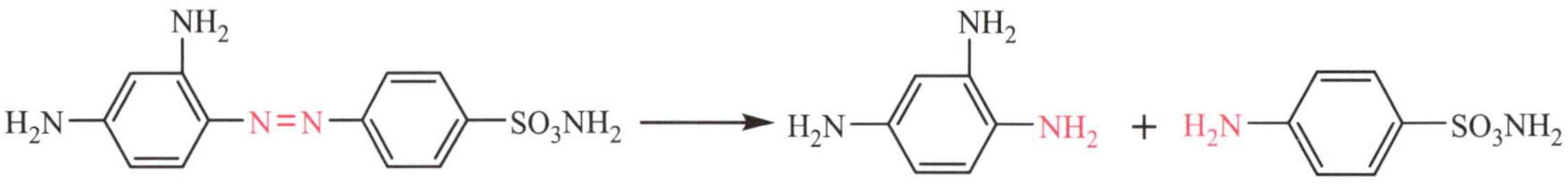
NH2
H2N
N=N
SO3NH2
NH2
H2N
NH2
+
H2N
SO3NH2

百浪多息　　　　　　　　　　　　　　氨苯磺胺

知识拓展

生物转化与酒精肝

肝是乙醇（酒精）代谢的唯一器官。饮酒后，90% 以上的乙醇进入肝内代谢，一次过量或长期饮酒，可在肝内代谢产生大量的乙醛，该物质化学性质非常活跃，具有多方毒性。首先是减低肝对脂肪酸的氧化，导致肝细胞膨胀，乃至崩溃。二是干扰氨基酸代谢，引起肝细胞膜脂质过氧化损害。由于乙醛造成肝内脂酸代谢紊乱，还可导致脂肪肝的形成。

3. 水解反应　肝细胞的胞液与内质网中含有多种水解酶类，酯酶、酰胺酶和糖苷酶是生物转化的主要水解酶，分别水解酯键、酰胺键和糖苷键类化合物，以减低或消除其生物活性。这些水解产物通常还需进一步反应，以利排出体外。例如，普鲁卡因的生物转化过程中，水解反应生成对氨基苯甲酸。

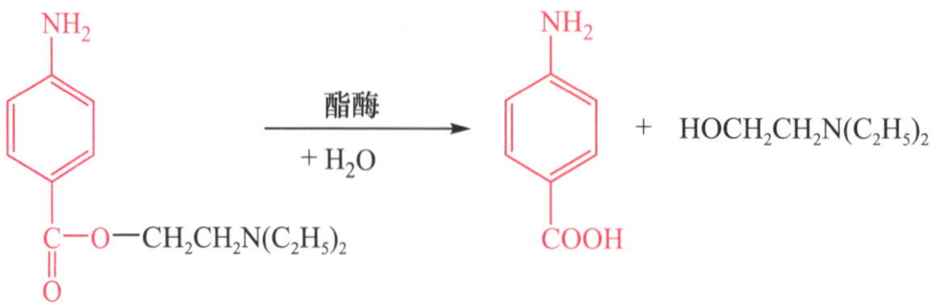
NH2
C—O—CH2CH2N(C2H5)2
O
酯酶
+H2O
NH2
COOH
+　HOCH2CH2N(C2H5)2

普鲁卡因　　　　　　对氨基苯甲酸　　二乙胺基乙醇

阿司匹林的生物转化过程中，首先是水解反应生成水杨酸，然后是与葡萄糖醛酸的结合反应。

异烟肼经酰胺酶作用，水解生成异烟酸和肼。

（二）第二相反应——结合反应

第一相反应生成的产物可直接排出体外，或再进一步进行第二相反应，生成极性更强的化合物。有些非营养物质也可不经过第一相反应而直接进入第二相反应。肝细胞内含有许多催化结合反应的酶类。凡含有羟基、羧基或氨基的药物、毒物或激素均可与葡萄糖醛酸、硫酸、谷胱甘肽、甘氨酸等发生结合反应或进行酰基化和甲基化等反应。其中，以与葡萄糖醛酸、硫酸和乙酰基的结合反应最为重要，尤以与葡萄糖醛酸的结合最为普遍。

1. **葡萄糖醛酸结合反应**　葡萄糖醛酸结合是最重要、最普遍的结合反应，糖代谢过程中产生的尿苷二磷酸葡糖（UDPG）可在肝进一步氧化生成尿苷二磷酸葡糖醛酸（UDPGA）。凡含有羟基、巯基或氨基等的药物、毒物或激素均可发生结合反应，生成葡萄糖醛酸苷衍生物，使其水溶性增强，易于从尿液和胆汁中排泄。

2. **硫酸结合反应**　硫酸结合也是常见的结合反应，肝细胞胞液存在硫酸基转移酶，以 3′-磷酸腺苷 -5′- 磷酰硫酸（PAPS）为活性硫酸供体，可催化硫酸基转移到醇、酚或芳香胺类等含有—OH 的内、外源非营养物质上，生成硫酸酯，使其水溶性增强，易于排出体外。例如雌酮即由此形成硫酸酯而灭活。

雌酮 + PAPS —硫酸基转移酶→ 雌酮硫酸酯 + PAP

3. 乙酰基结合反应 乙酰基化是某些含胺非营养物质的重要转化反应，肝细胞胞液富含乙酰基转移酶，以乙酰 CoA 为乙酰基的直接供体，催化乙酰基转移到含氨基或肼的内、外源非营养物质（如磺胺类、异烟肼、苯胺等），形成乙酰化衍生物。例如，抗结核病药物异烟肼在肝内乙酰基转移酶催化下经乙酰化而失去活性。该酶表达呈多态性，使得个体有快速或迟缓乙酰化之分，影响诸如异烟肼等药物在血液中的清除速率，迟缓乙酰化个体对异烟肼的某些毒性反应较之快速乙酰化个体敏感。

异烟肼 + $CH_3CO\sim SCoA$ —乙酰基转移酶→ 乙酰异烟肼 + CoA-SH

此外，大部分磺胺类药物在肝内也通过这种形式灭活。但应指出，磺胺类药物经乙酰化后，其溶解度反而降低，在酸性尿中易于析出，故在服用磺胺类药物时应服用适量的碳酸氢钠（小苏打），以提高其溶解度，利于随尿排出。

磺胺 + $CH_3CO\sim SCoA$ → N-乙酰磺胺 + CoA-SH

三、体内生物转化反应的特点

（一）转化过程连续性

一种物质有时需要连续进行几种类型的生物转化反应才能达到生物转化的目的。如阿司匹林往往先水解成水杨酸，再进一步与葡萄糖醛酸等结合后才能排出体外。

（二）转化反应多样性

同一种或同一类物质可以进行不同类型的生物转化反应，产生不同的转化产物。如阿司匹林先经过水解反应生成水杨酸，后者既可以与葡萄糖醛酸结合生成 β- 葡萄糖醛酸苷，又可与甘氨酸结合转化为水杨酰甘氨酸，还可水解后先氧化为羟基水杨酸，再进行不同类型的结合反应。

（三）解毒与致毒双重性

一般情况下非营养物质经生物转化后其生物活性或毒性均降低，甚至消失，所以曾将此作用称为生理解毒。但少数物质经转化后毒性反而增强，或由无毒转化成有毒、有害。例如香烟中所含多环芳烃类化合物苯并芘本身并无直接致癌作用，进入人体后经生物转化生成 7,8- 二羟 -9,10- 环氧 -7,8,9,10- 四氢苯并芘后可与 DNA 结合，诱发 DNA 突变而致癌，因此不能简单地认为生物转化作用就是解毒作用。

苯并芘（前致癌物） —加单氧酶, O_2, NADPH+H$^+$→ 7,8-环氧苯并芘 —（水化）→

7,8-二羟苯并芘 —（再加氧）→ 7,8-二羟-9,10-环氧苯并芘（终致癌物）

四、影响生物转化作用的主要因素

生物转化作用受年龄、性别、营养状况、疾病、药物、遗传因素、食物等体内外诸多因素的影响和调节。

（一）年龄对生物转化作用的影响

年龄对生物转化作用有显著影响。婴幼儿因肝生物转化酶系发育不全，对药物及毒物的转化能力弱，容易发生药物及毒素中毒。老年人因器官功能衰减，肝血流量下降，血浆药物清除率降低，药物在体内的半衰期延长，常规剂量用药后易发生药物作用蓄积，药效增强，毒副作用增大。所以临床上对婴幼儿及老年人的药物用量应较成年人酌情减少，很多药物使用时都要求儿童和老年人慎用或禁用。

（二）药物对生物转化作用的影响

许多药物或毒物可诱导某些生物转化酶的合成，使肝的生物转化能力增强，称为药物代谢酶的诱导。例如长期服用苯巴比妥可诱导肝微粒体单加氧酶系的合成，使机体对苯巴比妥类催眠药的转化能力增强，产生耐药性。临床治疗中也可利用诱导作用增强对某些药物的代谢，达到解毒的效果。如使用苯巴比妥诱导肝酶合成，促进地高辛降解，达到解毒目的，减低地高辛毒性。苯巴比妥还可诱导肝微粒体 UDP- 葡糖醛酸基转移酶的合成，临床上可利用其增强机体对游离胆红素的结合反应，治疗新生儿黄疸。由于多种物质在体内转化常由同一酶系催化，当同时服用多种药物时可竞争同一酶系，使各种药物生物转化作用相互抑制。例如保泰松可抑制双香豆素类药物的代谢，当两者同时服用时可使双香豆素的抗凝作用加强，易发生出血现象，所以同时服用多种药物时应注意药物间的相互作用。

（三）疾病对生物转化作用的影响

肝是生物转化的主要器官，肝病变时微粒体单加氧酶系和 UDP- 葡糖醛酸基转移酶活性显著降低，再加上肝血流量减少，患者对许多药物及毒物的摄取、转化作用都明显减弱，容易发生积蓄中毒，故对肝病患者用药要特别慎重。例如严重肝病时微粒体单加氧酶系活性可降低 50%。

（四）性别对生物转化作用的影响

某些生物转化反应有明显的性别差异，例如女性体内醇脱氢酶活性高于男性，女性对乙醇的代谢处理能力比男性强。氨基比林在女性体内半衰期是 103 小时，而男性则需要 134 小时，说明女性对氨基比林的转化能力比男性强。妊娠期妇女肝清除抗癫痫药的能力升高，但妊娠晚期妇女体内许多生物转化酶活性都下降，故生物转化能力普遍降低。

（五）诱导剂、抑制剂对生物转化作用的影响

不同食物中所含有的诱导剂或抑制剂对生物转化酶活性的影响不同，有的可以诱导生物转化酶的合成，有的可抑制酶活性。例如烧烤食物、萝卜等含有微粒体单加氧酶系诱导物，食物中黄酮类成分则可抑制单加氧酶系活性。

（六）营养状况对生物转化作用的影响

摄入蛋白质可以增加肝的重量和肝细胞酶活性，提高肝生物转化效率。饥饿数天（7天）可显著影响肝谷胱甘肽S-转移酶作用，使其参加的生物转化反应水平降低。大量饮酒时，因乙醇氧化为乙醛、醋酸，再进一步氧化成乙酰辅酶A，产生NADH，可使细胞内NAD/NADH比值降低，UDP-葡糖转变成UDP-葡糖醛酸减少，影响肝内葡糖醛酸结合反应。

第三节　胆汁与胆汁酸代谢

一、胆汁

胆汁（bile）是肝细胞分泌的有色液体，经胆道系统分泌并贮存于胆囊，再经胆总管排入十二指肠，参与食物消化和吸收。健康成年人每天分泌胆汁300~700 ml。胆汁分两种，其组成成分见表11-2。肝细胞初分泌的称肝胆汁，呈金黄色、微苦、稍偏碱性，密度较小。肝胆汁进入胆囊后，其中的水分和其他一些成分被胆囊壁吸收而浓缩，同时胆囊壁还分泌黏液，掺入胆汁使其颜色转变为暗褐或棕绿色，密度增大，称为胆囊胆汁。胆汁中含有胆汁酸、胆色素、酶、胆固醇、无机盐等。其中胆汁酸占固体物质总量的50%~70%，胆汁酸在胆汁中与钠盐或钾盐结合后称为胆汁酸盐。

表11-2　肝胆汁与胆囊胆汁的组成成分比较

	肝胆汁（%）	胆囊胆汁（%）
水	96~97	96~97
胆色素	0.05~0.17	0.2~1.5
总固体	3~4	14~20
胆汁酸盐	0.2~2	1.5~10
胆固醇	0.05~0.17	0.2~0.9
无机盐	0.2~0.9	0.5~1.1
黏蛋白	0.1~0.9	1~4

二、胆汁酸的分类

按结构的不同，胆汁酸可分为游离型胆汁酸（free bile acid）和结合型胆汁酸（conjugated bile acid）两类。游离型胆汁酸包括胆酸、脱氧胆酸、鹅脱氧胆酸、少量的石胆酸；结合型胆汁酸是上述游离胆汁酸与甘氨酸或牛磺酸结合的产物，主要包括甘氨胆酸、甘氨鹅脱氧胆酸、牛磺胆酸及牛磺鹅脱氧胆酸等。一般结合型胆汁酸水溶性较游离型大，解离常数（pK）值降低，更加稳定，在酸或Ca^{2+}存在时也不易沉淀，便于顺利排入肠道发挥作用。

按来源的不同，胆汁酸又可分为初级胆汁酸（primary bile acid）和次级胆汁酸（secondary

bile acid）。初级胆汁酸包括胆酸、鹅脱氧胆酸及其与甘氨酸和牛磺酸的结合产物。次级胆汁酸包括脱氧胆酸、石胆酸及其与甘氨酸和牛磺酸的结合产物。

胆汁中的胆汁酸以结合型为主。其中甘氨胆汁酸与牛磺胆汁酸的含量比为 2 ∶ 1 至 3 ∶ 1。无论是初级胆汁酸还是次级胆汁酸均以钠盐或钾盐的形式存在，形成相应的胆汁酸盐，简称胆盐（bile salts）。

三、胆汁酸的生成

（一）初级胆汁酸的生成

初级胆汁酸以胆固醇为原料在肝细胞内合成，胆固醇首先在肝细胞的 7α- 羟化酶的催化下，生成 7α- 羟胆固醇，然后再经氧化、还原、羟化、侧链修饰等多步酶促反应生成初级游离胆汁酸，即胆酸和鹅脱氧胆酸。7α- 羟化酶是胆汁酸合成过程中的关键酶，其活性受胆汁酸浓度的负反馈调节，甲状腺素可使该酶的合成增加，故甲状腺功能亢进时血胆固醇浓度降低。

胆酸和鹅脱氧胆酸可分别与甘氨酸、牛磺酸结合生成初级结合胆汁酸，即甘氨胆酸、甘氨鹅脱氧胆酸，牛磺胆酸及牛磺鹅脱氧胆酸（图 11-1）。

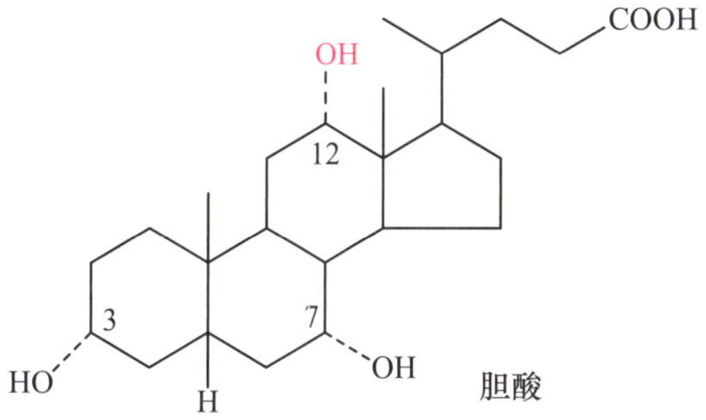

胆酸

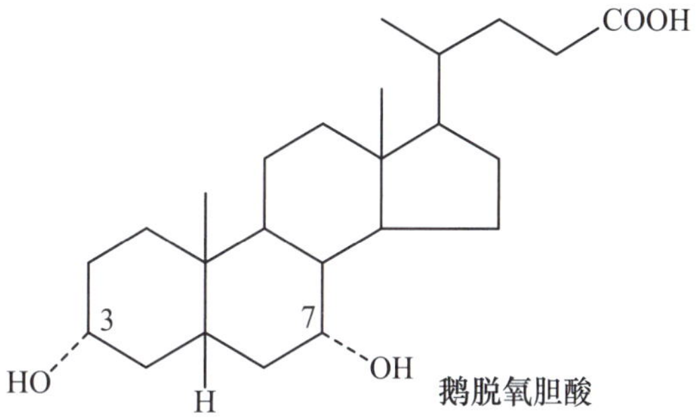

鹅脱氧胆酸

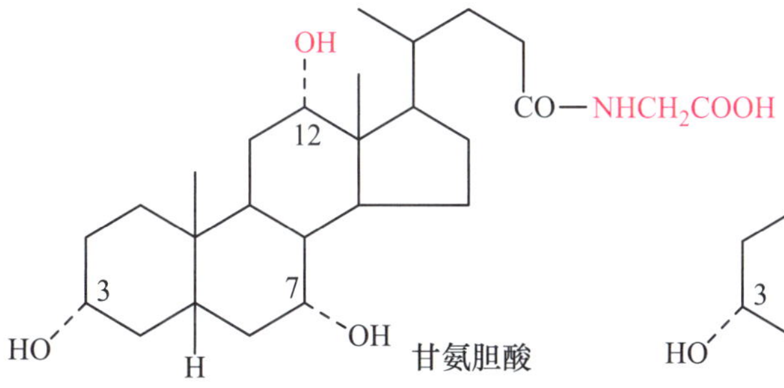

甘氨胆酸

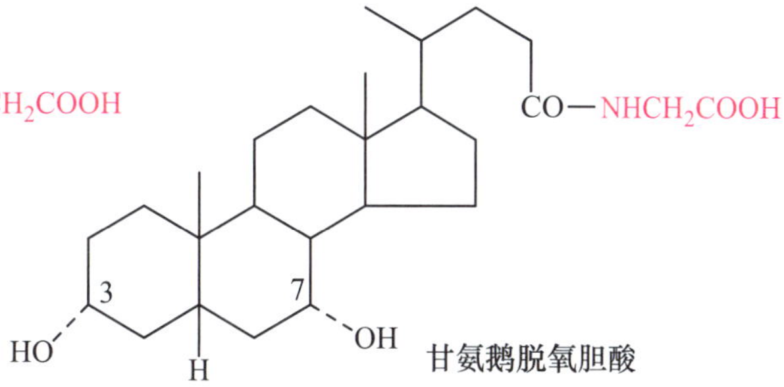

甘氨鹅脱氧胆酸

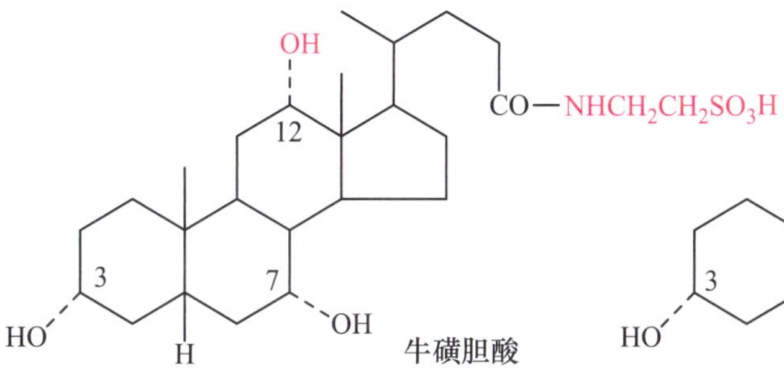

牛磺胆酸

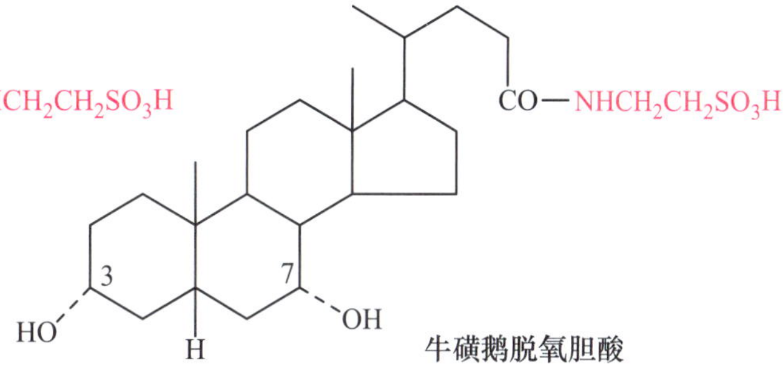

牛磺鹅脱氧胆酸

图 11-1　初级胆汁酸的结构式

（二）次级胆汁酸的生成

初级胆汁酸在小肠下段和大肠中受细菌作用脱去 7α- 羟基转变为次级胆汁酸（图 11-2），即胆酸转化为脱氧胆酸，鹅脱氧胆酸转化为石胆酸。一部分结合型胆汁酸先水解脱去甘氨酸或牛磺酸，再经 7α- 脱羟基反应生成次级胆汁酸。

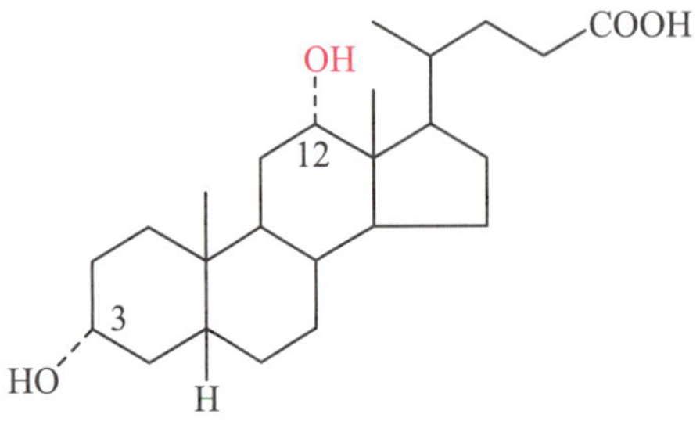

脱氧胆酸 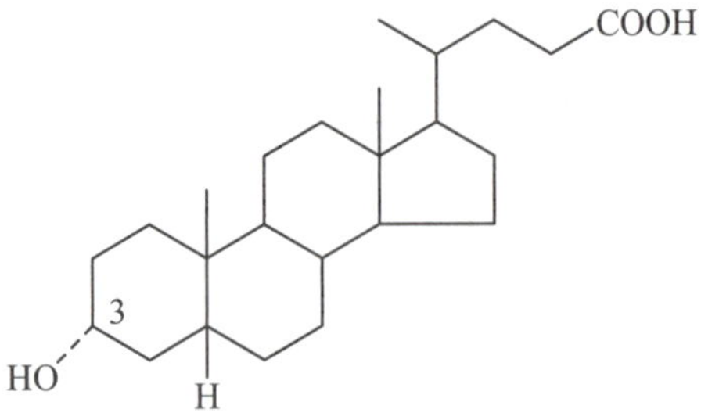　　　　　　　　　　石胆酸

图 11-2　次级胆汁酸的结构式

四、胆汁酸的肠肝循环

排入肠道的胆汁酸（包括初级、次级、结合型与游离型）中 95% 以上被重吸收。其中以回肠部对结合型胆汁酸的主动重吸收为主，其余在肠道各部被动重吸收。重吸收的胆汁酸经门静脉入肝，被肝细胞摄取。在肝细胞内，游离胆汁酸被重新合成为结合胆汁酸，与新合成的结合胆汁酸一同再随胆汁排入小肠。这样形成胆汁酸的"肠肝循环"（enterohepaticcirculation）（图 11-3），人体每天可进行 6~12 次肠肝循环，从肠道吸收的胆汁酸总量可达 12~32 g。由于肝每天合成胆汁酸的量仅 0.4~0.6 g，肝胆的胆汁酸池共 3~5 g，即使全部倾入小肠也难满足饱餐后小肠内脂类乳化的需要。因此，肠肝循环可以弥补肝合成胆汁酸能力的不足和满足人体对胆汁酸的生理需要。未被肠道吸收的小部分胆汁酸在肠菌的作用下，衍生成多种胆烷酸的衍生物并由粪便排出，每日的排出量与肝合成的胆汁酸量相当。经肠肝循环回收入肝的石胆酸在肝中主要被硫酸化，生成石胆酸的硫酸酯。后者不能被肠道重吸收，从粪便中排出。

五、胆汁酸的功能

（一）促进脂类的消化与吸收

胆汁酸分子内部既含有亲水性的羟基和羧基，又含有疏水性的甲基和烃基，而且羟基和羧基的空间配位又全是 α 型，所以胆汁酸的立体构型具有亲水和疏水两个侧面，能够降低油/水两相之间的表面张力。胆汁酸的这种结构特性（图 11-4）使其成为较强的乳化剂，使疏水的脂类在水中乳化成只有 3~10 μm 的细小微团，既有利于消化酶的作用，又有利于脂类的吸收。

（二）抑制胆汁中胆固醇的析出

部分未转化的胆固醇由肝细胞分泌入毛细胆管，储存于胆囊。由于胆固醇难溶于水，胆汁在胆囊中浓缩后胆固醇较易沉淀析出。胆汁中的胆汁酸盐与卵磷脂可使胆固醇分散形成可溶性微团，使之不易结晶沉淀。若肝合成胆汁酸的能力下降，消化道丢失胆汁酸过多或肠肝循环中肝摄取胆汁酸过少，以及排入胆汁中的胆固醇过多（高胆固醇血症患者），均可造成胆汁中胆汁酸、卵磷脂与胆固醇的比值下降（小于 10∶1），易引起胆固醇析出沉淀，形成胆结石。

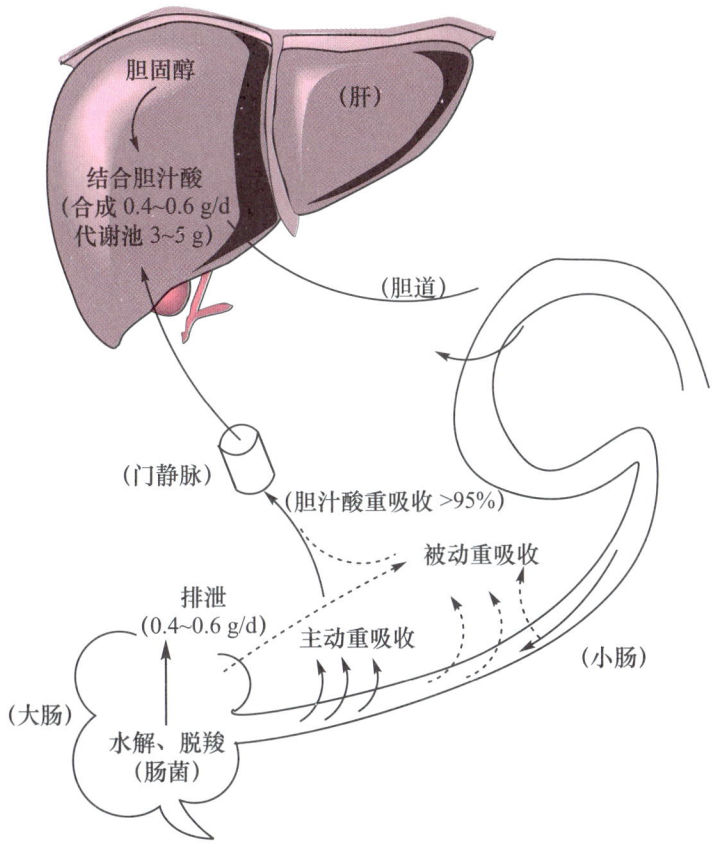

图 11-3 胆汁酸的肠肝循环

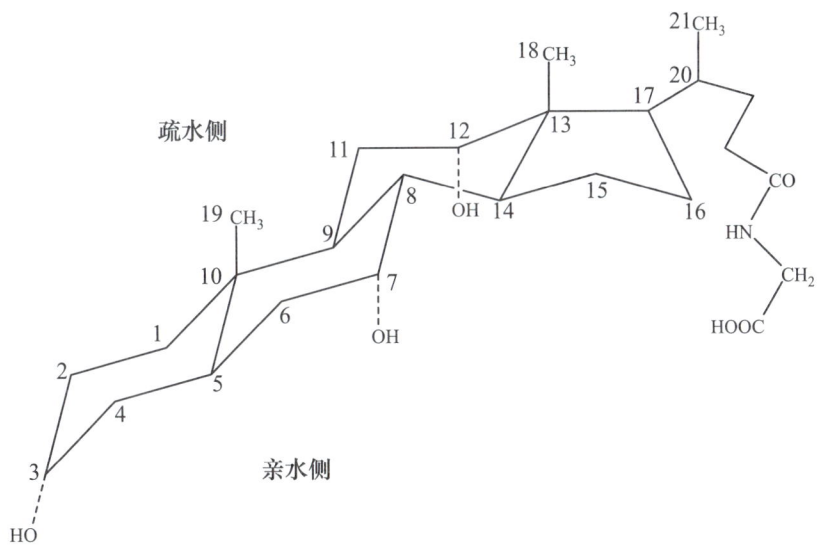

图 11-4 甘氨胆酸的构象式

第四节　胆色素的代谢与黄疸

胆色素（bile pigment）主要由体内铁卟啉化合物分解代谢生成，包括胆红素（bilirubin）、胆绿素（biliverdin）、胆素原（bilinogen）和胆素（bilin）。其中胆红素为橙黄色，它的毒性作用可引起大脑不可逆的损害。胆红素的代谢是临床上颇感兴趣的课题，肝是胆红素代谢的主要器官,有关胆红素的知识对于认识肝病具有重要意义。

一、胆红素的生成

(一)来源

正常人每天产生 250~350 mg 胆红素,主要有两大来源:一是由衰老红细胞破坏释放出的血红蛋白分解,约占 80%;二是来自肌红蛋白、细胞色素、过氧化氢酶及过氧化物酶等色素蛋白的分解。

(二)生成过程

体内红细胞不断更新,正常人红细胞平均寿命约 120 天。一个体重约 60 kg 的成年人,每天大约有相当于 7 g 血红蛋白的衰老红细胞被肝、脾、骨髓组织中单核巨噬细胞系统识别并吞噬破坏,释放出血红蛋白。血红蛋白再进一步分解为珠蛋白和血红素,其中珠蛋白可分解为氨基酸供组织细胞重新利用;而血红素则在氧分子和 $NADPH+H^+$ 的参与下,由吞噬细胞微粒体血红素加氧酶(heme oxygenase,HO)催化,使分子中 α-次甲基桥断裂,释放出 CO 及 Fe^{3+} 而生成胆绿素。Fe^{3+} 可被细胞重复用于造血,CO 则可排出体外或发挥气体信息分子作用。胆绿素进一步在胞质胆绿素还原酶(biliverdin reductase)催化下,从 $NADPH+H^+$ 获得 2 个氢原子,还原生成胆红素(图 11-5)。胆红素过量对人体有害,但适宜水平的胆红素还呈现有益的一面。胆红素是人体内强有力的内源性抗氧化剂,可有效清除超氧化物和过氧化自由基。氧化应激可诱导 HO-1 的表达,适度增加胆红素的生成以抵御氧化应激状态。胆红素的这种抗氧化作用是通过胆绿素还原酶循环(biliverdin reductase cycle)实现:胆红素氧化成胆绿素,后者在胆绿素还原酶催化下,利用 NADH 或 NADPH 再还原生成胆红素。由于胆绿素还原酶分布广、活性强,可使胆红素的抗氧化作用增大 10000 倍。

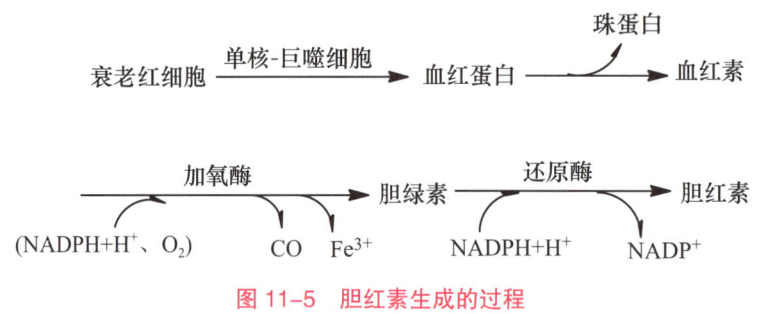

图 11-5 胆红素生成的过程

二、胆红素在血液中转运

脂溶性的胆红素释放入血液后,主要与血浆清蛋白结合,以胆红素-清蛋白形式在血中运输。这种结合作用既增大了胆红素的溶解度而利于运输,又限制了胆红素透过细胞膜进入组织产生毒性;胆红素与清蛋白结合后分子质量增大,不易透过肾小球滤过膜,尿中不出现这种胆红素,只能存在于血液中,称为血胆红素;由于这种胆红素尚未进入肝进行结合处理,被称为未结合胆红素(unconjugated bilirubin),或称游离胆红素。

正常人血中胆红素含量为 1.7~17.1 μmol/L(0.1~1.0 mg/dl),而每 100 ml 血浆中的清蛋白能结合 20~25 mg 胆红素,故足以防止过多胆红素进入组织细胞产生毒性作用。但当某些原因导致血中胆红素升高、清蛋白下降,或清蛋白被其他物质结合等,可促使胆红素从血浆向组织转移而产生毒性。如某些有机阴离子药物(磺胺类药物、水杨酸和抗生素等),或者脂肪酸、胆汁酸等物质,可与胆红素竞争结合清蛋白,使胆红素游离出来,增加其透过细胞的可能性。

过多的胆红素易进入脑组织与脑基底核的脂质结合,干扰脑的正常功能,导致核黄疸

[kernicterus，或称胆红素脑病（bilirubin encephalopathy）]。因此，对有黄疸倾向的患者或新生儿高胆红素血症（neonatal hyperbilirubinemia）等患者，应避免使用有机阴离子药物，以免发生核黄疸而对大脑产生不可逆损伤。另外，酸中毒时可促使胆红素进入细胞，故高胆红素血症患者要防止酸中毒。

$$\text{胆红素} + \text{清蛋白} \xrightleftharpoons[\text{有机离子，pH}\downarrow]{\text{清蛋白}\uparrow, \text{pH}\uparrow} \text{胆红素-清蛋白}$$

知识拓展

核黄疸

核黄疸是一组严重的新生儿疾病，以由于先天和（或）新生儿体质因素所致的黄疸和血液内大量带核红细胞为特征，同时因胆红质对中枢神经组织的有害作用而产生神经症状。其病因主要为溶血性黄疸。临床表现分为4期：①警告期：出现嗜睡、吸吮反射减弱、精神萎靡、呕吐、肌张力减退等症状，大多数患儿黄疸急速明显加深，并出现肝、脾、心脏扩大，伴有水肿或贫血；②痉挛期：多发生在生后3~5天，轻症者出现凝视，为时很短。重者发生呕吐、昏睡、肌肉强直、角弓反张，并出现抽搐、肌阵挛发作及屏气青紫发作。约80%伴有发热；③恢复期：大多发生在生后7~8天，上述症状逐渐消失而病情恢复；④后遗症期：多发生于生后2个月或更晚，如若病情未缓解，进行性进展可出现持久的锥体外系症状如手足徐动症、舞蹈症、肌张力增强等，另外尚可出现眼球运动障碍及听觉障碍、智力障碍等。

三、胆红素在肝中的转变

胆红素在血浆中被清蛋白结合而运输。在肝血窦中胆红素先与清蛋白分离，后迅速被肝细胞摄取。在肝细胞内，胆红素立即被Y蛋白或Z蛋白结合固定，形成胆红素-Y蛋白或Z蛋白复合物，增加了其水溶性而不能重新返回血液，并且被进一步转运至滑面内质网进行结合转化。Y蛋白对胆红素亲和力强于Z蛋白，故胆红素优先与Y蛋白结合。一些脂溶性强的物质，如甲状腺激素、四溴酚酞磺酸钠（BSP）等均可竞争性结合Y蛋白，影响肝细胞对胆红素的摄取。新生儿出生7周后Y蛋白才接近成年人水平，故易产生新生儿生理性黄疸。而苯巴比妥能诱导Y蛋白的生成，故临床上可用苯巴比妥缓解新生儿生理性黄疸。胆红素清蛋白形式在血中运输→胆红素单独被肝细胞摄取→立即被Y蛋白（主要）结合固定→以胆红素-Y蛋白形式进一步被转运至滑面内质网。

在肝细胞内，与葡糖醛酸结合的胆红素被称为结合胆红素（conjugated bilirubin），或称肝胆红素。结合胆红素与未结合胆红素的主要区别见表11-3。胆红素与葡糖醛酸结合过程如下。

$$\text{胆红素} + \text{UDP-葡糖醛酸} \xrightarrow{\text{UDP-葡糖醛酸基转移酶}} \text{胆红素葡糖醛酸一酯} + \text{UDP}$$

$$\text{胆红素葡糖醛酸一酯} + \text{UDP-葡糖醛酸} \xrightarrow{\text{UDP-葡糖醛酸基转移酶}} \text{胆红素葡糖醛酸二酯} + \text{UDP}$$

表 11-3 结合胆红素与未结合胆红素的主要区别

	未结合胆红素	结合胆红素
与葡糖醛酸结合	未结合	结合
重氮试剂反应	缓慢、间接反应	迅速、直接反应
水溶性	小	大
经肾排出	不能	能
对大脑的毒性作用	有	无

四、胆红素在肠中的转变与胆素原的肠肝循环

经肝转化生成的结合胆红素随胆汁进入肠道，在小肠上段的碱性 pH 条件下，通过来自肝、小肠上皮细胞和肠道细菌的 β-葡糖醛酸苷酶的作用，大部分被水解而脱下葡糖醛酸，转变成未结合胆红素，然后经肠道厌氧菌的还原作用，逐步形成中胆素原、粪胆素原和尿胆素原，三者统称为尿胆原簇化合物（胆素原）。在肠道下段，三种胆素原接触空气分别被氧化成中胆素、粪胆素和尿胆素（统称为胆素），随粪便排出，呈棕黄色，成为粪便的主要颜色。在小肠下段有 10%~20% 的胆素原被肠黏膜细胞重吸收，经门静脉入肝，其中大部分以原形再排入胆道，构成"胆素原的肠肝循环"（图 11-6）；2%~5% 重吸收的胆素原进入体循环，而出现于尿中，并可氧化为尿胆素，成为尿的主要色素。

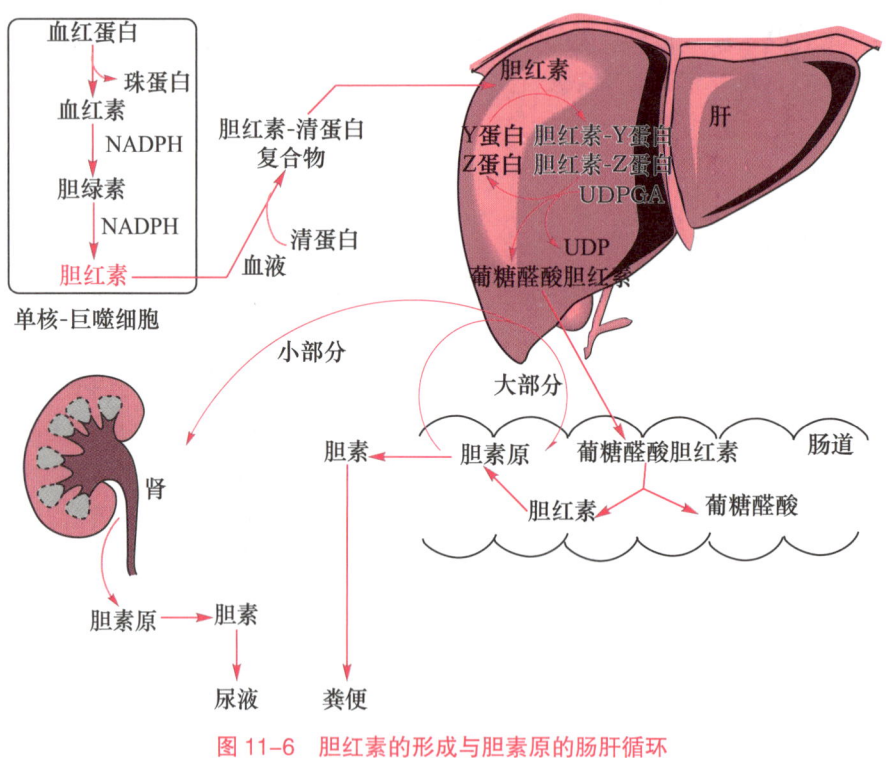

图 11-6 胆红素的形成与胆素原的肠肝循环

五、血清胆红素与黄疸

正常人血浆中胆红素含量甚微，仅为 1.7~17 μmol/L（0.1~1 mg/dl），其中 4/5 是与清蛋白结合的未结合胆红素，其余是含量甚微的结合胆红素。未结合胆红素是脂溶性物质，极易通透细胞膜对细胞造成危害，尤其是对富含脂质的神经细胞，能严重影响神经系统的功能。因此，

肝通过生物转化功能将未结合胆红素与葡糖醛酸结合，变成水溶性的易于排泄的物质，对机体具有十分重要的保护作用。

凡能引起胆红素生成过多、或肝细胞对胆红素的摄取、结合和排泄过程发生障碍等因素均可使血中胆红素增高，而出现高胆红素血症。当血清中胆红素浓度超过 34.2 μmol/L（2.0 mg/dl）时，可出现巩膜、黏膜及皮肤的黄染，称为黄疸；若血清中胆红素浓度超过正常值，但不超过 34.2 μmol/L 时，肉眼未见黄染，则称为隐性黄疸。

黄疸按病因可分为溶血性、肝细胞性和阻塞性黄疸；按病变部位可分为肝前性、肝性和肝后性黄疸。

（一）溶血性黄疸

溶血性黄疸（hemolytic jaundice）又称肝前性黄疸，是由于各种原因（如蚕豆病、恶性疟疾、输血不当、过敏、药物等）导致红细胞大量破坏，释放出大量的血红素，在单核－吞噬细胞系统产生的胆红素过多，超过肝细胞的处理能力所致。主要特征为：

1. 血清中未结合胆红素明显升高，结合胆红素浓度改变不大；
2. 重氮反应呈间接反应阳性；
3. 由于未结合胆红素不能由肾排出，所以，尿胆红素阴性；
4. 由于肝最大限度地摄取、转化、排泄胆红素，所以，粪便和尿液中胆素原族化合物增多；
5. 粪便及尿液颜色加深，粪便呈现咖啡色，尿液多为浓茶色。

（二）阻塞性黄疸

阻塞性黄疸（obstructive jaundice）又称肝后性黄疸。是由于各种原因（如胆结石、肿瘤、先天性胆管闭锁、胆道蛔虫或肿瘤压迫等）引起胆道阻塞，胆汁排泄障碍，使毛细胆管内压力增大破裂，结合胆红素逆流入血，造成血清胆红素升高引起的黄疸。主要特征为：

1. 血清中结合胆红素明显升高，未结合胆红素变化不大；
2. 重氮反应呈直接反应阳性；
3. 由于结合胆红素可以由肾排，所以，尿胆红素检查阳性；
4. 由于胆道阻塞，结合胆红素排入肠道的量减少，使肠道中生成的胆素原减少，所以，粪便和尿液中胆素原族化合物减少；
5. 粪便颜色变浅呈白陶土色或灰白色。尿液中虽然尿胆原、尿胆素减少，但因含有大量尿胆红素，所以尿液颜色常呈现金黄色。

（三）肝细胞性黄疸

肝细胞性黄疸（hepatocellular jaundice）又称肝源性黄疸。是由于肝炎、肝硬化等病变导致肝细胞受损，使其摄取、转化和排泄胆红素的能力降低所致的黄疸。其特征为：

1. 血中两种胆红素均升高，一方面肝细胞不能将未结合胆红素完全转化为结合胆红素，使血中未结合胆红素升高；另一方面，因肝细胞肿胀，压迫毛细胆管，造成肝内毛细胆管堵塞或与肝血窦直接相通，部分结合胆红素反流入血，使血中结合胆红素也升高；
2. 重氮反应实验直接和间接反应均阳性；
3. 由于血清中结合胆红素升高，所以，尿胆红素阳性；
4. 由于肝对结合胆红素的生成和排泄减少，所以尿中胆素原含量变化不定；
5. 粪便颜色通常变浅，尿液颜色深浅不定，但因尿液中含较多胆红素，所以尿液颜色多加深。

三种类型黄疸的病因及血、尿、便的改变见表11-4。

表 11-4 三种类型黄疸的实验室鉴别诊断

类型	血液		尿液		粪便颜色
	未结合胆红素	结合胆红素	胆红素	胆素原	
正常	有	无或极微	阴性	阳性	棕黄色
溶血性黄疸	高度增加	正常或微增	阴性	显著增加	加深
肝细胞性黄疸	增加	增加	阳性	不定	变浅
梗阻性黄疸	不变或微增	高度增加	强阳性	减少或消失	变浅或白陶土色

案例分析

患者男性，15 岁，因发热、食欲减退、恶心 2 周，皮肤黄染 1 周来诊。患者 2 周前无明显诱因发热达 38 ℃，无发冷和寒战，不咳嗽，但感全身不适、乏力、食欲减退、恶心、右上腹部不适，偶尔呕吐，曾按上感和胃病治疗无好转。1 周前皮肤出现黄染，尿色较黄，无皮肤瘙痒，大便正常，睡眠稍差，体重无明显变化。既往体健，无肝炎和胆石症史，无药物过敏史，无输血史，无疫区接触史。

查体：T 37.5 ℃，P 80 次/分，R 20 次/分，BP 120/75 mmHg，皮肤略黄，无出血点，浅表淋巴结未触及，巩膜黄染，咽（－），心肺（－），腹平软，肝肋下 2 cm，质软，轻压痛和叩击痛，脾侧位刚及，腹水征（－），下肢不肿。化验：血 Hb 126 g/L，WBC 5.2×10^9/L，N 65%，L 30%，M 5%，plt 200×10^9/L，网织红细胞 1.0%，尿蛋白（－），尿胆红素（＋），尿胆原（＋），大便颜色加深，便隐血（－）。

请问：1. 该患者可能患有哪些相关疾病？
2. 有何诊断依据？
3. 要确诊应进一步做哪些检查？

（毛朝坤）

第十一章 肝的生物化学

本章知识导图

肝生物化学

- **肝的物质代谢特点**
  - 肝与糖代谢 —— 肝是调节血糖浓度的主要器官
  - 肝与蛋白质代谢 —— 肝是合成血浆蛋白的主要场所
  - 肝与脂类代谢 —— 肝是脂肪运输的枢纽
  - 肝与维生素代谢 —— 肝可贮存脂溶性维生素，人体95%的维生素A都贮存在肝内
  - 肝与激素代谢 —— 激素的灭活主要在肝内进行

- **肝的生物转化作用**
  - 生物转化的生理意义 —— 使其生物学活性降低或丧失（灭活），或使有毒物质的毒性减低或消除（解毒）；其水溶性提高，极性增强，易于通过胆汁或尿液排出体外
  - 肝的生物转化包括两相反应 —— 氧化、还原、水解反应；结合反应
  - 解毒与致毒双重性 —— 少数物质经转化后毒性反而增强，或由无毒转化成有毒、有害
  - 影响生物转化作用的主要因素 —— 年龄、性别、营养状况、疾病、药物、遗传因素、食物等体内外诸多因素的影响和调节

- **胆汁与胆汁酸代谢**
  - 胆汁 —— 肝细胞分泌的有色液体，经胆道系统分泌并贮存于胆囊，再经胆总管排入十二指肠，参与食物消化和吸收
  - 胆汁酸的分类 —— 游离型胆汁酸和结合型胆汁酸两类
  - 胆汁酸的生成 —— 初级胆汁酸的生成：以胆固醇为原料在肝细胞合成；初级胆汁酸在小肠下段和大肠受细菌作用脱去7α-羟基转变为次级胆汁酸
  - 胆汁酸的肠肝循环 —— 肠肝循环可以弥补肝合成胆汁酸能力的不足和满足人体对胆汁酸的生理需要
  - 胆汁酸的功能 —— 成为较强的乳化剂，既有利于消化酶的作用，又有利于脂类的吸收；抑制胆汁中胆固醇的析出

- **胆色素的代谢与黄疸**
  - 胆红素的生成 —— 可来自两大来源：一是由衰老红细胞破坏释放出的血红蛋白分解，约占80%；二是来自肌红蛋白、细胞色素、过氧化氢酶及过氧化物酶等色素蛋白的分解
  - 胆红素在血液中转运 —— 主要与血浆清蛋白结合，以胆红素-清蛋白形式在血中运输
  - 胆红素在肝中的转变 —— 在肝血窦中胆红素先与清蛋白分离，后迅速被肝细胞摄取
  - 胆红素在肠中的转变与胆素原的肠肝循环 —— 经肝转化生成的结合胆红素随胆汁进入肠道，转变成未结合胆红素
  - 血清胆红素与黄疸 —— 溶血性黄疸，阻塞性黄疸，肝细胞性黄疸

第十二章 水与电解质代谢

> **知识拓展**
>
> 1. 归纳
>
> 体液的含量、分布及体液电解质分布特点；水、电解质的生理功能，水平衡及钠、钾、氯的代谢；钙、磷的含量、分布及生理功能，血钙与血磷。
>
> 2. 说出
>
> 水和电解质平衡的调节，钙、磷代谢的调节。
>
> 3. 知道
>
> 体液的交换，微量元素的代谢。

第一节 体 液

人体内的各种代谢都是在体液中进行的，体液是由水、无机盐、低分子有机物和蛋白质组成，广泛地分布于细胞内外的液体。它们的化学成分、含量及分布的改变，将直接影响细胞的功能，严重时可危及生命。因此，掌握体液平衡的基本理论、水和电解质的代谢及功能，对于在临床工作中正确处理水、电解质平衡失调，进行体液疗法，提高疾病治愈率，减少病死率，具有重要的指导意义。

一、体液的含量与分布

（一）体液的含量与分布

以细胞质膜为界，可将体液分为细胞内液与细胞外液。细胞外液包括血浆、组织间液、淋巴液、消化液、脑脊液、渗出液和漏出液等。

正常成人体液约占体重的60%。其中细胞内液占体重40%，人体大部分生化反应都在细胞内液中进行；细胞外液占体重20%，以血管壁为间隔又分为组织间液（约占体重15%）和血浆（约占体重5%）。细胞外液是沟通各组织和细胞之间及机体与外环境之间的联系渠道，它们是细胞生存的"内环境"。

（二）影响体液含量的因素

体液含量与年龄、性别和体型等因素有关。一般而言，体液的含量是随年龄的增加而减少，如新生儿体液含量可占体重的80%，成年人占60%，而老年人只占55%；成年男性的体液含量大于同体重女性；同龄、同体重的肥胖者比体型瘦者体液含量低（脂肪含水量低）。此外，不同组织含水量也不同。脂肪组织含水量只有 15%~30%，而肌肉组织含水量则高达 75%~80%。

二、体液的电解质组成、含量及分布特点

体液中的各种无机盐、部分低分子有机化合物和蛋白质等都是以离子状态存在，称之为电解质。主要的阳离子有 K^+、Na^+、Ca^{2+} 和 Mg^{2+} 等，阴离子有 Cl^-、HCO_3^-、磷酸根（HPO_4^{2-}、$H_2PO_4^-$）及有机阴离子如乳酸根、蛋白质负离子（Pr^-）等。细胞内液与细胞外液电解质的含量与分布有以下特点：

1. 体液呈电中性：细胞外液或细胞内液中阴阳离子的电荷量相等，体液呈电中性。

2. 细胞内外液电解质分布差异大：细胞内液阳离子以 K^+ 为主，阴离子以 HPO_4^{2-} 和 Pr^- 为主。细胞外液阳离子以 Na^+ 为主，阴离子以 Cl^- 和 HCO_3^- 为主。K^+、Na^+ 在细胞内外分布的显著差异是由细胞膜上的 Na^+-K^+-ATP 酶（钠钾泵）所致。

3. 细胞内外液的渗透压基本相等：若以"mmol/L"计算电解质浓度，则细胞外液离子总浓度低于细胞内液。细胞内、外的渗透压基本相等是由于细胞内液蛋白质含量高，且其他电解质又以二价离子居多，这些离子产生的渗透压小。溶液渗透压常用毫渗量浓度（mOsm/L）来表示，正常人细胞内、外液的毫渗量浓度几乎相近，平均为 300 mOsm/L。临床上常用与血浆的毫渗量浓度相近的等渗溶液，如 5% 葡萄糖和 0.9% 氯化钠溶液输液，不会影响红细胞的形态，亦不会造成溶血。

4. 血浆蛋白质含量大于组织液：在细胞外液中，血浆蛋白质含量要比细胞间液的高很多，其他电解质基本相同。这种差异使血浆具有较高的胶体渗透压，其对于维持血容量及血浆与细胞间液之间的水的交换具有重要作用。

各种体液中电解质的含量和电荷见表 12-1。

表 12-1 各种体液中电解质的含量

电解质	血浆（mmol/L）		组织液（mmol/L）		细胞内液（mmol/L）	
	离子	电荷	离子	电荷	离子	电荷
阳离子：Na^+	145	145	139	139	10	10
K^+	4.5	4.5	4	4	158	158
Ca^{2+}	2.5	5	2	4	3	6
Mg^{2+}	0.8	1.6	0.5	1	15.5	31
合计	152.8	156	145.5	148	186.5	205
阴离子：Cl^-	103	103	112	112	1	1
HCO_3^-	27	27	25	25	10	10
HPO_4^{2-}	1	2	1	2	12	24
SO_4^{2-}	0.5	1	0.5	1	9.5	19
蛋白质	2.25	18	0.25	2	8.1	65
有机酸	5	5	6	6	39.3	86
合计	138.75	156	144.75	148	76.9	205

> **知识补充**
>
> **电 解 质**
>
> 电解质是指在水溶液或熔融状态下能够导电的化合物。电解质为什么能导电？其原因是电解质能在水溶液或熔融状态下电离成离子，根据其电离的程度可将电解质分为强电解质即完全电离，如强酸、强碱、大部分盐；弱电解质即部分电离，如弱酸、弱碱、水、少部分盐。体液中的电解质有各种无机盐、部分低分子有机化合物和蛋白质等。

三、体液间的物质交换

人体与外界的物质交换包括两个主要过程：一是摄取营养物质，二是向外排泄废物。这两个过程是依靠体液在血浆、细胞内液和组织液三者之间的交换来完成并维持动态平衡的。

体液间交换除了主动运输外主要靠渗透现象来完成。各部分体液的渗透压是体液流动的动力。由无机离子构成的，称为晶体渗透压；由蛋白质等大分子构成的，称为胶体渗透压。

（一）血浆与组织液的交换

血浆与组织液之间的体液交换是在毛细血管进行的。毛细血管壁具有半透膜的特性，水、电解质和小分子有机物等均可自由通过，但大分子蛋白质则不能透过，因此血浆中的蛋白质浓度远高于组织液。所以血浆胶体渗透压高于组织间液胶体渗透压。血浆和组织间液之间水和小分子物质的流向取决于两者之间各种压力的对比，血浆胶体渗透压和组织间液静水压能促进水和小分子物质进入毛细血管，而组织间液胶体渗透压和毛细血管血压则能促进这些物质进入组织液。

有效滤过压是血浆与组织液之间的体液交换的动力。有效滤过压为毛细血管血压和组织间液胶体渗透压之和与血浆胶体渗透压和组织间液静水压之和的差值。毛细血管动脉端的有效滤过压：（3.99+1.995）-（3.325+1.33）=1.33（kPa），因此，水、电解质及各种营养物质由血浆流入组织间液。毛细血管静脉端的有效滤过压为：（1.596+1.995）-（3.325+1.33）=-1.064（kPa），因此，水、电解质及代谢产物等由组织间液进入血浆。这样在体液交换的同时也进行了物质交换。

血浆与组织液的交换如图12-1所示。

当动脉血压增高（高血压）或静脉血压增高（心力衰竭）及血浆蛋白质减少（慢性肾炎、严重肝病）时，均可使组织间液回流受阻而发生水肿。如心衰导致"心性水肿"、慢性肾炎或严重肝病导致的"肾性水肿"或"肝性水肿"。

（二）组织液与细胞内液的交换

组织间液与细胞内液的交换通过细胞膜进行。细胞膜是一种结构、功能复杂的半透膜，它对物质的透过具有高度的选择性，不允许大分子蛋白质和 Na^+、K^+、Ca^{2+}、Mg^{2+} 等无机离子自由通过，但允许小分子物质如尿酸、水、肌酸、CO_2、Cl^-、HCO_3^- 等透过。例如细胞膜上的 K^+-Na^+-ATP 酶可主动把细胞内的 Na^+ 泵出细胞外，同时将细胞外的 K^+ 泵入细胞内，使得细胞内液中 K^+ 浓度远比细胞外高，Na^+ 浓度则相反。水分则随着细胞膜内外晶体渗透压和胶体渗透压的改变而转移，即由渗透压低的一侧向渗透压高的一侧移动。当细胞外液渗透压升高时，水由细胞内移至细胞外；当细胞外渗透压降低时，水由细胞外移入细胞内，起到调节体液渗透压平衡的作用。临床上常用高渗药物如50%葡萄糖或20%甘露醇注射液快速静脉注入以造成细胞外液高渗，从而将细胞内的水分引向细胞外而排出，这对解除细胞水肿特别是脑细胞水肿具有重要意义。

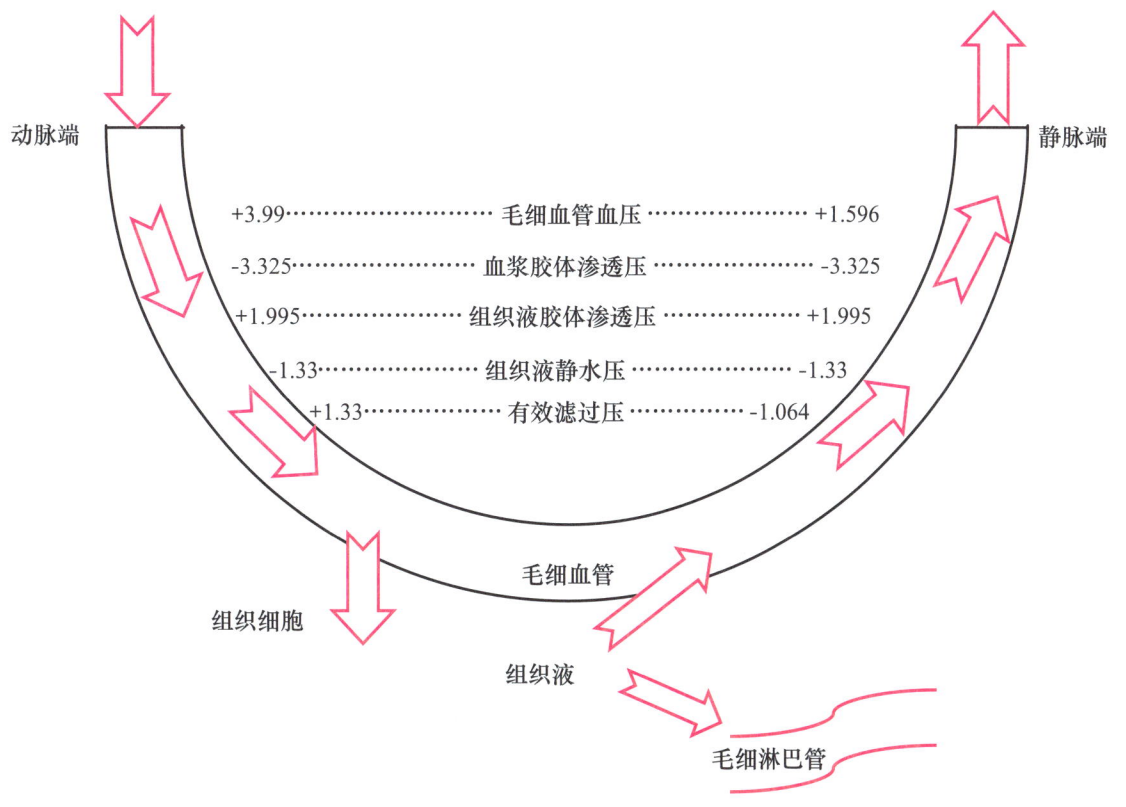

图 12-1 血浆与组织液的交换示意图

> **知识拓展**
>
> **物质进出细胞的方式**
>
> 　　细胞膜是由磷脂双分子层组成的半透膜,它对物质的透过具有高度的选择性,允许小分子物质如尿酸、水、肌酸、CO_2、Cl^-、HCO_3^- 等透过,但不允许大分子蛋白质和 Na^+、K^+、Ca^{2+}、Mg^{2+} 等无机离子自由通过。离子和小分子物质可通过三种方式进出细胞:①自由扩散:即物质顺浓度梯度进出细胞,不需要载体和消耗能量,如 O_2、CO_2、H_2O 等脂溶性物质;②协助扩散:即物质顺浓度梯度进出细胞,需要载体但不需消耗能量,如葡萄糖进入红细胞;③主动运输:即物质逆浓度梯度进出细胞,需要载体和消耗能量,如葡萄糖、氨基酸经过小肠上皮细胞和肾小管细胞。大分子物质则通过胞吞或胞饮、胞吐耗能方式进出细胞。

第二节　水的代谢

一、水的生理功能

水是生物体内含量最多、最重要的物质。生物体内的水以两种形式存在:一种是与蛋白质、多糖等物质结合存在的结合水;另一种是可自由流动的自由水。

(一) 促进和参与物质代谢

水能溶解许多物质,且水的介电常数高,能促进电解质的解离,有利于化学反应的进行。

如促进酶分子活性中心必需基团的解离，从而促进酶促反应的进行。水也能直接参与代谢反应，如水解、加水及脱氢等反应。

（二）运输作用

水不仅是良好的溶剂，而且黏度小、易流动，有利于运输营养物质和代谢产物。即使是某些难溶或不溶于水的物质如脂类，也能与亲水性的蛋白质分子结合而分散于水相中，通过血液运送到全身。

（三）调节体温

水的比热和蒸发热都很大，能吸收较多的热能而本身温度变化不大，相反蒸发少量的汗就能散发大量的热。此外，水的流动性大，代谢产生的热能被迅速带往全身，并从体表散发，水的这些性质有利于体温调节。

（四）润滑作用

水具有润滑作用，如唾液有利于食物的吞咽及咽部湿润；关节腔的滑液能减少关节活动的摩擦；泪液可防止眼球干涩，有利于眼球的转动；胸膜和腹膜浆液、呼吸道和胃肠道黏液都有良好的润滑作用。

（五）维持组织器官的形态和功能

体内的结合水在维持组织器官形态、硬度及弹性等方面有重要作用。如心肌含水量约为79%，血液含水约为83%，两者相差无几，然而血液能在心肌有力的推动下进行循环，这是因为心肌主要是结合水，具有一定的形态，而血液中主要是自由水，故能循环流动。

二、来源和去路

（一）水的摄入

正常成人每日需水量约为 2500 ml，体内水的来源有：饮水（包括各种液体饮料）、食物中所含的水和代谢水。代谢水是由糖、脂肪、蛋白质等营养物质在体内氧化时产生的水，也称内生水。一般情况下，成人每日饮水约 1200 ml，随食物摄入的水约 1000 ml，内生水约 300 ml。其中饮水量随气候、劳动强度和生活习惯的不同有很大差异。

（二）水的排出

人体每天也有与摄入量相等的水量排出体外，排出的途径有 4 条。

1. 呼吸排出　人体在呼吸时，以水蒸气的形式排出一定量的水，一般成人每日约排出 350 ml。肺的排水量随呼吸的深度和频率而变化。各种原因造成呼吸急促的患者由呼吸排出的水量增多。

2. 皮肤蒸发　皮肤排水的方式有两种：

（1）非显性汗：即体表水分的蒸发。非显性汗与体表面积有关，正常成人每日经皮肤蒸发约 500 ml，其中电解质含量甚微，故可将其视为纯水。

（2）显性汗：为皮肤汗腺活动所分泌，其量的多少与环境温度、湿度及劳动或运动强度有关。显性汗是低渗液，含少量 K^+、Na^+、Cl^- 等电解质，故大量出汗除需补充水分外，还应补充电解质。

3. 消化道排出　各种消化腺分泌进入胃肠道的消化液，包括唾液、胃液、胆汁、胰液和肠液等，平均每日分泌量约 8000 ml（表 12-2），其中绝大部分被肠道吸收，成人每日由粪便排出水量仅 150 ml 左右。消化液中含有大量电解质，呕吐、腹泻不但丢失大量水，同时也丢失电解质，造成体内水、电解质平衡的紊乱。

表 12-2　各种消化液的分泌量

消化液	唾液	胃液	胰液	胆汁	小肠液
每日分泌量（ml）	1000~1500	1500~2500	1000~2000	500~1000	1000~3000

4. 肾排出　肾是机体排水的主要器官，正常成人每日尿量 1000~2000 ml（平均 1500 ml）。饮水量和其他途径排水量明显影响尿量。正常成人体内每日至少有 35 g 固体代谢产物随尿排出，每克固体溶质至少需要 15 ml 水才能溶解，所以成人每日尿量至少需要 500 ml 才能将代谢废物排尽，此量称为最低尿量。每日尿量低于 500 ml，临床上称为少尿，每日尿量低于 100 ml 称为无尿。尿量过少，会导致尿素等代谢废物在体内潴留，引起尿毒症。

正常成人每日水的进出量大致相等，约为 2500 ml（表 12-3）。每日摄入水量 2500 ml 可满足正常生理需要，称为生理需水量。但在缺水或不能进水时，每日仍然要从肺、皮肤、消化道和肾丢失水约 1500 ml，称为水的必然丢失量。因此，成人每日最少应补充水 1200 ml（必然丢失量减去 300 ml 内生水）才能维持水平衡。此量称为最低需水量，是临床补充水的依据。

表 12-3　正常成人每日水的出入量

水的摄入量（ml）		水的排出量（ml）	
饮入（水、汤、其他流质）	1200	肾排出	1500
食物	1000	皮肤蒸发	500
代谢水	300	肺呼出	350
		经粪排出	150
共计	2500	共计	2500

三、水代谢紊乱及其调节

水代谢紊乱可分为水肿和脱水，水肿在前文已述，这里主要介绍脱水。脱水是指由于机体内的体液丢失，导致细胞外液容量严重减少。根据水、钠缺失的比例不同，分为高渗性脱水、低渗性脱水和等渗性脱水三种类型。

（一）高渗性脱水

高渗性脱水是指失水多于失钠，使细胞外液呈高渗状态，血浆渗透压＞310 mmol/L，血 Na^+ 浓度高于 145 mmol/L。

1. 主要原因　饮水不足或失水过多。失水过多多见于高温作业大量出汗和经肾丢失（使用大量利尿剂、垂体性或肾性尿崩症）。如断水 7~10 天，失水量达到体重的 15%，可导致死亡。

2. 功能变化及症状

（1）失水后细胞外液量减少，体液电解质浓度增加，渗透压升高，水自细胞内向细胞外液转移，造成细胞内液明显减少，细胞脱水；由于细胞外高渗还可刺激下丘脑口渴中枢，出现口渴感；细胞外液高渗，刺激渗透压感受器，引起抗利尿激素（ADH）分泌增加，促进肾小管对水的重吸收，导致尿少和尿比重增高。

（2）因脱水导致机体散热障碍引起的体温升高称为脱水热，脑细胞脱水还可使中枢神经障碍引起昏睡、意识模糊、狂躁、惊厥，甚至昏迷等症状。

（3）早期水的丢失比钠的丢失多，钠的相对含量增高，使得醛固酮分泌减少，肾小管对钠的重吸收下降，尿钠增加。脱水晚期由于水和钠的丢失导致血容量下降，醛固酮分泌增加，肾小管对钠的重吸收增加，尿钠降低。

3. 治疗原则　临床上通常补给水、等渗溶液或低渗溶液，待缺水基本纠正后再适当补充含钠液体，以防细胞外液转为低渗状态。

（二）低渗性脱水

低渗性脱水又称为缺钠性脱水，其特点是失钠多于失水，使细胞外液呈低渗状态，血浆渗透压＜ 280 mmol/L，血 Na^+ 浓度＜ 135 mmol/L。

1. 主要原因　肾外原因如常见于丧失大量消化液（呕吐、腹泻、胃肠引流）、大量出汗、大面积烧伤；肾性原因如长期服用高效排 Na^+ 利尿药、肾功能不全、肾实质病变时，若只注意补充水，而忽视钠的补充，则血浆渗透压降低，引起低渗性脱水。

2. 功能变化及症状

（1）失 Na^+ 后细胞外液的渗透压下降，由于低渗，ADH 分泌减少，肾对水重吸收减少，因而尿多，且尿比重下降。

（2）由于细胞外液呈低渗状态，水由细胞外向细胞内转移，一方面引起细胞外液及血容量减少，另一方面引起细胞水肿，当脑细胞水肿及血压降低时引起头痛、头晕、嗜睡、昏迷。

（3）由于血容量降低，心输出量减少，导致循环衰竭，出现心率快、四肢厥冷等症状。严重时，随着血压和血容量明显降低，肾血流量减少，使肾小球滤过率降低，抗利尿激素分泌增加，出现少尿、无尿以及氮质血症。

3. 治疗原则　及时给予生理盐水以补充血容量，并纠正低钠和低氯的低渗状态。

（三）等渗性脱水

等渗性脱水又称为混合性脱水，其特点是指水、盐成比例丢失，体液容量减少，但渗透压变化不大，血 Na^+ 浓度仍在 135~145 mmol/L 正常范围内。

1. 主要原因　常见于轻度腹泻、呕吐或胃肠引流等丧失大量等渗液而未及时补充相应液体时。此外，低渗或高渗性脱水患者，在补液治疗后也可能转变为等渗性脱水。

2. 功能变化及症状

（1）虽然丢失的是接近等渗的体液，但肺和皮肤还不断损失低渗体液，故水的丢失仍多于盐，出现口渴、尿少等高渗性脱水的症状。

（2）由于细胞内外液渗透压差异不大，由细胞内液进入细胞外液的水分不多，不能补充细胞外液的水丢失导致血容量减少，严重时可出现与低渗性脱水相似的周围循环衰竭的症状。由于等渗性脱水既有高渗性脱水的症状，又有低渗性脱水的症状，故又称为混合性脱水。

3. 治疗原则　临床上对等渗性脱水，既要补水，又要补盐，还应纠正血容量不足，改善外周循环。如有酸碱平衡失调，需同时加以纠正。

第三节　电解质的代谢

体内的电解质主要是各种无机盐，总量占体重的 4%~5%。无机盐种类繁多，功能各异，有些无机盐含量甚微，却具有重要的生理功能。

一、电解质的生理功能

（一）维持体液渗透压和酸碱平衡

Na^+、Cl^- 是维持细胞外液渗透压的主要离子；K^+、HPO_4^{2-} 是维持细胞内液渗透压的主要离子。当这些电解质的浓度发生改变时，体液渗透压亦将发生改变，从而影响体内水的分布。体液电解质可形成缓冲对，如 $NaHCO_3/H_2CO_3$ 和 K_2HPO_4/KH_2PO_4 等，是维持体液的酸碱平衡的重要缓冲物质。

代谢性酸中毒（metabolic acidosis）是指血浆中 $NaHCO_3$ 的浓度原发性减少所致的酸碱平衡紊乱。在酸碱平衡紊乱中，这种类型最为常见。

（二）维持神经、肌肉的兴奋性

神经、肌肉的兴奋性与环境中的一些离子浓度以及它们之间的比例有关。Na^+、K^+ 可增高神经、肌肉的兴奋性，Ca^{2+}、Mg^{2+}、H^+ 可降低神经肌肉的兴奋性，其关系可用下式表达：

$$神经、肌肉兴奋性 \propto \frac{[Na^+] + [K^+] + [OH^-]}{[Ca^{2+}] + [Mg^{2+}] + [H^+]}$$

血 Ca^{2+} 降低、血 K^+ 升高或碱中毒时，神经、肌肉兴奋性增高，可引起手足抽搐；反之，兴奋性下降，会出现肌肉软弱无力甚至麻痹的症状。

对于心肌细胞，Ca^{2+} 与 K^+ 的作用恰好与上式相反：

$$心肌肌肉兴奋性 \propto \frac{[Na^+] + [Ca^{2+}] + [OH^-]}{[K^+] + [Mg^{2+}] + [H^+]}$$

血 K^+ 过高，心肌兴奋性受抑制，导致心动过缓、传导阻滞、收缩力减弱、心率减慢，严重时可使心脏停搏于舒张期；血 K^+ 过低，心脏自动节律性增高，常出现心律失常，严重时使心脏停搏于收缩期；Na^+ 和 Ca^{2+} 升高可拮抗 K^+ 对心肌的抑制作用，正常的血 Na^+ 和血 Ca^{2+} 浓度可维持心肌的正常应激状态。

（三）构成组织细胞成分

所有组织细胞中都有电解质。如钙、镁、磷是骨和牙的主要成分；含硫酸根的蛋白多糖则参与软骨、皮肤和角膜等组织的构成。

（四）参与细胞物质代谢

有些无机盐离子是某些酶的辅助因子或激活剂。如 Zn^{2+} 是碳酸酐酶的辅助因子，Cl^- 是唾液淀粉酶的激活剂，K^+ 参与细胞内糖原及蛋白质合成。

二、钠、氯代谢

（一）含量与分布

成人体内钠含量约为 45 mmol/kg 体重（1 g/kg 体重），氯的含量为 33 mmol/kg 体重，两者主要分布于细胞外液，其中 50% 的钠存在于细胞外液，40% 存在于骨骼中，10% 存在于细胞内液，而 70% 的氯存在于细胞外液。血清钠浓度为 135~145 mmol/L，血清氯浓度 98~106 mmol/L。氯以离子状态存在于体内，血液中 Cl^- 能通过红细胞膜，故红细胞有大量 Cl^- 存在，此种现象与钾和钠明显不同。

（二）吸收与排泄

钠与氯主要来自于食盐（NaCl），其摄入量因个人饮食习惯不同而有很大差异。成人每日需 4.5~9.0 g NaCl，低盐饮食患者，每日摄入量也不应少于 0.5~1.0 g，以保证机体的需要。一般情况下每日从食物中摄入 8~15 g NaCl，且几乎全部被消化道吸收，所以体内不会缺乏钠和氯。

Na^+ 和 Cl^- 的排泄主要经肾随尿排出，少量随汗液和从消化道随粪便排出。正常情况下，尿中的排泄量与摄入量几乎相等。肾对 Na^+ 的排出有很强的调控能力，特点是"多吃多排，少吃少排，不吃不排"。因此，较长时期进食低钠饮食，如无意外丢失，亦不会出现低钠症状。但若长期禁止或过度限制食盐的摄入（0.5~1.0 g/d），也可引起低钠血症。

Na^+ 的摄入量与健康的关系很密切。若摄入过多，主要通过肾排 Na^+ 进行调节。长期摄入高 Na^+ 饮食的人，一方面加重肾负担；另一方面血容量长期处于较高水平，罹患高血压的可能性增大，成为诱发心血管疾患的危险因素。对于儿童、老人或肾病患者，因肾功能较弱，则应进低盐饮食，不宜多食咸菜等高盐食品，以保护肾，避免水肿、高血压等疾患。

世界卫生组织（WHO）建议：为了预防高血压等心脑血管疾病，每人每天的食盐摄入量应控制在 5~6 g。

三、钾代谢

（一）含量与分布

K^+ 是细胞内主要阳离子。正常成人体内钾含量为 31~57 mmol/kg 体重（1.2~2.2 g/kg 体重），其中 98% 左右分布在细胞内液，2% 存在于细胞外液。血清钾浓度为 3.5~5.5 mmol/L。

K^+、Na^+ 在细胞内、外分布极不均匀，主要是由于细胞膜上的钠泵的作用，除钠泵外，钾在细胞内、外的分布还受物质代谢和体液酸碱平衡的影响。

1. 物质代谢影响　细胞合成糖原或蛋白质时，K^+ 从细胞外进入细胞内，使血钾降低。反之，当糖原或蛋白质分解时，K^+ 又从细胞内返回细胞外，使血钾升高。故临床上采用同时注射葡萄糖和胰岛素的方法以纠正高血钾。在组织增长和创伤恢复期由于蛋白质合成增加应注意补充钾；而在大面积烧伤、感染、缺氧等情况下因蛋白质分解显著增加常引起高血钾。

2. 细胞外液 H^+ 浓度的影响　机体酸中毒时，细胞外液 H^+ 浓度增高，部分 H^+ 与细胞内 K^+ 进行交换，以缓解酸中毒，从而导致高血钾；反之，碱中毒则可引起低血钾。

（二）吸收与排泄

食物中 90% 的钾被肠道吸收，正常人每日钾的需要量为 2~3 g。食物中钾含量丰富，一般膳食即可满足生理需要。由于 K^+ 透过细胞膜的速度比水慢得多，静脉注射大约需要 15 小时才能达到平衡，因此为防止高血钾，补钾时应遵循"四不宜"原则，即：浓度不宜过高，剂量不宜过大、速度不宜过快、给药不宜过早。

钾主要由肾排泄。肾调控排 K^+ 的能力不及调控排 Na^+ 的能力强，特点是"多吃多排，少吃少排，不吃也排"。因此，对长期不能进食或大量输液的患者应注意补钾。每日由粪便排出的 K^+ 很少，但在严重呕吐或腹泻时钾的丢失增加。

第四节　水与电解质平衡的调节

人体每天都要摄入和排出一定量的水和无机盐，使体液维持着正常的渗透压和容积。血浆渗透压是调节水、电解质平衡的主要因素。当血浆渗透压发生变化时，机体可通过神经-体液的调节使其恢复动态平衡。

一、神经系统的调节

中枢神经系统通过对体液渗透压的感受，直接影响水的摄入。当机体失水过多（1%~2%）或摄盐过多、输入高渗液等情况下时，均可使细胞外液渗透压升高，细胞内水流向细胞间液，细胞失水，唾液分泌减少，引起口渴反射。另外，细胞外液渗透压升高，下丘脑视前区的渗透压感受器受到刺激，兴奋传至大脑皮质，产生口渴感，通过摄入水，细胞外液渗透压下降，水从细胞外转向细胞内，又重新建立平衡。

二、激素调节

（一）抗利尿激素

抗利尿激素（antidiuretic hormone，ADH）又称加压素，它是由下丘脑视上核神经细胞分泌的九肽激素，贮存于垂体后叶的神经垂体中，需要时由神经垂体释放入血，作用于肾。

ADH 的主要功能是增强肾远曲小管和集合管对水的通透性，促进水的重吸收，从而调节渗透压、血压及恢复血容量维持体液的平衡。影响 ADH 分泌的主要因素是体液渗透压、血容量和动脉内压。在下丘脑有渗透压感受器，左心房有血容量感受器，在主动脉和颈动脉窦有压力感受器。当血浆渗透压增高，血容量减少，血压降低时，上述变化分别通过三种感受器均能促进 ADH 的分泌，从而促进水的重吸收，这有利于使血浆渗透压、血容量、血压恢复正常。反之，当血浆渗透压降低，血容量增加，血压升高时，则抑制 ADH 的分泌，导致利尿，恢复血容量，血浆渗透压回升。除细胞外液的渗透压、血压和血容量可调节 ADH 分泌外，血管紧张素Ⅱ、疼痛、情绪紧张等皆可促进 ADH 的分泌（图 12-2）。

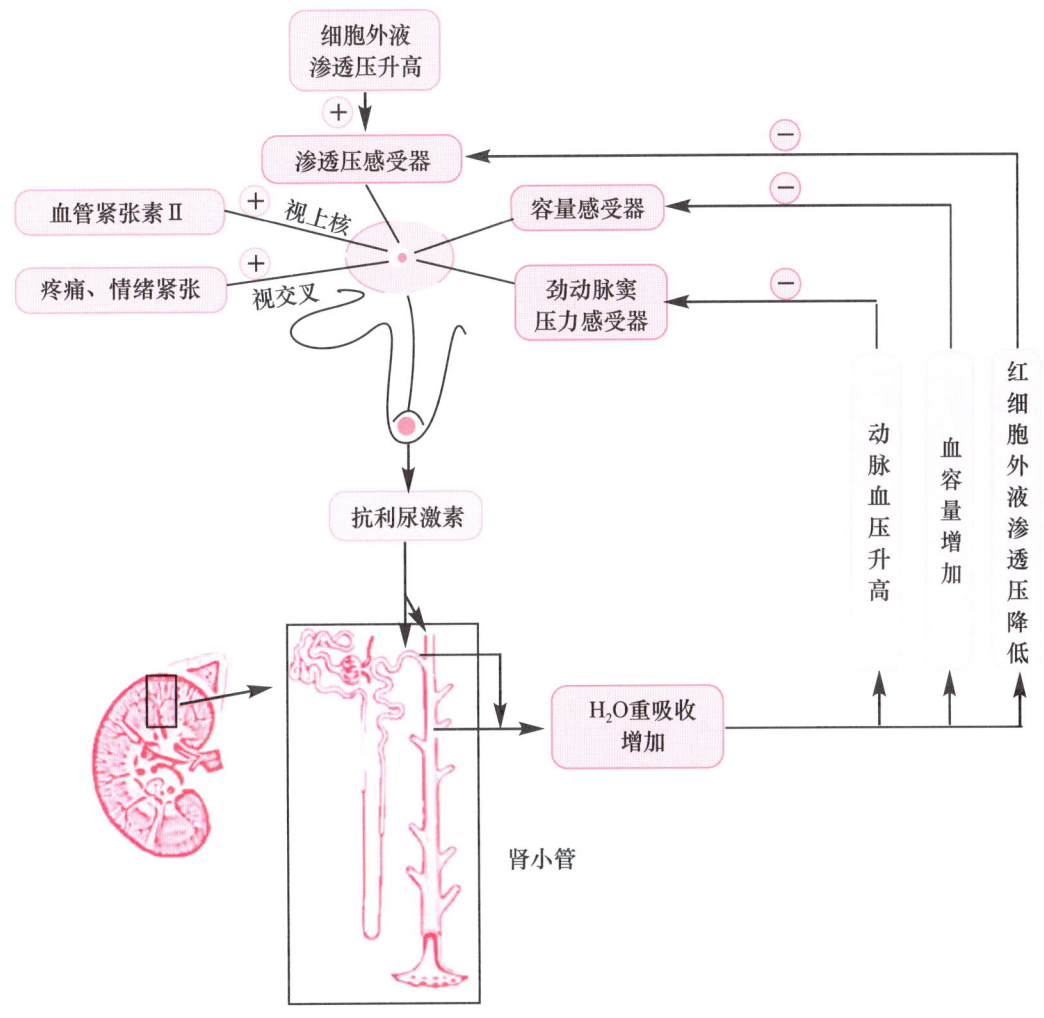

图 12-2　抗利尿激素调节示意图

> **知识拓展**
>
> **尿崩症**
>
> 尿崩症（diabetes insipidus, DI）是由于下丘脑-神经垂体病变引起 ADH 不同程度的缺乏，或由于多种病变引起肾对 ADH 敏感性缺陷，导致肾小管重吸收水的功能障碍的一组临床综合征。前者为中枢性尿崩症（CDI），后者为肾性尿崩症（NDI），其临床特点为多尿（一般在 4 L/d 以上）、烦渴、低比重尿（1.0001~1.0005）或低渗尿（50~200 mOsm/L）。尿崩症常见于青壮年，男女之比为 2∶1，遗传性 NDI 多见于儿童。

(二)醛固酮

醛固酮（aldosterone）是肾上腺皮质球状带分泌的一种类固醇激素，又称盐皮质激素。主要功能是促进肾远曲小管及集合管上皮细胞分泌 K^+ 与 H^+ 以换回 Na^+，同时也增强水和 Cl^- 重吸收，即"排钾泌氢，保钠保水"。

影响醛固酮分泌的主要因素有肾素－血管紧张素系统、血浆 Na^+/K^+ 比值。

1. **肾素－血管紧张素系统**　当血容量减少、肾动脉血压下降、通过远曲小管致密斑 Na^+ 减少或交感神经兴奋时，均可使肾小球旁细胞分泌肾素。肾素是一种蛋白水解酶，它催化血浆中血管紧张素原转变为十肽的血管紧张素Ⅰ，后者在转化酶的催化下转变成八肽的血管紧张素Ⅱ，在氨基肽酶作用下形成七肽的血管紧张素Ⅲ。血管紧张素Ⅱ、Ⅲ均能作用于肾上腺皮质球状带促使醛固酮分泌，促进 Na^+ 和水的重吸收，使血容量增加。此外，血管紧张素Ⅱ还能引起小动脉收缩，外周阻力增加而升高血压。

2. **血浆 Na^+/K^+ 比值**　当血浆中 Na^+/K^+ 比值下降时，醛固酮分泌增加，尿中排 K^+ 增多；反之，两者比值升高时，则醛固酮分泌减小，尿中排 Na^+ 增多（图12-3）。

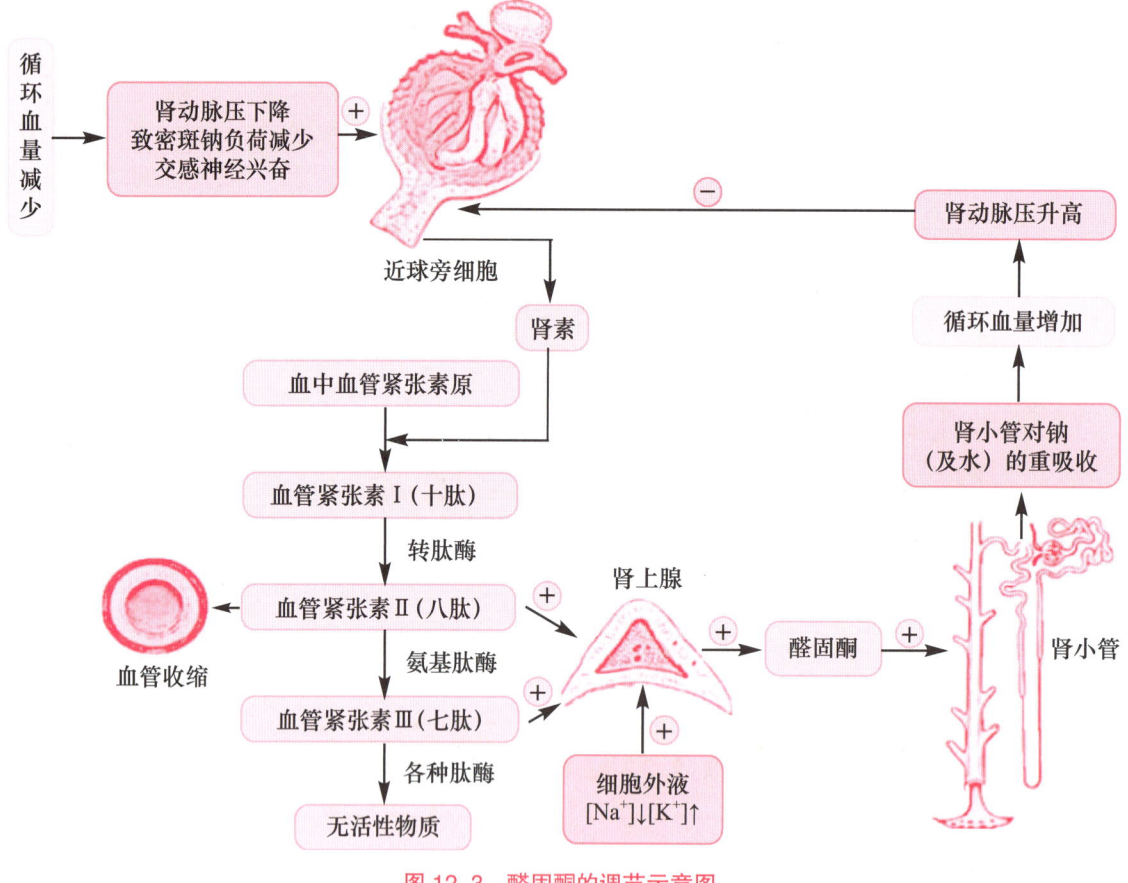

图12-3　醛固酮的调节示意图

（三）心钠素

心钠素（atrial natriuretic peptide，ANP）是由心房细胞合成和分泌的肽类激素，对水、钠代谢的调节具有重要作用。ANP 的主要作用是抑制肾素、醛固酮和抗利尿激素的分泌，抑制肾远曲小管和集合管对水和钠的重吸收，增加肾小球滤过率，因而具有强大的利钠、利尿效应。此外，ANP 还具有强而持久的扩张血管和降低血压的作用。

第五节 钙磷的代谢

一、钙磷的含量、分布与功能

（一）钙、磷的含量与分布

钙和磷是人体内含量最多的无机盐。成人体内钙的总量为 700~1400 g，磷的总量为 400~800 g。其中 99% 以上的钙和 86% 以上的磷以羟磷灰石的形式沉积于骨骼和牙齿中，其余的则以溶解状态分布于体液和软组织中。细胞内含钙极少，只相当于细胞外液的 0.1%。细胞膜上有钙泵，可把细胞内 Ca^{2+} 不断泵到细胞外，以维持细胞内外 Ca^{2+} 浓度梯度。

（二）钙、磷的生理功能

体内绝大部分钙与磷以骨盐形式沉积在骨组织，是构成骨骼和牙齿的重要成分，赋予骨骼硬度，使骨骼能作为机体的支架，同时又是体内钙、磷的贮存库。

1. 钙的生理功能

（1）作为第二信使：通过 Ca^{2+}- 依赖性蛋白激酶途径，在生物信号传导过程中发挥重要作用。如腺体分泌、肌肉收缩、糖原的合成与分解、离子的转移、基因表达均与钙离子有关。

（2）降低毛细血管和细胞膜通透性：因此，临床上常用钙剂治疗荨麻疹等过敏性疾病，以减轻组织的渗出性病变；降低神经、肌肉兴奋性，当血浆钙离子浓度低于 0.87 mmol/L 时，神经、肌肉兴奋性增高，导致手足抽搐。

（3）增强心肌收缩力：与钾离子相拮抗，使心肌的收缩与舒张过程达到协调统一。

（4）作为凝血因子：参与血液凝固。作为一些酶的激活剂或抑制剂，参与多种酶促反应。

2. 磷的生理功能

（1）是体内许多重要化合物的组成成分：如核酸、核苷酸、磷脂及一些辅酶（NAD^+、$NADP^+$、FMN、FAD、TPP 等）。

（2）参与物质代谢的调节：通过对一些功能蛋白和酶的磷酸化与脱磷酸化作用，改变这些蛋白质和酶的活性，对物质代谢进行调节。

（3）参与酸碱平衡的调节：体液中的 HPO_4^{2-} 与 $H_2PO_4^-$ 构成缓冲对，调节体液酸碱平衡。

（4）参与能量的生成、储存与利用：如 ATP、GTP、UTP、磷酸肌酸等，都是体内重要的高能磷酸化合物。

二、钙磷的吸收与排泄

（一）钙的吸收与排泄

1. 钙的吸收　机体对钙的需要量和吸收量随年龄及生理状态的改变有较大差异。钙的需要量为：婴儿 360~540 mg/d，儿童 800 mg/d，青春期 1200 mg/d，成人 800 mg/d，孕妇及乳母 1500 mg/d。

食物钙主要在十二指肠及空肠上段被吸收。钙的吸收率一般为 25%~40%，体内缺钙或钙需要量增加时，吸收率增加。影响钙吸收的因素有多种。

（1）维生素 D：维生素 D_3 的活性形式促进小肠对钙的吸收。维生素 D 缺乏时，机体对钙的吸收减少。

（2）肠道 pH 及食物中钙磷比例：降低肠道 pH 的物质，可促进钙盐溶解，促进钙吸收；食物中合适的钙磷比例（Ca：P=1：1~2）有利于钙磷的吸收。

（3）食物中某些成分降低钙的吸收：过多的碱性磷酸盐、草酸及植酸与钙结合生成不溶性钙盐，从而阻碍钙的吸收；钙、镁吸收有竞争作用，镁盐过多可抑制钙的吸收。

（4）年龄：钙吸收率随着年龄增长而降低，不论其营养状况如何，钙吸收率急剧下降，平均每10年减少5%~10%，故老年人易出现许多与钙相关性的病变，如骨质疏松、骨关节退行性变、易骨折等。

2. 钙的排泄 体内的钙约80%由肠道随粪便排泄，约20%经肾随尿排泄。肾排钙较恒定，不受食物含钙量的影响，主要随血钙浓度而增减。当血钙降至1.9 mmol/L（7.5 mg/dl）时，尿钙几乎为零。故临床上常采用简便易行的尿钙测定来大致了解血钙水平。正常成人每日钙的摄入量与排除量大致相等，多进多排，少进少排，保持动态平衡。

（二）磷的吸收与排泄

1. 磷的吸收 食物中的磷主要是有机磷酸酯（磷脂、磷蛋白及磷酸酯），经消化水解成无机磷酸盐后被吸收。磷的吸收部位及影响因素与钙相似，但吸收率远高于钙，可达70%~90%，故缺磷在临床上极为罕见。食物中的Ca^{2+}、Mg^{2+}、Fe^{2+}等过多时，可与磷结合成不溶性的磷酸盐，从而妨碍磷的吸收。

2. 磷的排泄 磷的排泄与钙相反，60%~80%由肾排除，当肾功能不全时，尿磷减少，血磷升高。肾对磷的排泄主要受维生素D和甲状旁腺素的调控。20%~40%由肠道随粪便排出。

三、血钙与血磷

（一）血钙

血液中的钙几乎全部存在于血浆中，故血钙主要就是血浆钙（一般用血清测定）。血钙正常参考范围为2.25~2.75 mmol/L（9~11 mg/dl）。

血钙存在的主要形式有两种，即结合钙和离子钙，其中离子钙约为47%，结合钙约为53%。主要包括与血浆蛋白质（清蛋白）结合的蛋白结合钙和少量与柠檬酸结合的柠檬酸结合钙（也称复合钙）。离子钙和复合钙易透过毛细血管壁，故称为可扩散钙；蛋白结合钙不能透过毛细血管壁，称为非扩散钙。

在体内发挥生理作用的是离子钙，结合钙没有直接的生理效应，但结合钙与离子钙之间可相互转化，保持动态平衡。血浆pH影响该平衡，pH升高时蛋白结合钙增多，离子钙浓度下降。因此，临床上碱中毒患者常伴有肌肉抽搐。

（二）血磷

血磷通常是指血液中的无机磷酸盐，其中80%~85%是HPO_4^{2-}，15%~20%是$H_2PO_4^-$，PO_4^{3-}的含量极微。正常成人血磷浓度1.0~1.6 mmol/L（3~5 mg/dl），儿童稍高。

血钙、血磷浓度之间保持一定的数量关系。正常成人钙、磷浓度（mg/dl）的乘积为35~40，即[Ca]×[P]=35~40。乘积大于40时，钙、磷以骨盐的形式沉积于骨组织中，有利于骨钙化；若小于35时，则发生骨盐的溶解，导致儿童发生佝偻病，成人发生软骨病。除此之外，还可引起骨质疏松症。

四、调节钙磷代谢的因素

调节钙磷代谢的主要因素有1,25-二羟维生素D_3[1,25-$(OH)_2$-D_3]、甲状旁腺素（parathormone，PTH）和降钙素（calcitonin，CT）。它们主要通过对小肠、骨和肾三种靶组织的调节作用来维持血钙、血磷浓度恒定，以保证钙、磷代谢的正常进行。

（一）1,25-$(OH)_2$-D_3

前已讲述，1,25-$(OH)_2$-D_3是维生素D_3的活性形式，其主要生理功能为：

1. 对小肠的作用 1,25-$(OH)_2$-D_3与小肠黏膜内的特异受体蛋白结合后，进入细胞核内，促进DNA转录生成mRNA，使钙结合蛋白（Ca-BP）和Ca^{2+}-ATP酶合成增加，从而促进Ca^{2+}的吸收与转运。

2. 对骨的作用 1,25-(OH)$_2$-D$_3$ 可增加破骨细胞的数量和活性，并协同甲状旁腺素，促进溶骨作用。骨盐溶解释放钙、磷，使血钙、血磷升高，又有利于新骨的钙化。所以1,25-(OH)$_2$-D$_3$ 既有促进老骨溶解又促进新骨钙化，从而维持骨组织的生长和更新。

3. 对肾的作用 促进肾近曲小管对钙、磷的重吸收，减少尿钙、尿磷的排泄。1,25-(OH)$_2$-D$_3$ 的总体作用是使血钙和血磷升高。

（二）甲状旁腺素（PTH）

PTH 由甲状旁腺主细胞所分泌，由 84 个氨基酸残基组成的单链多肽，分子量约 9500。其分泌主要受血 Ca^{2+} 浓度的调节，血 Ca^{2+} 升高，PTH 分泌被抑制；血 Ca^{2+} 降低，血中 PTH 浓度可增加 5~10 倍。主要生理功能为：

1. 对骨的作用 PTH 能促进间充质细胞转化为破骨细胞，提高骨组织中破骨细胞的数量及活性，促进骨盐溶解。

2. 对肾的作用 促进肾小管对钙的重吸收，抑制对磷重吸收，从而使血钙升高，血磷降低、尿磷排出增多、尿钙排出减少。

3. 对小肠的作用 PTH 可促进维生素 D$_3$ 的活化，使 1,25-(OH)$_2$-D$_3$ 生成增多，从而间接增加肠道对钙、磷的吸收。同时，PTH 还可直接作用于肠黏膜，增加对钙的吸收。因此，PTH 的总体作用是使血钙升高而血磷降低。

（三）降钙素（CT）

CT 是由甲状腺滤泡旁细胞即 C 细胞所分泌的一种 32 肽激素。其分泌也受血 Ca^{2+} 水平的调节，血 Ca^{2+} 水平升高可使其分泌增多；血 Ca^{2+} 降低，则其分泌减少。主要生理功能为：

1. 对骨的作用 对抗 PTH 对骨组成的作用，减少骨钙和骨磷的释出。CT 能抑制破骨细胞的活性，抑制骨髓干细胞转变成破骨细胞，从而使破骨作用减弱，骨盐溶解减少，钙、磷的释出亦减少。

2. 对肾的作用 抑制肾小管对钙、磷的重吸收，使尿钙、尿磷排出量增多。

3. 对小肠的作用 CT 能抑制维生素 D$_3$ 的活化，使 1,25-(OH)$_2$-D$_3$ 生成减少，从而间接减少肠道对钙、磷的吸收。因此，CT 的总体作用是使血钙和血磷均降低。

三种调节因素对钙、磷代谢的影响见表 12-4。

表 12-4 1,25-(OH)$_2$-D$_3$、甲状旁腺素和降钙素对钙磷代谢的主要调节作用

调节因素	血钙	血磷
1,25-(OH)$_2$-D$_3$	↑	↑
PTH	↑	↓
CT	↓	↓

第六节 微量元素

一、微量元素的概念和作用

（一）微量元素的概念

组成人体的元素有几十种，根据其在体内含量的不同，可分为常量元素和微量元素两大类。含量占人体总重量 0.01% 以上的称为常量元素，主要有碳、氢、氧、氮、硫、磷、钙、镁、钾、钠、氯等元素，占人体总重量的 99.95% 以上；含量占人体总重量的 0.01% 以下的元素称为微量元素。目前认为铁、铜、锌、锰、铬、钼、硒、镍、钴、氟、碘、硅等 14 种微量

元素是人类和动物所必需的。

（二）微量元素的作用

微量元素主要来自食物，在人体内主要通过与蛋白质、酶、激素和维生素等结合而发挥作用。

1. 对胚胎及胎儿发育的影响　缺乏必需微量元素如锌、铜、碘等均可影响胚胎及胎儿的正常分化和发育，导致先天畸形。而有害的微量元素则对胚胎的正常分化、发育产生有害影响，导致畸形的产生。

2. 促进机体的生长发育　已发现铁、铜、锌、锰、钴及碘等均能促进机体的生长发育。这些元素主要是机体内一些重要酶和激素的组成成分，缺乏任何一种都能导致生长停滞。对缺乏的元素给予适当补充，则能促进机体恢复正常状态。

3. 对神经系统结构和功能的影响　铁、碘、锌、铜、锂、钴及锰等元素与中枢神经系统的正常结构和功能关系密切，缺乏时可导致神经系统的结构和功能异常，表现为智力低下。但这些元素的过量摄入则又可引起毒性反应或病变。如铜、锰过多时可引起脑底和神经节的广泛病变；过量的铜、铁和铅则与精神病发病有关。

4. 对内分泌系统的影响　微量元素与内分泌系统的功能关系密切而复杂，铜、铁、镍、锌、锰及铬等多种微量元素过多或缺乏均能引起某些内分泌功能失常。如铜的缺乏可影响垂体、肾上腺皮质和性腺的内分泌功能，而铜过量则可引起排卵异常，导致不孕。

5. 对免疫系统的影响　某些微量元素如铁、铜、锌等直接参与人体的免疫功能，缺乏时可导致机体免疫力降低。当机体感染后，通过激素等调节途径可改变微量元素的含量与分布状态，以增强机体防御功能。

6. 对心血管疾病和创伤的影响　研究表明，适量的铬、锌、锰、硒等元素有利于心血管的结构和功能。食物中锌/镉比值的大小则与高血压的发生和预后有密切关系。多种微量元素参与机体核酸及蛋白质生物合成，从而影响到细胞的分裂和增值，故这些微量元素与机体的创伤愈合及疾病恢复关系密切。

7. 对肿瘤发生、发展的影响　大量的流行病学资料证实，过量的镍、铁、铜、铬、砷、镉等微量元素具有致癌作用。

二、微量元素的代谢

（一）铁

1. 铁的含量与分布　铁是体内含量最多的一种微量元素，正常成人体内含铁总量为 54~90 mmol（3~5 g），女性略低于男性。铁在体内分布很广，约 75% 存在于铁卟啉化合物（血红蛋白、肌红蛋白、细胞色素等）中；25% 存在于其他含铁化合物（含铁血黄素、硫铁蛋白和运铁蛋白等）中。

2. 铁的吸收与排泄　人体内铁的来源：一是食物中的铁，一般膳食中含铁 10~15 mg/d，但吸收率在 10% 以下。二是体内血红蛋白分解释放的铁。成人每日红细胞衰老破坏释放约 25 mg 铁，80% 用于重新合成血红蛋白，20% 以铁蛋白等形式储存备用。人体对铁的需要量和吸收量因年龄、性别及生理情况的不同而异，成年男性和绝经后妇女需铁 1 mg/d，主要用于补充胃肠道黏膜、皮肤、泌尿道所丢失的铁。

铁的吸收部位主要在十二指肠及空肠上段。溶解状态的铁易于吸收。影响铁吸收的主要因素有：胃酸可促进铁的吸收，胃酸可促进有机铁的分解和铁盐的溶解；某些氨基酸、柠檬酸、苹果酸和胆汁酸与铁结合形成可溶性螯合物，有利于铁的吸收；Fe^{2+} 较 Fe^{3+} 易吸收，维生素 C、半胱氨酸和谷胱甘肽等还原性物质可使 Fe^{3+} 还原成易吸收的 Fe^{2+}；血红蛋白及其他铁卟啉蛋白在消化道中分解而释出的血红素，可直接被吸收；植物中的植酸、磷酸、草酸、鞣酸等能使铁离子形成难溶性化合物，影响铁的吸收。

3. 铁的运输与储存　肠中吸收入血的 Fe^{2+} 被血浆铜蓝蛋白氧化成 Fe^{3+}，再与运铁蛋白结合成运铁蛋白，是铁的运输形式。血浆运铁蛋白将 90% 以上的铁运到骨髓，用于血红蛋白的合成，小部分与脱铁蛋白结合成铁蛋白储存于肝、脾、骨髓等组织。含铁血黄素也是铁的储存形式，但不如铁蛋白易于动员和利用。

4. 铁的生理功能　铁是体内各种含铁蛋白质的重要组成成分，如血红蛋白、肌红蛋白、细胞色素体系、过氧化物酶、过氧化氢酶等。参与氧和二氧化碳的运输，组成呼吸链参与氧化磷酸化作用，作为过氧化物酶和过氧化物酶的辅助因子参与过氧化氢的代谢。

(二) 锌

1. 锌的含量与分布　正常成人体内含锌量 2~3 g，广泛分布于所有组织，以视网膜、胰岛及前列腺组织含锌量最高，血浆锌含量为 0.1~0.15 mmol/L。红细胞中锌含量约为血浆的 10 倍，主要存在于碳酸酐酶中。发锌含量为 125~250 mg/g，含量稳定，可反映体内含锌状况和膳食锌的供给情况。

2. 锌的吸收与排泄　天然食物中均含有锌，贝类、肉类、肝和豆类尤为丰富。锌主要在小肠吸收，吸收率为 20%~30%。锌吸收入血后，大部分与血浆清蛋白结合，小部分与 α- 球蛋白结合而运输。成人每日需锌量为 15~20 mg。

锌主要随胰液分泌入肠，由粪便排出；部分由尿液和汗液排出；失血和妇女月经都是机体丢失锌的途径。

3. 锌的生理功能

(1) 锌是体内多种酶的组成成分：现在已发现体内有 200 多种酶含锌，重要的有碳酸酐酶、DNA 和 RNA 聚合酶、碱性磷酸酶、羧基肽酶、丙酮酸羧化酶、谷氨酸脱氢酶、乳酸脱氢酶、苹果酸脱氢酶和醇脱氢酶等。

(2) 锌能增强胰岛素的活性：锌与胰岛素结合形成以 Zn^{2+} 为中心排列的胰岛素六聚体，使胰岛素活性增强，结合型胰岛素能与精蛋白结合，延长胰岛素的作用时间。缺锌者有糖耐量降低、胰岛素释放迟缓的表现。

(3) 锌对大脑功能的影响：锌是脑组织中含量最高的微量元素，为 10 mg/g 脑组织，锌有抑制 γ- 氨基丁酸（GABA）合成酶的作用，在维持调节神经元的 GABA 浓度中发挥关键作用。妊娠妇女缺锌会使下一代学习能力和记忆力下降。

锌在体内的储存量很少，所以食物中锌供应不足时，很快出现缺乏症，如食欲缺乏、生长不良、皮肤病变、伤口难愈合、味觉减退、胎儿畸形等。长期缺乏还可引起性功能障碍。

(三) 铜

1. 铜的含量与分布　成人体内铜的含量为 100~150 mg。人体各组织均含铜，其中以肝、脑、心、肾和胰含量较多。成人血清铜含量约为 0.02 mmol/L。成人每日铜的需要量为 1~3 mg，食物中铜主要在十二指肠吸收，入血后主要与清蛋白结合，运至干细胞代谢，主要参与铜蓝蛋白（也称亚铁氧化酶）的组成，然后再进入血浆。在组织中，铜以铜蛋白的形式储存，其中肝和脑是铜的重要储存库。体内的铜 80% 以上随胆汁分泌至肠道排出体外，少量通过肾随尿排出体外。

2. 铜的生理功能

(1) 参与生物氧化和能量代谢：铜是细胞色素氧化酶的组成成分，参与生物氧化过程，起传递电子的作用。

(2) 促进铁的代谢：血浆铜蓝蛋白具有铁氧化酶活性，能动员体内储存的铁，还能将 Fe^{2+}

氧化成 Fe^{3+}，促进铁与运铁蛋白结合而运输。

（3）作为某些酶的活性中心的必需成分：铜是许多酶的活性中心成分，如单胺氧化酶、抗坏血酸氧化酶、超氧化物歧化酶、过氧化氢酶、酪氨酸酶等均含铜。

铜缺乏的特征表现为小细胞低色素性贫血，因铜缺乏时铜蓝蛋白含量降低，影响铁的运输和利用。

（四）硒

1. 硒的含量与分布　成人体内含硒量为 14~21 mg，主要分布于肝、胰和肾。成人每日需要量为 30~50 mg，含硒丰富的食物有动物内脏、海产品、蛋、鱼、肉类等。硒主要在十二指肠吸收，低分子有机硒（如硒代甲硫氨酸、硒代半胱氨酸）易吸收，维生素 E 可促进硒的吸收。吸收入血后主要与 α- 球蛋白及 β- 球蛋白结合，小部分与 VLDL 结合而运输，硒主要随尿及汗液排出。

2. 硒的生理功能　硒是谷胱甘肽过氧化物酶（GSH-Px）活性中心的组成成分，每分子 GSH-Px 含有 4 个硒原子。GSH-Px 催化还原型谷胱甘肽转变成氧化型谷胱甘肽，同时清除 H_2O_2 和有机过氧化物（ROOH），保护细胞膜和细胞内重要活性物质免受强氧化剂的破坏；与超氧化物歧化酶等组成体内防御氧自由基损伤的重要酶体系，硒对心肌的保护作用、抗癌作用等可能均与此有关；硒参与辅酶 A 和辅酶 Q 的合成；此外硒还有拮抗和降低镉、汞、砷等元素的毒性作用。

知识拓展

克 山 病

克山病亦称地方性心肌病，于 1935 年在黑龙江省克山县发现而命名。患者主要表现为急性和慢性心功能不全，心脏扩大，心律失常以及脑、肺和肾等脏器的栓塞。

克山病的病因目前尚不清楚。克山病全部发生在低硒地带，患者头发和血液中的硒明显低于非病区居民，而口服亚硒酸钠可以预防克山病的发生，说明硒与克山病的发生有关。但鉴于病区虽然普遍低硒，而发病仅占居民的一小部分，且缺硒不能解释克山病的年度和季节多发，所以还应考虑克山病的发生除低硒外尚有多种其他因素参与的可能，如水土和营养因素、病毒感染等。

（梁大敏）

第十二章 水与电解质代谢

本章知识导图

水和电解质的代谢

- **体液**
  - 体液的含量与分布：体液占体重60%，细胞内液40%、细胞外液20%，其中血浆占5%，组织液占15%
  - 电解质的组成、含量与分布：无机盐、部分低分子有机化合物和蛋白质等带电离子组成；胞内主要阳离子K^+，阴离子HCO_3^-；胞外主要阳离子Na^+，阴离子Cl^-。细胞内外阴阳离子相等，渗透压相等，血浆蛋白质大于组织液
  - 体液间的物质交换：体液间交换除了主动运输外主要靠渗透现象来完成。各部分体液的渗透压是体液流动的动力。血浆与组织液之间的体液交换是在毛细血管进行的，组织间液与细胞内液的交换通过细胞膜进行

- **水的代谢**
  - 水的生理功能：运输作用、促进和参与物质代谢、调节体温、润滑作用、维持组织器官的形态和功能
  - 水的来源和去路：饮水、食物中所含的水和代谢水；呼吸排出、皮肤蒸发、消化道排出、肾排出
  - 水代谢紊乱及其调节：根据水、钠缺失的比例不同；高渗性脱水、等渗性脱水和低渗性脱水

- **电解质的代谢**
  - 电解质的生理功能：维持体液渗透压和酸碱平衡，神经、肌肉的兴奋性，构成组织细胞成分，参与细胞物质代谢
  - 钠、氯代谢：钠与氯主要来自于食盐，主要经肾随尿排出；特点是"多吃多排，少吃少排，不吃不排"
  - 钾的代谢：食物中90%的钾被肠道吸收，钾主要由肾排泄；特点是"多吃多排，少吃少排，不吃不排"

- **水与电解质平衡的调节**
  - 神经系统的调节：中枢神经系统通过对体液渗透压的感受，直接影响水的摄入
  - 激素的调节：抗利尿激素、醛固酮、心钠素

- **钙磷的代谢**
  - 钙磷含量、分布与功能：主要分布在骨骼、牙齿
  - 钙磷的吸收与排泄：主要在小肠被吸收，受$1,25\text{-}(OH)_2\text{-}D_3$、肠道pH、年龄等因素影响，钙主要由粪便排出，磷主要由肾排出
  - 血钙与血磷：血钙主要形式有两种，即结合钙和离子钙，在体内发挥生理作用的是离子钙，离子钙受血浆pH影响；HPO_4^{2-}是血磷的主要成分，有利于骨组织的钙化

- **重要微量元素**
  - 微量元素的概念与作用：含量占人体总重量的万分之一以下，每日需要量在mg以下的元素，对维持机体生理活动具有非常重要的意义
  - 重要的微量元素：铁、锌、铜、碘、硒的代谢特点，生理功能与缺乏症

第十三章

酸碱平衡

> **知识目标**
>
> 1. 归纳
>   酸碱平衡、酸碱平衡紊乱的概念，血液缓冲作用、肺和肾对酸碱平衡的调节机制，并比较其调节特点。
> 2. 说出
>   酸碱平衡紊乱的几种类型及其发生机制与特征。
> 3. 知道
>   体内酸性物质和碱性物质的来源，检测酸碱平衡常用的生化指标及其临床意义。

人体内新陈代谢的各种化学反应都是在体液中完成的，体液的 pH 始终保持在一定的范围内是机体进行正常生理活动的基本条件，也是机体新陈代谢的基础之一。细胞在新陈代谢过程中会不断地产生各种酸性物质和碱性物质，并不断释放进入血液，同时人体也不断地从食物中摄取酸性和碱性物质，影响着血液的酸碱度。但是正常人体的血液 pH 总是能维持在 7.35~7.45。机体通过各种调节机制，维持体液 pH 相对恒定的过程，称酸碱平衡（acid-base balance）。

血液 pH 之所以能维持在一个相对恒定的范围内，是因为机体具有精确的酸碱平衡调节机制。体内的酸碱平衡调节机制主要包括血液缓冲体系的调节、肺对酸碱平衡的调节和肾对酸碱平衡的调节。这些调节机制相互协调，共同维持血液 pH 的相对恒定，但是如果体内的酸性或碱性物质来源过多，超出机体调节能力，或者因疾病、环境变化等原因，导致酸碱平衡失调，出现酸中毒（acidosis）或碱中毒（alkalosis），称为酸碱平衡紊乱（acid-base imbalance）。

第一节　体内酸碱物质的来源

一、酸性物质的来源

> **知识拓展**
>
> **酸碱质子理论**
>
> 酸碱质子理论（Brønsted-Lowry acid-base theory）是丹麦化学家布朗斯特（Brønsted）和英国化学家劳里（Lowry）于 1923 年各自独立提出的一种酸碱理论。该

理论认为，凡能给出质子（H^+）的任何物质（分子或离子）是酸，如：HAc、HCl、NH_4^+、$H_2PO_4^-$、H_2CO_3 等；凡能接受质子（H^+）的任何物质是碱性，如：PO_4^{3-}、OH^-、Cl^-、HCO_3^-、NH_3 等。酸与其共轭碱、碱与其共轭酸称为共轭酸碱对。

$$（共轭）酸 \rightleftharpoons （共轭）碱 + H^+$$
$$HAc \rightleftharpoons Ac^- + H^+$$

根据酸碱质子理论的定义，在水溶液中能提供出质子（H^+）的物质称为酸。人体内的酸性物质来源比较广泛，主要是糖类、脂质、蛋白质及核酸等物质在体内经分解代谢所产生的。其次来源于食物及药物中的酸性物质。人体内的酸性物质可分为两大类，即挥发性酸和非挥发性酸（固定酸）。

（一）挥发性酸

人体内挥发性酸（volatile acid）指的是 H_2CO_3。糖类、脂质及蛋白质等物质在体内氧化分解过程中会产生 CO_2 和 H_2O，两者在碳酸酐酶的催化下结合生成 H_2CO_3，而 H_2CO_3 经血液循环运至肺部后，又分解为 CO_2 和 H_2O，并随呼吸排出体外，因此称之为挥发性酸，是体内主要的酸性物质。成人每天通过代谢反应产生 300~400 L CO_2，相当于 15 mol H_2CO_3。

（二）非挥发性酸（固定酸）

糖类、脂质、蛋白质及核酸在体内氧化分解除了产生 H_2CO_3 外，还会产生一些有机酸和无机酸，如乳酸、乙酰乙酸、β-羟丁酸、尿酸、磷酸与硫酸等。这些酸性物质不能由肺经呼吸排出体外，必须经肾随尿排出体外，因此称为非挥发性酸或固定酸（fixed acid）。正常成人每日产生非挥发性酸 50~90 mol。此外少量固定酸来源于某些食物或药物，如水杨酸、阿司匹林、醋酸及柠檬酸等。

二、碱性物质的来源

在水溶液中能接受并结合质子（H^+）的物质被称为碱性物质。物质代谢也能产生一些碱性物质，但是生成量很少。体内碱性物质主要来源于食物，如蔬菜与瓜果。蔬菜、瓜果中含有丰富的有机酸盐，如柠檬酸钠或钾盐、苹果酸钠或钾盐等。这些有机酸根在体内氧化生成 CO_2 和 H_2O 后，剩下的 Na^+、K^+ 等阳离子与 HCO_3^- 结合生成碳酸氢盐，从而使得体内的碳酸氢盐的含量增多。因此蔬菜水果被称为碱性食物。此外，某些碱性药物如抑制胃酸的碳酸氢钠也是碱性物质的来源。

知识拓展

食物调节

人体 pH 指的是血液的酸碱度。在正常生理状态下，人体酸碱失衡不容易发生，并不存在所谓的"酸性体质"。健康人的血液是弱碱性（pH 7.35~7.45）。如果身体酸性或碱性短暂增强，呼吸系统将会在几分钟之内反应，加速或减缓排出二氧化碳（酸性），从而在几分钟之内就把 pH 调节至正常值。肾尿液排泄系统和血液系统，也会通过强大的平衡调节 pH，所有没有人的血液是酸性的（pH < 7.0），不存在"酸性

体质致病"这种说法。

"均衡饮食，加强锻炼和良好的心态能增强免疫系统，这才是抗击癌症的天然良药。"权威医学专家建议，每个人都应当根据不同的体质、性别、年龄等因素，做出自己预防癌症的健康计划，用生活方式来改良"癌症概率"。不断改变食谱，品种尽可能多样化，煎炸、腌制食物和盐的摄入量应当适度，少食用加工的肉制品。尽量少喝含乙醇（酒精）、含糖饮料及饮酒，限制摄入高热量食物。

第二节 酸碱平衡的调节

由于正常情况下体内酸性物质的含量远远大于碱性物质，因此酸碱平衡的调节以对酸的调节为主。体内酸碱平衡的调节主要通过血液的缓冲作用、肺的调节作用和肾的调节作用三个方面来实现的。在中枢神经系统的参与下，这三方面调节作用相互协调统一，使得pH在较小的范围内波动，有效地维持了体液的酸碱平衡。

一、血液缓冲系统的调节

由代谢产生的或随食物进入体内的酸性、碱性物质，都会进入血液中并被血液缓冲体系（buffer system）缓冲，进而转变成较弱的酸性或碱性物质，以维持血浆pH在一较窄的范围内波动，而不发生明显的改变。同时血液的缓冲作用与肺、肾对酸碱平衡的调节作用相协调配合，因此血液缓冲体系的调节作用在酸碱平衡中最为重要。

知识补充

缓冲溶液与缓冲对

能抵抗外加少量强酸、强碱或稀释而保持pH基本不变的溶液称缓冲溶液。缓冲溶液中同时含有抗酸和抗碱两种成分，通常将这两种成分称为缓冲对或缓冲系。缓冲对就是共轭酸碱对，其中共轭碱能对抗外来强酸称为抗酸成分，共轭酸能对抗外来强碱称为抗碱成分。如$NaHCO_3$-Na_2CO_3、CH_3COOH-CH_3COONa。

（一）血液缓冲体系

血液缓冲体系包括血浆缓冲体系和红细胞缓冲体系（表13-1）。血液缓冲体系对酸碱具有极强的缓冲能力，例如将0.01 mol的HCl加入到1 L的纯水中，其pH将从7.0降至2.0左右，而将等量的HCl加入到1 L血浆中，其pH基本不变。

在血浆缓冲体系中以碳酸氢盐缓冲体系最为重要，而红细胞缓冲体系中则以血红蛋白及氧合血红蛋白缓冲体系最为重要。血液各缓冲体系的缓冲能力见表13-2。血浆碳酸氢钠缓冲体系之所以重要，是因为该体系含量多，缓冲能力强，还在于其浓度易于调节，H_2CO_3的浓度可通过肺的呼吸进行调节，体液中H_2CO_3可在肺部分解为CO_2和H_2O，经肺呼吸排出体外。而$NaHCO_3$的浓度则可通过肾的调节作用维持相对恒定。

表 13-1 血液缓冲体系的组成

血浆缓冲体系		红细胞缓冲体系	
碳酸氢盐缓冲体系	$\dfrac{NaHCO_3}{H_2CO_3}$	碳酸氢盐缓冲体系	$\dfrac{KHCO_3}{H_2CO_3}$
磷酸盐缓冲体系	$\dfrac{Na_2HPO_4}{NaH_2PO_4}$	磷酸盐缓冲体系	$\dfrac{K_2HPO_4}{KH_2PO_4}$
血浆蛋白缓冲体系	$\dfrac{NaPr}{HPr}$	血红蛋白缓冲体系	$\dfrac{KHb\ KHbO_2}{HHb\ KHbO_2}$
		有机磷酸盐缓冲体系	$\dfrac{有机磷酸钾盐}{有机磷酸}$

表 13-2 血液各缓冲体系的缓冲能力

缓冲体系	缓冲能力（%）	缓冲体系	缓冲能力（%）
Hb 和 HbO₂	35	血红蛋白	7
有机磷酸盐	3	血浆碳酸氢盐	35
无机磷酸盐	2	红细胞碳酸氢盐	18

血浆 pH 主要取决于血浆中 $NaHCO_3$ 与 H_2CO_3 两者浓度的比值。人体在正常代谢情况下，血浆 $NaHCO_3$ 浓度约为 24 mmol/L，H_2CO_3 的浓度约为 1.2 mmol/L，两者比值为 20∶1。

血浆 pH 根据亨德森 – 哈塞尔巴尔赫方程（Henderson–Hasselbalch equation）计算：

$$pH = pK_a + \lg \frac{[NaHCO_3]}{[H_2CO_3]}$$

$$pH = 6.1 + \lg \frac{20}{1} = 6.1 + 1.3 = 7.4$$

式中 pK_a 是碳酸解离常数的负对数，在 37 ℃时为 6.1。

由上式可见，只要血浆中 $NaHCO_3$ 与 H_2CO_3 两者浓度的比值维持在 20∶1，血浆 pH 即可维持 7.4 不变。当其中 $NaHCO_3$ 或 H_2CO_3 的浓度发生变化时，两者比值也发生相应变化，血浆 pH 也将随之发生变化。若 $NaHCO_3$ 和 H_2CO_3 两者中一方的浓度发生变化，另一方做出相应的增减，维持其比值为 20∶1，则血浆 pH 仍然维持在 7.4。因为具有中和碱作用的 H_2CO_3 受到肺的调节，反映了肺的通气情况，故称为呼吸因素，而 $NaHCO_3$ 具有中和酸的作用，为缓冲体系中的碱性成分，被称为碱储，其浓度反应体内代谢情况，并受肾的调节，称为代谢因素。

（二）血液的缓冲原理

进入体内的固定酸或碱性物质，主要由碳酸氢盐缓冲体系缓冲；挥发性酸主要由血红蛋白缓冲体系缓冲。

1. 对固定酸的缓冲作用　机体内糖类、脂质和蛋白质等物质在分解代谢的过程中产生固定酸，如磷酸、乳酸及酮体等。这些固定酸进入血浆时，主要由 $NaHCO_3$ 中和，使酸性较强的固定酸转变为酸性较弱的 H_2CO_3。H_2CO_3 进一步分解为 CO_2 和 H_2O，经血液循环运至肺部，通过呼吸排出体外。

$$H-A + NaHCO_3 \longrightarrow Na-A + H_2CO_3$$
$$\longrightarrow H_2O + CO_2$$

此外，血浆蛋白缓冲体系和血浆磷酸盐缓冲体系对固定酸也具有缓冲作用，均可使酸性较强的固定酸转变为弱酸或酸式盐。

$$H-A + Na-Pr \longrightarrow Na-A + H-Pr$$
$$H-A + Na_2HPO_4 \longrightarrow Na-A + NaH_2PO_4$$

血液中固定酸经缓冲体系缓冲后，$NaHCO_3$ 浓度降低，H_2CO_3 的浓度升高，两者的比值减小，根据亨德森－哈塞尔巴尔赫方程可知，血浆 pH 降低。但是由于通过肺不断的呼吸排出 CO_2，降低了血浆 H_2CO_3 浓度，同时肾小管增强对 Na^+ 的重吸收，补充消耗的 $NaHCO_3$，因此仍能保持 $NaHCO_3$ 与 H_2CO_3 的比值在正常水平，维持血浆 pH 无较大的波动。

2. 对挥发性酸的缓冲作用　碳酸是人体内的挥发性酸，糖类、脂质和蛋白质在机体内经有氧氧化的分解代谢以及缓冲体系对固定酸缓冲产生的 H_2CO_3 分解，均会产生大量 CO_2，主要由红细胞中的血红蛋白缓冲体系缓冲，其缓冲作用与血红蛋白运输氧的过程相偶联。

当大量 CO_2 进入血液后，血浆中的 CO_2 分压高于红细胞内的 CO_2 分压，于是 CO_2 自血浆扩散进入红细胞，CO_2 与 H_2O 在红细胞内经碳酸酐酶（CA）的催化生成 H_2CO_3，H_2CO_3 继而解离为 H^+ 和 HCO_3^-，红细胞内血红蛋白（Hb）与氧合血红蛋白（HbO_2）产生的 Hb^- 迅速与 H^+ 结合生成还原血红蛋白（HHb），从而使挥发性酸得以缓冲（图 13-1）。同时因红细胞内的 HCO_3^- 不断升高弥散进入血浆，由于红细胞内的 K^+ 很难透出细胞膜，因此血浆中有等量的 Cl^- 进入红细胞，维持体液的电中性，此现象成为氯离子转移。从而保证了红细胞内生成的 HCO_3^- 不断进入血浆生成 $NaHCO_3$。

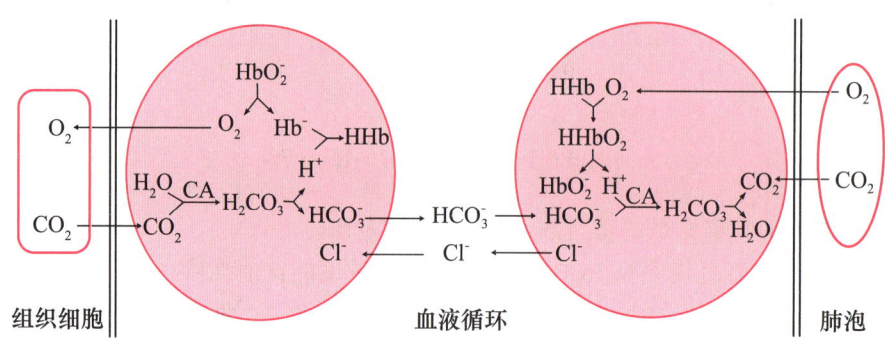

图 13-1　血红蛋白对挥发性酸的缓冲作用

当红细胞随血液循环流经肺泡毛细血管时，由于肺泡内 O_2 分压大于红细胞，CO_2 分压小于红细胞，大量 O_2 扩散进入血液，而结合了 H^+ 的还原血红蛋白（HHb）与 O_2 结合生成氧合血红蛋白（$HHbO_2$）后，解离为 HbO_2^- 和 H^+，H^+ 与 HCO_3^- 结合生成 H_2CO_3，后者再分解为 CO_2 和 H_2O，而 CO_2 自红细胞扩散进入肺泡经呼吸排出体外。红细胞内的 HCO_3^- 减少，血浆内的 HCO_3^- 向红细胞扩散，而等量的 Cl^- 又从红细胞转移至血浆中。

3. 对碱性物质的缓冲作用　体内碱性物质主要通过摄取食物获得，物质代谢也产生少量的碱性物质，这些碱性物质进入血液后，大部分被血液缓冲体系 [$NaHCO_3$]/[H_2CO_3] 中的抗碱成分 H_2CO_3 所中和，少量碱由血浆中的 H-Pr 和 NaH_2PO_4 中和，从而使碱性减弱。反应的结果是使碱性较强的 OH^- 转变成碱性较弱的 HCO_3^-，其中所消耗的 H_2CO_3 可由体内不断产生的 CO_2 得以补充。因此 H_2CO_3 是对碱性物质进行缓冲的主要成分，缓冲后生成的过多 HCO_3^- 可由肾排出体外。

$$Na_2CO_3 + H_2CO_3 \longrightarrow 2NaHCO_3$$
$$Na_2CO_3 + NaH_2PO_4 \longrightarrow NaHCO_3 + Na_2HPO_4$$
$$Na_2CO_3 + H\text{-}Pr \longrightarrow NaHCO_3 + Na\text{-}Pr$$

此外，机体还可以通过肺、肾和细胞内外离子的交换来维持 $[NaHCO_3]/[H_2CO_3]$ 的比值，从而维持了血液 pH 的相对恒定。

二、肺对酸碱平衡的调节

肺对酸碱平衡的调节作用主要指在延髓呼吸神经中枢的作用下，通过改变呼吸频率和呼吸深度来增加或减少 CO_2 的排出量，调节体内血浆中 H_2CO_3 的浓度，以维持 $[NaHCO_3]$ 与 $[H_2CO_3]$ 的比值和正常的 pH。而延髓呼吸中枢的兴奋性又受血液中 CO_2 分压和 H^+ 浓度的影响。

当动脉血液 CO_2 分压升高和 H^+ 浓度增高时，可刺激中枢化学感受器，其神经冲动传入延髓呼吸中枢，使呼吸运动加深加快，通过呼吸排出更多的 CO_2。反之，当血液 CO_2 分压降低和 H^+ 浓度下降时，呼吸中枢兴奋降低，则呼吸运动变得浅而慢，通过呼吸排出的 CO_2 减少。延髓呼吸中枢对动脉血液 CO_2 分压的变化很敏感。如动脉血液 CO_2 分压由正常的 5.33 kPa（40 mmHg）增加到 5.87 kPa（44 mmHg）时，肺的通气量可增加 2 倍。

通过肺的调节虽然能维持 $[NaHCO_3]/[H_2CO_3]$ 的正常比值，但只能调节 H_2CO_3 的浓度，对 $NaHCO_3$ 无调节作用，因此还需要依赖肾的调节。

三、肾对酸碱平衡的调节

机体产生的挥发性酸主要通过刺激呼吸神经，增强呼吸运动，以 CO_2 形式排出体外，不致使血浆中 CO_2 过多。而对于代谢生成的固定酸，则是先由体液中的缓冲体系进行缓冲，将固定酸转变为酸性较弱的碳酸，但同时消耗了大量的碳酸氢盐，如 $NaHCO_3$。肾对酸碱平衡的调节并不是直接排出血液中游离的 H^+，而是通过重吸收 HCO_3^- 以补充体液中不断消耗的 $NaHCO_3$，以中和血液中的 H^+，实现排酸保碱的作用。

肾的调节速度较肺慢，但调节能力强大。肾的调节作用主要通过 H^+-Na^+ 交换、NH_4^+-Na^+ 交换和 K^+-Na^+ 交换来回收 HCO_3^-，排出多余的酸，以实现对酸碱平衡的调节。

（一）H^+-Na^+ 交换

1. $NaHCO_3$ 的重吸收　肾对 $NaHCO_3$ 有很强的重吸收能力，虽然机体通过肾小球滤过的 $NaHCO_3$ 有约 420 g 之多，但排出量仅 4~6 mmol，只占滤过量的 0.1%。肾小管并非是从原尿中直接吸收 $NaHCO_3$，而是通过肾小管上皮细胞中的 H^+ 与原尿中的 Na^+ 进行交换实现的。

肾小管上皮细胞内的碳酸酐酶催化细胞内的 CO_2 与 H_2O 生成 H_2CO_3，后者解离成 H^+ 和 HCO_3^-。肾小管上皮细胞将 H^+ 分泌至管腔内，与滤液中的 $NaHCO_3$ 中的 Na^+ 交换，生成 H_2CO_3。从滤液中换回的 Na^+ 与细胞内产生的 HCO_3^- 结合生成 $NaHCO_3$ 扩散入血，以补充血浆中 $NaHCO_3$ 的浓度。同时，滤液中生成的 H_2CO_3 在肾小管上皮细胞刷状缘上的碳酸酐酶作用下，又分解成 CO_2 和 H_2O，CO_2 可扩散进入肾小管上皮细胞内再被利用（图 13-2）。此过程虽未将尿液真正酸化，但基本上将肾小球滤过的 $NaHCO_3$ 全部重吸收了，因而原尿中的 pH 变化不大。

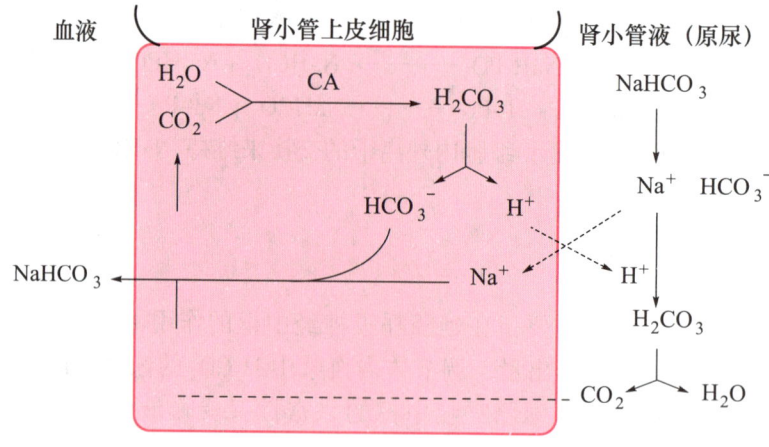

图 13-2 H^+-Na^+ 交换与 $NaHCO_3$ 的重吸收

2. 尿液的酸化　正常人血浆与原尿中 Na_2HPO_4/NaH_2PO_4 的比值相似，均为 4∶1，pH 约为 7.4。当尿液流经肾远曲小管时，其上皮细胞分泌至管腔液中的 H^+ 与原尿中 Na_2HPO_4 解离的 Na^+ 进行交换生成 NaH_2PO_4，使原尿中的 Na_2HPO_4/NaH_2PO_4 比值逐渐变小，随着终尿中 NaH_2PO_4 的不断增加，Na_2HPO_4 不断减少，当两者比值变为 1∶99 时，Na_2HPO_4 几乎全部转变成 NaH_2PO_4，此时尿液的 pH 由 7.4 降至 4.8，尿液变成酸性，具体过程如图 13-3 所示。

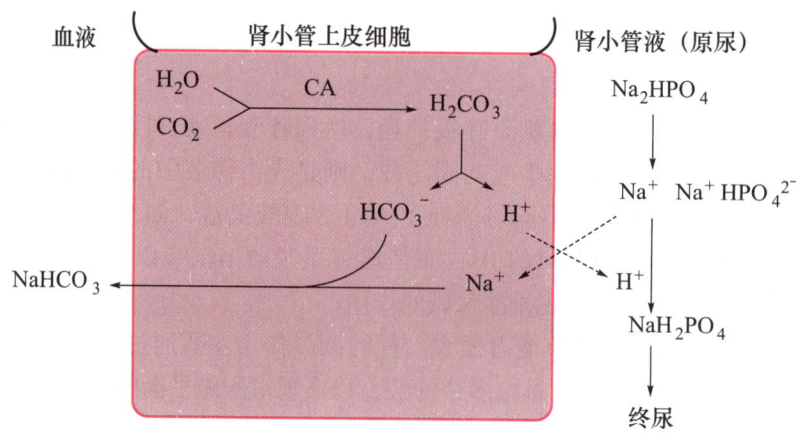

图 13-3 H^+-Na^+ 交换与尿液的酸化

尿液的酸化是肾远曲小管上皮细胞泌 H^+ 保 Na^+ 的作用，每分泌一个 H^+ 换回一个 Na^+，从而促进了肾对 HCO_3^- 的回收，维持血浆中正常的 $NaHCO_3$ 浓度。

（二）NH_4^+-Na^+ 交换

肾远曲小管上皮细胞除了具有泌 H^+ 作用外，还具有泌 NH_3 的作用，其分泌的 NH_3 主要来自谷氨酰胺的分解，另一部分 NH_3 则来自肾小管上皮细胞内氨基酸的脱氨基作用。

肾小管上皮细胞内含有谷氨酰胺酶，该酶催化谷氨酰胺水解生成谷氨酸和 NH_3，这种方式产生的 NH_3 约占远曲小管产生 NH_3 总量的 60%。由于肾小管液酸度比细胞内液高，因此，NH_3 极易透过细胞膜弥散到管腔中。在管腔中 NH_3 接受 H^+ 生成 NH_4^+，使管腔液中的 H^+ 浓度减少，有利于肾小管上皮细胞继续分泌 H^+，继而 NH_4^+ 与强酸盐中的酸根离子（如 Cl^-、SO_4^{2+} 等）结合生成铵盐随尿排出。而强酸中的 Na^+ 则进入细胞内，与 HCO_3^- 一起重吸收进入血液，形成 $NaHCO_3$，从而补充血浆中 $NaHCO_3$ 的消耗（图 13-4）。

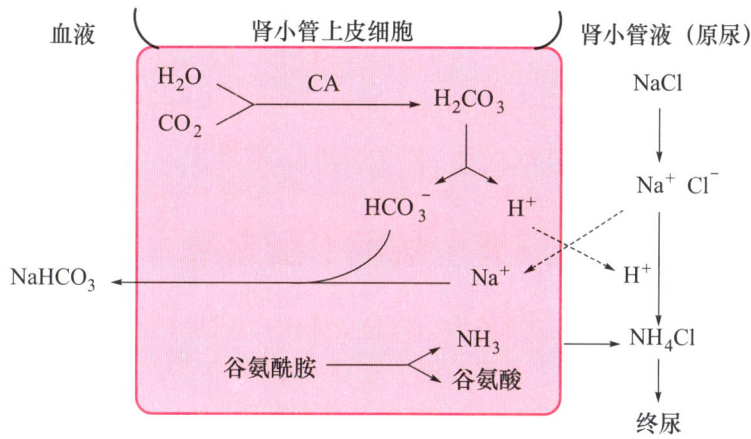

图 13-4　NH_4^+-Na^+ 交换和铵盐的排泄

正常人每天有 30~50 mmol NH_3 与 H^+ 结合成 NH_4^+ 随尿排出。但在酸中毒时每天排出量可增加 10 倍，多达 500 mmol。因为酸中毒时，糖皮质激素分泌增多，使线粒体内膜对谷氨酰胺的通透性增加几十倍，线粒体内 NH_3 的生成量也随之增加 15~20 倍。酸中毒还可诱导肾近曲小管细胞内谷氨酰胺酶的合成。

（三）K^+-Na^+ 交换

K^+-Na^+ 交换指的是肾远曲小管上皮细胞有主动泌 K^+ 至肾小管换回肾小管液中 Na^+ 的作用。在远曲小管 Na^+ 被重吸收进入血浆，K^+ 分泌至肾小管腔内后随尿液排出体外。H^+-Na^+ 交换与 K^+-Na^+ 交换均在肾远曲小管进行，两者形成相互竞争作用。当细胞外液 K^+ 浓度升高时可抑制肾小管上皮细胞分泌 H^+，此时，K^+-Na^+ 交换加强，而 H^+-Na^+ 交换减弱，尿中 K^+ 排出增加，H^+ 排出减少，所以，高血钾可引起酸中毒；反之，当细胞外液 K^+ 浓度降低时，K^+-Na^+ 交换减弱，H^+-Na^+ 交换加强，因此，低血钾可引起碱中毒（图 13-5）。此外，H^+-Na^+ 交换与 K^+-Na^+ 交换还受到醛固酮的正调节影响。

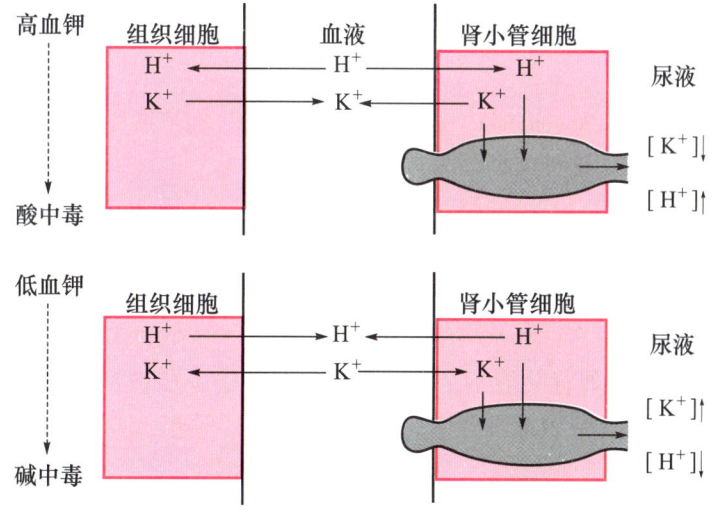

图 13-5　钾代谢与酸碱平衡的关系

综上所述，酸碱平衡的调节，是血液缓冲作用、肺和肾的调节作用的密切配合、协调一致的结果。三者中任一调节机制发生障碍，都可导致酸碱平衡失调，发生酸中毒或碱中毒。进入血液的酸性或碱性物质，首先由血液缓冲体系缓冲，尤其是 $NaHCO_3$ 与 H_2CO_3 的缓冲，将酸、碱性较强的物质转变成酸、碱性较弱的物质。然而，这种缓冲作用，会消耗体内的一些碱性或酸性物质，势必引起 $NaHCO_3$ 和 H_2CO_3 含量和比值的变化。肺的呼吸作用可以调节血液 $PaCO_2$ 即 H_2CO_3 的含量，以维持 $NaHCO_3 : H_2CO_3$ 比值为 20∶1。但肺对 $NaHCO_3$ 浓度无直接调节作用，故还必须通过肾排出过多的酸或碱，调节 $NaHCO_3$ 的浓度。

第三节 酸碱平衡紊乱

机体对酸碱虽然具有很大的缓冲能力，但是当体内产生的酸性、碱性物质过多，或是丢失的酸性、碱性物质过多，超出了机体的调节能力；或是肺、肾调节酸碱平衡的功能发生障碍；体内电解质平衡紊乱等原因都会导致体内酸碱平衡失调，又称酸碱平衡紊乱。表现为血浆 $NaHCO_3$ 和 H_2CO_3 浓度的异常。

因血液 pH 取决于 $[NaHCO_3]$ 与 $[H_2CO_3]$ 的比值，当 pH 为 7.4 时，其比值为 20∶1。酸碱平衡失调时，当 $[NaHCO_3]$ 与 $[H_2CO_3]$ 的比值变小，血液 pH 降低时称酸中毒，当 $[NaHCO_3]$ 与 $[H_2CO_3]$ 的比值增大，血液 pH 升高时称碱中毒。

酸碱平衡失调时，在早期或轻度酸碱平衡失调时，血浆 $NaHCO_3$ 浓度或 H_2CO_3 浓度发生原发性改变，而另一成分的浓度也发生相应的继发性改变，此时虽然血浆 $NaHCO_3$ 与 H_2CO_3 的绝对浓度发生变化，但二者的比值可以不变（即 20∶1），pH 仍可维持在正常范围内，这称为代偿性酸中毒或碱中毒。如果酸、碱中毒病情继续发展，使 $[NaHCO_3]$ 与 $[H_2CO_3]$ 的比值也发生了改变，血液 pH 低于 7.35 或高于 7.45，称为失代偿性酸中毒或碱中毒。$NaHCO_3$ 的浓度主要受代谢性因素的影响，其浓度原发性降低或升高引起的酸碱平衡失调，称代谢性酸中毒或代谢性碱中毒；H_2CO_3 的浓度主要受呼吸性因素的影响，其浓度原发性升高或降低引起酸碱平衡失调，称呼吸性酸中毒或呼吸性碱中毒。

同一患者可能发生的是一种酸碱平衡失调，即单纯型酸碱平衡紊乱（simple acid-base disturbance）；也可能同时发生两种或两种以上的酸碱平衡失调，即混合型酸碱平衡紊乱（mixed acid-base disturbance）。

一、代谢性酸中毒

代谢性酸中毒（metabolic acidosis）是指血浆中 $NaHCO_3$ 的浓度原发性减少所致的酸碱平衡紊乱。在酸碱平衡紊乱中，这种类型最为常见。

（一）发生的原因

引起代谢性酸中毒的主要原因有：

1. 固定酸来源过多，导致 $NaHCO_3$ 的过量消耗，如糖尿病酮症酸中毒、缺氧引起的乳酸中毒；以及外源性摄取酸过多，如水杨酸、氯化铵等药物的摄取过多引起的酸中毒。

2. 固定酸排出障碍，如肾功能不全、肾衰竭，肾小管上皮细胞分泌 H^+ 和 NH_3 的能力降低，肾小球滤过严重下降，导致酸性代谢产物在体内堆积，碳酸氢盐生成减少，引起肾性代谢性酸中毒。

3. 体内 $NaHCO_3$ 丢失过多，如腹泻、肠瘘、胆瘘和肠引流等，导致大量碱性消化液丢失。

4. 高血钾、大面积烧伤引起大量血浆渗出等均导致血浆 $NaHCO_3$ 原发性减少。

（二）代偿调节机制

发生代谢性酸中毒时，机体进行代偿调节主要通过血液缓冲体系、肺、细胞内外离子交换及肾进行调节，特别时是肺的调节十分迅速和强大。其主要机制如下：

1. 血液缓冲及细胞内外离子交换的作用　代谢性酸中毒时，血液中过量的 H^+ 立即被血浆缓冲体系进行缓冲，不断地消耗 $NaHCO_3$ 及其他的缓冲碱，H_2CO_3 浓度升高。在代谢性酸中毒 2~4 小时后，细胞外液的 H^+ 进入细胞内，将细胞内的 K^+ 交换转移至细胞外液，以维持细胞内外的电荷平衡，因此酸中毒易引起高血钾。

2. 肺的代偿调节作用　代谢性酸中毒时，血液的 H_2CO_3 浓度的增加及 pH 的降低，刺激了延髓呼吸中枢，从而使得呼吸的深度和频率增加，肺的通气量增大，排出更多的 CO_2，血液中 H_2CO_3 的浓度及 $PaCO_2$ 继发性降低。从而维持了 $[NaHCO_3]$ 与 $[H_2CO_3]$ 的比值接近正常水平，使血液 pH 趋于正常。呼吸的代偿反应十分迅速，通常在酸中毒几分钟后就会出现呼吸增强，30 分钟后达到代偿，12~24 小时达到代偿高峰。

3. 肾的代偿调节作用　代谢性酸中毒时，肾小管上皮细胞中的碳酸酐酶和谷氨酰胺酶活性增强，肾小管上皮细胞泌 H^+ 和泌 NH_3 作用增强，通过 H^+-Na^+ 交换和 $NH_4^+-Na^+$ 交换，增加 $NaHCO_3$ 的重吸收和固定酸的排出。除了肾功能异常外，其他原因引起的代谢性酸中毒均可以通过肾的排酸保碱能力加强来发挥代偿作用。但肾的代偿作用较慢，通常需要 3~5 天才能达到高峰，并且代偿的容量不大。

（三）动脉血气分析

由于 $NaHCO_3$ 浓度降低，因此实际碳酸氢盐（actual bicarbonate，AB）、标准碳酸氢盐（standard bicarbonate，SB）、缓冲碱（buffer base，BB）值降低，碱过剩（base excess，BE）负值加大，pH 下降，经呼吸代偿后，$PaCO_2$ 继发性下降，AB < SB。

（四）对机体的影响

代谢性酸中毒主要引起心血管系统和中枢神经系统的功能障碍。代谢性酸中毒时能产生致死性心律失常、心肌收缩力降低及血管对儿茶酚胺的反应性降低，因室性心律失常与血钾升高密切相关，酸中毒严重时，由于 H^+ 与 Ca^{2+} 的竞争，导致心肌收缩力降低。同时代谢性酸中毒引起中枢神经的代谢障碍，主要表现为意识障碍，肌肉软弱无力、反应迟钝、嗜睡甚至昏迷，最后可能因呼吸中枢和血管运动中枢麻痹致死。其发生的可能机制是在酸中毒时，谷氨酸脱羧酶活性增强，生物氧化酶类的活性受到抑制，能量物质 ATP 合成减少，脑组织供能不足，从而抑制中枢神经系统。

二、代谢性碱中毒

代谢性碱中毒（metabolic alkalosis）是指血浆中 $NaHCO_3$ 的浓度原发性增多所致的酸碱平衡紊乱。

（一）发生的原因

引起代谢性碱中毒的主要原因有：

1. H^+ 丢失过多　经胃酸直接丢失大量 HCl，如幽门梗阻或高位肠梗阻时的剧烈呕吐及胃液引流；经肾也可丢失大量 H^+，如醛固酮分泌增加，促进远曲小管和集合管排 H^+ 和 K^+，而加强 Na^+ 的重吸收。

2. 碱性物质摄入过多　如消化道溃疡病患者服用过量的碳酸氢钠，或矫正代谢性酸中毒时注射过多的 $NaHCO_3$；摄入乳酸钠、乙酸钠之后或大量输入含柠檬酸（枸橼酸）盐抗凝的库存血，超过肾排泄能力，造成医源性代谢性碱中毒。

3. 低血钾　肾小管上皮细胞排 K^+ 减少而排 H^+ 增加，即 H^+-Na^+ 交换加强而 K^+-Na^+ 交换减弱，使进入血液的 $NaHCO_3$ 增加，导致细胞外碱中毒，细胞内酸中毒。

4. 低血氯　Cl^- 是肾小管中唯一的容易与 Na^+ 相继重吸收的阴离子，当原尿中 $[Cl^-]$ 降低时，肾小管便加强 H^+、K^+ 的排出，使 $NaHCO_3$ 的重吸收增加。

（二）代偿调节机制

1. 血液缓冲及细胞内外离子交换的作用　代谢性碱中毒时，由于血浆 $NaHCO_3$ 浓度升高，H^+ 浓度下降，$NaHCO_3$ 可被血液缓冲系统中 H_2CO_3、$HHbO_2$、HHb 等弱酸所缓冲；同时细胞内外离子交换，细胞内 H^+ 逸出，胞外 K^+ 则进入细胞内，从而产生低钾血症。

2. 肺的代偿调节作用　代谢性碱中毒时，血液 H^+ 浓度的降低及 pH 的升高，呼吸中枢受到抑制，从而使得呼吸变浅变慢，肺的通气量减少，血液中 H_2CO_3 的浓度及 $PaCO_2$ 继发性升高。从而维持了 $[NaHCO_3]$ 与 $[H_2CO_3]$ 的比值接近正常水平，使血液 pH 有所降低。呼吸的代偿反应十分迅速，往往数分钟后即可出现，24 小时后达到高峰值。

3. 肾的代偿调节作用　代谢性碱中毒时，肾的代偿调节具有很重要的作用。血液 H^+ 浓度的降低及 pH 的升高使得肾小管上皮细胞中的碳酸酐酶和谷氨酰胺酶活性受到抑制，肾小管上皮细胞泌 H^+ 和泌 NH_3 及 H^+-Na^+ 交换和 NH_4^+-Na^+ 交换作用减弱，$NaHCO_3$ 的重吸收减少，使血液 $NaHCO_3$ 浓度下降。肾在代谢性碱中毒时对 $NaHCO_3$ 的排出增多的最大代偿时限往往要 3~5 天，所以急性代谢性碱中毒时肾代偿调节不起主要作用。

（三）动脉血气分析

由于 $NaHCO_3$ 浓度及 pH 降低，因此 AB、SB、BB 值升高，BE 正值加大，pH 升高。

（四）对机体的影响

代谢性碱中毒时，患者有烦躁不安、精神错乱、谵妄、意识障碍等中枢神经系统兴奋症状。同时呼吸中枢受到抑制，呼吸变浅变慢。碱中毒时，因 pH 升高 Ca^{2+} 浓度下降，神经、肌肉的应激性增强，引起腱反射亢进，面部及肢体肌肉抽动、手足抽搐。另外碱中毒往往伴随低钾血症。

三、呼吸性酸中毒

呼吸性酸中毒主要是由于呼吸道及肺部疾病、呼吸中枢抑制、心脏病等原因引起肺呼吸功能障碍，CO_2 呼出不畅，导致体内 CO_2 潴留，使血浆中 H_2CO_3 浓度原发性升高。

（一）发生的原因

引起呼吸性酸中毒的主要原因有：

1. 广泛性肺部疾病，如肺气肿、支气管哮喘、气胸等，这些疾病可严重妨碍肺泡的通气。

2. 呼吸中枢受抑制，如延脑肿瘤、脑炎、脑膜炎、颅脑外伤等，呼吸中枢活动受抑制，使通气减少而 CO_2 蓄积。此外，麻醉剂、镇静剂（吗啡、巴比妥钠等）均有抑制呼吸的作用，剂量过大亦可引起通气不足。

3. 呼吸神经、肌肉功能障碍，如脊髓灰质炎、重症肌无力，低钾血症，高位脊髓损伤等，严重者可引起呼吸肌麻痹。

（二）代偿调节机制

当体内产生大量 H_2CO_3 时，因血碳酸氢盐缓冲体系不能缓冲挥发性酸，而血浆其他缓冲碱含量较低，对 H_2CO_3 的缓冲能力极其有限。所以呼吸系统往往不能发挥代偿作用，主要靠血液非碳酸盐缓冲体系和肾的代偿调节。

1. 血液缓冲及细胞内外离子交换的作用　呼吸性酸中毒时，主要依靠血红蛋白系统进行代偿调节。急性呼吸性酸中毒时，血浆 H_2CO_3 浓度升高，H_2CO_3 解离为 H^+ 和 HCO_3^- 后，H^+ 与细胞内 K^+ 进行交换，进入细胞内的 H^+ 可被血红蛋白缓冲，血浆 HCO_3^- 浓度有所增加，有利于维持 $[NaHCO_3]$ 与 $[H_2CO_3]$ 的比值；另外，血浆中的 CO_2 弥散进入红细胞后，在碳酸酐酶的作用下，与 H_2O 作用生成 H_2CO_3，再解离为 H^+ 和 HCO_3^-，其中 H^+ 血红蛋白和氧合血红蛋白缓冲，HCO_3^- 则与血浆中的 Cl^- 交换，最终使血浆中 $NaHCO_3$ 有所增加。

2. 肾的代偿作用　慢性呼吸性酸中毒的代偿调节主要以肾的代偿调节为主。$PaCO_2$ 和 H^+ 浓度升高后，可刺激肾小管上皮细胞内的碳酸酐酶和谷氨酰胺酶活性增强，促使肾小管上皮细胞泌 H^+ 和泌 NH_3 作用及对 $NaHCO_3$ 的重吸收增强。这种作用充分发挥往往需要 3~5 天才能完成。

（三）动脉血气分析

$PaCO_2$ 升高，pH 降低，经肾代偿调节后，代谢性指标继发性升高，AB、SB、BB 值均升高，BE 正值加大，AB > SB。

（四）对机体的影响

呼吸性酸中毒因 $PaCO_2$ 升高可引起一系列精神方面和血管运动的障碍。患者早期出现持续性的头痛与焦躁不安，如果酸中毒持续时间较久，患者可能出现精神错乱、震颤、嗜睡及昏迷等症状，临床称之为肺性脑病。同时呼吸性酸中毒可引起心律失常、心肌收缩减弱及对儿茶酚胺的反应降低等。高浓度的 CO_2 能直接引起脑血管扩张，颅内压增加而导致持续性头痛，尤其是夜间和晨起时严重。

四、呼吸性碱中毒

呼吸性碱中毒是由于肺的换气过度，CO_2 呼出过多，使血浆 H_2CO_3 浓度原发性降低。可见于癔症、发热等疾病，临床较少见。

（一）发生的原因

1. 精神性过度通气，如癔症发作患者。
2. 代谢过程异常，如甲状腺功能亢进、高热等，通气明显增加超过应排出 CO_2 量。
3. 中枢神经系统疾患，如脑炎、脑膜炎、脑肿瘤及颅脑损伤患者中有的呼吸中枢受到刺激而兴奋，出现通气过度。
4. 水杨酸中毒，水杨酸能直接刺激呼吸中枢使其兴奋性升高，而出现过度通气。

（二）代偿调节机制

因肺在呼吸性碱中毒时的代偿调节能力有限，因此主要通过细胞内外离子交换和细胞内液缓冲及肾的代偿调节来实现。

1. 血液缓冲及细胞内外离子交换的作用　急性呼吸性碱中毒时，$NaHCO_3$ 浓度升高，H^+ 于细胞外与 HCO_3^- 结合，使血浆中 $NaHCO_3$ 的浓度下降；此外 H_2CO_3 与红细胞内 CO_2 和 Cl^- 交换，促使血浆 H_2CO_3 浓度回升，$NaHCO_3$ 浓度下降。

2. 肾的代偿调节作用　血浆 $PaCO_2$ 及 H_2CO_3 浓度降低时，肾小管上皮细胞碳酸酐酶活性降低，泌 H^+、泌 NH_3 作用减弱，H^+-Na^+ 交换、NH_4^+-Na^+ 交换下降，$NaHCO_3$ 重吸收减少。血浆 $NaHCO_3$ 浓度继发性降低，使 $[NaHCO_3]/[H_2CO_3]$ 的比值仍维持在 20∶1，则血浆 pH 仍在正常范围。

（三）动脉血气分析

pH 升高，AB、SB、BB 值均降低，BE 负值加大，$PaCO_2$ 原发性降低。

（四）对机体的影响

呼吸性碱中毒易出现眩晕，四肢及口周感觉异常，意识障碍及抽搐等。此外呼吸性碱中毒也可因细胞内外离子交换和肾排钾增加而发生低钾血症，还可使血红蛋白氧离曲线左移，导致组织供氧不足。

案例分析

患者女性，50岁，糖尿病史10年，因昏迷入院。体检血压86/40 mmHg，脉搏101次/分，呼吸28次/分。实验室检查：血糖12.1 mmol/L、β-羟丁酸1.0 mmol/L、尿素8.0 mmol/L，K^+ 5.0 mmol/L、Na^+ 160.1 mmol/L、Cl^- 104.1 mmol/L；pH 7.2、$PaCO_2$ 4.1 kPa、PaO_2 9.91 kPa、BE 18.0 mmol/L、HCO_3^- 9.9 mmol/L；尿：酮体（+++），糖（+++）。临床诊断：糖尿病；糖尿病合并酮症酸中毒。

请问：
1. 患者诊断糖尿病合并酮症酸中毒的指标有哪些？
2. 酸中毒是属于哪种类型的酸碱失调？
3. 分析此时患者体内通过血液缓冲、肺、肾的调节机制。

第四节　酸碱平衡的生化诊断指标

一、血浆pH

血浆pH指的是血浆中H^+浓度的负对数，反映了体液的酸碱度。正常人动脉血pH变动范围为7.35~7.45，平均为7.40。婴幼儿低于儿童，儿童低于成人。如新生儿血浆pH为7.3~7.35，处于成人pH 7.35~7.45的下限以下。

血浆pH低于7.35为失代偿性酸中毒，高于7.45为失代偿性碱中毒。但只看pH的变化还不能区分酸碱中毒是代谢性的还是呼吸性的。pH处于正常范围内，也不能说明体内没有酸碱平衡紊乱。pH在正常范围内，也可能处于代偿性酸、碱中毒阶段，或同时存在程度相近的混合型酸、碱中毒，使pH改变相互抵消了，因此需要进一步测定$PaCO_2$和HCO_3^-浓度以确定酸碱平衡紊乱的类型。

二、二氧化碳分压

二氧化碳分压（$PaCO_2$）是指血浆中物理溶解状态的CO_2所产生的压力。动脉血浆$PaCO_2$的正常范围为4.67~6.0 kPa（35~45 mmHg），平均值为5.33 kPa（40 mmHg）。$PaCO_2$是衡量肺通气和判断呼吸性酸碱平衡紊乱的重要指标。$PaCO_2$ < 33 mmHg，表明通气过度，CO_2排出过多，为呼吸性碱中毒或代偿后的代谢性酸中毒；$PaCO_2$ > 46 mmHg，表明通气不足，CO_2排出过少而在体内潴留，为呼吸性酸中毒或代偿后的代谢性碱中毒。在代谢性酸中毒时，由于呼吸加深加快的代偿反应，可使患者$PaCO_2$值下降而低于正常。也就是说当[$NaHCO_3$]原发性降低时，H_2CO_3代偿性地下降，使[$NaHCO_3$]：[H_2CO_3]比值变化尽量减少或仍能维持20：1。在代谢性碱中毒时，则与此相反，$PaCO_2$值可代偿性升高而高于正常。

三、标准碳酸氢盐和实际碳酸氢盐

标准碳酸氢盐（standard bicarbonate，SB）是全血样本在标准条件下（氧饱和度为100%、温度37 ℃、$PaCO_2$为5.33 kPa）所测得的血浆$NaHCO_3$含量。因为这种方法下测定的$NaHCO_3$浓度不受呼吸因素的影响，故为判断代谢性酸、碱中毒的指标。正常范围是22~27 mmol/L，平均为 24 mmol/L。患者在代谢性酸中毒时 SB 降低，代谢性碱中毒时则 SB 升高。

实际碳酸氢盐（actual bicarbonate，AB）是指隔绝空气的血液标本，在保持其原有 $PaCO_2$ 和血氧饱和度不变的条件下，测得的血浆 $NaHCO_3$ 的浓度。因此，AB 受代谢和呼吸两方面因素的影响。AB 的正常值同 SB，因为正常人的条件和测定 SB 的人工条件是相同的。但 AB 与 SB 的差值能反映呼吸因素对酸碱平衡的影响。

正常人，AB = SB。若两者均低于正常值，表明为代谢性酸中毒；两者均高于正常值时，则为代谢性碱中毒。若 AB > SB，表明为呼吸性酸中毒或代偿后的代谢性碱中毒；若 AB < SB，表明为呼吸性碱中毒代偿后的代谢性酸中毒。

四、缓冲碱

缓冲碱（buffer base，BB）是指血液中具有缓冲作用的负离子碱的总和，即血液中具有缓冲作用的阴离子的总和。这些阴离子包括 HCO_3^-、HPO_4^{2-}、Hb^-、Pr^- 等，它们都能结合 H^+。通常用氧饱和的全血测定，这称为全血缓冲碱（buffer base of blood，BBb）。正常参考范围为 45~52 mmol/L。全血缓冲碱受血红蛋白含量的影响，而不受呼吸因素的影响，是反映代谢因素的指标。代谢性酸中毒 BB 降低，而代谢性碱中毒则 BB 升高。

五、碱过剩和碱缺失

碱过剩（base excess，BE）是指在标准条件下，用酸或碱滴定全血标本至 pH 为 7.4 时所消耗的酸或碱的量。若用酸滴定使血液 pH 达到 7.4，表明被测血液缓冲碱高于正常值，BE 用正值表示，称为碱过剩。反之，如果用碱滴定，使血液 pH 达到 7.4，表明被测血液缓冲碱低于正常值，BE 用负值表示，称为碱缺失（base deficit，BD）。正常人全血的 BE 值在 0 附近，正常参考范围为 0±3 mmol/L，不受呼吸因素的影响。碱过剩常见于代谢性碱中毒，而碱缺失常见于代谢性酸中毒。

> **知识拓展**
>
> **血气分析**
>
> 血气分析即血液气体分析，是指血液中有关 O_2 和 CO_2 气体测定的指标。由于血液 pH 与肺的呼吸功能密切相关，呼吸过程中不断吸取 O_2 并排出 CO_2。因此，血气分析和血液 pH 测定组成一个分析系统，临床上将血液 pH 测定和血气分析统称血气分析。血液 PO_2、PCO_2 及 pH 是血气分析的 3 个主要项目，从这 3 个参数可衍化出其他若干重要参数（血液生化指标），进行血气分析和其他血液指标的测定，在指导呼吸衰竭和 H^+ 代谢紊乱的诊断治疗方面起着关键性的作用。

六、阴离子间隙

阴离子间隙（anion gap，AG）是指血浆中未测定的阴离子（undetermined anion，UA）与未测定的阳离子（undetermined cation，UC）的差值，即 AG = UA−UC。是一项受到广泛重视的酸碱指标。AG 正常值为 12 mmol/L，正常参考值为 12~14 mmol/L。

AG 值的增大在诊断酸碱平衡紊乱中具有重要意义，可作为诊断代谢性酸中毒的类型和混合型酸碱平衡紊乱的指标。目前多以 AG > 16 mmol/L 作为判断是否有 AG 增高代谢性酸中毒的界限。而 AG 值的降低在诊断酸碱平衡紊乱中的意义不大。

（杨正久）

本章知识导图

第十四章

常用生物化学实验

实验一　常用生化仪器的操作

一、实验目的

1. 掌握玻璃仪器的正确清洗方法。
2. 掌握移液管、移液器的正确使用方法。

二、器材与试剂

【器材与试剂】
1. 玻璃仪器　试管、烧杯、量筒、容量瓶。
2. 移液器　刻度吸量管、洗耳球、微量移液器。
3. 试剂　氯化钠溶液。

三、实验方法

（一）玻璃仪器的清洗

试验中所用的玻璃仪器清洁与否，直接影响实验结果，往往由于玻璃仪器的不清洁或被污染而造成较大的实验误差，有时甚至会导致实验失败。

1. 初用玻璃仪器的清洗　新买的玻璃仪器表面附着碱性物质，可先用洗衣粉洗刷，再用自来水洗净，然后浸泡在1%~2%盐酸溶液中过夜，再用自来水冲洗，最后用蒸馏水洗两次，晾干备用。

2. 使用过的玻璃仪器的清洗　先用自来水洗刷至无污物，再用合适的毛刷蘸洗衣粉洗刷，然后用自来水彻底清洗干净，用蒸馏水洗两次，晾干备用。清洗标准是玻璃仪器洗净后，以倒置后内壁不挂有水珠为清洁标准。

3. 石英和玻璃比色皿的清洗　比色皿用完后立即用自来水冲洗干净，再用蒸馏水反复冲洗，决不可用强碱清洗，因为强碱会腐蚀抛光的比色皿，也不可用试管刷和粗布擦拭。

（二）移液操作

吸量管是生化实验常用的仪器之一，测定的准确度与吸量管的正确选择和使用密切相关。

1. 吸量管的分类　常用的吸量管可以分为三类（图14-1）。

（1）奥氏吸量管：供准确量取 0.5 ml、1.0 ml、2.0 ml、3.0 ml 液体所用。此种吸量管只有一个刻度，当放出所量取的液体时，管尖预留的液体必须吹入容器内。

（2）大肚吸管：常用来量取 1 ml、2 ml、5 ml、10 ml、25 ml、50 ml 的液体，这种吸量管只有一个刻度，放液时，量取的液体自然流出后，管尖需在盛器内壁停留15秒，注意管尖残余液体不要吹出。

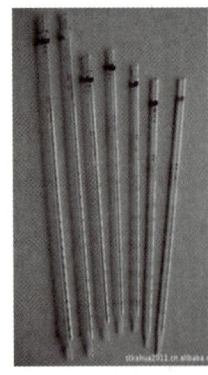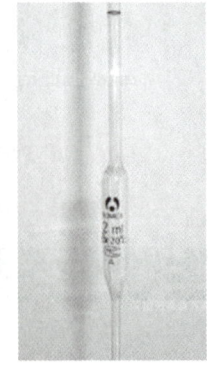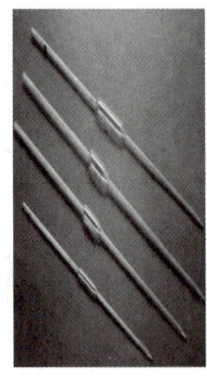

图 14-1　左：刻度吸量管；中：大肚吸管；右：奥氏吸量管

（3）刻度吸量管：供量取 15 ml 以下任意体积的溶液。一般刻度包括尖端部分，将所量液体全部放出后，还需要吹出残留于管尖的溶液，此类吸量管为"吹出式"，吸量管上端标有"吹"字或"B"符号。未标有"吹"字或"B"符号的吸量管，则不必吹出管尖的残留液体。

2. 吸量管的使用

（1）选用原则：准确量取整数量液体，应选用奥氏吸量管。量取大体积时要用大肚吸管。量取任意体积的液体时，应选用取液量最接近的刻度吸量管。如欲量取 0.15 ml 液体，应选用 0.2 ml 的刻度吸量管。

（2）吸量管的使用：使用吸量管时，用拇指和中指夹住近顶端部分，将管的下端插入液体，用洗耳球吸入液体到需要的刻度线之上 1~2 cm 处（插入液面下的部分不可太深，也不可太浅，防止空气突然进入管内，将溶液吸入洗耳球内），用示指封闭上口，将已充满液体的吸量管提出液面，把吸量管提到与眼睛同一水平线上，然后小心松开上口，调节液面至需要的刻度线，将吸量管移到另一容器，松开上口，使液体自由流出。最后再根据规定吹出或不吹出尖端的液体（图 14-2）。

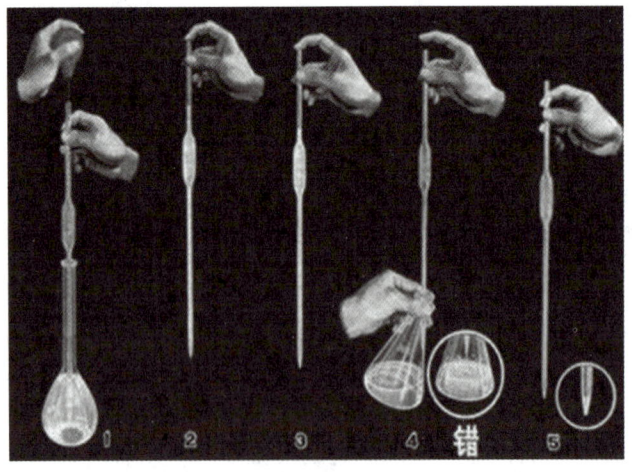

图 14-2　拿取吸量管的姿势

3. 移液器的使用　包括可调式移液器的结构（图 14-3）和可调式移液器的操作（图 14-4）。

（1）选取量程与待取液体体积相等或稍大的移液器，并旋转调节轮至所需体积值。

（2）套上吸头，旋紧。

（3）垂直持握可调式移液器用拇指按至第一档。

（4）将吸头插入溶液，缓慢松开拇指，使其复原。

（5）将可调式移液器移除液面，必要时可用纱布或滤纸拭去附于吸头表面的液体（注：不要接触吸头孔口）。

（6）排放时，重新将大拇指按下，至第一档后，继续按至第二档以排空液体。

（7）移液器使用完毕后，需旋转调节轮调至最大值。

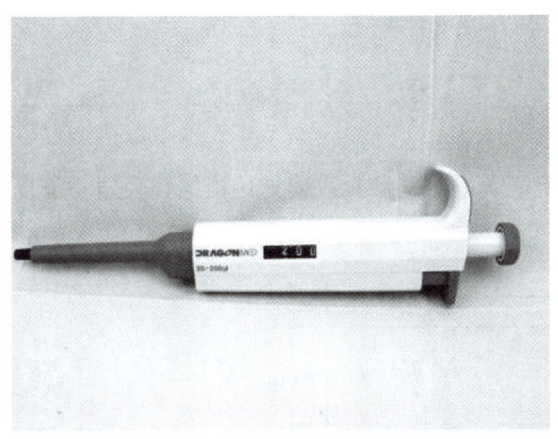

图 14-3　可调式移液器结构

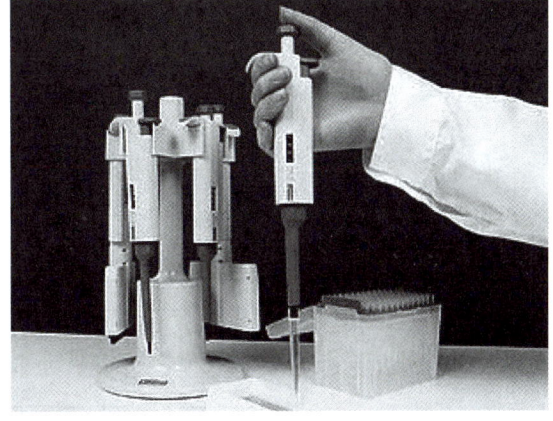

图 14-4　持移液器姿势

注意：推动按钮内部的活塞分两段行程，第一档为吸液，第二档为放液体，手感十分清楚；移取另一样品时，应按卸吸头按钮弃掉吸头并更换新吸头。

实验二　血清蛋白质醋酸纤维膜电泳

一、实验目的

理解蛋白质两性电离与等电点的性质，通过电泳的方法，实现对蛋白质复合物的分离；了解血清蛋白电泳在临床应用中的意义。

二、实验原理

电泳是指带电质点在电场中向本身所带电荷相反的电极移动的现象。在一定 pH 条件下，不同的质点由于具有不同的等电点而带不同性质的电荷，因而在一定的电场中它们的移动方向和移动速度也不同，即它们的电泳迁移率不同，因此，可使它们分离。

影响电泳迁移率的外界因素：电场强度、溶液的 pH、溶液的离子强度和电渗现象。

影响电泳迁移率的内在因素：质点所带净电荷的量、质点的大小和形状。

本实验以醋酸纤维素为电泳支持物，分离各种血清蛋白。血清中含有清蛋白、α- 球蛋白、β- 球蛋白、γ- 球蛋白和各种脂蛋白等。各种蛋白质由于氨基酸组成、分子量、等电点及形状不同，在电场中的迁移速度不同。以醋酸纤维素薄膜为支持物，正常人血清在 pH 8.6 的缓冲体系中电泳，染色后可显示 5 条区带。其中清蛋白的泳动速度最快，其余依次为 α_1-、α_2-、β- 及 γ- 球蛋白。

三、器材与试剂

1. 电泳仪与电泳槽。
2. 醋酸纤维膜（2 cm × 8 cm）。

3. pH 8.6，离子强度 0.075 的巴比妥缓冲液：取巴比妥钠 15.45 g，巴比妥 2.76 g，蒸馏水 700~800 ml，加热溶解，冷却后加蒸馏水至 1 000 ml。

4. 染色液　取氨基黑 10B 0.5 g，甲醇 50 ml，冰醋酸 10 ml，蒸馏水 40 ml 混合使溶解。

5. 漂洗液　取甲醇 45 ml，冰醋酸 5 ml，蒸馏水 50 ml，混匀，分装甲、乙、丙三瓶（或水槽）备用。

6. 透明液　冰醋酸 25 ml，无水乙醇 75 ml，混匀备用。

四、实验方法

（一）准备与点样

1. 将薄膜剪成 3 cm×8 cm 的小条，在薄膜无光泽面距一端 1.5 cm 处用铅笔轻轻划一条直线，表示点样位置（图 14-5）。

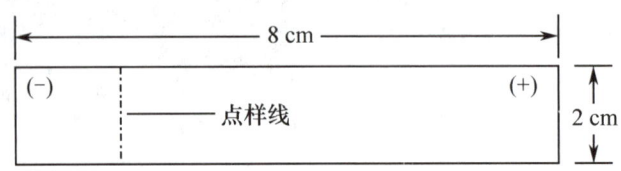

图 14-5　醋酸纤维素薄膜示意图

2. 将薄膜浸泡于 pH 8.6 的巴比妥缓冲液中至少 10 分钟，使之完全浸泡透。

3. 将浸泡的薄膜取出，用滤纸吸去多余水分，光面朝下，粗糙面朝上。用点样器浸入血清样品 1 mm 深度，均匀沾取样品，然后轻轻压在点样线处约 1 秒钟后移开载玻片（注意：点样器接触薄膜后不可再做移动）。

（二）电泳

将点样后的薄膜置于电泳槽支架上，粗糙面朝上，点样末端置于负极。槽架上用四层滤纸作桥垫，膜条与滤纸必须贴紧，平衡 5 分钟后通电，电压 150 伏（电压：8~10 V/cm 长，电流：0.4~0.6 mA/cm 宽），电泳 1 小时左右关电源。

（三）染色和漂洗

通电完毕后，用镊子将膜取出，直接浸于染色液中 2 分钟后取出，立即浸泡于漂洗液中，反复漂洗，直至背景漂洗净为止。用滤纸吸干薄膜。

电泳后显示的 5 条区带见图 14-6。

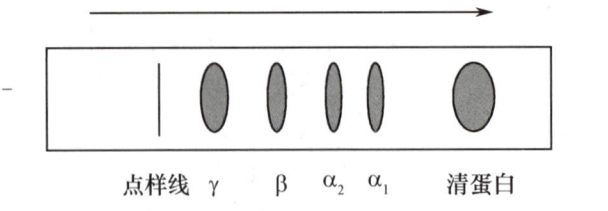

图 14-6　血清蛋白质醋酸纤维膜电泳示意图

（四）定量（洗脱法）

1. 取 6 支试管，编号，每管加入 0.4 mol/L NaOH 4 ml，剪下薄膜上各条蛋白质色带。另于无色部分剪一大小与色带相仿的薄膜作空白对照。

2. 将各条区带分别放入试管内，不时摇动，待蓝色完全脱下后。在波长 650 nm 处比色。以空白调零，分别读出各蛋白质组分的光密度，然后计算出总光密度：

（1）各部分蛋白质的百分数为：

白蛋白% = A/T × 100

α_1 球蛋白% = α_1/T × 100

α_2 球蛋白% = α_2/T × 100

β 球蛋白% = β/T × 100

γ 球蛋白% = γ/T × 100

（2）血清蛋白的清蛋白与球蛋白比值（A/G）测定：

$$A/G = \frac{A\%}{(\alpha_1 + \alpha_2 + \beta + \gamma)\%}$$

【正常值】

清蛋白：57%~72%　　　α_1 球蛋白：2%~5%

α_2 球蛋白：4%~9%　　　β 球蛋白：6.5%~12%

γ 球蛋白：12%~20%

五、思考与分析

电泳结果由阴极端至阳极端的蛋白质顺序是什么？根据区带宽窄、颜色深浅描述5种蛋白质相对量。

实验三　影响酶促反应的因素

一、实验目的

了解温度、pH、激活剂、抑制剂对酶促反应速度的影响，通过实验学习水浴以及从唾液中提取淀粉酶的方法，验证温度、pH、激活剂与抑制剂对酶促反应的影响，并掌握测定温度、pH、激活剂、抑制剂影响酶促反应速度的方法。

二、实验原理

本实验利用淀粉水解过程中不同阶段的产物与碘有不同的颜色反应，定性观察唾液淀粉酶在酶促反应中各种因素对其活性的影响。根据颜色反应可判断淀粉水解程度。

淀粉（遇碘呈蓝色）→紫色糊精（遇碘呈紫色）→红色糊精（遇碘呈红色）→麦芽糖（遇碘不呈色）。

温度不同、pH不同、是否存在激活剂与抑制剂都将影响唾液淀粉酶的活性，也影响淀粉的水解程度。在酶促反应中，酶的激活剂和抑制剂可加速或抑制酶的活性，如氯化钠在低浓度时为唾液淀粉酶的激活剂，而硫酸铜则是它的抑制剂。

三、器材与试剂

1. 1% 淀粉溶液　取可溶性淀粉 1 g，加蒸馏水 5 ml，调成糊状，再加蒸馏水 80 ml，加热，使其溶解，最后用蒸馏水稀释至 100 ml。

2. 0.25% 唾液淀粉酶溶液。

3. pH 6.8 缓冲液　取 0.2 mol/L Na_2HPO_4 溶液 772 ml，0.1 mol/L 柠檬酸溶液 228 ml，混合后即得。

4. pH 3.0 缓冲液　取 0.2 mol/L Na$_2$HPO$_4$ 溶液 205 ml，0.1 mol/L 柠檬酸溶液 795 ml，混合后即得。

5. pH 8.0 缓冲液　取 0.2 mol/L Na$_2$HPO$_4$ 溶液 972 ml，0.1 mol/L 柠檬酸溶液 28 ml，混合后即得。

6. 0.9% NaCl 溶液（生理盐水）。

7. 1% CuSO$_4$ 溶液。

8. 0.1% Na$_2$SO$_4$ 溶液。

9. 稀碘液　取碘 2 g，碘化钾 4 g，溶于蒸馏水 1000 ml 中，贮存于棕色瓶中。

四、实验方法

（一）温度对酶促反应的影响

1. 取试管 3 支，编号，每管加入 20 滴 pH 6.8 缓冲液，10 滴 1% 淀粉溶液（淀粉溶液不要黏附于液面以上管壁！）。

2. 同时将第 1 管置 37 ℃恒温水浴，第 2 管置 100 ℃水浴，第 3 管置冰浴。

3. 5 分钟后，分别向各管加入唾液淀粉酶 2 滴，再放回原温度处。

4. 10 分钟后，分别向各管（第二管待冷却后）滴加碘液 1 滴，观察 3 管颜色的区别。

（二）pH 对酶促反应的影响

1. 按下表操作：（淀粉溶液不要黏附于液面以上管壁！）

管号	试剂				
	pH3.0 缓冲液	pH6.8 缓冲液	pH8.0 缓冲液	1% 淀粉	唾液淀粉酶
1	20 滴	—	—	10 滴	2 滴
2	—	20 滴	—	10 滴	2 滴
3	—	—	20 滴	10 滴	2 滴

2. 将 3 管置 37 ℃恒温水浴。

3. 5~10 分钟后，取出各管，分别加入 1 滴碘液，观察 3 管颜色区别。

（三）激活剂与抑制剂对酶促反应的影响

1. 按下表操作（注意淀粉溶液不要黏附于液面以上管壁！）。

管号	试剂						
	pH6.8 缓冲液	1% 淀粉	蒸馏水	0.9% NaCl	0.1% CuSO$_4$	0.1% Na$_2$SO$_4$	唾液淀粉酶
1	20 滴	10 滴	10 滴	—	—	—	2 滴
2	20 滴	10 滴	—	10 滴	—	—	2 滴
3	20 滴	10 滴	—	—	10 滴	—	2 滴
4	20 滴	10 滴	—	—	—	10 滴	2 滴

2. 将 4 管置 37 ℃恒温水浴。

3. 5~10 分钟后，取出各管，分别加入 1 滴碘液，观察 4 管颜色区别。

注意事项：

1. 加入试剂及酶液后，要充分摇匀，保证酶液与全部淀粉液接触反应，得到理想的颜色梯度变化。

2. 沸水加热的试管在加入碘液前应该冷却，所有试管加入碘液显色时，均不可剧烈摇动试管。

五、思考与分析

1. 通过实验观察结果说明温度、pH、激活剂与抑制剂对酶促反应的影响。
2. 实验方法（三）中，设置 Na_2SO_4 管有何意义？

实验四　琥珀酸脱氢酶及酶的竞争性抑制

一、实验目的

掌握竞争性抑制概念及作用机制，了解在无氧情况下观察脱氢酶作用的简单方法。并验证琥珀酸脱氢酶的递氢活性与酶的竞争性抑制作用。

二、实验原理

存在于心肌、骨骼肌、肝等组织中琥珀酸脱氢酶，能使琥珀酸脱氢生成延胡索酸，脱下的氢可使甲烯蓝退色，还原为甲烯白。反应如下：

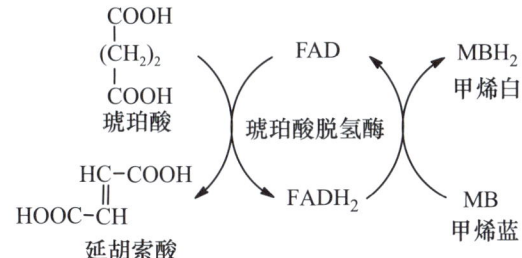

草酸、丙二酸等在结构上与琥珀酸相似，可同琥珀酸竞争与琥珀酸脱氢酶的活性中心结合。若该酶已与丙二酸等结合，则不能再与琥珀酸结合而使之脱氢，产生抑制作用，且抑制程度取决于琥珀酸与抑制剂在反应体系中浓度的相对比例，所以这种抑制是竞争性抑制。

本实验通过观察在由不同浓度的琥珀酸与丙二酸组成的反应体系中使等量甲烯蓝退色反应时间，从而验证丙二酸对琥珀酸的竞争性抑制作用。

三、器材与试剂

1. 0.10 mol/L 磷酸盐缓冲液（pH 7.4）　0.1 mol/L NaH_2PO_4 19 ml 加 0.1 mol/L Na_2HPO_4 81 ml。
2. 0.093 mol/L 琥珀酸钠溶液　取琥珀酸钠 1.5 g 溶于蒸馏水 100 ml 中。
3. 0.10 mol/L 丙二酸钠溶液　取丙二酸钠 1.5 g 溶于蒸馏水 100 ml 中。
4. 0.02% 甲烯蓝溶液。
5. 液状石蜡。

四、实验方法

1. 取新鲜兔肝立即剪碎，放于组织匀浆机中研碎，加入 pH 7.4 的 0.10 mol/L 磷酸盐缓冲液，制备成 200 g/L 的肝匀浆液备用。取 5 支试管分别编号，按下表配制反应体系：

管号	试剂				
	0.093 mol/L 琥珀酸钠	0.10 mol/L 丙二酸钠	0.10 mol/L（pH7.4）磷酸缓冲液	肝匀浆液	0.02% 甲烯蓝
1	—	1 ml	2 ml	1 ml	3 滴
2	1.5 ml	0.5 ml	1 ml	1 ml	3 滴
3	1 ml	1 ml	2 ml	—	3 滴
4	2 ml	—	1 ml	1 ml	3 滴
5	1 ml	1 ml	1 ml	1 ml	3 滴

2. 将上述各管摇匀，分别加液状石蜡适量覆盖液面隔绝空气，放置 37 ℃水浴保温，随时观察各管甲烯蓝褪色情况，并记录结果。

注意：将各管溶液混匀后加一薄层液状石蜡后静置（此时不可摇动！），观察各管中的颜色变化，并记录各管颜色完全变化的时间。

五、思考与分析

1. 抑制的分类及其特点。
2. 本实验中液状石蜡起什么作用？
3. 各管中的反应体系配好后为什么不能再摇动？
4. 制备肝匀浆时用磷酸缓冲液，可否换用蒸馏水，为什么？

实验五　722- 可见分光光度计的使用

一、实验目的

了解分光光度法的基本原理，熟悉 722- 可见分光光度计的操作方法，为今后使用该仪器奠定基础。

二、实验原理

分光光度计的基本原理是溶液中的物质在光的照射激发下，产生了对光的吸收效应，物质对光的吸收是具有选择性的。各种不同的物质都具有其各自的吸收光谱，因此当某单色光通过溶液时，其能量就会被吸收而减弱，光能量减弱的程度和物质的浓度有一定的比例关系，也即符合 Lambert-Beer 定律。

物质的颜色是由于物质吸收某种波长的光线以后，通过或反射出某种颜色的结果。当一定波长的单色光通过该物质的溶液时，该物质都能有一定程度的吸光作用，单位体积内的溶液中该物质的质点数越多，对光线吸收就越多。因此，利用物质对一定波长光线吸收的程度测定物质含量的方法，称为分光光度法。

分光光度法依据 Lambert-Beer 定律。设一束单色光 I_0 射入溶液，由于部分光线被溶液吸收，通过的光线为 I_t，则 I_t/I_0 之比为透光度，若透光度为 T（%）。则

$$T = \frac{I_t}{I_0} \times 100\% \qquad (14-1)$$

透光度（T）的倒数 $\left(\frac{1}{T}\right)$ 反映了物质对光的吸收程度。在实际应用时，取 $\left(\frac{1}{T}\right)$ 的对数

值作为吸光度，用 A 表示，即：

$$A = \lg\left(\frac{1}{T}\right) = -\lg T \tag{14-2}$$

吸光度（A）又称消光度（E）或光密度（OD）。

根据 Lamber-Beer 定律推导，当一束平行单色光通过均匀、无散射现象的溶液时，在单色光强度、溶液温度等条件不变时，溶液对光的吸光度（A）与溶液的浓度（C）及液层厚度（L）的乘积成正比（图 14-7）。即

$$A = KCL \tag{14-3}$$

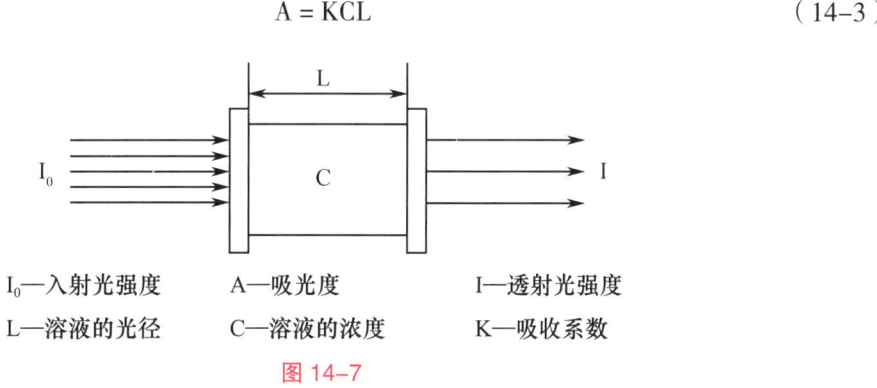

I_0—入射光强度　　A—吸光度　　I—透射光强度
L—溶液的光径　　C—溶液的浓度　　K—吸收系数

图 14-7

从以上公式可以看出，当入射光、吸收系数和溶液的光径长度不变时，透射光是根据溶液的浓度而变化的。在实际比色时，标准溶液与被测溶液使用完全相同的比色杯，即液层厚度（L）相同。K 为常数。测定同一种物质时，$K_{标} = K_{测}$。所以，将此简化为仅是溶液对光吸收度（A）与其浓度（C）之间的关系。即溶液的浓度越大，吸光度越大。

可以通过测定吸光度求知某一溶液的浓度。

设：测定管的吸光度和浓度分别为 $A_{测}$ 和 $C_{测}$，标准管吸光度和浓度分别为 $A_{标}$ 和 $C_{标}$，根据公式（14-3）A = KCL 得知：

$$A_{测} : A_{标} = C_{测} : C_{标}$$

$$C_{测} = \frac{A_{测}}{A_{标}} \times C_{标}$$

上式中 $C_{标}$ 为已知，$A_{测}$ 与 $A_{标}$ 可在比色时读出数值，把这些数值代入公式，即可求出测定管浓度。

722- 可见分光光度计的光学主要结构如图 14-8。

722- 可见光分光光度计各部分名称见图 14-9。仪器显示器与键盘功能见图 14-10。

三、器材与试剂

722- 可见分光光度计、比色皿、$CuSO_4$ 标准溶液、蒸馏水。

四、实验方法

722- 可见分光光度计有透射比（T）、吸光度（A）、斜率测量（F）、样品浓度（C）等测量方式，您可根据需要选择合适的测量方式。在开机前，需先确认仪器样品室内是否有物品挡在光路上，或样品架定位是否放好。

（一）722- 可见分光光度计的使用步骤

1. 连接仪器电源，确保仪器供电电源有良好的接地性能。

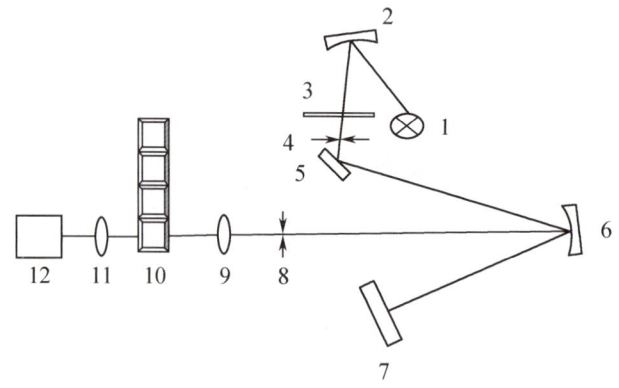

1—钨卤素灯　　2—反射镜　　3—滤色片　　4—进狭缝
5—反射镜　　6—准直镜　　7—光栅　　8—出狭缝
9—聚光镜　　10—样品架　　11—聚光镜　　12—光电池

图 14-8　722 型可见分光光度计光学原理

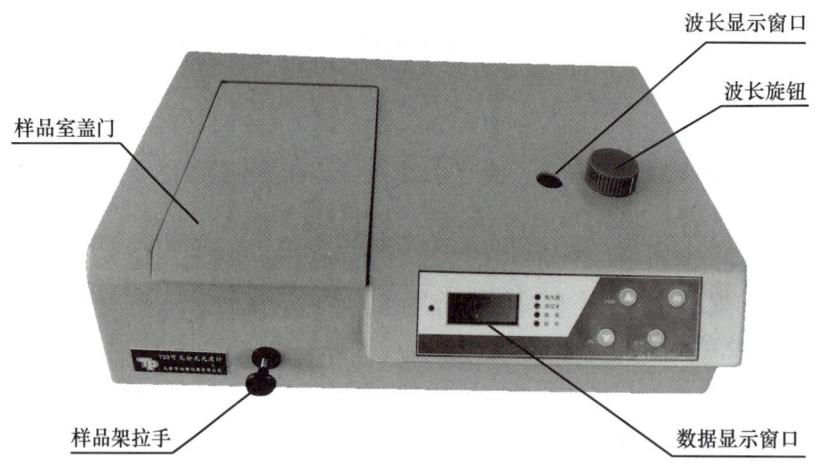

图 14-9　722- 可见分光光度计各部分名称

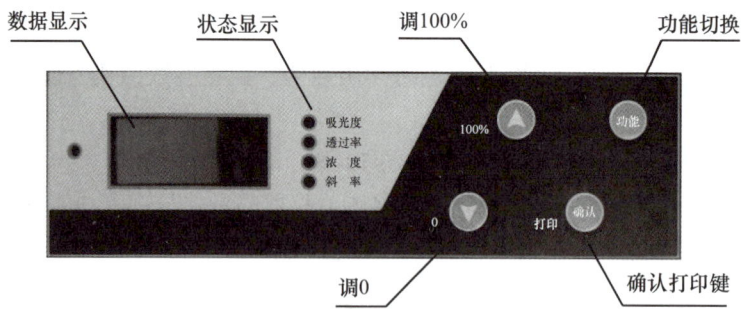

图 14-10　722- 可见分光光度计仪器显示器与键盘

2. 接通电源，使仪器最好预热 20 分钟。

3. 用"功能"键设置测试方式　透射比（T），吸光度（A），已知标准样品浓度值方式（C）和已知标准样品斜率（F）方式，可根据需要选择测试模式。

4. 用波长选择旋钮设置所需的分析波长。

5. 将参比样品溶液和被测样品溶液分别倒入比色皿中。打开样品室盖，将盛有溶液的比色皿分别插入比色皿槽中，再盖上样品室盖。

6. 将参比样品推（拉）入光路中，盖上样品室盖，按"0ABS/100%T"键，此时显示器显示的"BLA"直至显示"100.0"%T或"0.000"A为止。

7. 调仪器0%，将0%T校具（黑体）置入光路中，盖上样品室盖，按"功能"键，将测试模式转换在T方式下，按"0%T"键，此时显示器应显示"0.000"T后取出黑体。

8. 当参比液（空白）调成"100.0"%T或"0.000"A后，将被测样品推（拉）入光路中，这时，便可从显示器上得到被测样品的透射比值或吸光度值。

9. 比色完毕，关闭电源，拔下插头，取出比色杯，合上比色箱盖，套上布罩。将比色杯洗净后倒置晾干。

（二）操作练习

1. 配制不同浓度的 $CuSO_4$ 溶液（比色时选用单色光波长为 440 nm）。
2. 选择一中间浓度作标准液，其余为测定液，蒸馏水为空白液。
3. 逐一测定 A 值，并分别计算出各测定液浓度。

五、思考与分析

如何用 722- 可见分光光度计测量样品的浓度？

实验六　血糖测定（邻甲苯胺法）

一、实验目的

掌握邻甲苯胺法测定血糖的原理和方法，了解血糖测定的临床意义及正常值。

二、实验原理

在热的醋酸溶液中，葡萄糖与邻甲苯胺化合、脱水，生成蓝绿色的希夫碱（Schiff base）衍生物，在 630 nm 波长处有最大吸收峰，其颜色深浅在一定范围内与血糖浓度成正比。

三、器材与试剂

1. 邻甲苯胺试剂　硫脲（AR）1.5 g 溶于冰醋酸（AR）940 ml 中，加邻甲苯胺 60 ml 混匀，置于棕色瓶中，室温保存。新配制应放置 24 小时后使用，因试剂中含腐蚀性极强的冰醋酸，操作中应小心，勿与皮肤接触。

2. 12 mmol/L 苯甲酸溶液　溶解苯甲酸式盐 1.4 g 于蒸馏水约 800 ml 中，加温助溶，冷却后加蒸馏水稀释至 1 L。

3. 葡萄糖标准贮存液　称取已干燥恒重的无水葡萄糖 1.802 g，溶于 12 mmol/L 苯甲酸溶液约 70 ml 中，再以 12 mmol/L 苯甲酸溶液定容至 100 ml。

4. 5 mmol/L 葡萄糖标准应用液　吸取葡萄糖标准贮存液 5.0 ml 放于 100 ml 容量瓶中，加 12 mmol/L 苯甲酸溶液至刻度。

四、实验方法

1. 取干燥 20 ml 试管 3 支，编号，按下表操作：

试剂（ml）	空白管	标准管	测定管
蒸馏水	0.1	—	—
5 mmol/L 葡萄糖标准液	—	0.1	—
血清	—	—	0.1
邻甲苯胺	3	3	3

2. 混匀，置沸水中煮沸 12 分钟，取出，用流水冷却 3 分钟。在 630 nm 波长处比色，以空白管调零，读取各管吸光度。

计算公式如下：

$$血糖（mmol/L）= \frac{测定管吸光值}{标准管吸光值} \times 5$$

正常参考值：空腹血糖浓度为 3.9~6.1 mmol/L。

注意：

1. 煮沸水一定要超过试管内的液面，否则温度不均匀，影响显色。
2. 邻甲苯胺试剂中冰醋酸浓度很高，使用时应避免灼伤。

五、思考与分析

讨论血糖升高和降低的临床意义及其维持恒定的因素。

实验七　酮体生成实验

一、实验目的

通过实验学习组织化学对比实验的方法，验证肝是合成酮体的主要器官。

二、实验原理

肝有合成酮体的酶系，可利用丁酸（四碳脂肪酸）为底物合成酮体。肌肉组织不具有合成酮体的酶系，不能利用丁酸合成酮体。本实验利用丁酸作为底物，与新鲜肝匀浆混合后一起保温，肝组织中的酮体生成酶系能催化丁酸生成酮体。酮体中的乙酰乙酸和丙酮可与显色粉中的硝普钠起反应，生成紫红色化合物：

$$丁酸 \xrightarrow[\text{（肝匀浆）}]{\text{酮体生成酶系}} 酮体 \xrightarrow[\text{（肌匀浆）}]{\text{亚硝基铁氰化钠}} 紫色化合物$$

以同样处理的肌肉匀浆不产生酮体，因此无显色反应。

三、器材与试剂

1. 0.1 mol/L 磷酸盐缓冲液（pH 7.6） 取 Na_2HPO_4 1.235 g，NaH_2PO_4 0.156 g 加蒸馏水溶解至 100 ml。

2. 罗氏溶液 称取 NaCl 0.9 g，KCl 0.42 g，$CaCl_2$ 0.024 g，葡萄糖 0.1 g，加蒸馏水溶解至 100 ml，于冰箱保存备用。

3. 0.5 mol/L 丁酸溶液 取正丁酸 44 g 溶于 0.1 mol/L NaOH 溶液中，并用 0.1 mol/L NaOH 溶液稀释至 100 ml。

4. 酮体试剂 1 份亚硝酸铁氰化钠，5 份 $(NH_4)_2SO_4$，5 份 Na_2CO_3，置研钵中研成均匀的细末。密封保存备用。

5. 乙酰乙酸溶液 取乙酰乙酸乙酯 13 g 于大烧杯中，加 0.2 mol/L NaOH 溶液 500 ml，待完全溶解后移入棕色瓶中保存。临用前用蒸馏水作 1∶40 稀释后使用。

四、实验方法

1. 制备肝匀浆与肌匀浆 处死小白鼠，取肝与双侧大腿肌肉，剪碎，分别放入两研钵内，各加生理盐水 5 ml（逐渐加入！），研成匀浆，最后以 4 倍量的生理盐水稀释，混匀，制成匀浆（注意制备过程不要相互污染！）。另外，匀浆也可用大动物的肝和肌肉制取，其制取方法是：取大动物的肝和肌肉，除去脂肪和筋膜，剪成碎条后用生理盐水浸洗 2~3 次，然后制成匀浆。

2. 取 5 支试管，编号后按下表加入各种试剂：

加入物（滴）	1 号管	2 号管	3 号管	4 号管	5 号管
罗氏溶液	15	15	15	15	15
0.5 mol/L 丁酸	30	—	30	—	—
丙酮溶液	—	—	—	—	10
pH7.6 磷酸缓冲液	15	15	15	15	15
肝匀浆	20	20	—	—	20
肌匀浆	—	—	20	20	—
蒸馏水	—	30	—	30	20

将各管摇匀，放置于 37 ℃恒温水浴箱中保温 30 分钟，用滴管吸取上列 5 支试管的反应液（或上清液）各 10 滴，分别滴至白瓷反应板的 4 个凹孔内，加显色粉 0.1 g（约 1 小匙），观察所产生的颜色反应。

五、思考与分析

比较并分析上实验结果，说明酮体生成的部位和意义。

实验八 转氨基作用

一、实验目的

验证氨基转移反应——谷丙转氨酶作用原理；了解转氨酶在代谢过程中的重要作用及其在临床诊断中的意义；掌握酶活力测定的方法。

二、实验原理

酶活力是指酶促进反应进行能力的大小，酶活力越大则反应物消耗得越多、产物生成的越多。酶活力不能直接用仪器检测，只有通过反应物或生成物在反应前后量的变化来反映，一般用生成物反应前后量的变化来表示酶活力。

测定转氨酶活力的方法很多，本实验采用分光光度法。丙氨酸与 α- 酮戊二酸在 pH 7.4 时，经 ALT 催化进行氨基移换作用，生成丙酮酸和谷氨酸。丙酮酸与 2,4- 二硝基苯肼作用，生成丙酮酸 -2,4- 二硝基苯腙，后者在碱性环境呈棕红色，颜色深浅表示酶活力大小。

丙酮酸 -2,4- 二硝基苯腙加碱处理后呈棕色，可用分光光度法测定。从丙酮酸 -2,4- 二硝基苯腙的生成量，可以计算酶的活力。

三、器材与试剂

1. ALT 底物液　取 DL- 丙氨酸 1.78 g，α- 酮戊二酸 29.2 mg。将两种物质先溶于 1 mol/L NaOH 10 ml 中，溶解后用 1 mol/L HCl 调节 pH 至 7.4，再加 pH7.4 缓冲液至 100 ml，加三氯甲烷数滴防腐，置冰箱保存。

2. 2,4- 二硝基苯肼　取 2,4- 二硝基苯肼 20 mg 溶于 1 mol/L HCl 100 ml 中。

3. pH 7.4 缓冲液　精确量取 0.1 mol/L Na_2HPO_4 80.8 ml，0.1 mol/L KH_2PO_4 19.2 ml，混匀即成。

4. 0.4 mol/L NaOH　用 1 mol/L NaOH 溶液稀释配制。

四、实验方法

1. 将家兔处死后，立即取出肝和肌肉，分别以冰生理盐水洗去血液。取 10 g 肝和肌肉，分别剪碎，逐步加入 pH7.4 缓冲液 10 ml 研碎，研成匀浆后再加 pH 7.4 缓冲液 20 ml 混匀，稍静置，上层即为肝和肌肉浸提液（注意制备过程不要相互污染！）。

2. 按下表操作：

管号	试剂			37 ℃ 水浴 20 min	试剂	37 ℃ 水浴 20 min	试剂
	ALT 底物液	肝浸液	肌肉浸液		2,4- 二硝基苯肼		0.4 mol/L NaOH
1	1.0 ml	3 滴	—		10 滴		5.0 ml
2	1.0 ml	—	3 滴		10 滴		5.0 ml

观察反应现象并记录结果。

五、思考与分析

1. 比较两管的颜色，说明哪种组织 ALT 活性高。
2. 简述转氨酶在代谢过程中的重要作用及其在临床诊断中的意义。

（杨正久）

主要参考文献

［1］查锡良. 生物化学. 9版. 北京：人民卫生出版社，2018.
［2］查锡良，药立波. 生物化学与分子生物学. 2版. 北京：人民卫生出版社，2013.
［3］程牛亮. 生物化学. 2版. 北京：高等教育出版社，2011.
［4］迟玉杰. 食品化学. 北京：化学工业出版社，2012.
［5］冯作化，药立波. 生物化学与分子生物学. 3版. 北京：人民卫生出版社，2015.
［6］何旭辉. 生物化学. 2版. 北京：人民卫生出版社，2010.
［7］黄纯. 生物化学. 3版. 北京：科学出版社，2015.
［8］黄筱风，田维荣. 复合氨基酸输液的临床应用与稳定性. 药学实践杂志，2000，18（1）：29-31.
［9］金国琴. 生物化学. 3版. 上海：上海科学技术出版社，2017.
［10］王镜岩，朱圣庚，徐长法. 生物化学. 3版. 北京：高等教育出版社，2002.
［11］王志江. 有机化学. 4版. 北京：人民卫生出版社，2018.
［12］姚文兵. 生物化学. 8版. 北京：人民卫生出版社，2016.
［13］张申. 医学生物化学. 3版. 北京：北京大学医学出版社，2015.
［14］张炜，郭龙. 复方氨基酸注射液在临床应用中存在的问题. 中国药师，2006，9（7）：651-653.
［15］赵宝昌. 生物化学. 2版. 北京：高等教育出版社，2009.
［16］周春燕，药立波. 生物化学与分子生物学. 9版. 北京：人民卫生出版社，2018.
［17］朱圣庚，徐长法. 生物化学. 4版. 北京：高等教育出版社，2017.